주자와 붓다 그리고 화엄경

장홍순 編著

주자와 붓다 그리고 화엄경

주자의 패러다임을 버려야
社會가 산다

다락방

들어가기

주자학

2천년 중국사상사에서 가장 큰 변화는 11-12세기의 새로운 思潮의 탄생이다. 그 사조는 '주자학'과 '양명학'이고 이는 중국 근세 유교를 대표하는 2개 流派의 사상이다. 주자학은 南宋의 朱熹가 北宋 이래의 理氣 세계관에 기초해 집대성한 유학의 체계이다. 우주를 존재로서의 氣와 존재, 근거, 법칙으로서의 理인 二元論으로 파악, 인간에 있어서 전자가 氣質의 性, 후자가 본연의 性으로 되어 본연의 性에 理가 갖추어져서 性卽理의 명제를 세워 理의 자기실현을 과제로 했다. 방법으로서 格격물치지, 거경궁리, 주경정좌 등 理로서의 규범과 명분을 중시했기 때문에 이후 明나라 때에 봉건적 신분제 질서 이데올로기로 체제 교학화 되었다.

陽明學

明나라의 王陽明이 주창한 유학으로 처음 주자학의 性卽理說에 대해서 心卽理說을 주장하다가 말년에는 無善無惡說을 제창했다. 주자학은 남송의 주 희, 양명학은 명나라의 왕양명에 의해서 수립되었고, 양명학은 주자학의 批判言說로서 생겨났다. 명나라 후반 즉, 16세기 후반에서 17세기 전반에는 주자학을 옹호하는 사람들과 신진 양명학자들 사이에 격한 논쟁이 반복 확대되었다. 淸나라에서는 주자학, 양명학을 통틀어서 '宋學'으로 부르며 비판했고 스스로를 '漢學'으로 칭하는 흐름이 성행했다. 이른바 '고증학'이다.

宋學

宋나라에서 확립된 새로운 유학으로 북송의 주돈이, 장재, 정호, 정이 등이 陰陽五行 등의 전통적 관념과 老子와 莊子의 학문, '佛教의 哲理'와 세계관을 혼합하여 유학을 새롭게 체계화해 남송의 주희가 집대성했다.

漢. 唐시대의 經學, 훈고학에 대해서 理學, 性理學, 道學이라고도 한다. 또한 程朱學, 朱子學이라고 칭하며 근대 동아시아의 사상에 크게 영향을 미쳤다. 북송 4명의 학자를 주자학의 선구자로 주희가 인위적으로 만들어낸 계보에 지나지 않는다. 여하튼 북송(960-1127) 후반기인 11세기 중반이 되어 유교 속에서 새로운 思潮가 주류로 되어 그 중에서 주자학이 태어났다.

따라서 주자학은 송학流派의 하나로 생겨나 곧 동아시아의 사상계를 석권한 새로운 유파라고 할 수 있다. 주자학이 생겨난 남송시대의 중국 북방은 이민족의 지배하에 있었다. 이후도 중국 북방은 이민족의 압도적 우세하에 놓였다. 또한 중국이 夷民族보다도 열세였기 때문에 주자학의 주장은 다분히 관념적이고 과격했다. 주자학의 관념적 중화사상은 그 당연의 귀결로 외래의 종교인 불교를 夷狄의 가르침으로 강력히 배격되었다. 그러나 주자학은 사실 불교의 교리를 응용한 것으로 종래의 舊유교에 없던 형이상학을 만들어내었기 때문에 오히려 더 불교를 배척하였다. 이 때문에 그 이전의 시대에는 불교와 유교 사이에 어떤 공존, 평등한 관계가 있었지만 주자학이 왕성하게 되자 유교가 불교보다 우위를 점하게 되었다. 여기에 주자학은 관념적 형이상학을 발달시켰다.

주희는 송나라가 북방 오랑캐 여진족이 세운 금나라에 의해 멸망하고 간신히 송나라의 명맥을 이어온 남송시대에 태어난 사상가였다. 이 전란과 혼돈의 시대에 활약한 주희는 이민족 여진족에 짓밟힌 漢族의 참담함에 울분을 느꼈다. 이렇게 된 원인은 불교의 만연 때문이라고 생각하여 불교를 이민족의 종교, 이단으로 강력히 배척하는 이데올로기를 구축하는데 온힘을 기울였으니 그것이. 바로 주자학이었다. 그런데 아이러니컬하게도 그가 애써 구축한 이론과 학설을 남송의 조정에서는 이단으로 배격했다는 점이다. 북방의 금나라가 몽고의 칭기즈칸의 의해 1234년 멸망하고 1279년 남송도 멸망하여 중국대륙을 몽골제국이 통치하게 되었다. 약 1세기후 원나라의 지배에서 벗어난 중국대륙에는 明나라가 들어섰고 명나라 조정은 체제교학으로 주자학을 채용했다. 그 이유는 백성을 분리통치하는 이론으로서 적합했고 또한 주자학에 의해 孟子의 革命論의 위험성을 제거했기 때문이었다. 이렇게 해서 주자학은 300여 년간 명나라의 통치이데올로기로서 중국대륙을 지배하게 되었다. 만주족에 의해 명이 멸망하자 중국대륙을 지배한 청나라는 주자학의 이데올로기를 과감히 버렸다.

불교

19세기 말, 칼 야스퍼스는 기독교, 이슬람교에 불교를 추가해서 세계 3대 종교로 정의했다. 불교는 칼 야스퍼스가 명명하기 전 동남아에서는 佛道, 佛法으로 불렀다. 이 종교라는 단어는 칼 야스퍼스가 처음 사용하여 그 호칭이 널리 퍼졌고 '종교 속에 불교'가 포함되게 된 연유이다.

19세기 중반부터 불교라는 말이 한자문화권 전반에 보편화 되었고 동시에 라틴어의 religio가 어원인 영어의 religion의 譯語로 종교의 단어로 전용되었다. 그리고 100년전 유럽에서 창설된 종교학은 그 당시에 汎神論을 포함한 다신론은 未開한 것이고 一神論은 고등한 것으로 취급했다. 유럽의 다신주의는 4세기말 이후, 유럽을 지배한 기독교로부터 엄한 탄압을 받았다. 그럼에도 불구하고 고대 그리스와 로마의 多神 뿐만 아니라 중세, 근대를 통해서 때때로 현재화되는 범신론의 흐름이 있었다.

인도에서는 옛날부터 현재에 이르기까지 불교의 창시자인 붓다와 연관하여 '바웃다'의 말이 관례로 쓰였다. 붓다의 형용사로 '붓다에 속한다' '붓다의 신봉자'로 표현된다. 이른바 불법은 바웃다 * 다르마 * 다르샤나로 부르고 다르마는 법(종교, 윤리, 법률, 진리), 다르샤나는 사상(넓은 의미의 철학)을 의미한다. 스리랑카에서는 붓다, 단마 또는 붓다 사사나의 이름이 널리 쓰여졌다. 단마는 다르마와 같고 사사나는 가르침을 뜻한다. 고대의 중국에서는 대부분 佛家로 불렀고 그 속에서 天台宗과 華嚴宗 등의 제종파가 만들어 졌다. 이후 약 1천년간 佛法과 佛道로 혼용해서 불렀다. 붓다는 범어의 'bauddha'에서 'buddha'로 파생한 것으로 '불타적인 것'의 의미이며 몇 번의 한자음사의 변이를 거쳐 '浮圖' 또는 '浮屠'로 한역되었다. 유럽어의 'buddhism'에 해당한다. 이때 불타는 '깨어있는 자' '완전한 경지에 도달한 사람을 가리킨다. 조선건국의 주역 정도전은 佛氏라고 불렀다.

宗敎의 한자 의미는 종자(씨)를 낳아서 그 종자를 번식하여 구속하는 굴레의 속박을 의미하기도 한다. 그러나 불교를 서구 종교와 동등하게 규정한 칼 야스퍼스의 속박에 매달릴 필요는 없다. 불교는 그들 종교와는 정반대의 길을 걸었기 때문이다. 여기서는 佛法, 佛道를 불교와 함께 혼용하여 사용하기로 한다.

서구인의 역사관

독일의 철학자 헤겔은 세계 역사를 세단계로 설명하며 동양문명을 非文明化된 사회로 다음과 같이 규정했다.

첫째, 정신이 자연성속에 매몰되어 아직 자유를 자각하지 못한 전제군주 1人만이 자유를 누리는 '동양적인 단계'

둘째, 소수의 그리스인만이 자유를 누리는 '그리스인의 단계'

셋째, 기독교와 더불어 도래한 '神 앞에서'라는 종교적 의식에 의해서만 성취되는 자유로 그 최종적인 형태가 게르만민족이 완성한 입헌군주제라고 주장했다.

요즘 세상에 입헌군주제를 인간의 자유가 최대한 실현된 정치형태라고 믿는 사람이 있을까? 이것이 서양철학자들의 한계이고 동양문명을 하위로 보는 시각이다. 니체도 역시 불타의 출현을 어느 정도 알고 있었지만 동양사회를 '미개한 야만인' 사회로 보았다. 마찬가지로 칼 야스퍼스도 헤겔이나 니체와 같은 우를 범했다.

한편 20세기 유럽의 지성이라 불리는 버트런드 러셀은 '나는 왜 기독교인이 아닌가?' 라는 책에서 석가나 소크라테스를 예수 위에 놓아야 된다고 주장했다. 그의 책속에 '慈悲'라는 말을 언급하는 것을 보면 불교의 영향을 어느 정도 받은 것으로 보인다. 러셀처럼 최근 노예제 민주주의를 부정하여 민중의 배신자로 지목되어 처형당한 관념론 철학의 시조격인 소크라테스까지 4대 성인의 반열로 해야 한다고 하는 주장자도 있다. 이는 어떻게든 동양의 사상가를 낮추려는 노예적 근성의 歐美 추종 사대주의자들의 주장에 불과하다.

주자학은 13세기말 조선반도에 전래되면서 신생 조선왕조의 통치이데올로기로 채용되어 정치 경제 문화 전반에 걸쳐 5백년 이상 지대한 영향을 미쳤다. 정치뿐 아니라 언어 부분에서도 큰 제약을 가져왔다. 예컨대, 조선시대의 주자학자들은 옛날의 석독(훈독)론을 버리고 중국어의 직독론을 주장했다. 이 영향으로 조선에서 조금씩 훈독이 점차 소멸되었다. 주자학 채용 이후 조선에서 석독(훈독)의 본류라 할 수 있는 불교가 쇠퇴한 가장 주요한 원인이다. 더욱이 15세기에는 주자학 신봉자들 사이에서 훈독 폐지가 대세가 되었다.

16세기에 들어와 새로 설립된 校正廳에서 四書와 詩經, 書經, 周易 등 유교경전도 佛典과 같은 방식으로 언해가 만들어져 출판되었다. 이는 유교 특히 주자학을 국교로 했기 때문이다. 이후 17-18세기에는 이와 같은 유교경전을 중심으로 언해는 최전성기를 맞이했고 그 결과 옛날의 석독은 완전히 사라지게 되었다. 이렇게 석독 폐지론이 나와 일상 언어의 발달을 저지하고 인간의 사상을 억압하게 된 배경이다.

그 주자학이 우리 사회에 미친 영향을 파악하고자 한다. 그리고 주자가 강력히 배격한 불교를 자세히 기술하여 보고자하는 생각에서 이 책을 내게 되었다. 특히, 붓다부분을 세분하여 서술하게 된 동기는 한 보살의 영향도 있었다. 가끔 조계사 대웅전 뜰 앞에 앉아있으면 중년의 여성들을 마주치게 된다. 그 중에 한 중후한 여성은 조계사 불교대학에 다니고 있는데 나에게 부처님의 가피가 무슨 뜻이냐고 물었다. 약간 의아했지만 이들을 위해 불교를 세심하게 접근할 수 있는 방법을 고민하게 되었다.

또한 13세기 후반 고려는 오랜 항쟁 끝에 몽골군에게 항복했지만 고려왕 원종은 쿠빌라이의 소환을 받고 당혹했다. 그때 만약 大佛頂五星 道場을 지어 기도하면 쿠빌라이의 명을 물리칠 수 있고 삼한은 변해 진단이 되어 대국개조 한다. 즉, 고려가 진단이 되어 대국(몽골)이 거꾸로 조공한다는 간절한 마음으로 불타에 기도한 심정, 그리고 조선말 서학의 침략에 대항하여 민족의 자주를 위해 분연히 동학이 일어난 점, 1990년대부터 세계 구석구석을 휩쓸어 지구를 초토화시킨 신자유주의라는 서구 이데올로기의 괴물에 대항하여 외국의 투기자본 세력으로부터 자국의 영토 침범을 지킨 94세의 말레이시아 마하티르 총리 같은 심정 등등, 이러저러한 연원으로 이 책을 내게 된 계기이다.

이 책은 크게 주자학과 조선의 주자, 불타 이전의 인도와 불타 출현 후의 불교, 인간의 다양한 삶의 이야기인 화엄경 그리고 세상을 변혁시킨 사람들로 나눴고 경제적 여건상 이렇게 출간할 수밖에 없었다.

차 례

제2부 조선의 주자

제6부 화엄경

제7부 세상을 바꾼 사람들

제1부 주자학

삼천년의 역사에서 배울 것을 모르는 자는

아는 것도 없이 암흑 속에 있어라.

- 괴테

제1장 주희와 왕수인

朱熹의 생애(1130~1200)

주희는 남송 4년인 建炎 4년(1130)에 태어났다. 이 시기는 두 명의 황제 欽宗과 徽宗이 여진족 金나라에 잡혀가는 치욕을 당하는 '靖康의 변'으로 불리는 혼란의 시대였다. 이에 급히 흠종의 동생 고종이 臨安(지금의 杭州)에 도읍하여 남송을 재건했고 이후 백년간 宋과 金의 대치 정세가 계속되었다. 이때 주희의 父 朱松은 당시 복건성 삼림지대인 우계현에서 살았다. 그에게는 먼저 태어난 아들이 있었으나 주희가 태어나자마자 사망했다.

朱松이 이 아들에게 熹로 이름을 지은 것은 作名法의 오행사상에 기초한 것이다. 주송은 木偏, 熹는 火의 部로 오행상생설에서는 木 다음 火로 오는 순번이다. 주희는 자신의 아들 이름을 塾(숙), 埜(야), 在로 土를 넣었고 이는 오행에서 火의 다음이 土였기 때문이다. 孫子세대는 鋸 등 金偏, 曾孫은 淵 등 水로 오행상생의 순서(목-화-토-금-수)를 준수했다. 주희가 소년시절에 국정을 전담했던 宰相 秦檜도 자식들을 5행에 따라 이름을 지었다. 주희는 4세 때 모친이 죽자 주송의 본처인 嫡母 祝씨에 의해 양육되었으나 주송은 주희가 14세 때에 세상을 떠났다. 그 전년에 秦檜의 주도하에 金나라와의 강화조약이 체결되자 南宋 정권의 기반은 안정되어 갔다.

주희는 遺囑을 받은 부친 친구의 지도와 적모 祝씨의 열성적인 지원을 받으며 복건북부의 建洲에서 수학했고 19세에 과거시험에 합격하여 進士가 되었다. 건주는 宋나라 때에 많은 진사를 배출한 지역이다. 그러나 주희는 과거시험 성적 순위가 좋지 않았기 때문에 관료사회의 엘리트코스와는 먼 인생을 걷게 되었다. 그는 5년이 지나서 泉洲(천주) 同安현 지방관에 부임했는데 가는 길에 父와 동문이었던 李侗이라는 학자를 만나면서 큰 전환을 맞이한다. 그는 3년의 임기 만료 후에 다음 직무에 복귀하지 않은 채 건주로 돌아와 儒學 연구에 몰두했다. 그때 고관의 자제들인 呂祖謙과 주희가 校正을 본 南軒文集의 저자인 張栻이라는 동시대의 학자가 二程(程顥.程頤) 이래 도학의 흐름을 이어 받아 활약을 시작했다. 주희는 그들과 교유하면서 복건북부 산간지대의 시골학자에서 전국적인 지명도를 얻는 유명 인사가 되었다.

청년시절에는 禪의 영향을 강하게 받았지만 李侗과의 만남이후 순수한 유교로 지향시켰다고 하는 傳記 자료가 사위 황간이 쓴 '行狀'에 기록되어 있다.

이동이 주희에게 가르쳤던 것은 '靜時' 수양의 중요성과 '理一分殊'(리는 만물의 근본으로서 갖가지 사물현상으로 존재)의 의의였다. 이동은 정호가 설한 '理一分殊 속의 分殊에 바로 불교에 없는 깊은 진리가 있다고 했다.

이동은 주송과 함께 나종언에게 사사받았고 그 나종언이 二程의 수제자 楊時의 문하생이라는 점에서 주희는 二程의 학파와 연계된다. 그후 張栻와 교유하면서 스승 胡宏(호굉)의 학풍에 빠졌다가 곧이어 비판하고 전환해서 40세에 정론을 확립하게 된다. 주희의 所說을 이후에도 부분적으로 바꾸어서 정론 확립이라는 것은 적절하지 않다는 견해도 있지만 교설의 大要는 이 시점에서 고착되었다. 이를 계기로 노도와 같이 저작을 집필 간행하게 되었다. 주희의 학풍은 여러 가지 특색이 있지만, 가장 큰 특징은 인쇄, 출판 기술을 잘 이용한 점이다. 세계 최초로 자각적으로 출판을 무기로 한 사상가였다고 할 수 있다. 마르틴 루터와 그의 무리가 다양한 팸플릿으로 가톨릭을 공격한 것은 주희보다 350년 후의 일이다. 복건 북부에는 값싼 인쇄물을 발행하는 工房이 많이 모여 있었다. 주희에게 이 환경은 유리하게 작용했다.

주자학이 전국으로 확대해 가는 때에 미디어를 장악한 것은 중요했다. 자신의 教說 선전뿐만 아니라 二程의 어록을 편찬, 출판해서 자신에게 상황을 유리하게 만들어 二程의 이미지를 세상 속에 넓히면서 자신이 그의 후계자라는 것을 납득시키는데 절대적인 효과를 발휘했다. 주희는 왕안석이 조정 권력에 의해서 자설의 침투를 도모한 것과는 대조적으로 언론를 장악하고 논쟁 상대들과 장기적으로 승리해 가는 기반을 확립했다. 주희는 생애 30종류 이상의 책을 편집 출판했다. 그 중에서 주요한 저작은 '대학''중용''논어''맹자'의 注解인 '四書章句集注'이다. 원래 '禮記'의 일편에 지나지 않았던 '대학'과 '중용'을 독립시켜 정리하여 四書로 한 것은 주희에 의한 것이다.

이 주해서를 작성하는 예비작업으로 先人의 주해를 모은 '中庸輯略''論語精義''孟子精義'가 편집되었다. 또 약간 더 보충한 상정 문답집이 '四書或問'이다. 내용

별 요약 판은 '孟子要略'이다. 사서에 대한 5경편으로는 '周易本義'와 '詩集傳'여기에 미완성인 '예기경전통해'가 있다. '孝經'을 수정하여 다시 만든 '孝經刊誤'도 있다. 초보자들의 교과서로 편집된 '근사록'과 '소학'이 있고 주자학의 原流史인 '伊洛淵源錄'이 있다. 宋나라 고관들의 기록 '명신 언행록' 한유의 전집 註釋 '韓文考異' '시경'과 함께 고대 시집의 주해 '금사집주' 역학의 입문서 '역학계몽' 二程의 어록 '하남정씨유서' '하남정외서'와 그의 제자 謝良佐의 어록 '謝上蔡語錄' 周敦頤의 '太極圖說'과 '通書' 張載의 '西銘'의 주해, 사마광의 '資治通鑑'을 항목별로 정리했다. 또한 역사사건을 비평한 '通鑑綱目' 위작이라는 설이 있는 관혼상제의 의식서인 '家礼'등 이외에도 자신의 전집으로 현재 많이 이용되고 있는 '晦庵선생文公文集'과 어록인 '주자어류'는 그의 사후에 편집된 것이다.

주희의 논쟁 상대로는 陸九淵이 유명하다. 여조겸이 양자를 대면시켜 아호라는 곳에서 회담을 주선했다. 그때 육구연의 형 육구령이 논의의 주역이었고 그의 사후 형을 이어서 구연은 주희와의 사이에 몇 통 이상의 서간을 주고받으며 논쟁했다. 그 중심의 명제는 두 가지였다. 하나는 수양방법으로 중점을 어디에 놓는가? 또 하나는 주돈이의 '태극도설'을 둘러 싼 것이다. 또한 사람 陳亮이라는 학자와의 논쟁도 중요하다. 이점은 역사 인식이고 유교가 태고의 황금시대로 여기는 夏. 殷. 周 3대 후에 漢에서 唐에 이르는 시기를 어떻게 평가하는가를 둘러싼 논쟁이었다. 진량이 이 시기에도 좋은 점이 있다는 입장인 반면 주희는 이 시기를 암흑시대로 파악했다. 그것은 맹자가 죽은 이후부터 周敦頤가 출현할 때까지 정확한 가르침이 단절되었다고 하는 도통론과 표리를 낳는 사고방식이었다. 정확한 가르침이 아닌 이상, 정확한 정치는 행해지지 않으며 따라서 좋은 사회는 실현되지 않는다. 즉 정치와 도덕의 일치를 주장하는 것이 주자학의 '根本敎義'의 하나였다.

주희는 관료로서는 출세하지 못했다. 중년이후 도교 사원인 道觀의 관리로 실무를 하지 않는 기록관이 된 경우가 많았다. 실제 부임한 기간은 통산 10년 정도였다. 중앙 정부의 부름으로 황제의 학술 고문직을 한 적도 있지만 곧 경질되었다. 정부 내부에서의 후원자가 정변으로 실각하면서 그의 학술은 僞學으로 탄압의 대상이 되어 말년에는 활동을 제한 받았다. 그의 사후 10년 정도 후에 명예를 회복해서 孔子 이후의 정통을 계승한 학자로 인정되어 체제교학으로서 주자학이 성립되었다. 흥미 있는 것은 그 자신은 그 시스템으로 성공하지 못한 과거제도가 그가 쓴 주석서와 그가 설한 교설에 정통한 사람 밖에는 동참이 허락되지 않았다는 점이다.

王守仁의 생애(1472~1528)

왕수인은 주희 사후 270년, 明나라 건국 약 100년 후에 태어났다. 부친 王華는 과거시험의 수석합격자인 장원이었다. 본명인 守仁은 仁을 지키다 이다. 호는 陽明이다. 주희는 자신의 본명 희가 희미한 빛을 의미해서 호를 회암으로 했다. 양명은 그 반대의 의미로 양자의 성격을 상징한다. 회암의 편지가 친구 논적 문인들에게 '당신의 생각이 틀렸다'라는 말로 가득 찬 것에 대해 양명의 편지는 상대의 주장을 인정하고 격려하는 것이 많았다. 회암이 서재에서 집필 활동에 열심이었던 것에 비해 양명은 談論을 좋아했다. 두 사람은 성격적으로 완전히 다른 인간형에 속한다.

주자학과 양명학의 서로 다른 차이는 여기에 근거하고 그것은 후대의 학자가 주자학 진영에 가담하는가? 양명학자로 되는가? 에 다분히 영향을 미쳤다. 왕수인이 주자학에 의문을 품은 것은 확실했다. 젊은 시절 뜰에 크고 있는 竹의 理를 규명하려고 신경쇠약이 걸렸다는 일화는 널리 알려졌다. 그러나 주희가 들었다면 '나는 그런 것을 한 일이 없다'고 하는 의심스런 행위로 독서를 통해서 지식을 점진적으로 축적하는 것을 중요시한 주희와 진지하게 진리를 파악하려고 하는 왕수인과의 기풍의 차이점을 나타낸다. 물론 왕수인도 經書를 시작으로 諸典籍을 독파했지만 주희처럼 그것을 체계화하는 일에 소극적이었다. 과거출신 관료로 성공해서 정부 고관이 되었기에 시간적인 여유가 없었다는 측면도 있고 그가 죽은 이후부터 주석에 주석을 중복하는 流儀가 확대되어 전체를 내다보기에는 효과가 올라갈 수 없다는 점도 있다.

어떻게 하든 왕수인에게 경서의 주해가 없다고 하는 사실은 그 후의 양명학 발전의 방향을 결정짓게 되었다. 수제자 전덕호의 정리에 의하면, 왕수인의 학술과 교설은 각각 세 번 변했다고 한다. 처음에는 '修辭의 學,에 이어 불교, 도교에 빠졌지만 곧 성인의 學에 뜻을 두게 된 것이 '學三變' 이며. 이어서 지행합일을 설하고, 靜坐의 중요성을 강조하여 드디어 致良知를 근본적으로 파악하려한 것이 '敎三變' 이다. 그가 명확히 주자학과 결별한 것은 좌천되어 귀주의 산간지대에 머문 37세 때에 '理는 자기 자신의 내면에 있으니, 외부에 구할 필요가 없다'고 느낀 것에 의한다. 지역의 이름을 따서 이 思想史上의 사건은 '龍場의 大悟'로 부른다.

그 후 강서의 지방관으로 근무하면서 그 지역출신 육구연의 교설에 언급할 기회가 늘어났다. 그 중에서도 '聖人의 學이라는 것은 心學'이라고 하여 육구연의 心卽理說을 칭양했기 때문에 후세에 양명학의 원류를 육구연에서 찾고 '陸王心學'으로 부르게 되었다. 知行合一을 강조한 것도 이 시기였다.

또한 '大學'에서 말하는 '格物致知'의 知라는 것은 맹자가 말한 良知로 이것을 확충하는 것이 수양의 요체라고 하는 '致良知說'을 제창했다. 왕수인에 의하면 우주에 존재하는 온갖 존재는 모두 하나로 연결되어 있어 그것을 그들 본래의 모양으로 살리려는 것이야말로 바로 유교의 궁극의 목표이다. 二程이래 도학이 강조해 온 만물일체의 仁도 양지를 해결하는 것에 의해서 바르게 실천된다고 왕수인은 생각했다. 과거 출신 관료로 왕수인은 貴洲에서 귀환했기 때문에 더욱 순풍만선이었다. 임지 강서에서 치안 유지에 실적을 올리고 황실의 일족인 寧王의 반란을 진압해서 정치가로서의 명성도 높았다. 50세에 新建백작에 봉해졌다. 농민반란 토벌 후 개선의 귀로 때 57세에 병으로 죽었지만 그의 사후는 영광으로 둘려 쌓였다. 그러나 주자학과는 다른 내용의 교설을 제창했다고 하여 비판을 받았고 사후 반체제적이라는 지탄을 받기도 하였다.

왕수인은 젊었을 때 교유한 湛若水이라는 학자와 평생 교제하고 논쟁을 해 나가면서 상호 기존의 주자학과는 다른 학풍의 확립에 노력했다. 방문객들과 함께 학술적인 화제를 논의하는 講學이라는 형식으로 설교를 행했다. 동시에 강남 일대에서 많은 門人이 모였다. 그의 어록 '傳習錄'은 생전에 이미 부분적으로 간행되었고 사후 현행의 형태로 되었다. 문집 '王文成公文集'도 사후 편찬되었다. 용장의 대오 직후에 '五經臆說'이라는 책을 썼지만 현존하지 않는다. 그리고 '朱子晩年定論'이라는 책을 편찬해서 세상에서 이야기되고 있는 주자학은 주희 중년 시대의 주장에 기초한 것이다.

육구연과의 논쟁도 그 중년 末의 설에 유래한다. 그러나 그는 만년이 되어서 非를 깨달아 주장을 새롭게 했다. 바로 그것이 그의 최종 도달지점으로 진리를 탐구한 것이다. 왕수인은 그 증거로서 통상 말하는 주자학에서 이해하는 것과는 다른 설을 주희의 문집과 어록에서 발취해 함께 비교하여 보여 줬다. 책 끝부분에는 진덕수, 허형, 오징이라는 고명한 학자들을 朱陸의 조정자로 소개하고 있다. 그 견해는 동시대의 나흠순과 16세기 중반의 진건이, 왕수인 등이 거명한 사례는 주희 만년의 것이 아니라는 논지에 의해서 실증적으로 부정되었다. 그러나 왕수인이 어디까지나 주희와 다른 후계자로서 스스로 위치 한 것은, 양명학의 성격을 고려하는

데 중요하다.

종종 양명학은 주자학과 상용되지 않는 것처럼 보이지만 역사적 사실로 양명학은 어디까지나 주자학의 전개 형태라고 보는 견해도 있다. 이 주장에 의하면 "양명학은 주자학이 없으면 나올 수 없는 발상이며 애초의 문제의식으로 당시 유행하고 있던 주자학 주류파의 폐해를 시정하기 위해 주자학이 구축한 틀속에서 이의를 제기한 것에 지나지 않는다. 양자의 외관상의 차이는 위에서 언급한 것처럼 주희와 왕수인의 개성의 대조에 유래하는 부분도 크다. 그 때문에 양자는 역점을 놓는 방식이 다르지만 思考의 기반은 공유하고 있다." 고 하였다. 청나라 때 양자를 하나로 통합해서 '宋學'이라고 비판적으로 부르게 된 것은 그러한 근거이다. 그러면 왜 양자가 갈라서지 않으면 안 되었는가?

두 사람의 차이

그것은 朱熹, 王守仁 두 사람의 출신 환경의 차이이다. 그들이 살았던 시대는 과거제도에 의해서 문화적 질서가 구축되었다. 두 사람은 진사 합격자이고 사대부였다. 그러나 여기서도 2인은 대조적이다. 주희는 하급지방관이었던 아버지를 일찍 여의고 부친 친구들의 지도를 받으며 공부했다. 부친의 일족은 강서무원(현재 안휘성)에 살았지만 긴밀한 교류는 갖지 않았다. 복건산중에서 공부해 약관 19세에 과거합격을 하긴 했지만 성적이 낮아 엘리트코스와는 멀어졌다. 이를 받아들여 입신출세에는 의욕을 갖지 않는 대신에 어떻게 하면 사대부로서의 역할을 크게 수행할 수 있는가가 그의 중심적 과제였다. 그 결과가 '修己治人'을 내세운 도학이었다. 그를 이 발상으로 이끈 것은 二程으로 시작하는 이른바 道學의 흐름이다. 주희는 부친이래의 인연으로 도학의 자료 서적을 많이 볼 수 있는 환경이었지만 도학 자체가 아직 思想界의 주류는 아니었고 도학계 속에서 여조겸, 장식 같은 수준에 주희는 아직 미흡했다. 주희는 생전에는 방계로서 저작활동을 전개했다. 분석적이었고 논쟁을 좋아하는 태도는 주류파에의 대항의식을 발휘 할 수 있는 무기였다.

한편 왕수인은 서예의 성인인 왕희지를 낳은 6조 이래의 명문인 랑사 王氏 출신이다. 소흥과 영파의 중간에 있는 고향 여요는 문화적 중심 지역이었다. 더불어 부친은 장원출신의 엘리트 중의 엘리트이어서 부친의 교우 범위는 사대부 문화의 최고 수준이었다. 왕수인은 부친의 근무지인 수도 북경에서 소년기를 지냈다. 당시의 주류 사상은 주자학이었는데 그는 원리주의적인 입장에서 있는 그대로 습득하려고해 좌절했다. 그후 자연적으로 당시 유행하고 있던 諸潮流에 빠지면서 청년시대를 보냈다. 그는 젊어서 28세 때 진사가 되었고 주희와는 다르게 과거시험 성적도 우수했고 부친이 고관인 점도 작용해 엘리트코스를 걸었다. 그것만으로도 귀주로의 좌천은 정신적으로 큰 충격을 받았다. 지금까지 당연한 것으로 여겼던 세계로부터 전혀 다른 것을 여기에서 체험했다. 이른바 異文化体驗이 거꾸로 인간의 보편성을 확신시켰다. 논쟁을 좋아하지 않았고 상대의 주장을 정면에서 논박하지도 않았으며 융화를 說해가는 자세와 출신 가문이 좋아 서로 어울려서 주위로부터 신망을 끌었다. 그 때문에 그의 강의 자리에는 사대부 뿐만 아니라 서민들도 많이 회합했다. 그의 강의 내용은 엄밀한 개념 분석 등이 아닌 알기 쉬운 일상 실생활의 인생철학이었다. 양명학이 주자학과는 다른 이질적인 지학의 형태로 된 것은 어떻게 보면 당연한 결과이다.

현대의 평가는 대략 朱子學을 정부의 御用學問, 陽明學을 민간 재야의 비판사상으로 파악하고 있다. 물론 明나라 말기에 그러한 경향은 있었지만 각각의 창시자의 업적에 따라 결과는 반대로 되었다. 이 역설은 주희가 노력해서 주류파로 된 변방의 인물인 반면 왕수인은 태어나면서부터 문화귀족이었는데도 자신이 몸담고 있는 주류의 사상 문화를 의도적으로 파괴하려 한 점에서 대조적이라 할 수 있다. 극단적으로 말하면 초기 출발의 시점에서 주자학은 벼락출세한 허세, 양명학은 방탄자의 道樂이었던 것이다.

朱子學의 성립

그 과정은 중국 사상사의 큰 전환기와 겹친다. 송학 출현으로 시작되는 일련의 敎義論爭의 최종 결과였다. 이것은 다음 4개로 파악 할 수 있다.

(1) 유교의 불교, 도교에 대한 투쟁

그 시작은 魏晋南北朝時代로 거슬러 올라가 이론적으로 송학에 선행하는 논의를 전개한 것은 唐의 韓愈, 李翺이다.

⑵ 유교 내부에서 새로운 유파의 낡은 유파(訓詁學)에 대한 투쟁

한유가 그 원형이지만 歐陽脩에 의해 학계의 주류를 형성했다. 그 시기가 11세기이다. 이들 신유파를 송학으로 부른다.

⑶ 宋學 내부에서 '道學'이외의 諸유파에 대한 투쟁

주요한 논적으로는 왕안석이 창시한 '新學' 蘇軾의 류를 이어받은 통칭'蜀學'이 있다.

⑷ 도학 내부에서의 주자학과 다른 제유파와의 투쟁

주희 등장 이전에 도학을 대표한 楊時, 張九成, 胡宏, 동시대의 염조염, 장무, 육구연, 진량 등의 학설에 대한 비판을 통해서 朱熹의 教說이 도학 주류의위를 빼앗아 버렸다. 주희의 戰術로는 도학 내부에서의 권력투쟁을 儒教의 佛教에 대한 護教투쟁과 중복되었다. 周敦頤를 '道學의 開祖'로 올려놓은 것은 주희에 의한 것이다. 이는 역사적 사실이 아니라는 것이 명백하게 드러났다.

주희에 의해서 주돈이를 孟子의 후계자로서 '道統'에 正位한 것은 주돈이의 저작인 '太極圖說'(주희의 자기류에 의한 해설)에 기초해 수립된 그 독자의 우주론, 인간론의 정당화를 위해서는 필수였다. 이것에 의해서 그는 도학 내부에의 권력투쟁에서 승리하는 근거를 손에 넣었다. 敵 육구연은 이에 대해서 강한 반발을 했다. 朱와 陸은 서로 서신을 통해서 '無極太極' 논쟁을 했다. 양자의 어느 쪽이 옳고 어느 쪽이 그르다는 것에 대한 논쟁의 연장전이 계속되었다. 왕수인도 주자학 비판을 전개하는 속에서 육구연을 재발견하게 되었다.

그 때문에 훗날 양명학의 계보를 거슬러 올라가면 육구연과 연계되어 그 시기에 육구연을 따른 사상가를 포함해서 '陸王心學'으로 일괄해서 부르고 그 대립 개념은 '程朱性理學'이었다. 또 '宋明理學'이라는 말에 의해서 주자학, 양명학을 시작으로 하는 宋金元明 의 '理'라는 개념을 중시하는 유교를 총칭한다. 그러나 '性理學'인가? '心學'인가? 에서는 양자의 다른 점과 같은 점을 이해하는 것은 어렵다. 朱熹가 애용한 표어는'修己治人'(자기 자신을 다스려 사람을 통치하다) 이었다. '治人을 위해 修己한다' 왕수인이 그 시대의 주자학을 비판한 것도 바로 여기에 있다.

제2장 사대부의 시대

사대부의 형성

중국에서 주자학 양명학을 담당한 것은 사대부로 불리는 계층의 사람들이었다. 사대부는 원래 士와 大夫라는 2개의 단어로 된 합성어이다. 士도 大夫도 고대의 신분이었다. 유교가 太古의 황금시대라고 이상화해서 말하는 周나라 시대, 통치자는 다음 5개의 身分으로 이루어졌다. 천자(왕), 제후, 경, 대부, 士이다. 그 아래 피통치자로 庶 즉 民이 있다. 이들의 신분은 모두 남성에게 주어졌다. 여성은 각각 딸과 아내로서 이 신분질서에 편입되었다. 이 신분질서는 왕이 제후에게 토지와 백성을 주어서 통치시키고, 제후는 자신의 신하인 卿, 大夫, 士에게 領地를 주고 반대급부로 군사 봉사와 행정실무를 담당시키는 구조이다. 이 구조를 封建制라고 부른다. 근대로 되어서 서양의 퓨덜리즘(feudalism)이 이 제도와 흡사하며 근대사회 성립 이전의 불평등한 인간관계를 '봉건'이라는 말로 부르게 되었다.

원래는 신하에게 토지를 주는 행위를 '봉건'이라 했다. 周王이 제후에 요구한 것도 군사 봉사로서 '覲(근)'으로 불리는 朝貢儀禮였다. 주나라의 봉건제는 여러 나라의 집합체였다. 大夫와 士는 천자 혹은 제후에 봉사하는 군사적, 행정적 봉사자이고 대부분의 경우 세습되었다. 그런데 秦의 始皇帝에 의한 통일 제국의 출현으로 이 봉건제도는 소멸되었고 군현제를 실시하였다. 즉 황제, 왕을 대신해 제후를 골라 임명하지 않고 전국을 郡으로 그 하위 구역인 현으로 구분해서 그 知事를 스스로 임명하고 궁정에서 파견했다. 이들 지사는 일정기간 임지에 머무를 뿐 세습되지 않았다. 지사를 돕는 관리들도 세습적인 봉건영주는 아니었다. 중간신분으로서 봉건영주가 없는 '일군만민'으로 부르는 사회 편제가 실시되었다.

漢나라 때에 유교가 國教로 되어 秦나라의 정치를 격하게 비판했어도 제국통치의 이 방식은 답습되었다. 이어 관료층은 스스로를 周시대의 대부와 사에 해당하는 '사대부'라는 용어를 쓰기 시작했다. 魏晋이후 귀족제처럼 관료들이 실질적으로 세습에 의해서 권력, 위신을 유지하게 되었고 '사대부'는 특정 사회계층을 나타내는 말로 일반화 되었다. 물론 관료들의 상층부는 卿으로 제후의 작위를 받은 자도 적지 않았다. 사대부라는 말은 이들을 포함 정치적, 사회적, 문화적인 지배계층을 의미하는 용어로서 정착했다.

宋나라 時代의 사대부

송나라에서도 상황은 크게 변하지 않았다. 단지 큰 변화는 과거관료제도가 확립이 되었다는 것이다. 漢나라에서도 관리는 세습이 아니고 천거를 통해서 우수한 인재가 현직 관료에 임용되었다. 이것을 '選擧'라고 부른다. 출신지에서 평가하여 임용하는 것이 원칙이었기에 '鄕擧里選'이라고도 한다. 선거는 원래 황제가 관리를 고르는 것을 의미했다. 魏나라에서는 구품관인법으로 부르는 천거, 채용의 틀이 만들어졌고 이것이 바뀌어 귀족제의 온상이 되었다. 隋나라로 되어 필기시험에 의한 과거시험이 시작되었고 唐나라에 계승되었다. 하지만 이 귀족제의 높은 벽에 막혀 門伐 없이는 좀처럼 관료로서 승진할 수 없었다. 韓愈도 그 피해자의 한 사람이었다.

그러나 당나라 말기 오대의 전란으로 귀족이 몰락해서 門閥이 고려되지 않고 황제가 시험성적만으로 우수한 인재를 등용하게 되었다. 문벌이 아닌 자신의 재능에 의해 관료로 출사한다는 의식을 강하게 가진 송나라의 사대부들은 이점에서 唐 이전의 귀족적인 사대부와는 구별된다. 宋學 창시자의 한 사람인 張載는 그의 문장에서 '천지를 위해 뜻(志)을 세우고, 민중을 위해 道를 세우고, 옛 성인을 위해 그 학문을 부흥, 계승해서 먼 미래를 위해 천하태평을 초래한다(近思錄, 爲學大要篇). '만세를 위해 태평을 열다'라는 이 기개는 宋나라의 신흥 유교에 공통된다. 장재보다 한살 위의 사마광도 1년 아래인 왕안석도 각각 정치적 입장을 달리해 논쟁을 했지만 역시 송나라 사대부의 전형이라고 할 수 있는 사람들이다.

주자학은 이런 정신적 토양 위에서 성장했다. 그들은 유능한 과거관료로서 두각을 나타냈고 범충엄의 다음 세대에 부과된 왕조를 다시 재건한다는 임무를 어떻게 수행할까 고민했다. 국가의 흥망성쇠는 우수한 인재를 관료로 등용할 수 있는가? 어떤가? 즉 군주가 사람을 보는 안목에 달려있다고 할 수 있다. 이른바 유교 고래의 人治論을 전면에 내세워 靜態로서 국가질서의 안전에 부심한 보수파 사마광, 구래의 통치시스템의 병폐를 비판해서 경제 상황의 변질에 응한 動態的 재정국가의 수립이야말로 周나라의 황금시대의 재현에 연결된다고 주장한 복고적 혁신파의 왕안석, 이 2인의 정책은 표면적으로 대립했어도 천하의 질서를 정치, 사회, 경제, 문화라는 여러 측면에서 주체적으로 중심이 되어 담당해야만 하는 것은, 과거관료 즉 사대부라는 인식에는 완전히 일치한다.

유교 경서의 해석이 科擧시험의 핵심이 되어야 한다는 왕안석의 과거 개혁이 그 후에도 기본적으로 답습된 이유이다. 史的유물론에 기초한 역사학에서 사대부라는 것은 지주, 대상인 계급 출신으로 그 계급이 추구하는 존재로 간주된다. 사마광등의 舊法黨과 왕안석의 新法黨의 대립도 출신계층이 대지주인가? 중소 지주인가? 의 차이에 의해서 설명된다. 朱子學은 구법당계의 유파를 이어 받은 지주계급의 입장에 선 이데올로기로 그 이전의 불교적 사유를 대신한 중국 사회를 지도하는 '봉건적 思惟'라고 규정했다. 그러나 그들 사대부가 관료로 된 경우 지주들의 특권계급에 불이익이 되는 정책을 주도하는 경우가 종종 있었다.

그들의 사상과 행동을 단순히 지주, 대상인 계급과 결합되어 이해할 수는 없다. 원래 사대부라는 명칭은 주(周)나라 시대에 천자(天子)나 제후(諸侯)에게 벼슬한 대부(大夫)와 사(士)에서 비롯된 것이었으나 이 시기 사대부는 교양과 경전 해석을 체득한 독서인층(讀書人層)을 지칭하는 용어로도 쓰였다. 지적 엘리트로서의 성격이 특히 송나라 이후의 과거관료로 그들의 본연의 모습을 크게 규정했다.

문학과 사대부

여기서 사대부가 문화적 측면에서 지도적 입장에 있었다는 점에서 문학을 보면 송나라는 '문학'이라는 넓은 의미의 정치적 활동영역이었다. 그 현저한 사례가 고문운동이었다. 한유에 의해 앞서 지도된 古文運動은 단순한 문체개혁운동이 아니었다. 그 이전의 육조시대에서 당나라에 이르기까지 유행한 사륙변려문을 아름답다고 생각하는 감성에 대해서 강력한 이의를 제기, 그에 따라 그것이 전제한 정치, 사회 질서를 뒤엎는 지향을 갖고 있다.

四六騈儷文은 4자구와 6자구로 이루어진 대구를 꾸며 표현을 반복해가는 것에 의해서 현란한 美的 세계를 구축하는 문체이다. 거기서 선발된 字句는 대부분 典據를 갖고, 그 전거로 된 작품에서 용법의 문맥이 새롭게 창작된 작품의 세계로 침투한다. 이른바 반복된 우주이고 거기에는 변화하는 역사 관념은 없다. 요컨대 현재 질서가 바로 理想 질서의 실현이고 개혁은 필요 없는 것이다. 모두 선례에 따라 뽑은 이 문체는 세습에 의해 현상유지 지향을 갖는 귀족제 사회에 대응했다. 한유가 숨통을 튼 것은 정확히 이런 舊體制였다. 그러나 그의 시대에서 고문은 정통으로 되지 못했다. 五代에 이르기까지의 기준은 변문이었다. 그런데 송대에서 고문추진파가 의연 활기를 띄었다. 특히 범충엄의 친구인 歐陽脩의 등장으로 고문은 곧 정통파의 지휘를 탈환하는데 성공했다. 그도 편집에 참여한 '新唐書'는 당대의 사료 원문이 騈文이었기 때문에 이것을 고쳐 고문의 문체로 다시 기록했다. 고문의 정신으로 당연한 것이 복고였다. 복고는 현재 및 현재에 근접하는 과거를 비판해서 과거의 황금시대를 희구한다. 요컨대, 고문은 개혁에의 시점이다. 애초 한유와 구양수가 산문의 규범으로 우러러 본 '孟子'는 맹자라는 복고주의 사상가의 개혁에의 의지를 표현한 책이었다. 여기서 형식미는 없고 내용이 중복되었다. 구양수의 文体는 蘇軾과 왕안석으로 계승된 것이 하나의 성과였다. 한유를 포함해서 그들이 모두 당송팔대가로 칭해지는 것은 필연적인 것이었다. 蘇軾은 문학 분야에서 연구의 중심이 되었고 당시에는 왕안석 비판파의 관료였으며 사마광, 왕안석, 道學과 다른 학풍의 일파를 갖춘 儒者로 회화와 서예에도 정통한 재능을 발휘한 예술가였다. 즉, 사대부였다.

왕안석도 마찬가지이다. 蘇軾과 왕안석이 문학과 예술면에서 보여준 작풍의 서로 다른 점은 그들의 정치사상과 儒者의 모습이 서로 다르게 대응되는 것이다. 그리고 왕안석, 소식과는 다르게 道學이 문학에 대해서 어떤 종류의 경계심을 갖는 것에 대해서는 창시자 程頤(정이)의 학풍 및 왕안석, 소식과의 알력에 유래한다. 도학의 진면목은 11세기 후반의 이러한 정세 속에 도학의 자기 인식에 출발하고 있는 것이다. 이것은 사대부 문화의 일익을 담당해 나가면서도 이른바 사대부 문화와는 거리를 갖고 태어났다.

修己治人

이 '修己治人'은 주희에 의해서 高唱되었다 '나를 닦아서 사람을 다스린다.' 이 문구는 주자학 성립 이후 사대부들의 생존방식의 지침이 되었다. 스스로의 영달밖에 생각하지 않는 사람도 표면적으로 이 표어를 부정하는 것을 꺼렸다. 그 의미로서 이 문구는 이념으로서 기능했다. 이 문구는 '논어'에 있는 '修己安人'에서 유래한다. 따라서 유교사상에서는 옛날부터 계속된 이념이었다. 그러나 주자학에서의 위치는 특별한 것이었다. 먼저 자기 자신을 성인에 가까운 인격자로서 세운 후에 위정자로서 민중의 위에 섰다. 그 때 주희는 二程을 계승하고 '敬'이라는 수양법을 존중했다. 이른바 敬이라는 것은 '主一'을 敬으로 부르는 것이다. 하나라는 것은 다른 것에 主의 관심이고 그것이 아닌 것을 하나로 부르는 것이다. 主一이라는 의미에 단지 오로지 줬는데 하나로 되면 둘과 셋도 된다. 거짓으로 되지 않는다. 태만하지 않는다. '오히려 사람이 없는 곳에서 부끄럽지 않기까지, 일체는 敬에 관계하는 행위인 것이다.'(河南程氏遺書 권15 및 近思錄 存養篇).

主一은 하나를 주로 하여 정신을 하나의 一에 집중시켜 다른 一에 미혹하지 않는 것, 정신수양의 방법으로서 雜事, 雜念을 배제하는 것이 程顥가 말하는 '敬'의 주안이었다. 여기서 그가 인용한 것은 '詩經' 大雅 抑篇의 句이고 '中庸'에도 있다. 스스로 몸을 신중히 하는 것으로 해석되는 句로 중용에서 이를 받아 '때문에 군자는 움직이지 않고 존경받고, 말하지 않아도 믿는다.'로 이어진다. 이렇게 해서 수양론이 蘇軾의 기풍과 서로 상충되지 않은 것을 쉽게 이해할 수 있다. 주자학의 수양론은 변용을 거듭해서 후세로 전해졌다. 陽明學은 이 修養論을 비판해서 태어났다. 그러나 그 사상이 사대부들의 이념 '先憂後樂' '修己治人에 일관했다. 体制敎學의 주자학에 반해 양명학은 서민출신의 사람이 많았고 원래 민중적인 것처럼 설명되지만 그것은 사실 정반대이다. 王守仁문하의 서민학자 王艮은 젊었을 때 자신이 천하를 지탱하고 있다는 꿈을 꾸고 땀을 흘렸다고 고백하고 있다.

제3장 性卽理와 心卽理

理의 字義

주자학과 양명학과의 차이를 한마디로 설명할 때 종종 '性卽理와 心卽理'로 전자가 주자학, 후자가 양명학의 특징이라고 말한다. 理의 원래 의미는 玉의 조리이다. 玉은 理, 珍, 珠 등이 있는 한자의 부수로 사용되었다. 보석을 대표하는 것으로 고래 중국에서 귀중하게 취급했다. 玉이 갖는 모양의 條理는 원래 거기에 그렇게 되어 있기 때문에 구르는 사물로 일반적으로 '그렇게 되어야만 하는 조리'를 '理'로 부르게 되었다.

그런데 이런 의미의 理라는 글자의 용법은 '論語' '孟子'에는 보이지 않는다. 이는 문헌학적으로 이들의 책이 성립한 시점에서 理자의 그러한 용법이 성립하지 않았다는 것을 의미한다. 이를 근거로 중국의 戴震(대진)은 공자와 맹자의 설에는 본래의 유교에 理의 사상은 없었고 주자학이 날조해 낸 새로운 사고방식이었다고 주자학을 비판했다. 理라는 字에 철학적인 의미를 집어넣은 것은 주자학이 처음 한 것이 아니다. 魏, 蜀, 吳 삼국시대 서력 3세기 중엽에 玄學이라는 유파에서 이 글자는 현상의 깊이가 있다는 것을 설명하는 문맥으로 사용되었고 唐나라 시대인 7-8세기의 佛教, 특히 華嚴教學에 있어서 '事'의 對개념으로 중용되었다. 그 때문에 주자학, 양명학의 理의 연원을 이들의 사용법에 찾아 그 의의를 강조하는 견해도 있다. 그러나 반드시 이러한 철학적 종교적 문맥에 한정하지 않고 이 글자의 넓은 뜻으로의 사용이 일반화되었다. 또 唐의 3대 황제 고종의 본명이 治이고(측천무후의 남편), 옛날부터 황제의 이름으로 사용되고 있는 글자는 사용이 금지되었기 때문에 대부분의 경우 '理'자로 대용되었다. 예컨대 孝治(효에 의한 치)는 '孝理'이다. 이 治字는 대부분 '理'자로 쓰였고 理는 일상어였다.

宋나라 때에도 理는 보통 사람들이 사용했다. 당시의 사람들은 玄學과 華嚴教學의 깊은 소양이 없어도 주희가 이야기하는 내용을 이해할 수 있었다. 그 근거로 주희와 門下生의 문답에서 '理라는 것은 무엇인가?'라는 논의의 흔적이 없다. 理는 '00은 리다'의 술어 형태로 쓰여졌다. 이 '理'는 이러하면 저러저러한 것이다 즉, 주어로 설명을 요하는 말이 아니었다. '性卽理'로 해라, '心卽理'로 해라, '00은 理다'의 형태이다. 이와 같이 '氣'에 대해서도 말할 수 있다.

二程(정호, 정이)의 공적

당시 일상생활에서 사용되었던 '理' 라는 말에 세계의 原理, 眞理의 의미를 담아서 주자학의 철학체계가 구축되었다. 이것을 자각적으로 처음 선언한 것은 程顥로 그는 '자신의 학문은 善에서 배운바가 많이 있다, 그러나 天理의 그 두문자에 대해서는 스스로 체득했다고' 말했다. 그리고 그의 동생 程頤에 이르러 '性卽理'의 설이 확정되었다. 性은 理이다. 이른바 '이성'이다. 이 우주세계 속의 '理'는 유래를 찾아보면 善이 아닌 것이 없다. 희노애락의 감정도 '未發'의 단계에는 모두 善이다. 그 외에 나타난 節度에 들어있으면 모두 善이 아닌 것이 없다.(河南程氏遺書,권22상) 여기서 '理性'은 reason의 번역어 '이성'의 의미는 아니다. 이는 불교에서 '事相'의 반대 개념으로 사용되었고 사물의 본성을 가리키는 용어였다. 정호가 이른바 '所謂'로 말하는 것에서 알 수 있듯이 '理性'이라는 말은 당시에 일반적이었다. 원래 불교의 승려들이 敎說를 설명하기 위해서 이 말을 사용했다고 하는 것은 '理'와 '性' 이라는 2개의 글자를 결합시켜서 사물의 본성에 대해서 말하는 사고가 성립하는 기반이 그 이전에도 존재한다는 것을 나타내고 있다.

정호는 중국 사상에서 옛날부터 과제로 되어온 '性'의 설명에 새롭게 '理'라는 말을 이끌어 냈다. '性은 理'이다. 이 말의 구조에 의하면 '성'의 해설을 필요로 하게 된다. 지금도 명확하지 않은 개념인 '理'는 듣는 상대에 의해서도 卽知의 명확한 개념이다. '성'이라는 개념을 둘러싸고 先秦시대 儒家의 성립 당시부터 여러 가지 해석, 설명이 존재했다.

문헌학적으로 가장 오랜 논쟁은 '孟子' 告子上篇의 유명한 性善說에서 볼 수가 있다. '性에는 善도 惡도 결정된 성질은 없다'라는 설, '군주의 정치가 적절한가?' 납득할 수 있는가? 어떤가?로, 각 사람의 성은 선하게 되기도 하고 악하게 되기도 한다는 說, '성은 사람에 따라 다르고 선한 사람도 있으면 악한 사람도 있다'는 說, 이들의 諸說에 대항해서 맹자가 제창한 것은 이들 속에서 가장 간결하고 단순한 '사람은 모두 善한 性을 갖고 있다'는 것이다.

孔子이래 2천 5백년간 변함없이 쓰고 있는 것처럼 보이지만 그것은 역사적 사실이 아니다. 맹자의 성선설이 전통의 지위를 확보한 것은 정이, 주희 등이 이것을 '性卽理'로 정식화 한 것에 의한 것이다. 다시 말하면, 맹자 본인은 자신의 성선설을 '理'라는 말을 사용해서 설명한 적이 한 번도 없다. 그러면 程頤는 맹자 성선설을 정식화한 위에 왜 '理'라는 말을 술어로서 선택한 것인가? 그것은 형인 정호와 함께 그 개념화에 성공한 '天理'와 결부되었기 때문이다. '天'이 있으면 '命'이라고 말하고 人에 있으면 '性'이라고 한다.

'중용' 서두의 一句 '하늘이 命'하는 것, (이를 性이라 말한다.天命之謂性)을 정이의 발언으로 바꾸어 말하면 모든 사람은 하늘의 명으로 '성'을 부여받았다. 천에는 '理'가 있고 이것이 우주세계 전체를 통일하는 질서를 이루고 있기 때문에 이들 개개의 '性'은 모두 '天理'의 일부로 동질하다. 그것이 맹자가 말했던 '사람은 모두 善한 性을 갖고 있다'는 것을 의미한다. 정이의 사고방식은 이러한 것이었다.

주희에 의한 체계화

주희는 스스로를 二程의 충실한 계승자로서 자리매김했다. 부친과 부친의 친구들에 의해 수집된 二程의 자료를 정리하는 중에 항간에 유포되고 있는 二程어록과 그의 門流들에 의한 해설은 二程의 진면목을 전한 것은 아니었다고 생각해, 다수파의 견해를 비판하는 형태에서 자기의 所說을 확립시켰다. 현재 二程의 사상을 말할 때 보통 이용하는 '하남정씨유서'인 어록자료는 주희가 편집한 책이다. 주희가 '性卽理'와 함께 '성'의 설명에 즐겨 인용한 것은 張載의 '心은 性과 情을 총괄하는 것'(心統性情)이라는 句였다. 그런데 이 글귀는 내력 불상으로 현존하는 장재의 문장어록에는 보이지 않는다. 이는 주희가 장재의 어록을 단지 그의 어록에 재인용한 것뿐이다. 따라서 장재가 실제로 이 구를 썼는가? 어떤가? 만약 그렇다면 그것이 어떠한 문맥으로 어떻게 어떤 글귀의 뜻을 갖고 있는가는 현재에도 불명확하다.

적어도 주희가 이 句를 애용한 것은 이 구가 사상체계에 맞는 좋은 것이었기 때문이다. 天의 理로 되는 性은 인간 心의 일부에 지나지 않는다. 다른 한편에 情이라는 것이 존재한다. '情'은 남녀관계를 가리키는 용어이지만 朱熹가 여기서 말하고 있는 것은 그런 뜻이 아니다. 이것은 그 이전 몇 백년 이상의 역사를 갖는 '性'과

'精'의 관계를 둘러싼 논의를 이해하지 않고서는 이해할 수 없는 것이다. 앞에 인용한 정이의 발언 속에 '미발'이라는 말이 있다.

희노애락의 감정도 미발의 단계에서는 모두 善이다. 그들이 밖으로 표현해도 節度로 이루어져 있어도 모두 선한 것은 아니다.(하남정씨유서 권22상) 희노애락의 4개에 愛, 惡, 欲의 3개를 추가한 7개는 사람이 다른 사람에 대해서 표시하는 감정적 태도의 유형범주였다.

儒家 사상에서 감정을 드러내는 것은 억제해야 하는 것이고 이들의 감정을 어떻게 통제하는가? 혹은 통제하는 것이 가능한가?가 수양론 제1의 주제였다. 禪佛教의 성립 후는 그 영향을 받아 유교에서는 평상심을 유지하기 위한 정신수양법이 설해지게 되었다. 예컨대 二程의 가정교사였던 周敦頤는 '主靜'이라는 말로 이것을 설명하고 있다. '중용'에 희노애락의 감정이 드러나지 않은 것을(未發) 中이라 하고 드러나되(發) 지나치거나 모자라지 않고 상황에 알맞게 되는 것을 和라고 한다는 문장이 있다. 앞의 程頤의 발언은 이 문장을 근거로 한 것이다.

心의 주체

유교에서는 옛날 상세한 예식의 규정을 받아서 인간관계를 律해왔다. 주희는 중용의 주석에서 '희노애락은 情이다. 이들의 미발은 性이다. 치우침이 없는 것을 中이라고 한다. 표출해서 모두 節度로 이루어진 것은 情의 올바름을 세운 것이다. 그것에 멀리하는 것이 아닌 것을 和라고 한다(中庸章句). 미발의 性의 표현이 已發의 情이고 그것이 타인관계를 구축한다. 사람의 행동은 그 시점에서 理로 이루어져있는가? 어떤가? 묻는 것이지만 그 때문에 항상 마음을 理=性에 순수한 상태로 유지, 감정의 표출이 적절히 행해지는 준비를 해놓지 않으면 안 된다.

程頤의 '主敬'을 승계해서 주희도 敬의 중요성을 강조했다. 그 사상적 근거로 된 것이 수양이고 결코 외부적 규범에 의한 강제가 아닌 각 개인 속에 사전에 준비된 천리로서의 성에 따라 된 점이다. 신하가 군주에, 자식이 부모에, 처가 남편에 절대 복종하는 것은 '天의 理'이다. 그것은 지배계급과 친권자와 이중구조에 의해서 억지로 그렇게 하는 것이 아닌 자연의 섭리라고 주장했다. 이 3종의 인간관계는 漢나라 이후 '三綱'으로 불렀다. 그 전제 위에 예정조화적인 인간관계의 그물망을 구축해 가는 것이 주자학의 사회론이다. 그러나 이것은 일부의 사람들에게 식상하게 느껴졌다. 보다 솔직히 사람의 감정에 다가서는 설명이 있어야만 했다. 양명학은 그에 응답했다. '心卽理'즉 심은 리이다. 이 명제는 주자학류의 性卽理說을 전제로 그에 대한 비판이라는 점에서 최초 의미를 갖는다.

주자학에서도 程頤와 張載는 위에 언급한 2개의 명제를 되풀이 하며 '理는 心에 깃든다.'는 것이 된다. 따라서 여기서도 心의 문제는 중요하고 '주자학도 心學이다' 해서 양명학과의 동질감을 주장하는 견해도 있다. 그러나 이 논의는 주자학의 '心'과 양명학의 '心'은 그 표상 내용과 의미 연관이 달라서 양자 각각의 '심학을 둘러싸고 다른 내실이 있는 것을 가볍게 여기고 있다. 양명학에서 말하는 '心은 理'다. 그러나 '性은 理가 아니다'라는 함의는 일체 없다. 물론 성즉리에 대해서는 주자학과 같은 인식에 서 있다. 문제는 물론 '心統性情'의 쪽에 있다. 주자학이 심과 성을 개념상 '性卽理'로 확실히 구별한 것에 대해 양명학에서는 心도 性도 같은 것으로 했다. 그 때문에 '性卽理'는 그대로 '心'性卽理'로 되는 것이다.

주자학은 주희 자신의 분석주의적인 지향, 首弟子 陳淳에 의해서 정리가 되었고 이들은 諸개념의 구별, 상호 관계의 설명에 열심이었다. 그 의미에서 '철학적'이라고 할 수도 있다. 이는 유교의 經書에 나오는 문언, 술어의 의미 내용을 하나씩 하나씩 확인해 가는 훈고학의 계보에 속한다. 종종 '주자학은 漢나라 시대 유교의 훈고학을 비판하는 풍조' 속에서 생겼다고 하는 견해도 있지만 정확한 것은 아니다. 二程과 그 제자들의 경우 도학은 그대로 두고, 주자학은 주희의 개성에 의해서 훈고학적인 양상을 갖추었다. 주자학의 정교한 체계성은 각각의 술어를 엄밀히 정의해 가는 과정에 의해 성립되었다. 그런데 양명학은 그렇지 않았다. 스콜라틱한 知의 체계가 인간으로 어떻게 살아가야 하는가? 라는 절실한 과제와 무관하다고 하는 것, 이것이 왕수인이 주자학에 반기를 든 가장 큰 이유였다.

'外物에 대처할 때의 감정을 통제하기 위해 物과 접하기 이전의 시점에서 새롭게 마음을 닦아 놓는다' 고 하는 주자학의 敬의 수양법은 매일 매일 다양한 사물에 연속해서 부단히 접할 수밖에 없는 인간의 일상생활을 무시한 책상위의 관념에 지나지 않는다. 물론 외물과 접촉하는 그 현장에서 스스로의 마음을 바르게 갖고, 실제로 몸에 익히는 것, 그것이 양명학의 事上磨鍊이다. 여기서 未發, 已發의 단계에 오른 것은 아니다. 心은 性과 情이라는 별개의 단계를 통합하기 위한 명칭이 아닌 性을 갖춘 情이 움직이고 있는 그 경우를 가리키는 용어이다. 따라서 심과 성의 수양론상의 구별도 무의미하게 된다.

왕수인의 생각에는 心이 외물에 느껴 움직이는 그 움직임 자체의 올바름이 '理'인 것이다. 그래서 주자학의 格物과는 달리 物도 內心에서 발하게 된다. '심의 외부에 物은 없다. 자신의 마음이 부모에 효행하려는 생각이 일어나는 경우 親孝行하는 것이 物인 것이다'(傳習錄,上) 마음의 본체는 性이며, 性卽理이다. 그러므로 친효행하려는 마음에 孝의 理가 있다. 친효행하려는 마음이 없으면 효의 理도 없다. 주군에 충성을 다하려는 마음이 있으면 충의 理가 있다. 주군에 충성을 다하려는 마음이 없으면 충의도 없다.(傳習錄, 中)

요컨대 주자학과 양명학에서는 똑같이 '心'이라는 말을 사용해도 그 내실이 다르다. 따라서 주자학의 '性卽理'에 대항해서 양명학이 '心卽理'를 주장만 한 것은 아니다. 그런데 '性'과 '心'이 동일 차원의 다른 개념으로 받아들여도 양자가 서로 대립하는 主義 주장으로 간주되었다. 그 때문에 2개 학파의 서로 다름을 나타내는 단적인 표현으로 이들의 표어가 강조된 실정이라 할 수 있다.

제4장 格物과 親民

격물이란 무엇인가?

性卽理와 心卽理가 내용적으로 비슷한 의미이어서 같은 내용을 다른 표어로 표현한 것이지만 이 두개의 표현은 주자학과 양명학과의 차이를 명확히 나타내는 사례는 아니다. 앞서 언급한 주자학과 양명학과의 사이에 '心'의 표상적 내용의 차이를 이해한 위에 굳이 이 두 개의 말에 양자의 차이성을 나타낸 표어로 내걸은 경우는 이같이 의식해서 사용하고 있는 것이다. 그러나 여기에는 다음과 같은 문제점을 내포하고 있다. 주희가 정이의 발언을 승계해서 '性卽理'를 강조할 때 그 의미는 '우리들이 본래 갖추고 있는 본성은, 우주의 각 물체가 각각 갖고 있는 형태 즉, 우리 인간에 대한 표현이다. 따라서 우주의 질서와 조화적인 것이다'라는 것이다.

인간은 대부분의 경우 그것에 '氣'을 느낄 수 없다. 주희는 그 이유를 우리 인간이 '氣'에 덮여 있기 때문이라고 설명한다. 여기서 우리는 먼저 자기 자신을 포함한 우주의 事物를 대상으로 하는 지적 탐구를 행해서 '理'라는 것은 무엇인가? 를 체득하지 않으면 안 된다. 그에 의해서 인간은 인간으로서의 본래의 존재를 느끼고 그 있는 자세에서 적당한 생존방식이 가능하게 된다. 이러한 사고방식에 기초해 주자학적인 수양이 구해진다. 이 논의 주제가 '格物'이다. 한편 양명학의 '심즉리'는 살아있는 인간이 지금 여기서 정신적 활동과 육체적 행위를 행해서 그 있는 모양 자체가 우주의 도리에 유래한다고 하는 의미이다. 요컨대 우주의 도리라는 것은 활동과 행위의 주체인 우리 인간의 바깥에서 탐구해야만 하는 일이 아니고 자신이 그들의 활동 행위를 행하는 그때그때에 확인되어야만 하는 것이다.

그 근거 역시 '格物'이었다. 즉, 양쪽 모두 격물에 중점을 두고 있다는 의미와 같은 것이다. 바꾸어 말하면 같은 '格物'이 다른 의미 내용으로 해석되어도 그 해석상의 相異가 주자학과 양명학과의 차이를 나타낸다. 성즉리와 심즉리라는 표어의 차이가 중요한 것은 아니다. 근본적으로 '격물'을 둘러싼 이해의 방식이 바로 양자의 相異점이다. '格物'이라는 말은 '大學'에 있다. 대학이라는 문장은 원래 '禮記'의 한편으로 기원전 5세기에서 2세기에 성립된 작품이라는 여러 설이 있다. 유교의 經學에서는 曾子 門下生이 孔子. 曾子의 주장을 기록한 것으로 간주하고 있다. 宋나라의 사마광이 이 篇만을 골라서 주해를 가했고, '예기'의 諸篇에서 독립해서 읽혀지게 되었다. 특히 道學에서는 창시자인 二程 이래 이것을 공자 一門의 유서로서 존중해 놓고 朱熹에 의해 역시 '예기'의 한편이었던 '中庸'과 함께 특별히 뽑아내 '論語' '孟子'와 나란히 四書의 하나로 되었다. 주희는 이전의 說을 아예 무시해 버리고 '대학'의 요점은 三綱領八條目이라고 했다. 어쨌든 대학의 서두部는 주희에 의해서 '經'(이 경우의 '經'은 '伝'에 對한 말로 대학의 경서 전체 속에서도 중핵을 낳는 공자의 발언 부분이라는 의미)으로 부른 文章도 있다.

삼강령은 明明德, 親民, 止至善, 이 중의 친민은 新民의 오자(誤字)라는 것이 정이, 주희의 견해이다. 팔조목은 格物, 致知, 誠意. 正心, 修身, 齊家, 治國, 平天下이고 格은 동사, 物이 목적어이다. 문제는 그 物이라는 것은 무엇인가? 格이라는 것은 어떻게 작동하는 것인가? 이다. 옛날 이 字句에 대해서 다양한 해석이 시도되었다. 사마광은 격을 '거절하다' '물리치다'의 의미로 해석했다. 격물은 외계의 사악한 것, 마음을 혹하게 하는 것을 내쫓는 것이라는 것이다. 주희의 '大學章句'에서의 해석도 그러한 諸說 병립 상황에 새로운 하나를 추가하는 형태로 등장했다. '格'이라는 것은 '知'이다. '物'이라는 것은 '事'와 같은 의미이다. 格을 知, 物을 事로 각각 별도의 字로 바꾸어 놓고 격물의 의미를 설명하고 있다. 이러한 양식을 訓詁라고 부른다. 여기서 주희가 '格'을 '知'와 같은 의미로 읽고 있으나 언제, 어디에서도 '格'은 '知'와 동의는 아니다.

格物致知補伝

원래 격물을 둘러 싼 해석이 옛날부터 혼란스러운 주요 원인은 '大學' 속에 명시적으로 이 말을 설명하는 말이 없기 때문이다. 다른 강령조목에 대해서 각각 설명의 문언이 있지만 格物에 대해서만은 무엇을 갖고 격물이라 하는가의 해설이 없다. 주희는 그 이유를 '본래는 있었던 것이 秦의 분서갱유 등의 영향으로 잃어버렸다'고 해석했다. 그리고 二程의 의도를 따라서 잃어버린 부분의 복원을 시도했다. 그것이 후세 '格物致知補伝'으로 부르는 144자로 이루어진 문장에서 '易'에 유래하는 '理'를 규명하여 거기에 있는 자구였다. 격물의 새로운 해석을 둘러싸고 당연히 주희 一門 중에서도 논란이 되는 경우가 많았다. '朱子語類' 권 15에는 60항에 이르는 師弟문답을 수록하고 있다. 그중에 '격물의 격이라는 것은 다한다'는 의미이고 사물의 理를 규명할 필요가 있다. 2-30%를 규명하는 것만으로는 아직 격물이 아니다. 100%를 다 규명해야 격물이라 할 수 있다.

格이라는 것은 이르다는 의미로 실제 거기까지 겨우 다다른다는 것이다. 예컨대 남검州의 사람이 建洲(건양현)로 향해서 여행을 할 경우 城의 관청에 도착해서 처음 이르렀다고 말할 수 있는가? 건양현과의 경계에 도착한 것을 이르렀다고 말할 수 없지 않는가?' 그 理의 규명을 다해 자신의 것으로 하는 것이 격물이고 8조목의 제1단계였다. 이렇게 해서 얻은 식견을 미치게 하는 (致知), 스스로의 의사를 성실히 해(誠意), 생각을 공정히 하고(正心), 자신의 행동을 통제해서(修身), 일가족을 부족함이 없이해서 통솔(齊家), 제후로서 영지를 통치해(治國), 천하만민을 안정하게 한다(平天下). 이것이 사람 된 자의 의무라는 것이다. 이 말은 원래 '대학'의 원저자는 그 대상이 君主를 훈육하는 교설이었는데 주희 등 도학자들이 사대부 일반에로 확대하고 바꾸어 이 교설을 받아들인 것이다.

앞서 언급한 '先憂後樂'하고 만세를 위한 태평을 여는 정신을 역설한 문헌으로 大學은 그들의 聖典으로 되었다. 이와 관련하여 聖人 개념이 변질되었다. 그 이전의 유교에서 '성인'이라는 것은 인격적인 유덕자뿐만 아니라 사회 질서를 담당하는 정치적인 왕이었다. 따라서 특정의 선발된 사람만이 성인이 되는 것이고 누구라도 그렇게 되는 것은 아니었다. 성인을 왕으로 위에 추대해 놓고 그 통치를 보조하는 것이 일반인의 이상이었다. 그런데 宋나라에서는 程頤가 '성인학에 마땅히 이르러'라고 단호히 말한 것처럼 성인은 그걸 뜻하는 사람 모두의 목표로 된다. 왕이 아닌 사대부로 백성에 군림하는 것, 구체적으로는 과거관료로 혹은 지방 유력자로 질서에 책임을 갖는 것이 성인의 사회적 모습으로 간주 되었다. 이 경우 성인은 내면 陶冶에 의해 완전 무구한 인격자로 되는 것이다.

주희는 이러한 聖人觀의 입장에 서서 격물의 중요성을 설했다. 즉, 진정한 사대부는 먼저 격물을 완수해야 한다. 그래도 그는 중도반단한 상태로는 '格'이라 할 수 없다고 반복해서 주장하고 있다. '物에 이르기' 위해서는 정신의 극도 집중이 요구된다고 주자의 후학들은 이렇게 받아들였다. 격물치지와 마차의 양수래 바퀴는 같은 것으로 정이가 설한 것이 '敬'이고 주희도 이를 계승했다.

至에서 正으로

수도 북경에서 정원의 대나무를 상대로 격물하고 있는 청년이 있었다. 바로 왕수인이었다. 그는 용장의 大悟에 의해서 이러한 방법의 잘못을 느꼈다. 外物에 理를 구하는 것은 잘못이었다고. 격물은 '맹자'의 대인은 君心을 格한다(바르게)의 格과 같은 것으로 마음의 不正을 제거해 본래 가지고 있는 바름을 회복하는 것이다(전습록, 上). '맹자' 離婁上篇에 나오는 句를 근거로 여기에서도 '格'은 '正'의 동의어였고 주희가 말한 것처럼 '至'의 의미는 아니라는 해석이다. 요컨대 格物의 '물에 다다르다'는 외물에 의존해 움직여 가는 것이 아닌 '물을 바르게 한다.'는 내면 주체의 양상으로 이해되었다. 왕수인은 8조목의 단계로 되지 않았다. 물을 바르게 하는 것은 즉, 良知의 작동에 의한 것(致知)이고, 거기에는 내면의 誠意, 正心이라는 상태가 필요한 것이었다. 원래 주희의 分析과 다르게 왕수인은 意과 心의 구별에도 무관심했다.

無善無惡은 心의 体
有善有惡은 意의 動
至善至惡은 본디 良知
爲善去惡은 본디 格物

여기서 격물보다 心쪽을 근본 개념으로 앞에 놓고 있다. 그것은 바름의 대상으로 心(주자학의 正心)이 아니고 외물로 향한 정신적 활동, 육체적 행위를 반복 확대해 가는 주체로서의 心이고 선악을 초월한 絕對善의 위상에 놓여진 '바른 마음'인 것이다. 이것이 王畿 등이 철저히 무선무악을 설해 意도 知도 物도 모두 선악의 차별을 초월해서 절대적인 선으로 했다. 이와 연동해서 '大學' 冒頭의 한 문장에 대한 해석도 주자학과 양명학에서는 서로 다르게 된다. 대학의 길은 明德을 밝히는 것에 있고, 민에 친하게 하는데 있고, 지선에 머무르는데 있다.

두 번째의 명덕에 덕이 있다는 해석도 있다. 정현, 주희, 왕수인도 위와 같이 읽는 것에 견해가 일치하고 있다. 지선에 머무르다도 같다. 문제는 3번째 대목의 句이다. 여기서 親자를 정이는 新의 잘못으로 파악해서 '민을 새롭게 한다에 있다'로 해석했다. '대학'의 끝 문장에 '尙書'에서 인용한 '作新民'이라는 문구가 있어서 이와 정합성을 시도했다. 도학에서는 이 변경이 당연히 공유되었다. 주희도 이에 따라서 '대학장구'에 '新'이라는 것은 옛것을 새롭게 하는 것이라고 말하고 있다고 주석을 달았다. 요컨대 '在明明德, 在新民'의 의미는 이렇게 된다. '명덕'이라는 것은 道學에서 각 사람이 태어날 때 갖는 善性 즉 天理이다. 주희가 말하는 의미는 선각자가 사람들을 敎導해서 만인이 천리로 되돌아가는 생존방식을 함으로서 천하태평을 가져온다. 그는 그것을 '修己治人'으로 표현했다. 먼저 자기를 수양한 자가 위정자가 되어 사람들을 교육 감화한다. 주자학에서 윤리학과 정치학의 결합은 이 이론 위에 세워졌다. 거기에는(계급구조, 불평등구조) 민중을 위에서 내려 보는 사대부의 시점이 명료히 나타나 있다.

新民인가? 親民인가?

주자학이 官學으로서 체제교학의 지위에 놓이자 사람들은 개정판 '대학'으로 학습하게 되었다. 거기에는 신민으로 대체해서 읽는 것이 당연한 전제로 공유되었다. 왕수인도 원래 정현이 주석을 할 때에 이를 '친민' 그대로 해석했다는 것은 역시 나중에 알게 된 새로운 발견이고 놀라움을 금치 못했다고 회고했다. 왕수인은 친민을 문자 그대로 해석했다. 그렇게 하지 않으면 안 되었다. 왜냐하면 孔子는 修己와 治人을 단계로서 구별하지 않았기 때문이다. 자기 수양을 완성한 사람이 타인을 가르쳐 이끌어 새롭게 혁신시키는 것은 아니다. 민중과 어울리는 것 자체가 스스로의 수양인 것이다. 이것을 그는 '事上磨錬'으로 불렀다. 주자학이 먼저 서재에서 학문과 정좌를 요구한 것에 對해 양명학은 현장주의라 할 수 있는 성격이 강했다. 요약하면 주자학에서 '格物은 窮理'의 동의어였다. 우주를 貫하는 법칙을 이해해서 그에 따른 생존 방식으로 사람을 가르쳐 이끄는 입장에 자기 자신을 놓을 수 있다는 것이다. 즉 新民이다.

한편 양명학에서 격물은 心을 바르게 한다는 '正心'과 실질적으로 같지만 반드시 그런 것은 아니다. 齊家와 治國도 마음 본연의 자세에 의해 실현되는 것으로 간주했다. 주자학처럼 순서를 밟는 단계를 통해 최종 목표인 평천하에 다다르는 것이 아니고 각 사람이 격물하는 그 자체가 평천하의 실현이다. 그러나 그것은 주자학 측에서 보면 방편 없는 현실 유리이다. 양명학이 출현해서 주자학이 힘을 잃은 것은 아니었다. 물론 양명학의 비판을 통해서 사회사상 질서에서 주자학의 특징이 보다 선명하게 부각되었다.

제5장 천리와 인욕

天理의 발견

주희가 편집한 謝良佐의 어록 '謝上蔡語錄'에 스승 程顥의 발언을 전한 것이 있다. "나의 학문은 선인에게 배운 것이 많지만 '천리'의 두 글자에 대해서는 자신이 터득했다" 이 말은 주희가 편집한 '하남정씨외서'에도 인용되어있다. 출처는 같은 사양좌의 기록 노트이다. 주자학, 양명학에 대해 말하는 경우 이 두 글자를 떼어 낼 수 없다. '천리'라는 말은 위에서 언급한 정호의 술회와는 다르게 이미 고전에도 나온다. '莊子'에도 나오며 儒家 계통의 문헌에서는 '예기'의 樂記篇에 나온다. 천리라는 말은 결코 정호가 만들어 낸 것은 아니다. 그의 술회는 기존의 이 말에 넣은 그들 형제의 사상적 내용이 누군가의 교설을 승계한 것이 아니라는 선언을 받아들인 것이다.

실은 唐나라 때 시인 劉禹錫의 '天論'에 '사람의 理가 하늘의 理에 이긴다'는 것이 인간세계에서 바람직한 것이라는 것에 對해 二程은 '천리'는 만인이 따라야만 하는 우주적 질서를 표현한 절대적인 가치를 갖고 있다고 보았다. '理'는 당시의 일상어였다. 질서의 근거를 나타내는 말로서 宋學의 각 유파는 이 말을 애용했다. 그러나 '理'가 따라야만 하는 규범이라는 그 근거는 무엇인가 대해서는 명확한 제시가 없었다. '천리'라는 표현은 '리'가 '천'에 유래한다는 것을 명확히 해서 그 때문에 자연계와 인간계의 밑바닥에서 일어나는 질서 원리를 나타내는 형태의 숙어였다.

정호에게 천리라는 것은 '天의 理'였다. '性卽理'는 天이 부여한 것인 이상 각 사람에게는 선성이 선천적으로 갖추어져 있다는 의미였다. 그 근거로 되는 것은 '中庸' 冒頭의 '天命之謂性'= 하늘이 명하는 것을 본디 性이라고 한다. 이미 언급했듯이 원래 문장 내용에 '理'자는 등장하지 않는다. 二程 형제 사이에서 '천리'가 빈번히 사용된 흔적은 없다. 물론 心을 둘러싼 문제에 고찰의 초점이 놓여져 王安石학파와 蘇軾학파와의 논쟁을 통해서 道學 독자의 修養論이 연마되었다.

人慾과의 투쟁

'천리'는 주희에 의해서 재규정되었다고 할 수 있다. 어록 편집작업에서 그가 이 말을 인용한 것이다. 주희가 '천리'의 반대개념으로 종종 사용한 것이 '人欲'이었다. 각 사람이 갖고 있는 천리의 性은 사람이라는 형태를 취하기 위에 필요한 '氣'로 섞여있는 조잡물 즉 '欲'에 의해서 발현을 방해받고 있다. 이 악의 요인을 제거해 본래의 至善으로 돌아가는 것이 바로 수양의 목적이라고 주희는 주장했다. '대학' 서두 例의 한 문장을 註解할 때에 '止於至善'의 설명으로 '천리의 끝에까지 이르러, 한 조각의 人欲도 없다'고 설명하고 있는 것이 거기에 해당된다. 양자는 正負의 관계에 있고 천리 즉 명덕을 명확히 하는 것에 의해서 인욕을 절멸시킬 수 있다는 논리가 성립했다.

'存天理滅人欲' 천리를 보존해서 인욕을 없앤다가 주자학 수양론의 기본적인 입장이다. 양명학도 이 점에서 같다. 왕수인의 어록 '伝習錄'에는 存天理, 去人欲(천리를 보존하고 인욕을 제거한다)의 문구가 자주 나온다. 그도 天에 유래하는 理로 인간에 내재해 있는 性을 함양하는 것이 성인에의 길이었다. 그러나 양자는 '인욕'의 표상 내용을 둘러싼 견해가 대립했다. 제거해야 하는 '欲'이라는 것은 무엇인가? 그것을 역사적 경우에 의해 설명하지 않으면 안된다. 주자학의 금욕주의에 대해서 양명학은 인간의 욕망을 긍정했다.

제6장 예교와 풍속

예치의 理想

유교가 사회질서의 근간으로 삼은 것이 '礼'이다. 예가 태고의 聖王에 의한 통치의 실태였다는 儒家의 주장은 인정될 수 없는 것이고 유교 내부의 神學的인 언설에 지나지 않는다. 그러나 대략 유교 신봉자들은 학파의 다름에도 불구하고 夏, 殷, 周 3대의 질서 형태를 이상으로 삼아 눈앞의 현실 문제에 대처해 가는 입장을 취한 점은 공통된다. 道家의 무위자연과 법가의 힘의 정치에 對해서 유교가 설한 것은 정밀히 구축된 礼制에 기초한 정치 즉 礼治였다. 종종 공자, 맹자를 덕치주의자라고 하지만 이는 19세기 중반부터 쓰인 말이다. 전통적으로는 '예치'라는 표현법이 쓰여졌다. 예에 의해 통치하면 민중은 그에 감화되어 저절로 사회규범에서의 일탈행위를 하지 않게 된다.

민중의 생활 실태는 '풍' 또는 '속'으로 표현되고 그것을 원하는 방향으로 변해 가는 것은 '移風易俗' 즉, 風을 옮겨 俗을 바꾼다고 한다. 礼에 의한 교화에 의해서 풍속을 교정해 가는 것이 예치의 수법이었다.

歐陽脩에게 예치 최대의 적은 불교의 만연이었다. 佛法이 중국의 병으로 된지 천년 이상, 거기에 현혹되지 않게 꼭 맞는 것으로 '物'을 말한 쪽에 있는 사람은 반드시 불교를 제외해 왔다. 그러나 일단 제외해도 곧 다시 모였다. 공격해 박멸해도 곧 세를 다시 모아 반복했다. 그는 불교의 피해를 원래부터 없애는 기술을 논했다. 그것은 教義 논쟁의 차원이 아닌 사회풍속의 장면이 되는 전투였다. 원래 불교가 중국사회에 깊게 침투한 것은 과거의 풍습에 친밀해지기 위해 스스로의 교설을 修訂했기 때문이다. 예컨대 원래의 인도 불교에 존재하지 않은 조상제사 같은 의례를 적극적으로 구축해 그 근거가 되는 경전을 새롭게 작성했다. 그 효과가 있어서 唐나라 때 사회의 풍습은 불교의 교설에 유래한다고 하는 것이 많았고 조상제사에 대해서도 불교식의 공양이 일반화되었다.

구양수는 이러한 현상에 對한 비판을 유교의 순수함을 뜻하는 의도에서 전개했다. 물론 유교의 순수화는 宋나라의 새로운 풍조(구양수가 그 지도자였다)의 입장에서 그렇게 인식된 것이다. 그 이전의 유교자들은 자신이 순수하지 않다고 자각한 것도 아니며 현재의 사상사적 시점에서 보면 구양수가 바로 공자의 정통 후계자도 아니다. 어디까지나 宋나라 시대 유교의 당사자가 공유하는 자기 인식으로서의 순수화라는 것이다. 學諸派는 이 조류 속에서 礼教에 대해 논의를 전개했다. 어찌되었든 자신이야말로 유교의 순수 형태이고 공자의 정통한 후계자라고 주장했다. 그 최종적인 승자가 道學 그 중에서도 주자학이었다. 왕안석도, 소식도, 장구성도, 여조염도 모두 자신의 교설을 정통 유교라고 생각하고 있었다. 도학의 입장에서 왕안석과 소식이 불교, 도교에 오염되었다 하거나 주희의 입장에서 장구성이 禪에 오염되었고, 여조염은 잡학이라고 비판한 것도 어디까지나 당파성의 비판으로 상대화한 것이다.

의례의 재건

주자학 자체가 그 하나의 유파였던 道學은 北宋 말기에 성립했다. 당시 유교 주류파는 왕안석 류파를 이어받은 新學이고 정치적으로 新法黨 정권을 지탱한 사상으로 힘을 갖고 있었다. 그 정책의 중핵은 '풍속을 하나로 한다.'는 것이었다. 휘종시대의 祠廟정책 즉, 신앙 대상인 민간의 종교 시설에 對해서 일부는 국가가 경영하며 명칭과 위계를 부여하는 한편 일부에 대해서는 이것을 귀신을 제사 지내는 것으로 간주해서 파괴 조치를 강구하는 채찍과 당근의 양면 시책을 취한 것은 민간신앙을 국가의 관리로 하려는 의지의 표출이었다. 국가가 일원적으로 신앙을 관리하는 것이다. 道學도 그 노선을 답습했다. 그러나 도학 쪽이 왕안석 학파보다도 민간신앙에 대한 허용기준이 엄격했다. 程頤가 당시 일반화된 城隍神에 대한 신앙을 '經書에 없는 것'으로 비판한 것은 그 일례이다. 明나라 태조 홍무제가 예의 제도를 정했을 때에 이미 폐절된 사직 제사를 부흥하고 동시에 성황신을 중앙정부에서 처음 정식으로 인정토록 한 것은 주자학자들의 진언에 의한 것이었다. 그러나 성황신은 민간에서 일반적으로 신앙되고 있는 인물상이 아니고 社稷과 같은 형태로 인격을 갖지 않는 神이었다. 이 제도는 제도로서 유지되었고 실제로는 민간의 풍습을 통한 신앙 형태가 채용되었다. 이것은 다른 여러 神들에도 해당된다. 실용성과 무관하게 통제하려는 것이 주자학의 기본 입장이었다.

宋나라 이후 불교를 비롯한 부당한 교의에 물든 풍속을 개선하는 것이 유교적 사대부들에게 큰 과제로 되었다. 그들이 실감한 것은 자기 자신의 부모가 사망, 장례 때의 喪服이다. 유교에서 관혼상제의 式順을 기록한 '의례'에 상세히 장례와 상복의 방식이 규정되어 있다. 그러나 현실은 규정대로의 실천이 곤란해서 항상 이 규범을 간략하게 한 양식이 행해졌다. 추가해서 그 속에 불교적인 제요소가 혼합되어 그들은 그것을 바꾸려고 문제화할 필요성을 느꼈다. 그것은 때로는 문장화하고 다른 사람 것도 참조한 형태로 유포했다. 자기 자신만의 문제가 아니고 타자에게도 타당하게 문제를 어필하여 사회적 규모에서 문제 해결을 의도한 것이다.

그 중에서도 '朱熹'의 '家礼'는 관혼상제 전반에 걸친 매뉴얼로 근세 동아시아에 심대한 영향력을 미쳤다. 통상 부모상 때 3년상을 치르는 기간을 25개월로 정했는데 주희가 가례에서 정한 것인지 아니면 공자시대에 정해진 것인지는 불분명하다.

그러나 가례는 옛날부터 위작설이 있었고 淸나라 왕무횡의 은밀한 실증에 의해 정설화한 때도 있었다. 총론 부분에서 '佛事를 하지 않는다.'로 명기한 것처럼 주희가 배제의 대상으로 한 것은 佛教的 儀礼였다. 이 책은 주자학 창시자의 저작이라는 일종의 브랜드성도 있어 13세기 이후 서서히 신봉자를 얻어갔다. 책 자체의 인쇄와 註解本의 작성도 성행했고, 15세기 중반에는 '丘濬(구준)'이 상세하게 가필해서 상세한 매뉴얼로 '家礼礼節'을 편집해 한 단계 격을 높여 보급했다.

종족질서의 구축

'가례'가 사회에 침투해 가는 기반에는 혈연 조직이 작용했다. 이른바 종족이다. '宗'과 '族'은 경서에도 나오는 유서 있는 것으로 夏, 殷, 周 3대의 예제를 뒷받침하는 기반이었다. 송나라의 신흥 유교가 직면한 것은 경서에서도 중요한 역할을 수행한 종족이 현실적으로는 일찍이 존재하지 않았다는 사실이다.

歐陽脩와 蘇洵(소식의 父)은 자기 일족의 계보를 작성했고, 范仲淹은 일족의 共有田을 구입해서 이를 義莊으로 불렀다. 이들은 현실에 존재하지 않는 것이다. 그러나 본래 존재하고 있는 혈연집단 조직을 실제로 새롭게 기도한 사업이었다. 가시화된 계보와 경제적 기반은 원래 없었던 종족을 만들어 내기 위한 장치였다. 그 추진자가 범중엄, 구양수라는 사대부의 지도자였던 것은 훗날 후계자들의 규범으로 작용했다. 여기에 '家禮'가 등장한 것이다. 종족 조직은 예제상의 행위규범도

입수했다. 이 시기에 왜 종족이 작용했는가는 아직 확실한 것이 없다. 적어도 종족의 형성이 주자학의 침투를 사회규범 차원에서 돕는 작용을 수행한 것은 확실하다.

종족은 齊家가 된 경우이고 각 사람의 신체와 그 외로 넓혀지는 정치적 질서의 場으로 연결되는 영역이었다. 주희의 '대학' 해당 문장의 주해는 공평성을 최고의 심득으로 하는 것이고 家 즉 종족이 작은 정치의 場이 되는 것을 나타낸다. 바꾸어 말하면 주희에게 齊家의 家라는 것은 가계의 단위이기도 하지만 性生活이 이루어지는 장소에 해당한 家는 아니고 보다 큰 인위적인 혈연 집단이었다.

제7장 理와 氣

理의 세계관

주자학은 理氣二元論으로 표현되는 것이 많다. 理와 氣라는 다른 2개의 다른 원리에 의해서 우주세계의 제 현상을 설명하고 있기 때문이다. 그러나 이 2원론이라는 규정의 방법에는 서양사상에서 이 말의 사용 방법상 오해를 초래할 점이 있다. 서양은 우주세계의 善과 惡의 대립, 그것을 투영한 정신과 육체의 관계를 2원론으로 불렀다. 양자는 병존하는 것이고 가치적으로는 상극관계이다. 그런데 주자학에서 理와 氣는 그와 같은 의미로 2개의 원은 아니다. 양자는 상호 보완적 관계에 있다. '氣'라는 말은 '理' 이상으로 인구에 회자되는 일상어였다. 漢나라 이후는 삼라만상을 설명한 원리로도 쓰였고 의학서와 점성술에서 자주 등장했다. 道學도 그 언어 공간에 있기 때문에 이 말이 二程의 어록에 나오는 것은 불가사의한 것이 아니다. 性을 논하고 氣을 언급하지 않으면 충분한 것이 아니다. 氣를 논해서 性에 언급하지 않으면 명확한 것은 아니다(하남정씨유서, 권6). 주희의 이 발언은 '孟子集注' 告子上篇, 여러 가지 性說에 대해 맹자가 비판하는 문장의 주석으로 채용했다. 그후 함께 인용한 장재의 발언, '天地의 性과 기질의 性'이라는 두 종류의 性에 대해 정식화한 문장과 표리일체를 낳는 것으로 맹자 性善說의 부족함을 보충하는 의미를 갖기 때문이다.

性卽理가 있으므로 위의 발언은 리와 기를 不卽不離의 관계로 보고 설명하는 것으로도 해석한다. 주희는 理와 氣를 결합했다. 그러나 이것은 본보기에 의한 주희의 사상적 구축이며 二程의 단계에서는 어느 정도 정밀한 체계화가 시도된 것은 아니다. 주희에 의해서 '만인의 性이 모두 善이라면 왜 다시 새롭게 후천적 수양이 필요한 것인가?' 라는 어려운 문제에 해답이 주어졌다. '氣'는 실세계를 구성하는 원소로 주자학, 우주론에서 불가결한 개념이 되었다. 주희는 理氣論을 정합하는 것처럼 先行諸說을 정비했다. 邵雍(소옹)의 '數'와 周敦頤의 '太極'은 '理'로 바꿔 읽고 張載의 '太虛'는 근원적인 '氣'로 했다. 물론 그것은 二程의 교설을 기준으로 한 강제적인 정리이다. 특히 주돈이가 태극 개념을 자신이 아는 氣의 차원에서

理의 차원으로 이행시킨 것에 대해 도학파 내부에서도 강한 저항이 있었다. 이것은 육구연과의 논쟁의 주요 테마였다.

理와 氣의 관계

그 시대 사람에게 주희의 주장은 난해했다. 문하생들은 理와 氣의 관계를 질문했다. 그들의 문답은 理와 氣에 의해서 全우주를 설명하려는 주자학의 체계성을 상징하는 것으로 '주자어록'의 冒頭에 놓이게 되었다. 그러나 그 내용은 '理'라는 것은 무엇인가? 氣라는 것은 무엇인가?를 물은 것이 아닌 단지 양자의 관계를 명확히 설명하려 취해진 것이다. 理도 氣도 일상語여서 새롭게 각각 해설을 요하는 말은 아니었다. 그들에게 이해하기 어려운 것은 별개의 思念으로서 2개의 말, 즉 주희와의 관계를 맺는 방법이었다. 특히 초점이 된 것은 理와 氣는 어느 쪽이 먼저인가의 문제였다. 이른바 理先氣後의 논의이다. 여기서 주희 문하생중 논의에 가장 뛰어난 陳淳이 등장해서 "먼저 理가 있는 것인가? 그렇지 않으면 먼저 氣가 있는 것인가? 理가 氣를 떨어지게 하는 것은 아니다. 단지 理는 형이상, 氣는 형이하의 존재이다. 형이상. 형이하라는 점에서 선후가 없는 것은 없다"라고 했다. 애초 주희 입론의 본의로 보면 리기론이라는 것은 송학 속의 질서 원리로서 중요한 역할을 수행해온 '理'의 현실세계에서 나타나 그 또한 종래 사용해 왔던 '氣'에 맞추어 종합적인 세계관을 수립하는 것에 있다. 스승 李侗 등이 그 중요성을 가르쳤다. 程頤의 교설인 理一分殊論, 그것도 분수의 쪽에 바로 유교에의 중점이 있다는 세계관을 설명하기 위해 바로 氣라는 개념을 도입했다. 그 이전의 道學에서는 보이지 않는 理氣相卽의 철학체계는 주희가 구축한 것이다. 따라서 리와 기의 선후는 그의 취지에서 보면 부차적인 문제였다. 그러나 사람들에게는 그들이 늘 사용한 개념을 또렷하게 정리해간 주희의 수법에 감복하면 할수록, 어느 쪽이 근원적인가를 질문했다. 주희로서는 兩者擇一을 강요받으면 理에 우선권을 부여하지 않을 수 없었다. 그리고 주자학의 교설이 정착하면서 긴장감을 결여한 지식으로서의 학습대상으로 '理先氣後'가 전수되었다.

그래도 여기에 의문을 품은 사상가가 나타나 '理는 氣의 條理에 불과한 것으로 氣에서 떨어져 단독으로 존재할 수는 없다'고 주장했다. 왕수인과 동시대의 나흠순과 왕정상은 氣에 근원성을 갖게 한 세계관을 주장한 사상가로 평가되고 있다. 양명학 중에서 황종희 등은 이 입장에 가까웠다. 한편, 理는 순수한 善이기에 세계(우주)에 惡이 있다는 것은 氣가 있기 때문이라고 理善氣惡의 교설을 제창해 양자를 본래적인 의미로 이원론으로 파악하려는 논쟁이 생겼다. 조선에서의 주기파와 주리파이다. 전자는 理와 氣를 어떻게 결합시킬 것인가를 과제로 氣중시의 경향이 있고 후자는 惡의 기원을 설명하기 위한 理의 至善性을 강조하여도 어느 쪽도 주희가 제시한 구도를 변형한 것에 지나지 않는다.

귀신론

'天理와 人欲'에서 말한 것처럼 二程과 주희는 天(하늘)의 권위를 빌려서 理를 칭양했다. 거기에는 천(하늘)에의 절대적이라고 할 수 있는 신뢰가 있다. 주희는 天을 主宰로서의 측면, 理로서의 측면, 天体로서의 측면, 3개로 구분해서 설명했다. 천의 主宰性에 대한 당시 일반의 신앙을 끌어내어 자기 교설의 근간을 낳은 理의 정통성을 담보했다. 그런데 明의 薛瑄(설선)은 理속에 주재로서의 天은 언급이 없다. 이를 어떻게 여겨야 하는 것인가? 적어도 주자학에서 理의 사상이 상식으로 되어 그의 主義에 일찍이 천의 주재성은 필요 없게 되었다.

그러나 그것은 어디까지나 그의 주변에서이고 일반 서민은 여전히 주재적인 의사를 보유하고 있는 天(하늘)에의 신앙을 갖고 있었다. 주자학적 언설에서 天이 문제로 된 것은 항상 天을 신앙 대상으로 하는 환경에 놓여있는 점이다. 주희는 옛날부터 유교의 방식에 기초한 天觀念을 자설의 근저에 놓았다. 그때, 문제로 된 것은 민중이 신앙하고 있는 神과 天의 관계 설정이었다. 경서의 문언에는 경서를 썼던 사람들이 갖고 있는 소박한 天과 神에 대한 신앙 표명이다. 그것을 그대로 인정해도 주희와 동시대의 민중신앙도 시인하려고 할지도 모른다.

예컨대 周의 문왕이 사후, 天의 上帝 옆에 모셔 있다는 경서의 문언을 그는 다음과 같이 설명하고 있다. "만약 문왕이 정말로 상제의 옆에 있다고 말했다면, 상제가 세상에서 만들어낸 우상 같은 형태로, 전혀 말이 되지 않는다. 그러나 聖人이 이러한 말을 했다면 그렇게 된 理가 있는 것이다(주자어록, 권3)."

주희의 배려로 理의 측면과 主宰의 측면을 병기한 것과는 다르게, 薛瑄같은 후세의 주자학자들은 이것을 理로 합쳐 생각해 천체로서 형태를 갖는 천과 동시에 설명을 시도한 것은 어느 의미에서 당연했다. 그러나 민간 속에서 천과의 충돌은 그 후도 계속 문제가 되었다. 宋시대가 되어 민간에서 신앙하고 있는 잡다한 신들에 대해서 그 내력을 묻고 正祀와 淫祀를 辨別하려는 움직임이 생겼다. 도학도 그 흐름 속에 있었다. 장재는 귀신 자체를 理論的으로 설명해서 '귀신은 음양 2개의 氣의 良能'으로 정식화했다. 양능이라는 것은 '맹자'의 양지와 함께 등장하는 말로 본래적으로는 작동하다는 의미이고 주희는 이 주장을 계승했다.

조상 제사에서 그 장소에 선조의 靈은 정말로 오는가?
혹은 그와 같은 것은 없는가?

제자들의 의문에 주희는 이렇게 대답했다. '제사에서 그대가 정신을 오로지 집중시켜 감상하는 것처럼 한다. 先祖는 그대가 흐름으로 이어받는 氣이기 때문에 느끼는 것이 가능한 것이다.'(주자어록, 권3) 혹은 '논어'에서 공자가 '祭에는 선조가 거기에 있는 것과 같다' 고 한 해석 '여기에 자손이 誠과 敬을 다하면 선조의 氣는 여기에 있다. 하나의 모종에 유래하고 있는 것이다. 나무가 말라도. 그 옆구리에 새로운 뿌리가 생겨 나오는 것처럼 이 氣를 정확히 받아 잇고 있는 것이다'(주자어록, 권25) '신령이 불가시한 이상 그 실재를 느끼는 것은 視覺이 아니다. 요컨대 귀신은 모습을 갖고 우리들의 눈앞에 나타난다.'

제8장 思想史에서의 당송 변혁

唐宋 변혁이라는 것은

唐나라 이전과 宋나라 이후의 사이에 시대상의 변질이 일어났다. 이 시기는 단순한 왕조 교체와는 다른 차원의 지각변동이 생겼다. 사대부의 시대에서 언급한 것처럼 11세기 중반이 지나 새로운 사상 문화의 동향이 생겼기 때문이다. 구양수가 이끈 古文運動은 당송 8대가 중에 6인이 11세기에 활약한 인물이고 상징적인 의미가 있다. 구양수는 경학의 다른 방법을 제시한 사람으로 胡瑗, 孫復, 石介 3인을 거론했다. 이 주장은 주희와 황종희에 이어졌고 곧 이 3인을 '송초 3선생'으로 부르게 되었다. 宋나라 개국 80년 후에 활약한 사람들을 '宋初'라 한 점에 사상사의 단층이 있는 것을 엿볼 수 있다. 특히 호원은 정이의 스승으로서 큰 역할을 했다. 정이는 소년기의 가정교사 주돈이를 '茂叔'으로 호를 붙여 부른데 비해 호원은 '호선생'으로 불러 보다 깊은 경의를 표했다.

호원은 '明体達用'(체를 밝혀서 用에 이르다)을 학문의 목적으로 파악, 학생들을 가르치는 경서의 經書齋와 정치 실무의 治事齋로 나눴다. 그러나 이 둘의 통합이 그의 理想이었다. 명체달용은 일체의 사물을 체(근본)와 용(활동, 움직임)이라는 2개의 측면으로 나눠 양자의 통합을 지향해서 불교의 말을 사용한 정이의 '体用一源, 顯微無間'(체와 용이라는 것은 같은 뿌리로 볼 수 있는 것과 볼 수 없는 것에 차이는 없다)의 방식과 주희의 '全体大用(체를 완전하게 해서 용을 크게 한다)의 주장을 이어받았다. 본체와 그 작용을 不卽不離의 관계에서 설명하려는 이 이론은 원래는 불교에서 유래하지만 송나라 이후 유교에 빠질 수 없는 것이 되었다. 진덕수가 쓴 '心經'을 体, '政經'을 用으로 '大學衍義'에서 수신까지를 체, 齊家 이후는 용으로 한 것도 이 발상이다. 즉, 주희의 修己治人에서 말하는 修己가 体, 治人이 用으로 된다.

시간적으로는 확실히 '송초'(80년) 북송 167년의 전반은 唐 모방의 시대였다. 玄宗 치세 말기 安史(安史의 난-전반기는 안록산이 지휘하고 안록산이 죽은 후 사사명이 지휘하여 안사의 난으로 통칭)의 난 이후 5대 10국을 거치는 200여년의 정치적 혼란을 수습해서 강력한 중앙집권체제를 수립했던 宋의 조정이 목표로 한 것은 唐의 융성기, 태종의 치세였다. 경학에서도 '五經正義'의 개정, 증보가 기획되었고 唐 태종 때 아직 기술적인 단계에 오르지 않은 목판인쇄술을 사용해 十二개 경서의 주석서를 간행하는 대사업이 행해진 것은 제3대 眞宗 때인 10세기와 11세기 사이였다

이것은 漢나라 이후 경학의 집대성이고 현재는 淸나라의 교정판에 의한 '十三經注疏'로 널리 사용되었다(또 그에 선행해서, 五代後唐 때에 9개의 경서에 대한 인쇄는 이미 되었다. 그리고 宋 태종에 의해 불교의 대장경이 간행되었고, 북송 말기의 휘종에 의해서 도교 道藏의 간행도 행해졌다.). 진종 때에는 '13경 주소는'는 없었다. '맹자'가 포함되어 있지 않았기 때문이다. 주희의 언급에서 추론하면 손석이 쓴 것으로 보이는 '孟子疏'는 실은 남송시대에 다른 12권의 주석서와 함께 출판되었다.

'孟子'를 경서로 한 것은 왕안석 정권이었다. '송초 3선생'의 경학은 漢이래의 훈고학 방식을 원점으로 되돌아가서 반성하는 것이 특징이다. 구양수의 고문운동과 동종의 思考가 엿보인다. 구양수 자신의 경학에서도 새로운 문제 제기를 행한 업적이 알려졌다. 11세기 후반은 경학을 중심으로 유교 학술에 대한 전면적인 수정이 계속 진행된 시대였다. 二程의 도학은 이 분위기에서 생겨난 많은 신조류 중의 하나였다. 종종 언급되는 '唐의 韓愈는 道學의 원류'라고 하는 말은 당시 흐름에서 자연적인 것이었다. 도학에 대항하는 유파로 남송까지 영향력을 유지했던 것이 왕안석의 新學과 소식, 소철 형제의 蜀學이다. 이 3명이 위에 언급한 당송 팔대가에 포함된 것은 상징적이다. 왕안석은 정치가, 소식은 문학자, 그리고 정이는 사상가라는 범주로 분류할 수 있지만 이는 당시의 사대부의 생존 방식에서 오는 誤認이다. 왕안석은 재상이었기 때문에 위정자로서의 발언 행동이 많았고, 소식은 '文'을 중시하는 경향을 갖고 있었기 때문에 문학작품을 많이 남겼다. 程頤는 훗날 주희에 의한 현창을 통해서 주자학 도통론에 확고한 지위를 차지했기 때문에 사상가의 상징이 되었다.

또한 도학 자체가 二程과 직접 교류가 있었던 장재와 소옹의 사상 및 후계자들을 이어받아 확대되었다. 이 4명을 더해 二程의 스승으로 주돈이가 추가된 것은 주희에 의한 도통론에서 였다. 그들은 北宋五子로 부르고 이 5人을 포함 북송 유학자를 대표하는 견해는 주희에 의한 바꾸어 말하면 주자학 내부의 약속 사항에

지나지 않는다. 그 외에 사마광은 사상적으로 北宋 仁宗 이전의 학풍을 유지해 나가면서 反왕안석이라는 정치적 입장에서 程頤 등과 협력했기 때문에 도학에서도 높은 평가를 얻게 되었다. 그를 더해서 북송 6자로 묶는 쪽도 있다. 또한 周, 二程, 張, 朱 각각의 연고지를 넣어서 濂洛關閩(염락관민)의 학으로 도학을 말하는 범주도 똑같다. 양명학도 이것을 공유해왔다는 점에서 이 두 개의 학파는 뿌리가 같다. '도학은 주돈이에 의해서 수립되어 주희에 의해서 대성되었다'는 단순한 말은 더 이상 통용되지 않는 것이다.

왕안석의 위치

젊은 시절 주희의 작품에 '雜學弁'이 있다. 거기에 잡학으로 비판의 대상이 된 것은 蘇軾의 '易', 소철의 '老子', 장구성의 '中庸', 여본중의 '大學'의 해석이다. 이것은 거꾸로 말하면 이들의 주석이 주희가 젊을 때에 상당한 심혈을 기울여 정밀히 독해했다는 것을 시사한다. 주희가 비판했던 이들의 저작은 주자학이 정설이 된 이후 사대부의 독서 대상에서 제외되었다. 그러나 주자학 형성 시기에 蘇軾 등 3인의 경서 해석이 갖는 의의는 크다. 그러나 주희는 유교의 틀 속에서 유행하고 있는 여러 학설들 중에 자신들과 견해를 달리하는 이런 것들은 異端邪說로 규정하여 이들 학설을 유교 내에서 쫓아내려고 했다. 특히 문제가 된 것이 왕안석이였다.

王安石과 朱熹 2인 관계에 대해서는 옛부터 많은 학자가 주목했다. 道學 중심사관(그 구축자가 말할 것도 없이 주희 자신이었다.)의 '굴레'를 벗어나고자 함과 동시에 왕안석은 北宋 思潮의 열쇠를 쥔 인물로서 주시되었다. 주지하다시피 북송 후반의 주류파는 왕안석의 新學이었다. 정치노선상 왕안석의 新法 정책에 대해 주희는 총체적으로 비판했다. 그 근거로 종종 인용되는 것이 社倉에 대해 주희가 쓴 문장으로 그 속에 주희는 왕안석의 靑苗法은 중앙정부의 법률로 집행을 강제적으로 의무를 부과했기 때문에 폐해를 일으켰고, 그것에 대해 사창은 지방의 유지의 힘으로 추진된 자발적인 것이라는 점에서 우수하다고 논했다. 요컨대 왕안석이 톱다운식으로 중앙집권제도의 확립을 추구한 것에 대해 주희는 지방토호 유지 즉 지주들을 존중한 사회 질서를 구축한데 있다.

주희가 사대부의 지지를 얻은 것은 각각의 주체를 확립하는 교설을 질서 구상의 기반으로 갖고 있었기 때문이다. 즉, 修己治人이다. 왕안석을 필두로 한 신법당의 정치 노선에 대한 비판, 학술적으로는 신법 정책을 지지해 온 新學에의 대항 관계가 道學 생성기부터의 사명이고 그 승계자, 대성자로서의 주희의 역할이었다. 그러나 왕안석과 주희의 관계는 그것으로 끝나지 않았다. 도학파 중에서 주희는 특이한 지위를 차지했다. 즉 훈고학적인 기호이다. 그가 도학 내부의 권력투쟁에서 장구성과 호핑 및 그의 문류에 도전할 때에 무기로 한 것이 訓詁라는 도구였다. 훈고학은 일반적으로 漢나라에서 唐에 이르는 經學을 가리키는 말이다. 宋나라의 신흥유파는 뭐라해도 漢 이후의 훈고학은 성인의 집필 의도를 충분히 파악할 수 없어서, 스스로 직접 경서를 접했다.

교과서적으로 '경서에 대한 자유롭고 주체적인 해석'이 표현되었다. 여기서도 구양수가 앞장서서 '송초 3선생'의 경학 강의는 학생 개개인에게 주체적으로 수양을 하는 교육과정이라고 했다. 도학도 그 하나의 유파인 주자학도, 이러한 풍조에서 생겨난 것이고, 훈고학에 대해서는 확실히 비판적이었다. 그러나 실은 더욱 복잡하게 뒤얽혀 있었다.

신학도 신흥유파로서 漢이후 경학에 비판적인 자세를 취했다. 그 성과가 왕안석 父子에 의한 '三經新義' 즉, '周礼' '尙書' '時'의 주석서 출간이었다. 현재 이들 주석서는 온전한 형태로는 현존하지 않는다. 후세의 비난을 받아 明나라 시대에서 없애버렸기 때문이다. 청나라 이후 그 복원작업이 진행되었고 현재는 대만의 연구자들에 의해 輯本이 출판되었다. 또한, 이와 별개로 왕안석은 '자설'을 썼다. 이것은 '爾雅(이아)'와 '說文解字'를 대신해서 국정 운영자로 구상한 것이며 역시 현존하지 않는다. 그러나 新學의 계보에 속하는 제2세대. 제3세대의 학자들에 의한 경서 주석서 중에는 현존하는 것도 몇 개 있다. 이들을 통해서 알 수 있는 것은 신학과 漢의 경학은 서로 다른 내용의 새로운 훈고학 체계였다. 그리고 이 점은 주희의 학풍에도 계승되었다. 그것은 주희의 교설내용이 어떤 신학의 영향을 받았는가 하는 문제가 아니고 '사서집주'로 대표되는 경서 각각의 자구 주해 작업에 의해 스스로의 체계적인 사상을 이야기하는 수법에서 신학에 가깝다.

그것은 鄭玄의 경학 방식이다. 정현은 漢나라 훈고학의 대가이다. 그 점에서 주희의 수법은 도학의 경학 방식에서 이탈했다고 할 수 있다. 朱熹는 이단이었다. 그렇기 때문에 장구성 등 도학 정통파로부터 이의 제기를 받았다. 그리고 이 점이 양명학과의 학문적 차이이다. 왕수인이 어느 시기 이후 육구연을 높게 표창하고 이어 그 문하인들에 의해서 '陸王心學'의 계보가 만들어진 것은 이러한 배경이 있다. 주자학이 '道問學'에 너무 편중되어서 '尊德性'이 소홀하다는 설명(주희도 자인하고 있음)을 대대적으로 퍼트려서 程頤까지 거슬러 올라가 도학 본래의 방식을 다시 찾은 양명학의 논조는 정당한 것이었다. 왕수인은 경서의 주해가 전혀 없다. 겨우 '古本大學說'뿐이고 이 사정은 정호, 육구연도 경서 주해가 없는 것처럼 정현의 훈고학과 왕안석의 신학에 대항하는 지학으로 도학의 자기규정 측면에서는 본연의 자세이다. 도학은 주자의 완성에 의해서 體制教學으로 되었고 그것은 동시에 도학의 본질도 의미한다.

맹자의 표창과 군신론

宋의 신흥유파로서 신학과 도학에는 몇 개의 공통점이 있다. 예컨대 '天' 觀念에 대해서 天을 理로 파악하려는 思考는 왕안석에도 공통되는 점이다. 맹자를 공자의 정통 후계자로 인정한 것은 왕안석 정권이었다. 과거시험에 '論語'와 '孟子'가 필수의 경서로 되었고 수험생들은 신학의 규범에 의해서 쓰여진 주석서를 공부해서 관료로 나아가는 길을 지향했다. 이러한 풍조에 대항해 사마광과 소식은 孟子 비판의 글을 썼다. 그러나 같은 舊法黨이면서 二程은 왕안석과 똑같이 맹자를 현창했다. 그 흐름을 이어서 도학자에 의한 '맹자' 주석서가 다수 쓰여졌다. 그들은 위에 서술한 주희의 입장에 비판적으로 총괄하여 '孟子集注'書를 내는 결실을 맺었다. 이후 '孟子'는 '論語'와 나란히 유교사상의 최고 고전으로 취급되었다.

맹자가 주장한 왕도사상, 인의론, 성선설은 도학의 정치사상, 질서사상, 인간관을 유지해 온 근거였다. '논어'와 '순자'에서 얻을 수 없는 사상적 유산을 道學은 '맹자'라는 텍스트에서 얻었다. 그러나 맹자는 그들에게 어려운 과제인 교설도 주장했다. 바로 '革命說'이다. 사마광 등 맹자 비판파가 논점으로 한 것은 '맹자가 君臣관계'를 소홀히 하고 있다는 점이다. 확실히 戰國시대의 제후를 향해서 殷周혁명의 정통성을 주장한 맹자의 자세는 정치질서가 안정된 宋의 사회에서는 적합하지 않는 것이었다. 장구성은 자신의 주해 '孟子伝'에서 강한 위화감을 표명했다. 주희는 '맹자집주'에서 맹자의 혁명설을 君主에의 경고로 한정 봉인하여 신하를 향해서 說해진 교설은 아니라고 선을 그었다. 맹자의 위험성은 주희의 노력으로 완화되었지만 그래도 明나라 태조는 혁명설에 관련한 諸문장을 생략한 판을 유포했다.

맹자의 교설과 주자학의 군신론은 서로 용인되지 않는 측면을 갖고 있었다.

唐宋 변혁의 정치적 위상으로 군주 독재체제의 확립이 거론된다. '獨裁'라는 말이 적절한가? 어떤가의 논의가 분분하지만 唐나라까지 비교를 하면 왕권의 방식이 변질되어 군주제는 그 사이 큰 차이가 생겼다. 거기에는 다양한 정치이론이 적용했고, 宋이후 禪讓에 의한 과거와 같은 왕조 교체가 일어나지 않는 것은 최고의 상징으로서 그 변화를 나타낸다. 즉, 君臣의 명분이 엄격히 구별되어 신하는 형식상 평화적으로 군주로 대체되는 것이 불가능했다. 이른바 대의명분론으로 부르는 이론이다. 이와 관련해 구양수와 사마광의 正統論이 있다. 과거의 여러 왕조에서 어떤 왕조를 정통으로 인정하는가의 논의였다. 濮議(복의)는 구양수, 사마광지지파 관료들과 격한 논쟁을 했고 또 하나가 華夷思想이었다.

名分論

宋 건국 초부터 거란족 遼와 대치해 온 宋조정은 非한족 왕조에 대한 자기의 우월성 즉, 한족 내셔널리즘에의 호소에서 찾았다. 진종 때의 강화 조약체결 후 군사적 열세로 수모를 감수할 수밖에 없었기 때문에 일층 자신들의 우월성을 강조하는 견해를 갖고 있었다. 南宋이 되어 華北을 빼앗긴 상황이 겹치자 여진족 金나라에 대한 문화적 우월감은 더욱 강하였다. 이들의 상징적인 사례가 삼국시대의 蜀漢 正統論이다. 魏의 조비는 침탈자이고 後漢 헌제의 후계자는 황실의 일원인 유비라고 하는 것이 大義名分論이다. 그리고 그에 기초해서 촉이 바로 정통왕족이라는 입장이 세워졌다.

司馬光은 '資治通鑑'에서 魏를 정통으로 했지만 朱熹는 '通鑑綱目'에서 蜀을 정통으로 변경했다. 사마광과 주희의 차이는 화북을 빼앗긴 南宋이 중원을 실효 지배하고 있는 金나라에 대해서 자기의 정통성을 주장할 필요에 몰렸기 때문이다. 남송 마지막 재상 문천상이 쿠빌라이에 투항을 거부한 것은 이러한 송나라 사대부의 기개를 나타내고 있다. 고염무와 황종희 같은 明나라 말기의 遺臣의 정신적 기반도 이들의 이론이었다. 그들과 동세대인 王夫之도 더욱 격렬한 華夷思想으로 여진족의 淸을 매도했다. 그는 淸末 증국번이 재발견하기 전까지 묻혀진 사상가였다. 남송의 멸망을 임안(항주)이 함락된 1276년이 아니고 많은 책에서 아직도 崖

山의 전투에서 왕조가 괴멸하는 1279년이라고 하는 것은 청말 이래의 漢族내셔널리즘 재흥 기운에 의해서 생겨난 역사관이고 송나라에서 형성된 명분론, 정통론, 화이사상 구조의 전형이라 할 수 있다.

제9장 儒·佛·道

三教의 성립

儒教, 佛教, 道教를 三教라고 한다. 이것이 성립한 시기는 5세기경이다. 유교는 諸子백가의 하나였던 儒家가 前漢시대에 國教的인 지위를 확립해 성립했다. 황제가 집행하는 국가 祭祀를 핵심으로 유가사상 속에 다양한 의례를 체계화하여 만들어졌다. 정밀한 禮儀질서를 동반하는 정치적 교설이었다. 漢나라의 문헌에서는 '德教'로 불렀다. 漢나라 때 전래된 불교는 당초 釋尊를 神으로 숭배하는 神仙사상의 한 종류로 취급받았다. 經典이 중국어로 번역되어 그 教義 내용이 알려지게 된 것은 晋나라 때이다. 4세기말에 실크로드를 경유해서 서쪽에서 學僧이 계속 찾아왔다. 그들은 각 지역 왕권의 비호를 받아 경전 번역 작업을 추진했다.

이렇게 해서 廬山慧遠처럼 중국인 출신의 승려가 교단을 조직하여 세속의 왕권과 대치했다. 그러나 反권력적이 아니고 仏法은 왕권을 지지하는 역할로서 불교 교단의 특권은 인정되었다. 그들이 해석하는 불교는 開祖 불타는 왕자로서 이 세상에 출현한 성인이고, 경전은 인간세계에 있어야 하는 질서에 대해 가르치는 책이었다.

'수트라'(sutra)가 '經'으로 번역된 것은 유교의 經書를 의식했기 때문이고 단순히 교설을 말한 책이 아니며 성인에 의해 후세에 나타난 가르침이라는 해석을 동반했다. 이 유교, 불교에 대해 道學은 후발의 교단이었다. 물론 그 원류로서 道家사상과 신선사상 혹은 禮를 이용한 기도, 주술 같은 부류는 戰國시대에 각각 일정의 세력을 갖고 있었다.

그들을 통합해서 교단을 조직해 정치적으로 큰 세력을 갖춘 것은 2세기 後漢말 번영한 太平道와 五斗米道이다. 전자가 황건적 亂의 모태이다. 통상 이들을 포함해 도교의 성립으로 했다. 그러나 문헌상 교단으로 '도교'의 명칭을 확인할 수 있는 것은 5세기 때이다. '유교' '불교'의 명칭도 각각 다른 '教'와의 구별과 비교가 필요했기 때문에 사용되었다. 그 의미로 삼교의 성립을 이 시기로 하는 경우도 있다.

이후 서방에서 景敎(네스트리우스파 기독교), 현교(祆敎 조로아스터교), 마니교, 이슬람, 로마 가톨릭교가 전래되었고 三敎의 구조에서 사상문화를 이해하는 사고는 19세기까지 거의 변하지 않았다. 중국내에는 다수의 기독교인과 무슬림이 거주하고 있지만 그들은 '夷狄'의 교를 신봉하는 것으로 간주되어 중화의 敎義인 '三敎'와는 구별되었다. 그러나 3교속의 불교는 원래 불타가 설한 가르침으로 이는 중국에서 종종 문제시 되었다. 불교는 '夷狄'의 가르침으로 중화의 문화와 서로 용인되지 않는 것은 유교와 도교가 불교를 공격할 때의 논거로서 늘 용인하였다. 이에 對해 불교 측에서는 다양한 형태로 대응했다. 원래 불교가 중국에 침투해 가는 데에 先祖祭祀를 도입하는 등 변용이 일어났다. 주자학자들 사이에서 '불교는 유교의 道具을 훔쳤다'고 말하는 자들이 생긴 것은 이러한 이유 때문이다.

排佛論의 구도

통상 魏晋, 南北朝, 隋唐 시대는 종교의 시대로 불교, 도교가 번성했다. 유교가 쇠퇴한 것이 아니고 교설의 생명력이 상대적으로 약해져 사람들도 마음의 평안을 찾아서 불교, 도교신앙으로 나갔다. 이러한 풍조에 대해 儒敎 측의 인식이 韓愈의 排仏論이고 宋나라의 신흥 유교이다. 그러나 위진, 남북조, 수당의 시대를 표상한 것이 송대의 유학자였다는 점을 간과해서는 안된다. 그들은 자신들이 새로운 교설을 전개하는 동기로 유교의 재흥을 내걸었다. 그들의 눈에는 이 시대가 정치적, 문화적 암흑기로 비쳐졌다. 유교는 본래의 정통 방식에서 떨어져 훈고학이라는 험난한 길로 빠져들었고 그 때문에 異端인 佛敎, 道敎가 폭을 넓혔다는 역사 인식을 갖고 있었다. 종래의 유교로는 불교, 도교에 대항할 수가 없었다.

그래서 孔子, 孟子의 가르침을 원점으로 되돌려서 이단을 배제하고 이상적인 사회를 만들어 내려는 의욕이 歐陽脩를 시작으로 하는 송나라 사대부 사이에서 맹렬히 일어났다. 韓愈와 歐陽脩는 격하게 불교 비판을 논설하고 한편으로 친구인 승려에게 깊은 이해를 표명했다. 왕안석과 소식도 유교자의 입장에서 異端 배척을 부르짖었지만 개인적으로는 불교를 신앙했다.

그들의 經學說은 불전과 승려의 글에서 빌린 문헌이 여기저기에 산재해 있다. 따라서 宋儒學의 佛敎排斥을 이해하기 위해서는 당시의 불교 敎義를 고려해야 한다. 이미 언급한 것처럼 주자학의 '理' 개념은 '화엄종'의 '理'와 '事'를 둘러싼 思想營爲의 성과를 계승해 생겨난 것이다. 그러므로 유교만으로 중국사상을 이야기하는 것은 편향이며 앞서 언급한 것처럼 '理'는 당시의 일상어였다.

따라서 양자는 같은 기반에서 나온 발상이지만 일방적인 영향관계로 설명할 수 있는 부류는 아니다. 불교와의 관계를 이야기하려면 역시 禪이다. 주돈이는 귀종寺의 승려 佛印, 동검寺의 常總으로부터 선을 배웠다. 장재, 정이 역시 동검사의 상총으로부터 선을 배웠다. 주희 또한 승려 대혜종고가 지은 '대혜어록'과 당나라 禪의 대가인 潙山의 사상에 빠졌었다.

禪

禪佛教는 唐나라 때 教團으로 확립됐다. 인도 불교와 성격을 달리하여 동아시아적인 특성을 강하게 띄는 독자적인 불교이다. 宋나라 때에 그 세력은 무성했고 사대부의 마음을 사로잡았다. 禪은 개인의 安心立命을 찾아 坐禪을 하고 수행을 반복하는 것으로 천하국가의 경륜과 무관하다는 점이다. 그런데 宋나라의 禪教團 중에는 산중에 은거하며 세속의 교류를 끊는 수행자도 있었지만 정치의 세계와 관계를 맺는 것이 보통이었다. 예컨대 구양수와 동시대의 승려 契嵩(계숭)은 당시의 황제 仁宗에게 왕도정치의 요체를 설한 '万言書'을 봉정했다.

'만언서'의 명칭은 왕안석의 문집에 나오며 정치에 관한 자신의 주장을 자세히 설명한 문장이다. 그 중에서 계숭은 '皇極'을 세우는 것의 중요성을 이야기하고 있다. 이 말은 불전이 아닌 儒教의 경서 '尚書' 洪範편에 나오는 것으로 왕안석도 애용했다. 당시 중요시 여긴 개념이다. 물론 계숭은 불법 흥성이 황극에 이르는 것이라고 주장하고 있었지만 자설의 논리에 유교의 정치철학을 활용했다. 佛者의 깨달음의 길은 천하 국가의 질서를 새롭게 하는 것에 있다고 계숭은 주장했다.

"불교도 유교도 성인의 가르침이다. 출처는 다르지만 양쪽 모두 통치를 목적으로 한다. 불교는 성인의 가르침으로 無爲를 설한다. 有爲는 세상을 통치하는 것이지만 無爲는 마음을 다스리는 것이다.(寂子 解)"

불교와 유교라는 2개의 '教' 기능은 세상을 다스리는 것과 마음을 다스리는 것을 찾아내어, 유교는 단순히 세상을 다스리는 것 밖에 설하지 않는 점에서 불교에 열등한 논법이었다. 왜냐하면 마음을 다스리는 것이 바로 세상을 다스리는 기본이기 때문이다. 계숭의 이 주장은 다른 선승에 받아들여져 禪이 사대부들의 마음을 사로잡았다. 南宋의 효종도 儒佛道 三教의 차이를 '유교는 세상을 다스리는 것, 불교는 마음을 다스리는 것, 도교는 도를 다스리는 것'이라고 말하고 있다.

유교측은 불교를 배척하기 위해 마음의 문제를 어떻게 처리해야 하는가? 가 과제로 되었다. 배불 측의 담당자들은 그 대부분이 古文家였다. 그것은 우연이 아니다. 北宋 중반 11세기 전반에 유행한 것은 楊億을 중심으로 한 '西崑体"라는 문체였다. 그리고 이 그룹은 禪에 마음이 끌리었다.

고문운동은 직접적으로 서곤체 배제를 뜻하고 따라서 사상적 배경을 낳은 불교에 대해서도 공격을 가하게 되었다. 송초 3선생의 한사람인 石介는 그 최선봉에 섰다. 그는 '怪說'이라는 글을 써서, 불교, 도교를 합해서 서곤체를 기괴한 것으로 비난했다. 그러나 구양수를 포함해 慶曆세대의 언론은 居丈高에 비판을 가했을 뿐 실제로 선에 심취해 있는 사대부들의 마음을 되돌리는 설득력은 결여했다. 그 과제에 대처한 것이 제2세대의 사상가들 즉 王安石이고 程頤, 蘇軾이었다.

왕안석과 소식은 표면적으로 排佛을 설하면서도 불교적 교설의 세계에 친근감을 갖고 있었다. 이에 대해서 더욱 철저하게 불교를 배척한 것은 程頤의 道學들이었다. 거기에는 '마음의 문제를 주체적이고 자각적이며 중심적인 테마로 취급하여 마음의 수양법으로 '靜坐'가 설해졌다. 계숭과 효종이 말한 것처럼 당시 일반에 유교는 단순히 세상을 다스리기 위한 교설이었고 마음의 문제는 간여하지 않는다고 인식되었다.

程頤는 여기에 주목했다. 兄 정호의 교설을 절반정도 계승하여 일부 수정해 나가면서 그는 '敬'이라는 개념을 經書 속에서 찾아냈다. 마음의 상태를 부단히 '경'을 유지하는 것 즉 '主一'의 사고방식은 이렇게 해서 생겨났다. 계숭이 마음을 다스리는 것이 바로 근본이라고 주장한 것과 같은 논리를 그는 유교의 틀에서 만들어 내는데 성공했다. 이것이 朱熹에 의해 '修己治人'으로 정식화되었다. '대학' 8조목에 기초한 논의이다. 그리고 도학자들도 왕안석의 신학에서 결여된 한 측면에서 선도해 나갔다. 그러나 禪과 같은 논법을 도입하는 것은 보다 한층 선에의 접근으로 되지 않으면 안 되었다. 道學의 적자인 장구성이 당시 看話禪의 제1인자로서 압도적인 인기를 끌고 있던 大慧宗杲의 교설에 빠진 것은 당연한 결과였다.

주희가 장구성을 도학의 타락자라고 격하게 비난한 것은 도학이 그 위험성을 체질적으로 내포하고 있는 것을 알았기 때문이다. 論敵 육구연에 대한 비난의 레테르도 '선'이었다. 주희가 훈고학적 수법을 도학에 도입한 것은 선이 갖는 以心伝心의 성격이 침투하는 것을 배제하고 어디까지나 유교의 틀 내에서 생각할 것을 후학자에게 요구했다. 따라서 경학적이고 훈고학적인 주자학의 教義에 대한 회의에서 시작된 陽明學이 禪적인 성격을 띤 것은 논리적 필연이었다. 특히 良知의 해석을 둘러싸고 心性論과 그것에 유래하는 수양 방법의 논쟁이 양명학 내부에서의 분기점으로 되었고 선의 公案으로 눈에 띌 만큼의 논의가 전개된 것은 피할 수 없었다.

이를 동시대의 주자학자들은 외부의 냉소적인 시각에 무익한 논쟁이라고 단절해 버렸다. 그러나 그것이 明나라 말기의 많은 사람의 마음에 깊숙이 다가온 것은 양명학이 성행했다는 사실을 나타낸다.

'마음'의 문제를 어떻게 사람들이 납득할 수 있는 형태로 나타낼 수 있는가는 이 시기에도 중요했다. 경제적인 호황과 그에 동반한 사회의 유동화라는 현상아래 사태는 보다 심각했다. 실제 明나라 말은 대혜종고 이후 선의 최전성기였다. 泰州학파의 焦宏은 그들과 밀접한 교제를 한 것으로 전해진다. 憑從吾(빙종오)라는 사람은 無善無惡說을 비판하는 문장에서 유교는 본래 善一 文字밖에 문제로 하지 않은 데 비해 불교가 무선의 二문자를 제기한 것으로 王學 좌파와 선불교가 궤를 하나로 했다는 것을 지적했다.

유교와 도교

한편 도교에 대해서는 어떠했는가? 唐나라는 皇帝의 先祖라고 여긴 노자가 설한 가르침이 3교 중에서도 특권화되어 武宗의 시대에는 會昌排佛의 動因으로 된 도교의 세력은 송나라 때에도 수그러들지 않았다. 진종과 휘종의 도교 비호는 널리 알려졌다. 일반적으로 불교 애호자인 太宗과 慶曆의 사대부로 대표되는 유교 부흥의 이미지가 강한 仁宗시대도 궁정의 비호를 받아 도교 교단은 힘을 과시했다. 주희가 한직으로 가끔 맡았던 道觀 감독자라는 관직은 왕안석이 구법당의 인물을 권력의 중추에서 추방하기 위해 설치한 것이다.

金나라 통치하의 화북은 全眞教가 흥했고 南宋치하의 강남은 內丹道가 발전했다. 주희는 內丹에 관한 주석서로 '周易參同契考異'를 썼다. 元末 明初의 宋濂도 도교에 경도해서 몇 권의 책을 썼다. 그런데 송나라 이후 유교가 삼교의 하나로 한 도교는 종종 '老' 혹은 '老莊'으로 표현한 것처럼 이른바 도가사상을 가리키는 경우가 많다. 삼교 일치를 주장할 때 거론되는 것은 노장사상이었고 교단으로서의 도교는 아니었다. 주자학과 도교사상과의 관계에 대해서 옛부터 말해 온 太極圖를 둘러싼 전승 문제가 있다.

周敦頤의 태극도는 주희가 높이 현창한 것에 의해서 주자학, 우주론의 골격의 자리를 차지하게 되었다. 이에 대해서 주희보다 한 세대 위인 朱震이 당시 유포한 우주를 나타낸 다른 2종류의 圖(先天後天圖, 河圖洛書)와 함께 모두 陳搏에서 기원한다고 말한 이래 그것을 전제로 한 논의가 전개되었다. 진박은 五代말부터 宋초기에 걸쳐서 활약한 道士이지만 교단에 소속하지 않은 은자의 이미지를 갖고 있다.

朱震의 계보인 途中, 북송 초기의 고문가들에 의하면 선천후천도는 邵擁에게 하도락서는 种放으로 전수되었다고 한다. 이 계보는 주희가 주돈이를 현창한 것과 무관하고 주희는 태극도를 주돈이의 고안으로 간주했다. 그러나 이를 둘러싸고 육구연이 주희에게 논쟁을 제안해서 태극도가 도교계통의 것이 아니라는 의문은 주희의 학설을 수용하지 않는 학자들의 사이에서 끊임없이 이어져 문제로 되었다.

그 중에서도 黃宗羲의 동생 황종담은 육왕계통의 교설을 유교의 적자로 올려놓을 필요도 있어 태극도가 도교에서 유래한다는 것을 들추어내어 권위를 실추시켰다. 그런데 최근의 연구에 따라 종래 도교측의 사료에 있는 태극도의 원형이 시대적으로는 남송으로 밝혀졌다는 주장도 있다.

이 주장에 따르면 朱子學에 의해서 권위를 부여받은 태극도를 도교측이 수중에 넣고 自說의 기반을 강화한 것이 오히려 종래와 반대로 朱子學이 도교에 미친 영향의 증거로 보여졌다. 이것은 다른 측면 예컨대 白玉蟾(본명:葛長庚)이라는 道士가 朱熹 사후 자신의 교설에 주자학 특유의 교설을 집어넣은 사례는 주자학이 동시대의 思潮에 미친 영향의 규모를 말해주는 것이다.

거기에 주희가 한 것처럼 정보 전달 매체로 출판물을 활용하여 효력을 발휘했는데 백옥섬은 그런 면에서 주희를 모방했다. 한편 양명학과 도교의 관계에 대해서 身体論이 주목되고 있다. 주자학이 신체론을 경시한 것은 결코 아니고 氣에 의해 세계를 설명하려는 발상은 도교와 깊게 관련된 중국사상의 공유 기반에 따른 것이다.

그러나 理知的, 分析的으로 諸개념을 구사해 세계를 인식하고 經論을 하는 그 學知의 방식에서 신체론을 신체의 문제 그 자체로 취급하는 경향은 약했다. 이에 비해 만물의 일체성을 강조하는 陽明學은 감성적, 직관적인 정신활동을 중시했기 때문에 신체에 대한 반성적인 사색이 일어났다. 그것이 당시 사람들의 생활감각. 일상경험에 맞는 형태로 심리적 공감을 불렀다.

제10장 經學史

漢學의 형성

淸나라 융성기인 이른바 乾嘉의 學(건륭, 가경시대의 학술)을 대표하는 惠棟은 漢나라 경학자들의 '易'에 대한 註解佚文(주해일문)을 모아서 '易漢學'을 만들었다. 漢學은 漢나라시대에 성립한 훈고학이고 그 정점이 정현이었다. 그 상대 개념으로 종종 언급되는 것이 '송학'으로 朱子學, 陽明學의 중심인 宋에서 明에 걸친 사조 전체를 가리키며 그들은 비판, 극복의 대상이었다. 淸나라 고증학은 '한학'이라는 인상을 주지만 주자학, 양명학에의 對抗운동이었다. 그들에게 주자학과 양명학은 같은 부류로 비판되어야 하는 유파였다.

'國朝漢學師承記'와 '國朝宋學淵源記' 두 책의 傳記을 써서 청나라시대 두 파의 계보를 정리한 江藩은 전자의 총론에서 다음과 같이 宋의 經學을 비판했다.

"宋은 처음에 唐시대의 학풍을 이어받아 邪說이 폭을 넓히고 경서를 어지럽혀 성인을 비방하고 참혹한 상태로 몰아갔다. '시경'에 대한 구양수의 태도, '춘추'에 대한 孫復의 해석 거기에 왕안석의 新義가 그것이다. '濂洛關閩(염락관민)의 학문에 이르러서 礼樂의 源을 다하지 않았기에 단순히 性과 命이라는 것을 표방하는 것으로 옛날의 주석서는 읽지 않았다."

앞의 당송 변혁에 대해 언급한 것처럼 송나라시대의 신흥 유교는 그 이전의 경학 방식의 비판을 하나의 출발점으로 했다. 그 동기는 '유불도 3교와 관련'하여 漢나라 이래의 경학이 사람들의 '마음'의 문제를 해결하는 기술을 갖지 않았고 그 때문에 불교, 도교의 유행을 초래했다는 위기의식이 있었다.

유교가 본래의 바른 방식을 회복하면 異端邪說은 지상에서 추방할 수 있다는 집념이 그들의 운동을 지탱해왔다. 이러한 생각은 사회질서의 담당자임을 자부하는 사대부 층에 기존의 풍속을 실행하는 책임이 있다는 의식에 기반하고 있다. 요컨대 朱子學의 출현은 단순히 사상적 차원에서 생긴 것이 아닌 정치적, 사회적 운동의 색채를 강하게 띤 것이다. 주자학을 비판하는 형태로 양명학이 나타났어도 주자학 테두리에 머무른 사대부들도 반론을 제기했다. 앞서 '천리와 인욕'에서 처럼 그 반론에 대해서 陽明學은 8條目의 階梯性을 무시해 나갔다.

양명학의 수양론은 실제 정치의 현장에서 역할을 하지 않았다는 것이다. 양명학 속에서도 이 점은 주자학자에 공감하는 흐름이 있었고 그것이 이른바 좌우양파의 논쟁으로 되었다. 명말청초의 고염무와 황종희는 주자학과 양명학으로 갈라졌지만 여러 점에서 입장을 공유하고 있고 그 때문에 '經世致用'학파로도 불린다. '경세치용의 학'은 천하를 경륜하기 위한 실용적인 학문이라는 의미로 '經世濟民'을 목적으로 한다.

양명학의 無善無惡論이 人慾을 있는 그대로 긍정해 사회질서를 어지럽히고 있기 때문에 그 폐해를 교정하고, 정치의 현장에서 학문의 역할을 진흥하려 했다. 顧炎武는 양명학뿐만 아니라 명나라 학풍 전반에 대해서 비판을 했다. 과거시험의 교과서로 永樂帝 때 편찬한 주자학적 입장에서 쓴 주석서, 저작물을 집대성한 '사서오경성리대전'이 있다. 고염무의 견해에 의하면 '사서오경성리대전'의 편찬이야말로 유교경전의 생명력을 倒絕시킨 원흉이라고 하였다.

경서 해석이 경직화됨에 따라 경학은 단순히 과거합격, 입신출세라고 하는 공리적 목적의 수험공부에 지나지 않았다. 본래 경학이 바로 理學이기 때문에 이후 양자는 별도로 되었다. 그 결과 경학과는 별개의 차원에서 심학으로 부르는 학술 활동이 전개되었고 강학 활동을 통해서 제멋대로 근거 없는 교설이 유교의 이름으로 퍼지게 되었다. 특히 그가 싫어 한 것은 李贄(이지)였다.

이 점은 황종희와 공통되며 그는 '明儒學案'에서 이지를 더욱 무시하는 태도를 취했다. 황종희는 왕수인의 적자로 자인하고 있기에 고염무와 다르게 明나라시대 유교는 宋나라 보다 우수하다고 평가되지만 왕학 좌파의 지류가 갖고 온 피해에 대해서는 고염무와 함께 비판적이었다. 그들은 명나라 체제의 멸망 원인으로 유교학술의 타락과 사악한 횡행을 들었다.

淸나라의 예교질서 구축

고염무와 황종희는 明왕조에 대한 思慕와 만주족 淸에 대한 혐오로 정식으로 출사를 안했다. 그러나 그들 明나라의 유신과는 다르게 그 후계자들은 신왕조인

淸朝에 출사해 책무를 수행, 역임했다. 그때 질서 재연의 기반이 된 것은 주자학적 정치철학이었다. 中國 歷史에서 名君으로 평가되는 강희제의 측근인 李光地와 湯斌, 張伯行 같은 지방관들은 훌륭한 업적을 올려 명나라 후반의 기풍을 일소해 청조의 성세를 확립하는데 공헌했다. 고염무의 조카 서건학과 황종희 문하의 万斯同도 학자로 궁정에 출사했다. 그들이 공통으로 안고 있는 문제는 유동화하는 사회질서를 어떻게 유지하는가 였다.

이러한 상황에서 키워드가 된 것 역시 '예교'였다. 명나라 말기의 왕학 좌파에서 근본적으로 비판받은 '예교'가 부활했다. 이러한 흐름은 일종의 역류 현상이다. 단적으로 표현하면 '理에서 礼로' 된다. 5.4문화운동을 역사의 도달점으로 淸나라 사상사를 파악하면 그렇게 볼 수밖에 없었다. 그것은 하나의 이야기를 구축하는 것에 성공했어도 청나라 사대부가 주체적으로 무엇을 지향했는가의 고증은 멀어진다.

양명학이 주장한 것처럼, 天理는 인간의 良知라는 애매모호한 것이 아니고 한층 확고한 형태를 갖는 규범, 즉 예교가 질서의 기반으로 되었다. 그 때문에 夏, 殷, 周 3대 즉 태고 황금시대의 예의 제도, 규정을 정확히 복원하는 작업이 남겨진 문헌의 정밀한 해독을 통해서 시도되었다. 거기에는 經書의 一言一句를 특수한 용어 명칭을 포함해 정확히 이해하지 않으면 안된다. 고염무에 의해 문이 열린 고대 한자음의 정리를 중핵으로 특징 있는 訓詁學이 많은 학자의 마음을 사로잡게 되었다.

고증학과 주희

시대의 유행이 이처럼 변화한 것은 사회적, 경제적 요인도 작용했다. 학자들은 과거시험에 구애되지 않았고 경학 연구에 여유 있는 가정교사로 충분히 생계를 꾸릴 수 있었다. 宋나라와 明나라의 생존방식은 뜻을 부득이 완수하지 못한 것으로 자각되었지만 생활수준의 향상에 의해서 그러한 좌절감을 갖지 않고 학구적인 인생을 보내는 학자가 배출되었다.

이러한 인물이 있어도 적극적으로 유교 경학의 사명에 참여한다는 자의식의 출발로 저작 활동을 했고 반드시 정치와 무관한 장소에서 이루어진 것은 아니다. 부유한 강남에서 그들의 학술네트워크도 형성되었다. 고증학은 이러한 장소에서의 언설공간이었다. 惠棟은 번영이 왕성한 蘇州를 근거지로 했다. 고염무도 이 지역

출신이었다. 이 도시는 강남의 중심지이고 明시대에 양명학을 탄생시킨 곳이다. 혜동의 流派를 소주가 수도였던 오나라 이름을 따서 吳派로 부른다.

考證學 중에서 오파와 세력을 양분한 것이 戴震率이 이끈 皖派였다. 이 명칭은 그의 출신지 徽洲에서 유래한다. 考證學 즉, 漢學은 주자학, 양명학을 동시에 宋學으로 없애 버렸다. 그러나 사실은 복잡했다. 먼저 예제복원을 위해 예학 연구를 중시하는 그들에게 朱熹의 '의례경전통해'는 존중되는 책이었다. 실제 江永의 '禮書綱目' 등은 주희의 방침을 계승하는 것을 높이 평가했다.

惠棟의 부친 惠士奇는 '경학에서는 漢시대의 服虔, 鄭玄을 존중하지만 윤리규범의 면에서는 程頤 朱熹에 따른다' 고 하여 학술 활동과 일상 활동을 구별했다. 이들도 고증학자들에 의한 공통점은 三代의 예제를 복원할 것을 표방하면서도 실제의 생활에는 주자학식의 관혼상제를 사용했다. 그들은 漢의 사대부가 아닌 宋이후의 근세적 사대부였다. 청의 건륭제 아래서 많은 고증학자가 소환되어 四庫全書 편찬 등의 사업을 담당했다. 그러나 과거시험은 변함없이 사서를 중심으로 하는 경서에서 출제되어 일부의 고증학자가 그 성립에 의문을 제기한 '大學'과 '尙書'가 성인의 언행을 기록한 것으로 신성시 되었다. 사회의 실태는 '예치 시스템'이라하는 것처럼 주자학적인 예교질서의 침투가 진행되었다.

고증학의 특이성

주자학이 학계를 독점한 明나라 前半과 양명학이 유행했던 명나라 後半의 큰 차이점은 고증학이 일반 사대부의 공통의 지식으로 되지 않았다는 점이다. 고증학은 일부 학자들의 지적인 영위에 머물렀다. 정교함에서 경학은 그 수법상 주자학을 능가해서 상당히 객관성을 가졌다. 그러나 적어도 그 점에서 주자학, 양명학과 고증학은 異質的이다. 종종 말하는 것처럼 고증학은 '學'이 아닌 '術'이라는 평가도 이와 관련돼 있다. 주자학 속에 그 가능성이 싹터 양명학에서 개화했다.

경서보다도 자신의 '마음'에 중요성을 놓은 발상법은 청나라시대 일부의 학자에게 상당히 위험하고 보다 독선적인 것으로 여겼다. 거기서 그들은 경서를 정확히 이해하는 수법을 확립했다. 그 術이 學知의 자형과 음의 연구에 기초를 놓은 考證學이다. 따라서 고증학이 교설 내용에서 주자학, 양명학의 교설에 이의를 한 것은 처음부터 의도한 것이 아니었다.

문제는 어디까지나 형식, 수법의 엄밀함이었다. 물론 이러한 學知의 방식 자체, 良知에 전폭적인 신뢰를 놓은 양명학과 상용하지 않는 것은 당연하므로 여기에 明末淸初에 일어난 '漢學'과 명나라 때의 추세인 '宋學'과 교설상의 대립이 생겼다. 그때 '한학' 측은 주자학의 性理學說(理氣論, 心性論)을 포함해 그 근거가 잘못된 경서 해석의 기초 토대였다는 견해에서 비판 대상으로 '송학'의 틀을 옭아매게 되었다.

그런 비판에 청나라의 주자학은 성리학설의 守護라는 입장을 취해 漢學의 敵對진영에 속하는 것을 스스로 인정하게 되었다. 이렇게 해서 '漢學'대 '宋學'이라는 도식이 성립되었다. 그러나 이미 언급한 것처럼 한학자 속에도 주자학의 유산을 계승하려는 사고방식이 있었지만 여기서 '宋學'으로 비판적 대상이 된 것은 어디까지나 한학 측의 시선으로 이루어진 宋明理學이였다. '漢學'과 대립하는 입장을 고수한 '宋學'은 본래의 宋, 明의 학술과는 아주 이질적인 독자의 주장을 가졌다. 즉, 한학이 의외로 특별시한 예제, 예교의 내실에 대한 의도적인 무시이다. 그런 의미에서 송학과는 다른 성리학설 편중의 '宋學'이 생겼다.

이것이 의외로 근대 교례 비판이라는 시대의 흐름 속에서 '송학'이 살아남은 이유였다. '송학'이 주장한 질서는 五倫五常이라는 제목만으로 그 이상의 실질적인 아무런 중량감을 갖지 않는다. 생각을 바꾸는 것이 쉬웠기 때문이었다. 거꾸로 '한학' 쪽이 형태로서의 교학을 떠맡았기 때문에 실천적 계약을 갖는 교설로는 급속히 힘을 잃었고 단순히 학술로 사상사, 제도사 연구로 변모해가게 되었다.

제2부 조선의 주자

萬東廟

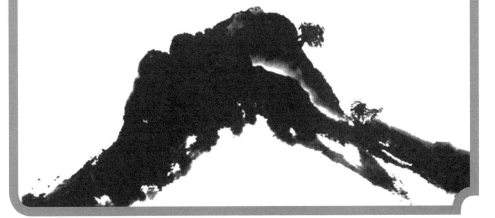

제1장 조선의 주자학

주자학의 傳來

고려 충숙왕 원년(1314년)에 백정이 들여왔다고 고려사 열전에 기록되어 있으나 대체로 안향(1243-1306)이 충렬왕 16년(1290년)에 연경(북경)에서 朱子書를 가져온 것이 그 단초라는 것이 정설이다. 고려말 무신정권하에서 새로이 진출한 신흥사대부들이 예의 염치를 숭상하는 주자학 이념을 무기로 구귀족, 불교사원의 부정, 부패를 공격했다. 이후 공민왕 16년(1367) 이색으로부터 정몽주, 정도전 등이 사사하였고 정도전이 조선 건국의 통치이념으로 불교를 배척하고 주자학을 채용했다. 이는 조선 건국의 정당성을 확보하기위해 무장쿠데타 세력인 이성계와 그를 정점으로 한 정도전 등 주자학 신봉자들이 기득권 세력을 타파하고 새로운 조선왕조를 세울 사상적 이론 기반의 구축의 필요에 의한 것이었다.

그 임무로 강력한 기존 세력인 불교를 멸살하는 것이고 그 대안 이데올로기로 주자학을 채용한 것이다. 게다가 개성에서 한양으로 수도를 이전하면서 쿠데타에 반대하는 세력과 사람들을 파괴하고 죽였다. 특히 개성의 두문동에 수백명의 학자와 가족을 몰아넣고 학살시킨 것은 유명하다. 개성에 사는 王氏의 씨를 말리라는 명과 함께 아이들도 모두 도륙을 당했다. 이 세력들은 한양천도 이후 용비어천가를 만들어 이성계의 조상 6대까지 가계를 미화시켰다. 이성계의 부친은 고려말 원나라 지방군벌인 테무게(징기스칸의 막내동생 계통)의 千戶長인 울루스부카로 여진人이었다. 즉, 조선건국은 주자학자의 무리와 원나라 지방군벌의 합작에 의한 것이었다.

이들은 李氏역성혁명의 정당성을 확보하기 위해 십팔자 왕자설을 시중에 퍼트리기도 했다. 나아가 고려 공민왕의 아들 창왕, 우왕이 신돈의 자식이라는 주장도 유포하였고 고려를 세운 태조 왕건이 궁예를 실성한자로 몰아 쫓아냈다는 설도 역시 고려왕조의 정통성을 부인하기 위한 것이다. 이후 출범한 조선의 역사는 쿠데타가 악순환되는 비극의 역사를 반복한다.

그런데 그들은 금과옥조로 여긴 주자학의 통치이념 즉, 임금에의 절대적 충성을 헌신짝처럼 져버리는 행위를 서슴지 않았다. 신하에 의한 국왕에 대한 불충죄, 불효죄, 노비의 상전에 대한 거역죄는 극형으로 다스렸다. 그런데 조선역사에 셀 수 없이 일어나는 주군에게 반기를 든 반역쿠데타의 주역은 무슨 죄로 다스려야 하는가?

주자학의 採用

조선건국의 주역인 정도전은 조선의 통치이념으로 주자학을 채용했다. 새로운 사회질서를 확립하기 위해서는 지배자와 피지배자, 장유, 귀천, 정치상의 명분을 지켜야한다고 했다. 그는 고려조에서 성행한 불교의 평등사상을 부정할 필요가 있었다. 그리하여 '불씨잡변'의 책을 써서 벽이단지변(이단을 물리쳐야 하는 변설)을 주장하며 불교를 강력히 배척했다. 책 말미에는 당시의 유학자로 평가 받는 권람이 불씨잡변을 받아보고 세상에 이런 것도 있나하여 감복하는 정도전의 글에 찬탄의 평을 싣고 있다. 총 19편으로 구성된 불씨잡변은 어디에 근거를 두고 쓴 것인가?

중국 송나라시대 생겨나 수백년이 지나 고려말기에 들어온 주자학의 사상은 송나라 주자학자들의 불교 비판을 그대로 받아들인 것에 불과하다. 만약 정도전이 유교의 공맹사상의 명분을 중시하는 예와 악에 기초한 예치주의, 이른바 정명사상과 주자학 사상의 핵심인 신하의 임금에의 절대 복종을 알고도 고려왕조를 폐하고 이씨왕조를 세우는 쿠데타에 앞장섰다면 자기합리화를 위한 것이고 모르고 했다면 쿠데타의 정당성을 위한 변명에 불과하다. 조선의 주자학의 통치이념은 500년 이상 지속되었고 그 폐해는 이루 말할 수 없이 사회 전 분야에 걸쳐 미치고 있는 것이다.

국가와 백성을 가난하게

왜 그는 인간의 신분을 엄격하게 구분해서 백성의 숨을 못쉬게 했을까?

지배계급은 士로 그리고 가난한 농민을 우대해서 그 아래로 상업과 공업을 하층민으로 놓아 상공업에 종사하는 신분계급은 천시하였다. 이른바 사농공상이다. 농사를 지으면 옛날이나 지금이나 가난에서 벗어 날 수가 없다. 목구멍에 풀칠하기도 어렵다. 그런 계층을 통치계급 바로 아래 놓고 우대했다. 힘없고 가난한자를 형식상 우대하는 것처럼 한 것이다. 반면 상공업은 부를 많이 축적 할 수 있는 계층이다. 이들을 하층민으로 위치시켜 놓고 상공업을 억압하는 정책을 실시했다. 특히, 상공업은 국가의 허가제로 백성들의 진입을 강력히 통제했다. 이것은 말 할 것도 없이 백성의 힘을 약화시켜서 지배하려는 의도였다. 이로 인해 국가는 가난해지고 관료들은 살기위해 일반 백성을 착취할 수밖에 없는 사회구조가 형성되었다.

조선의 4대 국가정책

백성을 여러 계층으로 분류하고 차별하여 민중을 지배한 조선의 지배정책은 백성을 피폐시키고 국가를 가난하게 하였다. 그 상층부인 통치계급(士)조차 생활고에 시달리게 했다. 이는 양반 지배계층조차 살아남기 위해 착취하는 구조로 될 수밖에 없었다. 사회 지배정책은

(1) 강력한 사상 통제의 정책으로 억불숭유
(2) 사농공상 그리고 특정의 7개 성씨와 백정 등의 천민계급의 세분화로 엄격한 신분제 실시로 민중간의 이질감과 백성이 숨 쉬는 것 조차 힘들게 했다.
(3) 외국과의 무역이나 거래를 엄격히 통제하는 쇄국정책
(4) 큰 나라를 섬기고 우러러보는 사대외교정책이다. 명나라를 대국으로 섬겼다.

여기에 조선초 세종은 관리들에게 백성의 생사여탈권을 부여해서 백성을 수탈했다. 그 후유증이 심하게 나타나 뒷날 폐지했으나 지배 관료층의 인명 경시사상은 후유증이 심했고 조선이 망할 때까지 이어졌다.

불교를 배척한 이유

정도전이 불씨잡변이라는 책을 써서 불타를 마치 하등인간처럼 비하하고 있는데 이는 송대의 주자학 논리를 여과없이 받아들인 것이다. 宋나라의 주자학이 불

교를 배척한 가장 큰 이유는 그들이 주장하는 주자학의 핵심 이론을 불교에서그대로 수용한 것이다. 이를 감추기 위해 송나라의 주자학자들이 불교를 극도로 배척한 이유 중의 하나이다. 중화민족이 중국을 지배한 왕조는 짧다. 중국 대륙은 華夷즉 중국 주변의 민족을 모두 오랑캐라고 멸시하는 이민족이 오랫동안 지배했다. 중국 민족의 자존심의 깊은 상처는 이에 대한 강한 반발로 외래종교로 불교를 배격했고 주자학을 이론체계로 만들어 새로운 통치이념으로 도입했다.

주희가 살았던 송나라 때도 여진족인 金나라에 황제가 포로로 되는 치욕을 겪는 '정강의 변'이 일어난 시기였다. 이후 중국 대륙은 몽고족의 원나라 지배하에 들어갔고 잠시 중국 민족의 명나라로 교체되었으나 다시 이민족인 만주족이 세운 청나라의 지배하에 들어갔다. 고대 이전의 5호 16국 시대는 역시 이민족의 대륙지배 시대였다. 漢민족이 중국 대륙을 지배한 왕조는 漢나라, 明나라, 宋나라 일부이다. 그 이외에는 모두 그들이 오랑캐라고 멸시하는 화이가 대부분 지배했다. 송나라가 멸망 후 몽고족의 원나라는 불교를 통치이념으로 하였으나 명나라는 주자학을 채택하였다. 그러나 주희 생존 당시의 주자학은 이단으로 배격되었다. 이에 주자학의 실용성과 이론에 의문이 생겨 이에 대한 반발로 양명학이 생겼다.

명나라가 망하고 이후 출현한 청나라는 주자학을 아예 무시해버렸다. 淸朝에 출사한 명나라의 유신들은 주자학이 明나라를 망하게 했다고 강하게 비판했다. 조선은 이런 주자학을 금과옥조처럼 여겼다. 이미 명나라가 망했고 청나라가 들어섰는데도 오직 존명대의의 명분만을 내세워 주자학을 받들었다.

이 주자학의 사상적 철학이 현재에도 우리들 정신세계에 깊숙이 침투해 있다. 이를 불식하지 않고서는 민족이 융성할 수 없다. 주자학은 인간의 죽음조차도 신분에 따라 여러 가지로 차별화시켰다. 어떻게든 인간을 차별화시키고 분류해서 인간을 멸시하고 동족을 짓밟는다. 그리고 인간의 욕망과 사상을 강력히 통제한다. 이것이 주자학의 기본 이데올로기이다.

아주 뛰어난 후배들이 있었다. 중학교 때 도학력평가에서 매번 1등을 했다. 고교에 진학했다. 2학년 때 조부의 신분을 알고 부친이 하는 정육점을 하지 말라했다. 그러나 그의 부친은 가업을 포기할 수 없어 계속했다. 그러자 스스로 죽음을 택했다. 일찍 발견되어 간신히 살아났다. 어쩔 수 없이 부모는 자식의 뜻에 따라 가업을 포기했다. 그럼에도 불구하고 이 후배는 계속 비관과 실의 속에 살았다.

축적해 놓은 부모의 자본 덕택에 미국에서 박사학위를 받고 돌아와 대학에서 강의를 하고 있지만 아직도 그 멍에에 매달려 결혼도 안하고 방황하고 있다. 한 후배는 실의와 방황 속에서 지내다가 대학을 중퇴하고 속세를 떠나 불타에 귀의해서 살고 있다. 도대체 누구를 위한 사회시스템이였던가?

르상티망의 정치

주자학은 조선왕조의 지배적인 사상이 되었으며 사림정치의 이론적 토대가 되었다. 조선시대의 정치는 私權의 쟁탈에서 유래한다. 음모를 꾸미고 암살을 꾀하고 한번 집권하면 정적을 일망타진하는 참화를 불사한다. 조선에서 정권은 곧 생활이다. 정권을 잡지 못하면 생활을 확보하지 못한다. 권력을 잃는 것은 곧 굶어죽는 것이다. 인사에서 理도 非도 의리도 인정도 없고 대의도 없고 명분도 없다. 물러나서 굶어 죽느니 반대당과 싸워서 죽는 한이 있더라도 정권을 뺏어야 한다. 자신의 안락과 탐욕을 위해 상대방의 목숨을 완전히 끊어놓지 않으면 안 된다. 상대의 목숨뿐만 아니라 그 아들 손자 친구 상대방의 혈연들 까지도 절멸시켜버리지 않으면 안된다. 그를 위해 겁 많은 비겁한 자가 때에 따라 놀라울 정도로 용감한 행위를 한다는 군중심리를 이용했다. 겁쟁이는 협박 관념에 떨면서 그 정적을 압살하는 악행을 감행함으로서 굶어 죽는 대신 눈앞의 생활의 안녕을 도모했다. 이러한 인간들에게 국가적 관념이나 민생을 돌아보는 지성을 기대할 것이 없다. 이러한 인간은 자기의 생활 이외에는 어떤 일도 고려하지 않는다. 만일 타인이 자기 이상의 공을 세우면 이것을 질시해 타도운동을 벌인다. 산이 벗겨져도 개울이 말라도 상관없다. 근거 없는 사실로 무고하고 터무니없는 일로 사림이 대량 학살되었다. 이리하여 약육강식이 자행되고 끝없이 동족의 피를 핥고 씹는 수백년간의 역사가 계속되었다. 이를 원한의 정치 르상티망이라 한다.

정치권은 투쟁 대상이 없으면 분열하게 마련이다. 사림들의 붕당은 학연, 지연, 혈연같이 강한 것이 특징이고 정치적 이해관계에 따라 잠시 모였다가 헤어지는 정치 세력을 파벌이라 하는 반면 학연, 지연, 혈연을 바탕으로 지속적으로 대립하는 정파를 붕당이라 한다. 이 붕당간의 싸움을 당쟁이라 한다. 조선역사에서 셀 수 없이 일어나는 모반과 당쟁 그리고 사화였다. 이 주자학이 심화되는 시기가 조선중기이고 대표적인 인물이 송시열이다. 나아가 그 상징적인 것이 정여립사건과 기축옥사라 할 수 있다.

정여립 사건과 기축옥사

정철의 주도면밀하에 이루어진 기축옥사(1589, 선조 22년)는 지금까지도 사건의 조작성이 일고 있다. 정여립은 이이, 성혼과 교류한 서인의 촉망받는 인재였다. 선조 17년 그는 돌연 이이, 성혼, 박순 등 서인의 주요 인물을 비판하고 동인으로 돌아섰다. 선조는 이를 비판했고 정여립은 즉시 관직을 버리고 낙향했다. 1589년 10월 2일 정여립이 모반을 꾀하고 있다는 황해감사 한준의 장계가 올라왔다.

이 내용에는 정여립의 일당으로 안악에 살고 있는 조구의 밀고로 안악군수 이축, 재령군수 박충한, 신천군수 한응인이 함경도 감사에게 보고하게 된 동기이다. 정여립이 황해도와 전라도에서 군사를 일으켜 겨울에 한성으로 쳐들어와 신립과 병조판서를 죽이고 교서를 위조해 지방관들을 죽이거나 파직시켜 사회적 혼란을 야기시켜 일을 성사시킨다는 내용이었다.

당시 정여립은 과거에 급제한 뒤 벼슬을 버리고 고향에 돌아와 글 읽기에 전념하고 있었다. 세간에서는 그를 죽도선생이라 불렀다. 이 시기에 그는 이이성혼의 문하를 왕래하며 학문에 대한 토론을 벌이기도 했다. 정여립은 1584년(선조 17년)에 정승 노수인에 의해 조정에 천거되었고 이발, 이길 형제의 추천으로 사헌부와 홍문관에 발탁되었다. 그 사이에 이이가 죽었다. 그러다가 정여립 은 이발에 붙어서 서인에서 동인으로 당을 바꾸었다. 이후 공자에 버금가는 성인이라며 극찬을 한 이이를 나라를 그르치는 소인으로 시종 매도했다. 선조는 이런 정여립을 배은망덕한 자로 여겨 파직시켰다. 당시 목자는 망하고 鄭氏가 흥한다는 정감록의 동요가 유행했다.

정여립은 황해도 안악에 내려가 그곳에서 교생 변승복, 박연령, 지함두와 승려 의연, 설청 등과 사귀면서 비밀리에 일을 꾸미기 시작했다. 정팔용이라는 신비롭고 용맹한 이가 곧 임금이 되고 군사를 일으킨다는 유언비어를 퍼뜨리게 했다는 내용이다. 팔용은 여립의 어릴 때 이름이다. 정여립은 천하는 공물이니 어찌 정해놓은 주인이 있으리오. 충신은 두 임금을 섬기지 않는다함은 왕촉이라는 자가 죽을 때 일시적으로 한 말이지 성인의 통론은 아니다라고 늘 이야기하고 다녔다는 내용이다.

10월 2일 고변이 있는 날 정여립은 변승복, 아들 옥남과 진안현 죽도로 달아났다. 금부도사가 왔을 때 정여립은 이미 없었고 진안현감 민인백이 관군을 이끌고 정여립을 추격했다. 이들에 둘러싸인 정여립은 변승복, 아들 옥남의 목을 벤 다음

칼자루를 땅에 꽂아놓고 스스로 목을 찔러 자살했다. 정여립의 자살로 정국은 돌변했다. 그의 말을 들어보고 결정하자는 동인들이 설 땅을 잃어버린 것이다.

그가 자살했다면 혐의가 있는 것이 분명하다. 그렇지 않으면 왜 자살했는가? 동인은 궁지에 몰리고 있었다. 이 사건은 의문투성이다. 그가 도망가면서 연고지인 죽도를 택하고 미리 행방을 알린 것도 미스터리이다. 금부도사가 역모자를 추격하지 않은 점도 의문이다. 또한 칼자루를 꽂아놓고 자살할 수 있는가? 불가한 일이다.

무엇보다도 가장 의문스러운 것은 정여립이 도망갔을 것이라고 정철이 미리 공공연히 말하고 있었다는 점이다. 실제로 정여립사건으로 촉발된 기축옥사는 정여립 본인을 문초한 것도 아니고 단지 그의 집에서 나온 문서들로 동인을 일망타진한 것이다. 이 역모사건이 기축옥사이고 3년 동안 무려 1천명이상의 사람이 죽임을 당했다. 이 역모 공작의 중심인물이 정철이었다. 선조는 후에 '姦渾毒澈' 즉 간사한 성혼 악독한 정철이라 했다.

이성계의 쿠데타 이후 조선역사를 통틀어 3년동안 1천명의 무고한 사람들이 죽어간 사건은 전대미문의 사건이다. 이 모사를 꾸민 자는 송익필로 지목된다. 때는 10월 8일, 영의정 유전, 좌의정 이산해, 우의정 정언신 등이 재판관이 되어 죄인을 심문했다. 이때 심문관은 고향에서 올라온 정철이 맡았다. 송익필은 정철의 집에 머무르며 동인 타도를 지휘했다.

정철은 귀양간 이발을 구하는 척했으나 뒤로는 갖은 수법으로 이들을 옭아 넣으려 했다. 그는 평소 아무 관계가 없는 사람들을 모두 반역으로 몰아 처단했다. 3년 동안 죽은 자 만도 1천명이 넘었다. 정개청은 정여립의 묘터를 봐주었다는 죄목으로, 남명 조식의 제자 최영평은 정여립의 서찰 한 장을 받은 죄로 죽임을 당했다.

이발의 82세 된 노모는 주리를 틀어 죽였다. 그의 11살 된 아들도 죽였다. 좌랑 김법은 바람병 때문에 날이 차면 눈물을 흘리는데 옆에서 본 백유함의 슬퍼 울었다는 고발로 역모로 몰아 죽였다. 실로 조선 역사에서 이 기축옥사만이 아니다. 사화와 역모 그리고 계속 반복되는 쿠데타는 조선의 비극을 말해준다. 이 모두가 주자의 영향이다. 정철, 사미인곡 등 주옥같은 명문장을 남겨 낯설지 않는 그를 생각해 보면 선과 악이라는 인간의 극단적인 양면성을 볼 수 있다. 사마천이 그렇게 탐구하고자 했던 인간이란 무엇인가?

제2장 조선에서 주희의 위치

주희의 위치

조선에서 주희는 공자 이상 가는 절대적인 존재였다. 감히, 주희라고 부를 수 없었고 주자라는 극존칭을 붙였다. 심지어 주자라고 부르는 것조차 금기시하는 관행이 생겼다. 조선의 주자학자들이 갈망하는 최고의 경지는 주자를 철저히 모방하는 것이고 그들에게 주자학의 수호는 가장 영광스런 것이고 독선과 맹신이 조선 사상계의 주류였다.

정적을 단죄하는 가장 효과적인 방법은 법도 아니고 왕명도 아닌 '이념의 칼'인 주자의 권위와 명망이었다. 결국 주자는 주자 이외의 사상을 탄압하는 한낱 도구에 불과했다. 송시열이 주자의 화신처럼 행세할 때 주자의 위상은 최고조에 달했고 조선사회에서는 사문난적(주자학을 문란하게 만든 도적)의 광풍이 몰아쳤다. 이 여파로 남인 윤휴와 소론 박세당이 이단으로 지목되어 무자비하게 버림받았다.

박세당(1629-1703,인조 7, 숙종 29)은 인조가 청나라에 굴복한 삼전도의 비문을 지었다는 이유로 송시열로부터 가혹한 비난을 받은 이경석(인조때 영의정)의 신도비명을 지었다. 송시열은 노성인(이경석)을 모욕한 불상한 무리로 규정했고 비명에 이경석을 봉황에 송시열을 올빼미로 비유하여 송시열의 존재를 하찮게 여겼다. 그리고 삼전도 비문 찬성의 불가피성을 피력하고 이경석을 두둔하는 한편 송시열을 은의를 저버린 '배은자', 이경석은 군자로, 송시열은 소인으로 불러 평가절하했다.

노론은 들고 일어났고 숙종은 노론을 지지하여 박세당은 삭탈관직 후 문외 출송되었다. 여기에 그치지 않고 노론은 박세당을 사문난적으로 단죄하기위해 '사변록'을 구실로 삼았다. 사변록은 논어, 맹자, 대학, 중용의 4서를 재해석하고 자신의 생각을 가미해 주자의 '4서집주'를 공박하는 한편 중용의 장구까지 개변한 반주자학의 대표적인 책이다.

송시열의 정신을 계승하기에 위해서는 반드시 박세당에게 사문난적의 올가미를 씌워야했다. 윤휴(1617-1680)가 주자집주를 무시한 반주자학자였다면 박세당은 반주자학자인 동시에 반유학자였다. 일찍이 구양수는 '주역의 계사는 공자의 말'이 아니다, 사마광은 '맹자도 잘못이 있다'고 했지만 사문난적으로 몰리지 않았다. 이언적이 중용의 장구를 수정했지만 오히려 그는 문묘에 재향되었다. 송시열과 그의 후예들은 자파의 권력을 강화하기 위해 박세당을 단죄하고 주자학의 권위와 권력을 유지하려했다.

(1) 만동묘

충청북도 괴산군 속리산 서쪽 기슭 낙영산에 화양동이 있다. '중화의 화와 볕이 잘 든다는 볕양' 즉, 중국의 볕이 든다하여 명나라를 숭모하는 華陽洞이 되었다. 송시열은 60세 때인 1666년(헌종7) 이곳에 정착했고 암서재를 지어 갑술환국으로 노론이 정권을 장악할 때까지 기거했다. 이 시기에 그는 명나라에 대한 존모의 자취를 남겼다. 바위마다 '만절필동', '비례부동'같은 선현의 필체나제왕의 어필을 새겼다. 비례부동은 민정중이라는 사람이 연경에서 구해와 송시열에게 선사한 명나라 의종황제의 필적이다. 송시열은 이 글을 바위에 새긴 다음 '환장암'이라는 암자까지 지어 그 원본을 간직하게 했다. 또한 그는 환장암 뒤쪽에 신종과 의종을 위한 사당을 건립해 봄 가을로 제사를 지낼 요량이었다(명나라 신종은 임진왜란때 조선에 군대를 파견해주었고 의종은 명나라 마지막 황제로 청나라에 멸망 직전 스스로 목숨을 끊은 자이다.).

송시열의 서실 남쪽 의종황제의 어필을 새긴 곳에서 큰소리로 부르면 들릴 수 있는 곳에 사당을 세웠다. 1703년(숙종29). 송시열이 죽은지 14년만이었고 이를 만동묘라 불렀다. 1704년 1월 17일 신종과 의종의 첫제사가 행해졌다. 이 해는 명나라가 멸망한지 꼭 60년이 되는 해였다. 조선은 변방이기 때문에 천자를 제사 지내는 것이 예법에 어긋난다. 그러나 만동묘의 건립이 논의될 때부터 분수에 넘치는 지나친 예의라고 끊임없는 비난을 받았다.

(2) 대보단

참례라는 비난이 비등한 가운데 노론은 만동묘를 지어 황제의 제사를 지냈다. 조정은 묵인하는 형식을 취했다. 그러나 권상하는 계속 국가의 공적인 행사를 주장했다. 결국 대보단을 세우는 것으로 했다. 大報壇은 하늘에 제사지낸다는 뜻과 보덕의 의미가 포함된 뜻이다.

첫째, 제후가 천자를 제사지 낼 수 없다는 점
둘째, 청나라가 알게 되면 국가의 안위가 문제되는 점
셋째, 묘우를 세우면 천자의 예로 제향해야 하는데 이는 종묘보다 예우를 높이는 것으로 국가 체면이 손상되는 문제에 직면했다.

그럼에도 노론은 신종 제사 문제를 국가 차원에서 거행하는데 적극적이었다. 이에 소론은 사당을 세우는 대신 제단을 설치하자는 제안을 했고 받아들였다. 이는 송시열 당대에는 성사되지 않았고 그의 제자 권상하에게 뒷일을 부탁했다. 송시열의 유지를 받은 권상하는 송시열의 관직을 회복시키고 문정이라는 시호도 받게 했다. 조광조가 배향된 도봉서원에도 병향되었다. 그는 44개소의 원사에 주향, 배향, 추향되었고 그중 20개소가 사액을 받았다. 이황, 이이보다도 심지어 주자보다 더 존숭되었다. 송시열은 주자 이후의 최고의 성인으로 추앙되었다. 그 추모는 종교적 신앙, 그 이상이었다.

1696년(숙종 22)에 건립된 화양서원은 서원 첩설의 폐단이 있다하여 사액되지 못할 위기에 처했다. 그러나 노론은 송시열이 학문을 닦고 주자를 강론한 곳으로 화양동 밖 만경대 밑에 세우진 화양서원을 주자의 武夷精舍에 버금간다고 하여 1710년(숙종 36)에 만동묘 밑으로 옮겼다. 이 두 상징물은 노론의 구심점이 되어 조선후기사회에 막대한 영향력을 행사한 강력한 정치이데올로기였다. 당시 존주대의를 능가하는 이데올로기는 없었다.

외척을 비호하는 宋時烈

1680년 경신환국으로 남인에서 서인으로 정권이 교체되면서 서인이 권력을 독점하게 되었다. 훈련대장에 숙종비 인경왕후의 아버지 김만기, 병조판서 겸 어영대장에 현종비 명성왕후의 사촌인 김석주가 임명되었다. 그리고 김장생의 손자이며 김만기의 삼촌이 되는 김익훈은 보사공신에 추서되었다. 외척들이 정권과 군권을 장악했다. 김석주는 이미 축출된 남인을 완전히 제거하려고 혈안이 되었다.

이에 西人이며 南人과 가까운 김환에게 남인인 허새, 허영과 교제하며 역모로 엮으라고 지시하며 자금을 대주었다. 김석주는 북경사신으로 떠나면서 어영대장인 김익훈에게 뒷일을 부탁하고 떠났다. 김익훈은 김환을 독촉했고 예기치 않게 김환이 역모를 꾸민다는 소문이 돌았다. 이에 김환은 1682년(숙종 8) 10월 21일에 허새, 허영 등 7인이 복평군을 왕으로 추대하려는 역모를 꾀해 가담했다고 고변했다. 바로 임술고변이다.

7일간에 세 차례의 고변이 있었다. 이는 남인을 일망타진하려는 음모로 똑같은 사건을 다른 사람이 고변한 것이다. 허영, 허새는 고문에 못이겨 역모를 인정했다. 그러나 여러 증인을 대질심문한 결과 허위임이 들어났다. 평소 김익훈은 국고의 은을 사사로이 유용하고 세금을 착복하여 비난을 받고 있었다. 이를 기화로 사류들은 김익훈을 공격했다. 이때 공론의 주재자인 송시열은 승지 조지겸에게 김익훈이 김환에게 자금을 대주고 허새, 허영을 역모로 엮어서 죽게 했으니 그는 반역자보다 더 나쁘다고 말하자 송시열도 김익훈의 잘못을 분명히 지적했다.

그러나 송시열은 김수항, 김만기, 민정중 3인을 만나고 나서 김익훈에 대한 태도가 돌변했다. 송시열은 언제 그랬냐는 듯이 처음의 자기 의견을 철회하고 월천조목의 고사(이황을 보살핀 것)를 인용, 김익훈을 구원하고 나섰다. 심지어 김석주에 대해서도 왕실을 반석에 올려놓은 공이 있다고 평가해서 젊은 관료들의 기대를 무너뜨렸다. 젊은 사류들의 불만은 원망으로 이어졌고 송시열의 위상은 땅에 떨어졌다. 송시열이 주모자인 김익훈 등 훈척세력과 야합하자 서인은 그를 지지하는 노론과 비판하는 소론으로 갈라졌다.

주군에게 반기를 들다.

1688년(숙종 14) 장희빈이 왕자 균을 낳았다. 숙종이 왕위에 오른 지 15년만의 일이었고 30세 때이다. 출생 3개월 후에 왕자의 명호에 구언했고 이에 송시열이 세자 책봉이 부당하다며 상소를 제기했다. 숙종은 송시열을 처벌했다. 송시열의 상소문을 기화로 1년에 걸쳐 100명 이상의 서인이 처벌되었다. 기사환국이었다. 1690년 3월 18일 서인에 가장 가혹한 응징 조치로서 이이와 성호의 문묘출향이 단행되었다. 문묘배향 7년만의 일이었다. 이로서 서인의 정통성이자 존립의 근거 자체가 부정되어버렸다.

송시열은 제주도로 유배가 떨어지자 제자 권상하에게 父子의 전통을 계승하고 명나라 황제였던 신종과 의종 제사를 지내기 위한 만동묘의 건립을 특별히 부탁했다. 그는 귀양 가는 2월 11일 충청남도 연산에 잠시 멈추었다. 연산은 스승 김장생의 묘가 있는 곳이다. 그러나 송시열은 정이천이 귀양 가는 길에 숙모를 찾아뵙고

가기를 청한 것을 朱子가 불만으로 여겼다는 것을 떠올리며 스승의 묘소를 그냥 지나쳤다. 의와 예를 평생 천명으로 여긴 것에 반한 것이다. 그러나 그는 신주처럼 여긴 '주자대전', '주자어류'를 읽었다.

숙종 15년 6월, 송시열을 사사하라는 어명이 나왔다. 6월 7일 송시열은 전북 정읍에서 사사의 명을 받았다.

"송시열은 광해조 간신의 자식으로 ....하는 대목에 이르러 씁쓸한 웃음을 지으며 사약을 마시고 죽었다. 진실로 재주를 갖춘 것이 없었으며 기질이 거칠고 학문이 허술했다 ....스스로 仁義를 빙자하고 大義를 말하면서도 도리어 패도에 치우쳤다. 만년에는 말과 의논이 더욱 황당해 상도를 잃으니 말이 많아 전혀 도덕이 있는 사람같지 않았다(숙종실록 보정권오 권21.15년 6월 무진)."

"송시열이 잡혀와 유배 가는 도중 정읍에 이르러 사약을 받았다. 부사가 약을 재촉했으나 종시 마시지 않아 약을 든 사람이 손으로 입을 벌리고 약을 부었는데 한 그릇반이 지나지 못해 죽었다'(명촌잡론)."

송시열은 주자를 극도로 숭배한 나머지 주자의 해석을 한 글자도 바꾸어서는 안 된다는 근본주의적 입장을 취했다. 이에 대해 윤휴는 반대의 입장이었다.

기호학파

1681년(숙종7) 7월 기호학파의 도종사인 이이, 성혼이 문묘에 종사되었다. 문묘에 종사한다는 것은 공자, 맹자 중국의 성인과 동급의 위상에 놓는 것을 의미한다. 광해조에 실현하려 한 사림 5현의 종사가 40년만에 이루어졌고 이이, 성혼의 종사가 4대 58년의 시간이 걸린 것은 그만큼 문묘종사의 중요성을 말해준다.

인조반역의 주역들은 그들이 떠받드는 孔子, 孟子, 朱熹의 思想을 뒤엎고 각기 임금을 배반한 쿠데타세력이었다. 이들은 김장생의 문인이 대부분이었다. 기호학파로 西人의 영수인 반역의 주역들이 이이, 성혼 문하의 제자라는 사실을 고려할 때 기호학파는 서인정권의 원천이었다.

서인은 그 부당한 정권의 속성상 집권의 정당을 확보하는데 절치부심했다. 집권의 정당성을 학문적전통성 확보를 통해 획득하려 했다. 그러기 위해서 서인학맥의 원천인 이이와 성혼을 문묘에 종사시켜야만 하는 것이다. 그러나 정치적 열세를 학문적인 정통성으로 극복하고자 했던 南人들이 반대한 것은 당연하다.

그리하여 이 문제는 서인, 남인간의 정치적 대결구도를 넘어서 영남사림과 기호사림의 학문적 대립으로 비화했다. 이러한 배경에서 이이, 성혼의 문묘종사 문제는 인조에서 숙종에 이르기까지 4대 60년에 걸쳐서 남인간의 쟁점으로 부각되었다.

1680년(숙종 6) 경신환국으로 남인이 축출되고 서인이 집권하면서 남인은 재기불능의 초토화되었다. 이에 숙종은 환국의 명분을 살리기 위해 서인의 요청에 따라 1681년(숙종 7) 이이, 성혼이 문묘종사되었다. 1689년(숙종 15)의 기사환국으로 정권이 교체되자 이이, 성흔이 출향되었다가 1694년(숙종 20) 갑술환국 이후 문묘에 다시 봉안되었다.

훗날 인조반정 세력들은 그들의 학문적 토대를 이율곡에서 찾았다. 그에 그치지 않고 이이의 어머니 신씨를 현모양처로 만들어 추앙했다. 바로 신사임당이다. 신사임당의 남편은 이원수로 문정왕후의 동생 윤원형의 심복이고 부인 신씨는 강릉 친정집에서 주로 살았다. 결혼 16년만에 시집으로 들어와 살았다. 그녀를 새로 발굴 추앙하게 된 것이다.

南人과 北人의 분당

1575년 선조 8년 김효원이 이조정랑에 추천된 것을 심의겸이 반대해서 사림세력이 동인과 서인으로 갈라 섰다. 김효원이 동인, 심의겸이 서인이다. 당시는 동인의 세력이 강해 많은 사림들이 동인에 가담했다. 그러나 서인은 정여립 옥사를 과도하게 다루어 동인을 해친 서인의 죄를 논하는 과정에서 북인(강경파)과 남인(온건파)으로 갈리었다. 1608년 의병을 일으킨 북인이 집권했다. 북인은 정치적 견해 관계로 대북과 소북으로 나뉘었고 대북정권은 적자가 아니라는 왕통상의 약점을 의식해 광해군의 형인 임해군과 이복동생인 영창대군을 죽였다. 대북정권은 영창대군의 어머니인 인목대비를 폐비시켜 서궁에 유폐시키는 무리수도 두었다.

그러자 서인이 쿠데타를 일으켜 인조반정이 일어났고 서인정권이 들어섰다. 표면적인 이유였다. 내면에는 명나라와 후금 사이에서 자주외교를 해 존명사대의 대의명분을 어긴 잘못을 응징할 목적에서 일으킨 것이다. 서인들은 대북정권이 독주하다 스스로 대북, 소북, 골북, 육북, 청소북, 탁소북 등으로 분열된 전철을 밟지 않기 위해 남인과 소북세력을 끌어들여 관제 야당을 만들었다. 이들은 다시 공서와 청서로 나뉘어 대립했고 병자호란 때 이들은 주화파와 척화파로 대립했다.

1637년 1월 29일 인조는 삼전도로 나가 淸태종에게 항복하고 궁으로 돌아 온 추운 겨울 밤, 인조와 최명길의 대화가 실록에 실려 있다. 최명길이 '임금은 범(호랑이)의 입에 들어가는데 신하가 북문으로 도망갈 수 있나' 하자 인조는 '명예를 훔치고 도둑질하는 게 쉽다'고 탄식하는 장면의 기록이 있다. 맞서 싸우지 않으면 매일 죽겠다던 김상헌이 북문으로 줄행랑 친 것이다. 송시열을 포함한 남한산성에 갇혀 있던 많은 신하들은 항복 이후 뿔뿔이 흩어졌고 조정과 백성은 버림받았다.

이들은 처참한 병란이 수습되자 아무 일 없었던 듯이 조정에 복귀하여 누구보다도 병화의 처참한 현실을 현장에서 목격한 그들이었지만 오히려 反淸, 尊明을 앞장서 부르짖었다. 청나라에 항복 이후 척화를 주장했던 3학사를 비롯한 대부분의 신하들은 모조리 처단되었는데 유독 척화파의 최선봉장에 선 김상헌만 살아 돌아왔다. 김상헌이 청에서 돌아왔을 때 인조는 그를 만나주지 안했다. 그 후 그는 친청 정권의 거두로 다시 정계에 복귀하여 정권의 전면에 등장했다. 주화파가 아닌 척화파가 정권의 전면에 등장하는 역사의 아이러니 장면이다.

제3장 쿠데타로 좌절된 자주국

탁월한 명군 宣祖와 光海君

일본을 통일한 히데요시는 1586년 3월 예수회 선교사 가스팔 크에료와 대담하면서 명나라와 조선 정복 계획을 이야기했고 크에료는 그때 군함 제공의 뜻을 전했다. 그 전에 노부나가는 1569년 예수회 선교사 루이스 프로이스와 면담을 했고 그를 교토에 거주하도록 허락했다. 노부나가는 이들 선교사들과 몇 차례 회동, 유럽과 동아시아를 둘러싼 정세를 파악했다.

예기치 않은 노부나가의 죽음으로 권력을 장악한 히데요시는 일본을 통일 고조선 침략과 명나라 정복을 공공연히 언급했다. 대마도 島主인 '宗家 문서'에 의하면 히데요시는 對馬島 도주 宗義調에 대해 국내 통일이 완료되어 조선출병을 하려한다고 전하고 있다. 그리고 대마의 종씨에 대해서 1586년부터 87년에 걸쳐 반복해서 조선출병 때의 충성을 요구하는 서한을 보냈다.

1587년 6월에 히데요시는 종의조, 종의지에게 일본경제의 성과를 알리고 대마국의 영유권 보장과 동시에 조선 국왕의 복속, 참락을 명하고 조선 복속에 힘을 다할 것과 그 대가로 조선에의 봉록을 줄 것을 통지했다. 이후 히데요시는 유구국(오끼나와로 1609년 사스마번에 복속)에 복속, 입성을 요구했고 대만의 고산국, 에스파니아령 필리핀총독, 포르투칼령 인도왕등에게 복속과 입성을 촉구하는 서간을 발송했다.

대마도주 종의조는 히데요시의 엄명을 받고 곤혹스러워 공물과 인질로 해결하려했으나 히데요시의 고압적인 자세가 바뀌지 않았기 때문에 1587년 가신을 일본국왕사로 만들어 한양으로 파견, 조선 조정의 히데요시 통일 축하 통신사의 파견을 요청했다.

조선은 그 서간이 오만하고 풍신수길이 전왕으로부터 정권을 찬탈했다는 의혹이 있다고 거절했다. 히데요시는 재차 조선 국왕의 참락을 요구했고 종의조는 현소를 정사, 종의지를 부사로 삼아 한양에 파견하여 거듭 요청을 했다.

조선은 일본의 사정을 탐색할 필요성 때문에 1590년 임진왜란 발발 2년 전에 정사 황윤길, 부사 김성일 그리고 서장관 허성 등이 통신사로 일본에 다녀왔다. 이 통신사는 일본의 요구도 있었지만 당시 나돌던 일본 침략에 대해 탐지하려는 목적도 있었다. 히데요시의 태도는 오만했고 조선 국왕에게 보낸 서신에는 조선 국왕을 합하로 썼고 명나라를 공격할 때 선봉에 설 것을 명했다. 이때 대마의 종씨는 히데요시의 요구는 '入明을 위해 잠시 길을 빌려 달라'는 말로 설명했다.

다녀온 후 서인 황윤길이 침략한다고 하자 동인 김성일은 무조건 반대의견을 내놓았다. 결국 당파 싸움으로 시간만 허비하고 아무 준비 없이 7년 전쟁을 맞았다.

임무 결과만 보면 황윤길이 옳았고 김성일은 틀렸다. 그러면 김성일은 상대당이 침략한다고 하자 무조건 반대의견을 낸 걸까? 당시 대마도도주 종의지는 "김성일은 절의 만을 숭상하여 사단이 생기게 하고 교만하게 대하였기 때문에 그곳 사정을 잘 듣지 못하였다"라고 말하였다. "황윤길은 술에 취해 혼수에 빠져 있었고, 김성일은 절의만 숭상하여 다른 나라의 형세를 두루 살피려 하지 않았으며, 허성은 스스로 자신이 하위에 있다고 하여 또한 두루 살피지 않았다."는 말로 그의 말의 객관성을 증명한다.

통신사들의 행적이 어떠했기에 이런 말이 나왔을까? 통신사 일행이 대마도에 도착하자 통신사를 위한 국분寺 환영 잔치에서 宗義調가 가마를 타고 뜰 앞까지 들어오자 김성일은 감히 가마꾼 따위의 미천한 자가 함부로 들어오는 것이 결례라며 퇴장을 주장하여 가마꾼 4명의 목을 베는 사죄를 받았다. 그리고 일본에 건너가서도 그의 태도는 교만과 오만으로 가득 차 있었다. 글자를 제대로 표현 못하는 일본에 대해서 우월의식을 가질 수 있다. 그러나 그런 태도는 사신의 자세는 아니었다. 또 왜국이 준 예단에 朝鮮國使臣來朝라고 되어 '래조'라는 말이 불가하다하여 돌려주었다.

히데요시를 접견할 때도 군신의 예인 밖에서 절을 거부하고 정전 안에서 절을 하는 의식을 관철하기도 하였다. 히데요시의 답서를 받고 '합하'(정승)라는 말을 '전하'(왕)로 고치고 방물이라는 말을 예폐로 다시 고쳐 받는데 15일이나 걸렸다. 이와 같은 그의 처신에 대해 황윤길은 다투어서 얻는 것보다는 해가 더 클 것이라는 입장이었다. 같은 동인 출신인 허성도 그가 지나치게 예절만 따져 노기 띤 안색으로 언사를 거칠게 하고 말마다 힐책하며 사람들과 다투어 공연히 평지풍파를 일으킨다고 불만을 토로하였다.

이들 통신사는 1590년 3월에 서울을 떠나 다음해 3월에 돌아온다. 그리고 황윤길은 '도요토미 히데요시의 안광이 빛나며 반드시 병화가 있을 것'이라 했고, 김성일은 '히데요시란 인물은 쥐상이라 두려워할 인물이 족히 되지 못한다.'고 복명하며 선조를 헷갈리게 했다. 하지만 대마도 도주 종의지와 일본인 승려 현소는 계속 침공 사실을 통보하고 외교적으로 해결하길 간청했다.

7월, 선조는 明에게 일본의 명분인 '정명가도'를 알리며 전국에 전쟁 준비 지시를 내린다. 특히 경상우감사 김수는 비난까지 들으면서 전쟁 준비를 지시했다. 이 때문에 백성들을 고달프게 한다면서 12월에는 그만두게 했다. 김성일은 몇 차례에 걸쳐 시폐 10조를 올리며 계속 반대했다. 그의 오기와 집념은 대단했다. 징비록에서 동문인 유성룡이'황윤길과 다르게 말하는데, 만약 병화가 있게 되면 어찌 하려고 그럽니까?' 하고 물으니, 김성일이 대답하기를 '어찌 왜적이 쳐들어오지 않으리라고 단정했겠는가?

다만 온 나라가 놀라고 의혹할까 두려워 그것을 풀어 주려고 그렇게 말했을 뿐입니다'라고 대답했다고 써 놓았다. 하지만 유성룡의 징비록은 윤근수의 평가처럼 좋은 것은 자신이 했다하고 나쁜 것은 남이 했다 한다는 비판처럼 신뢰가 안 간다.

유성룡은 또 전쟁 후 수습을 위해 명나라 사신으로 다녀 올 것을 선조가 간청하자 노모를 핑계로 거절했다. 신하의 도리는 아니다. 이황의 제자 김성일도 오랑캐 일본의 힘에 문명국 조선이 어찌될 거라는 상상을 할 수 없었다. 이것이 당시 정권을 담당한 주자학자들의 일면이다. 그러나 국정의 최고 책임자인 선조만은 달랐다. 이러한 사정에서 전쟁은 일어났고 전쟁의 총지휘관은 선조였다.

이순신도 정탁의 천거로 발탁했다. 역시 사형에 처한 이순신을 정탁이 강력히 선조에 건의해 사면되었다. 선조의 지휘와 광해군의 활략으로 임진왜란은 끝났다. 조선왕조 역대 왕 중 지금까지 가장 무능한 왕으로 평가받는 선조와 광해군을 중심으로 대북파가 전쟁을 수습한 것이다. 일본과의 전쟁에서 조선이 승리한 것이다.

후궁 출신 선조는 중종의 서자였던 덕흥군의 셋째 아들로 1552년에 태어났다. 덕흥군은 중종의 일곱 번째 아들로 후궁인 창인 안씨의 소생이었다. 직계가 아닌 방계가 왕위에 오른 것이다. 이로 인해 신하들에 의해 끊임없이 정통성 시비에 시달려야했다.

조일전쟁으로 일본과 명나라는 각각 정권이 교체되었다. 그러나 조선만은 왕조가 교체되지 않았다. 그만큼 선조의 정치력이 탁월했기 때문이다. 그토록 군신간의 신의를 주장한 조선의 주자학자들이 임금을 배신하고 자기 주군을 끌어내리고 무능력한 군주로 폄하한 것이다.

단채 신채호는 '조선 역사의 1천년내의 일대사건'에서 유교를 신봉하는 김부식이 仙教를 신봉하는 묘청에게 승리한 것이 민족의 불행이라고 했다. 이로 인해 유학자인 양반 지배층이 사대주의와 당쟁이 심해져 나라가 망하게 되었다는 것이다. 조선조 최고의 영민한 명군으로 평가할 수 있는 광해군(재위 1608~1623)이 망해가는 명나라와 흥기하는 청나라 사이에서 자주 외교를 계속했으면 조선은 300년 앞서 자주국으로 당당히 태어났을 것이다. 그리고 이런 지혜를 모아 정치가 이어졌으면 청나라에 예속되는 일도 없었을 것이고 조선과 민중을 피폐시킨 세도정치도 없었을 것이고 훗날 일본에 나라를 빼앗기는 비극도 없었을 것이다.

조선사 1천 5백년의 일대 대역사가 서인에 의해 물거품이 되었다. 1623년 음력 3월 13일 능양군을 왕으로 옹립한 반역사건인 인조반정은 명나라에 대한명분과 의리를 저버린 행위를 비판하여 반역을 했다는 것이 표면적인 이유였다. 그 명분과 의리를 그들이 목숨을 걸고 주장하는 주자학의 통치이념과는 어떻게 다른가?
조선 후기인 영정조시대에 들어서도 각종 쿠데타사건은 무수히 일어났고 특히 영조 때의 나주괘서 사건으로 무려 500명이 넘는 무고한 사람이 처단되었다. 나아가 전국의 책장사하는 사람은 물론 책을 소유한자도 처벌한 조선판 분서갱유가 일어났다. 그 이유는 왕통의 정통성 시비였다. 영조가 게장을 먹여 경종을 살해했다는 루머가 돌았기 때문이다. 그 시대를 문예부흥의 시대로 평가하는 것은 재고되어야한다.

제한된 解放

조선의 국가 사회시스템은 신분 상승이 거의 불가능한 아주 엄격한 계급사회였다. 가능한한 백성을 울타리 안에 가둬놓고 통치하려는 정책이었다. 특정의 7개 성씨를 지정해서 불가촉천민으로 정해 엄격하게 신분을 차별화하여 계층 간의 위화감을 조성하는데 앞장섰다. 게다가 그 밑에 또 천민계층인 백정을 만들어 천민계급과 노예계급을 구분시키고 그 신분을 벗어날 수 없게 자손대대로 족쇄를 씌웠다.
이는 인도의 힌두교 계급의 4성제도인 카스트제도와 매우 흡사하다. 불타 당시 '나는 혈통을 묻지 않는다. 다만 행위를 묻는다는 평등사상과 반대'로 정도전을 정점으로 한 고려 말의 쿠데타 세력은 카스트제도를 강력히 도입했다. 그러나 이씨 조선이 주자학에 의해 멸망하고 일본이 조선반도를 지배하자 이들에게도 제한된 해방이 찾아오기 시작했다.

계급 질서에 지각 변동이 일어났다. 천민계층도 양반과 표면상 같은 지위에 섰다. 그들에게 신분 상승의 기회가 온 것이다. 먼저, 일본의 충실한 신료가 되는 것이었다. 수백년간 노비로 자손 대대로 차별받아 온 그들에게는 인간으로서 대접받고 교육 받을 수 있는 기회가 주어졌고 제한된 인간해방이 이루어 진 것이다.

대표적인 사람이 서정시인 서정주가 아닐까?

그는 詩의 표현을 통해서 일본의 식민지배가 아니었으면 자신은 언제까지나 從놈의 자식으로 살았을 것이라고 표현하고 있다. 그 보은을 그는 시로서 열열이 보답하고 있다. 그를 탓할 일만은 아니다. 일본의 노비 해방이 아니면 그들의 존재도 없었을 것이다. 특히 이들 중에는 군인, 군경, 밀정이 되어 대일본제국 건설의 충복이 되었다.

조선이 멸망하고 일본제국이 조선반도를 점령 통치하자 1912년 일본은 조선의 통치기구인 조선총독부 산하에 동양척식회사를 세워 토지조사사업을 실시했다.

지금까지 토지는 국가의 소유라는 공개념이 사라지고 개인이 토지를 사유화 할 수 있는 길을 열어 놓았다. 일본은 조선에 자본주의를 이식시켜 초기 자본주의 시대를 열었다. 이때 조선총독부는 토지 소유 신고자에게 소유권을 그대로 인정했다. 가장 기회가 많이 주어진 것은 역시 관료층과 양반 지배계층이었다. 그들은 정보와 글을 알고 있었기 때문이다. 일본의 지배정책과 맞물려 각 지역에 토지를 소유하는 대지주가 출현했다. 글자를 모르는 무지한 농민이 대지주로 탄생한 아주 특이한 경우도 있었다.

1945년 광복 후 남한 정부가 수립되어 답 즉, 논에 한해서만 정부 채권으로 매입해서 농민에게 유상 분배했다. 이 토지개혁정책도 6.25전쟁으로 실패로 끝났다. 지주에게 채권 값을 지불할 수 없었기 때문이다. 임야, 대지, 밭은 그대로 과거 지주의 소유로 되었다. 광복이 된지 70년이 지난 지금도 대지주의 대지 위에 집을 짓고 사는 사람들에게 매년 지대를 받고 있다. 100년 이상 되었다. 그들은 이 자본력을 토대로 일찍이 서울에 진출하여 특정 지역에 많은 부를 축적 소유하고 있다.

한편, 미군정 3년 동안, 미군은 남한에 반공의 보루기지로서 북조선에 대항하기 위해 북한에서 남한으로 넘어온 離散民에게 적국이 남기고 간 일본인 재산 즉, 敵

産을 대부분 이들에게 재분배했다. 그리고 기존의 집이나 건물, 공장 등의 소유권을 일본인 가정부, 머슴, 종업원 등 기타에게 그대로 신고만 하면 인정했다.

그 위에 과거의 구체제를 복귀시켰다. 이는 남한 재벌기업의 탄생 배경이기도 하다. 재벌이 국가를 지배하는 시대가 된 것이다. 이것이 남북한간의 극도의 불신 경쟁체제를 심화시켰다. 특히 박정희 군사 쿠데타 이후 반공체제의 강화는 국민 심성을 파괴해 버렸다. 그리고 외국의 원조와 차관이 기업 성장의 밑거름이 되었다. 국민의 희생과 땀으로 이루어진 기적의 성장이었다. 이제 기업도 양극단으로 치닫고 있는 사회적 양극화 해소를 위해 그 책임을 다해야 한다.

1929년 미국의 대공황을 교훈으로 삼아 자본가와 노동자가 타협하지 않으면(뉴딜) 모두 망한다는 케인즈의 절규에 귀를 기울여야한다. 19세기 고전파 자유주의 경제학자 존 스튜어트가 주장한 자주관리제에 귀기울일 필요가 있다. 불타의 공존사상이 절실히 요구되는 시대이다.

民族의 천년대계를 위한 漢字 전용

(1) 한자를 사용 금지한 의도

어린 시절 지금의 세종시를 둘러싸고 흐르는 금강의 줄기인 미호천에서 물놀이를 하고 때로는 낚시와 그물로 물고기를 잡기도 했다. 가난한 시절 미호천은 동네 주민들의 영양 공급원이기도 했다. 그 당시 그물을 던지는 한 친구는 그물을 촉코라고 불렀다. 촉코를 그냥 충청도 사투리 정도로 알고 지냈다.그러나 오랜 시간이 흘러 촉코는 원래 한자 數罟(촉고)라는 것을 알았고 이 數는 셈을 세다는 의미의 算數, 數學으로 사용될 때는 수, 빈번하다를 의미하는 삭으로 쓸 때는 頻數(빈삭)으로 각각 읽는다.

한자의 또 다른 쓰임 예를 보자.

醫術을 疑術로 쓰면 의술이란 의심 투성이로 되어 '의심나는 것을 그럴싸하게 하여 약을 짓는 의미가 된다.'

巫를 誣로 쓰면 무당이란 온갖 거짓말을 하는 존재가 된다.

儒學者의 儒을 諛자로 쓰면 유학자라는 무리는 말 그대로 진짜 아첨꾼의 무리라는 말이 된다.

본문에서 서술하고 있는 동아시아에 지대한 영향을 미친 승려 玄奘의 본명이

陳禕(진의)이다. 우리의 지식백과사전에는 모두 陳褘(진위)로 되어 있다. 볼시(示)변과 옷의(衣)변이 붙은 글자의 뜻은 엄연히 다르다. 아마도 100년이상 이렇게 썼을 것이다. 얼마나 큰 오류인가?

북한산의 진흥왕 巡狩碑는 서기 470년에 세워졌다고 했다. 이 순수비는 아직도 진위의 시비가 있고 세워진 연도도 불명확하다. 하나의 사실은 1974년 여름 토론회에서 한 제자가 실증사학자에게 "비가 세워진 년도가 470년이라는 근거는 무엇에 의한 것인가?" 질의에 그의 대답은 "그 연도는 나의 할아버지가 나에게 꿈속에서 알려준 것이다." 이 답에 누구도 이의도 반론도 하지 못했다. 그리고 역사는 그렇게 확정되었고 그렇게 알고 있는 것이다. 모순 아닌가?

'집 잃은 개'를 의미하는 喪家의 개를 우리는 상가집 개로 일상에서 쓰고 있다. 무의식적으로 상가의 家와 집을 중복하여 사용하고 있다. TV 드라마 대사에서도 종종 나오는 '황상폐하'도 '皇上이 폐하'라는 뜻인데 황상폐하라고 중복해서 말한다. 재래시장이나 백화점 등에 가면 중년 여성들이 줄을 '나라비'로 섰다하고 '소데나시'없는 티셔츠를 달라고 하는 광경을 종종 목격한 적이 있다. 줄을 서는 게 나라비이고, 소매가 없다 뜻이 소데나시인데 이처럼 우리는 일상 사용하는 언어를 부정확하고 중복된 표현을 무의식적으로 많이 사용된다.

무엇 때문일까?

한글 전용 때문이다. 한자 없이 한글만 배우고 훈독을 모르면 일상에서 이처럼 많은 오류를 범할 수가 있다. 우리는 바로 祖父 세대들이 사용하던 글도 제대로 읽고 쓰지 못하고 누군가가 한글로 번역을 해야 읽고 이해 할 수 있다. 민족사적으로 비극적인 일이다. 세계사적으로 비문명적인 것이다. 전통적으로 '歐美'의 식민지 침략 지배자들은 식민지를 건설할 때 그 나라의 역사, 문화, 생활 관습 등을 철저히 조사해 식민지 지배에 활용했다. 마찬가지로 '동양의 작은 원숭'이라 불렸던 일본이 歐美에서 배워 조선의 병합 이전부터 역사, 문화 등 전 분야에 걸쳐 철저히 조사해서 조선 식민지배에 이용하였다. 그중에서도 가장 큰 발견이 '한글'이었을 것이다. 이거야말로 조선민중을 우민화시키는 비장의 무기였다.

그 이유는 무엇인가?

바로 언어를 제약하여 조선민족을 일본에 동화시키는데 있었다. 한글 전용 사용은 당장 나타나지 않지만 훗날 개념 없는 언어를 구사하게 된다. 한글은 창조적 인간 형성이 어렵다. 이는 식민지배자들과 구미 추종자들이 가장 바라는 조선민족의 우민화이다. 그런데 조선은 36년의 일본의 식민지 지배에서 벗어나 광복의 기쁨도 누리기 전에 새로운 점령군 美軍이 남한에 진주했다.

이때 미국 극동군사령관 macarthur(메카서)는 1945년 9월 남한에서 한문 사용을 폐지하고 한글 전용 실시를 포고했다. 이후 한문혼용을 하다가 1961년 박정희 군사정권이 한자의 씨를 말리라는 정책에 따라 한문교육이 완전 폐지되고 한글 전용이 전면적으로 시행되었다. 패전국 일본 역시 점령군 메카서 사령관의 점령 정책에 따라 한자 500자만 제한 사용할 것을 강권했으나 강력히 항의하여 1,945자로 조정했다가 2천자로 타협해서 사용했다. 미군정은 왜 남한 점령정책의 하나로 한자를 폐지하려 했나? 이는 말할 것도 없이 동양의 정신문화를 파괴하고 불교, 유교문화인 한자문화를 억압하여 그들의 서구문명 즉, 기독교문명을 이식하기 위해서였다.

왜 그랬을까?

바로 우리의 전통문화의 단절 즉, 한문화와 유교문화, 불교문화를 가르치지 않고 백성을 우민화 시키는 정책이 미군정의 의도였다. 여기에 충실히 따른 것이 구미 기독교주의자들 이었다. 그리하여 한자는 외래어라고 맹목적으로 배격하게 되었고 학교교육에서 빠지게 되었다. 이들 歐美 추종자들은 백성의 우민화 정책에 앞장서고 있고 지금도 한글을 세계 최고의 글로 띄우고 있다.

또한 최근에는 무슨 소리를 낸다고 ㅅ받침을 붙여 요리조리 요상한 논리로 헷갈리게 한다. 훈민정음 창제 초기 사용되었던 ㆍ(아래아), ㅿ(반치음 시옷), ㆆ(여린 히읗), ㆁ(옛이응, 꼭지 이응)외 7자가 쓰였다가 사용되지 않은 것은 일본의 식민지 정책에 의한 것이다. 백성들에게 개념 없는 언어를 사용하게 할 목적이었다. 이른 바' 식민지 지배의 우민화 정책이다. 그러면 한글 창제에 대해서 보자

(2) 역사학자들의 한글 창제 동기론

1964년 개정된 '한국사대관'에서 이병도는 세종이 자아를 비판하고 반성하여 민족을 사랑하고 민중을 애달피 여겨 '한글을 만들었다고 하였다. 1976년 개정된 이기백저 '한국사新論'은 일상 쓰는 말에 부합하는 민족의 문자가 있어야 하겠다는 민족의식과 누구나 쉽게 문자를 배워 쓰게 해야겠다는 민중애가 세종으로 하여금 한글을 만들게 한 것이라고 하였다. 언어학자가 아닌 이들 실증사학자들의 한글창제 동기론은 모순투성이다. 왜 15세기가 되어서 고유한 글을 가지지 못한 국가의

체면 때문이라는 것인가?

명나라를 존중하고 섬기는 사대주의가 본격화되는 이조 초기에 국가적 체면 때문에 한글을 창제하였다는 논리는 합리성이 떨어진다. 세종이 '글을 모르는 백성을 애달피 여기고 민족을 사랑하여 한글을 창제한 것'이라면 더 말이 안 된다. 세종은 열람이 금지된 실록을 읽어보고 祖父 이성계에 대한 기록을 바꾸도록 했다. 나아가 고려사를 모두 불태워 역사를 감추려했다. 게다가 관리에게 정당한 재판 없이 백성의 생사여탈권을 주었지만 백성들에게 이루 말할 수 없는 부작용을 일으켜서 훗날 폐지되었다. 모두 백성의 삶과 관계없는 정책이었다.

또한 1976년 이우성은 '진단학보' 42호에 쓴 조선 왕조의 훈민정책과 정음의 기능'이라는 논문에서 이씨 왕조의 백성을 '訓導, 訓育策'으로 보았다. 고려시대까지는 백성에게 글을 가르치지 않고도 백성을 다스릴 수 있었는데 이조시대 들어와서 글을 가르쳐서 백성을 다스리는 것이 효과적이라 생각되어 한글창제를 하였다는 논리 또한 이상하다. 고구려 백제 신라 고려 이전의 지배계층 통치자들은 왜 그렇게 하지 않았나? 의문이다.

15세기말 독일의 식자율이 3% 정도였다. 朝鮮 초기 식자층이 2% 미만 정도로 추론되는 데이터를 보면 이들의 백성을 위한 논리라는 주장은 억지이다. 그리고 세종이 창제한 한글을 그들 자신뿐만 아니라 양반계층 또는 식자층도 상민의 글이라 사용하지 않았고 조선이 망하고 광복이전까지도 모든 기록문서는 물론이고 일상 글도 한자로 사용했다. 이런 연유는 한글만으로는 모든 뜻을 표현하기에는 말과 글이 길어지고 또한 정확한 의사표현이 불가능하기 때문이다. 세종의 한글 창제 목적은 한자를 사용하는 것을 금지 한 게 아니라 조선말 중 조사나 어조사 등의 표현이 어렵고 중국과 다르니 이를 우리식으로 바르게 읽는 것에 있다.

예를 들어 天金隱 買宅(천금으로 집을 사고)에서 조사 '隱'은 '爲'와 古의 결합 표기인데 이를 한글인 '은'으로 읽으며 天金은 買宅이 된다.

한글이 만들어 지기 이전, 한자를 조선어로 표기하기 위해서는 한자를 표음적으로 사용해 그 위에 다시 字形을 간략화한 것이 사용되었다. 즉, 석독(훈독)이 행해졌다. 한문의 釋讀은 인도의 산스크리트佛典을 중국의 한문으로 번역하는 이른바 불전 漢譯과정에서 힌트를 얻어서 생겨 난 것이다. 즉, 불전의 중국어 번역에 이어서 다시 조선어로의 번역과정에서, 한문을 조선어로 번역해서 읽는다는 석독이 생겨난 것이다.

⑶ 동아시아의 라틴어– 漢字

현재 세계의 공통어는 영어이지만 근세 이전의 세계에서는 종교, 문화를 공유하는 문화권과 함께 공통어가 나눠졌다. 그리고 이들 근대 이전의 공통어는 동시에 각자의 종교 문화를 상징하는 經典을 記載한 성스러운 언어였다. 그 대표적인 것이 이슬람문화권의 아랍어, 기독교문화권의 라틴어, 동아시아의 한문화권이다. 이들은 세계 3대 공통어였다. 라틴어는 기독서, 아랍어는 코란, 한문은 논어 등의 儒敎 經典을 기록한 언어였다. 이 때문에 한문은 동아시아의 라틴어로 불려졌다.

불교가 조선반도에 전해진 唐나라 초기 중국어에 대한 인식이 깊어짐에 따라 중국어가 조선반도의 언어와 다른 언어라는 것을 강하게 실감했다. 불교 경전을 번역하기 이전에는 한문을 직독하고 직해했다. 그리고 그 실감을 보다 분명히 인식하는 변화를 일으킨 것은 바로 佛敎의 영향이었다.

불교 경전의 번역은 이 땅의 언어를 발달시켰고 풍부한 상상력과 수많은 어휘를 만들어내 일상생활의 언어뿐 아니라 조선반도의 전 분야에 지대한 영향을 미쳤다. 佛敎 傳來의 결과이다. 참고로 사서삼경은 한자가 41만 3천자이고 그 주석은 10배에 이르는 방대하고 풍부한 400만자에 이른다. 조선반도의 중국 전래 문헌의 대부분 자료는 불교 경전이었다. 당시 이 불교 경전을 읽을 수 있는 사람들은 오로지 승려들뿐이었다. 불교는 중국 및 동남아시아 모든 방면에 이루 셀 수없는 영향을 미쳤다. 이른바 漢譯 불교 경전이다.

이 한역 불전은 중국에서 만들어져 다시 註釋이 뒤따랐고 그 속에는 원래의 산스크리트어를 번역할 때의 흔적이 많이 남아 있다. 예컨대 天台宗의 개조인 隋나라 智顗(538-597)의 [仁王護國般若經疏]에 [梵云優婆塞, 此云淸信男]의 구절이 있다. 이것은 범어에서 재가불자를 의미하는 우바사카를 먼저 우바새의 한자로 바꿔 쓴 것이고 중국어로 번역하면 청신남의 의미이다.

가끔 자칭 엘리트라 자부하는 사회운동하는 사람들을 만나서 종로 3가에 있는 탑골공원을 파고다공원이라 하면 일본 식민지의 잔재라고 역정을 낸다. 탑을 의미하는 파고다는 이미 2천 5백년 전에 불교문화권인 동남아시아에서 오래전에 사용된 공통의 언어였다. 또한 성명서 등을 작성할 때 民主的 절차 등등의 문장이 들어갈 때에도 이 的도 일본 식민지의 잔재라고 빼버릴 것을 완강히 고집한다. 이 的이

어째서 일본 식민지의 잔재인가? 的은 중국에서 쓰인 아주 오랜 것으로 我的, 你的 즉 나의 너의 어조사 역할을 하고 있다. 이것이 조선반도로 와서 之로 일본으로 건너가서 の로 변이 사용되었다.

光復이란 말은 일본의 1931년 만주 침략 이후 15년간의 지루한 전쟁에서 중국이 승리하여 쓴 말이다. 國語라는 단어도 중국 춘추시대에 쓰여졌으니 광복이라는 말과 함께 사용하지 말아야하고 특히 선생이라는 말도 쓰지 말아야한다. 그런데 이들은 근래 사용되는 dis, parody 등 일반대중이 잘 이해하기 힘든 이 말을 오히려 자부심 가득 찬 표정으로 이야기한다. 자기모순에 빠진 것이다. 이런 의식 속에는 맹목적인 국수주의와 소아병적 구미사대주의에 의한 것이며 여기에 배타적인 주자학적 요소가 혼합된 영향 때문이라 생각된다.

love의 번역인 사랑은 130여 년 전에 조선에서 처음 사용했는데 이는 기독서의 漢譯을 한글화한 것이다. 또한 god을 중국에서는 上帝, 일본에서는 神, 조선에서는 하느님(하늘님)으로 번역해서 사용했다. 이 하느님을 하나님으로 사용한지는 불과 60여년이다.

'民族, 民主, 社會, 哲學' 등 수없이 많은 글자를 현재 중국도, 한국도 쓰고 있다. 이 낱말들은 원래 서구문명을 일찍 받아들인 일본이 구미의 언어를 한자로 번역한 것이다. 이에 충격을 받은 19세기 말 중국의 대표적 지식인인 양계초는 1천년이상 동아시아의 제국 중화민족의 자존심이 손상되는 것을 무릅쓰고 일본에서 중국으로의 훈독 역수입 할 것을 주장하기도 했다.

⑷ 한자는 민족의 소중한 자산 – 신라 승려 혜초의 책

한자는 우리 선조들의 소중한 자산이다. 한자가 외래어라고 배격하고 한글 전용을 고집하는 歐美사대주의자들에게 명백한 과거 역사와 사료가 있다. 고려시대인 1276년에 중국어의 통역 양성을 목적으로 통문관이 설치되어(후에 사역원으로 명칭을 변경) 노흘대, 박통사 등 당시의 중국어 회화 교재도 만들었고 조선시대에는 몽골어, 만주어, 일본어의 통역원을 양성했다. 이 당시에도 이들 외국어를 우리식 한자로 번역해 사용했다. 사료로는 바로 '慧超의 王五天竺國傳'이다.

신라의 승려 혜초가 8세기 초에 쓴 이 책은 인도 서역의 여행기록을 고대 신라 한자어로 그 문장체는 고대 중국과 다른 고대 조선 문체를 사용했다. 돈황(석굴)에서 발견되어 현재 프랑스 파리의 국립도서관에 소장되어있는 왕오천축국전 사본 진권은 8세기 초 인도서역의 사정과 문체를 알 수 있는 귀중한 사료이다.

혜초는 방문한 국가들의 풍속을 기록했고 특히 사람들의 長髮 형태를 세심히 관찰 기록했다. 예를 들어 소발율國과 토화라國, 골어國에 대해서 남자는 머리와 수염을 자르고 여성은 머리를 길게 하고 있다. 이것을 '女人在髮'로 썼다. 계빈國에서는 '女人髮在', 돌궐과 호밀國에서는 '女人在頭'로 썼다. 또한 대식國에서 남자는 머리를 자르고 수염을 기르고, 여자는 머리를 기르고 있다는 표현을 '男人剪髮在鬚(남인전발재수), 女人在髮'로 쓰고 있다. 그런데 위 문장의 在髮을 머리털이 있다로 읽을 수 있을까? 재는 잘못 사용된 것으로 여인은 머리가 있다라면 '女人有髮'로 해야 한다. 한문으로 보다 세련된 표현이라면 '蓄髮' 또는 '留髮'이 좋은 표현이다. 있다라면 有를 사용해야 한다. 이른바 有髮승려인 경우 유발이다.

有와 在는 있다지만
有는 에 가 있다.
在는 은 에 있다고 구별되어 주어와 목적어가 바뀐다.

예를 들어 '天有命'은 천에 명이 있다. '命在天'은 명은 하늘에 있다. 따라서 女人在髮은 여인은 머리카락에 있다. '男人剪髮在鬚'는 남자는 머리카락을 깍고, 수염이 있다고 완전히 다른 의미로 된다. 중국인이라면 이런 표현은 하지 않는다. 有와 在의 용도는 종종 한문으로 썼을 때 혼동이 크다. 혜초는 '女人在頭'로 쓰고 있다. 여인은 머리가 있다로 되어 그 의미가 불투명한 표현이 된다. 머리를 기르다.

머리가 길다라는 髮을 頭로 표현한 것이다. 발은 머리털 즉, 머리의 毛인데 그 털을 생략한 말투이다. 중국어의 剃頭(체두)와 같은 표현방식이 즉, 체두를 깍다라는 표현이 있지만 頭와 髮은 별개의 단어이기 때문에 머리카락(髮)을 기르는 것을 머리(頭)를 기른다고 할 수는 없다. 이런 표현들이 신라시대부터 있었다는 것을 혜초의 글에서 발견할 수 있다.

한글 창제 이후의 언해 자료에는 발을 머리로 번역한 것으로 미루어 이는 고대부터 사용한 것으로 볼 수 있다. 혜초가 女人在頭로 쓴 것은 바로 모국어인 신라어의 영향 때문이다. 이와 같이 재와 유, 두와 발을 혼동하고 있는 점을 보면 혜초는 적어도 신라어의 발상으로 한문을 쓴 것이다. 혜초는 젊어서 당을 거쳐 海路로 인도여행을 하고 727년에 돌아왔을 때에는 놀랍게도 아직 30세가 되지 않았다.

'왕오천축국전'은 여행 당시의 메모를 모아서 정리한 것으로 당시 그의 한문 소양은 오로지 신라에서 배운 것이다. 여기에 신라어의 영향이 보여 지는 것은 그것이 혜초 개인의 문체는 아니고 당시 신라에서 그와 같은 한문이 쓰여 지고 있었다는 것을 의미한다. 재와 유의 혼돈은 재발, 재두 등의 예에 한정하지 않고 왕오천축국전 외의 다른 것에도 혜초는 정확히 알고 사용하고 있다.

신라에서 쓰여진 신라어를 섞어 혼합한 한문에서 재는 단순히 있다가 아닌 놓다(置)로 되는 의미로 사용한 예도 있다. 여성은 髮(머리카락)을 자르지 않고 두고(置)있다. 예컨대 蓄髮과 같은 의미로 在髮로 쓴 경우도 있다. 혜초는 당나라의 역경원에서 불경을 번역할 정도였기 때문에 정확한 한문을 썼다. 만년에 썼던 그의 문장에는 신라의 영향이 거의 사라졌다. 돈황에서 발견된 왕오천축국전 잔권은 정본이 아니고 草輸이다. 거기에 신라어의 영향으로 여겨지는 변칙적인 표현이 쓰여진 것은 그 때문이다. 이와 관련하여 혜림의 '一切輕音義'에 '왕오천축국전 3권'의 주석이 수록되어 있다.

혜림은 혜초와 동문으로 그가 읽은 3권의 책 '왕오천축국전'은 후에 정정을 한 정본으로 추정된다. 돈황本의 앞부분과 뒷부분이 없기 때문에 題字도 題名도 없지만 혜림의 '일체경음의'에 의해서 혜초의 왕오천축국전이라는 것이 판명되었다.

유럽의 대다수 나라는 고전어인 라틴어를 기본으로 가르친다. 모든 고전 기록과 책은 라틴어로 되어 있기 때문에 라틴어를 모르면 고전을 읽을 수가 없다. 세계적인 극작가로 유명한 16세기 영국의 셰익스피어도 그의 모든 저술을 라틴어로 썼다. 19세기 독일의 철학자 칸트 역시 그의 철학서를 라틴어로 서술했다. 이처럼 유럽의 문화는 라틴어문화권이었다. 이 나라의 어린이는 유치원만 나와도 라틴어를 마스터한다. 중등학교만 졸업해도 영어는 기본이고 이웃 나라의 언어 두개 이상은 자유자재로 구사 할 수 있다. 그들과 경쟁해서 이길 수 있을까?

이웃 나라는 유치원과 초등학교에서 논어 맹자는 물론 주희의 근사록도 배운다. 우리의 현실은 어떠한가? 암울할 뿐이다. 과학이나 생물학분야의 영어를 한글로 번역할 수 있을까? 과거 우리 선조들이 몽골어, 만주어를 우리 한자로 번역하듯이 독일어, 프랑스어, 기타 유럽어를 번역할 있을까? 참담한 생각이다.

인간의 상상을 풍요롭게 하고 일상의 언어를 발달시키고 창조적 인격 형성을 위해서 반드시 한자 전용을 해야 한다, 이것에 민족의 미래가 달려있다고 해도 과언은 아니라 여겨진다. 나아가 과거 조선이 가졌던 일본에 대한 문화적 우월감을 되찾고자 하면 한자 전용교육이 무엇보다 시급하다.

제3부 불타 이전의 인도

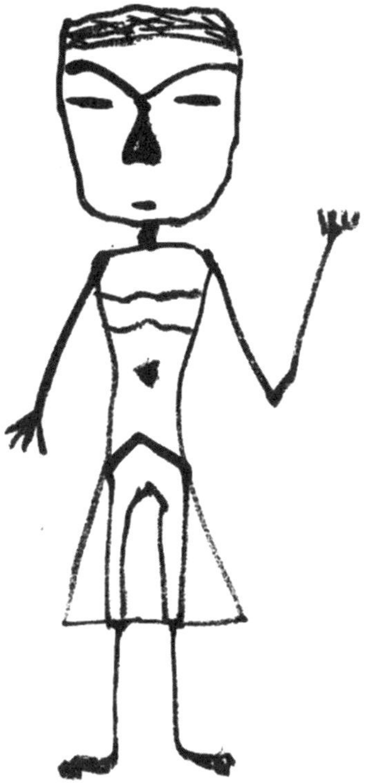

제1장 인도의 상황

인도人의 인생관

불교 성립 당시 인도의 인생관에 의하면 인간은 죽어서 소멸되는 것이 아니고 현재 생의 결과 다시 태어나 다음 생을 연다. 이 생은 연속하여 무한이 이어진다고 여겼다. 이것을 輪廻라고 하며 이 윤회로부터 탈출하기 위해 끝없는 수행이 필요하다는 것이다. 윤회로부터 탈출하는 것을 解脫이라고 하며 해탈한 사람은 다시 태어나지 않는다.

불교도 당시 인도의 모든 종교와 똑같이 윤회설을 전제로 해탈을 목표로 했다. '불타는 이 세상에서 이미 해탈했기 때문에 사후에 다시 태어나는 것은 아니다.' 윤회와 해탈은 불교의 내부에서도 다양한 해석이 있으나 불타가 윤회를 초월해서 해탈했다는 데는 이론이 없다. 仏이라는 말은 죽은 자를 가리키고 죽은 자의 영혼이 평안하게 되는 것을 成佛한다고 한다. 한 生涯를 끝내는 것을 '死沒'이라 하며 그 후 새로운 생애의 시작을 '往生' 또는 '來生'이라 한다.

붓다라는 말은 당시 인도 일반에 널리 사용되었고 고타마 붓다의 독점만은 아니었다. 붓다라는 말이 중국에 전해진 초기 당시는 浮圖와 浮屠 등의 音寫로 썼다. 이후 중국에서 음사는 佛이 일반화되었고 이 佛字는 人과 弗의 합성이다. 弗은 (1) 不과 같고 (2)구별할 수 없는 의미로 佛은 '사람이자 사람이 아닌 것 같은' 것으로도 설명된다. 대번역가 玄奘(600-664년) 이후 佛陀의 음사가 정해졌다.

아리안族

이 종족은 紀元前 1500년경 이래 수차례에 걸쳐 인도 대륙의 서북부에 침입해 원주민을 정복하고 동화해 갔다. 기원前 1000년경에는 펀잡지방을 지배하고 계속해서 동쪽으로 세력을 확장하여 야무나江과 갠지스江에 이르렀고 중부지방으로 계속 확대해 기원前 500년경에는 갠지스江 중류지역까지 이르렀다. 이후 더욱 남하해 남인도에서 실론(스리랑카)까지 아리안화 했다.

아리안족은 현재까지 3천년 이상에 걸쳐 일관된 문화를 갖고 있으며 그들의 언어 산스크리트어는 현재 60%의 인도인이 사용하고 있다. 그들의 종교 바라문教는 이슬람의 정복에도 불구하고 지금도 압도적인 세력을 유지하고 있다.

베다

아리안人이 아프카니스탄의 힌두쿠시(hindukush)산맥을 넘어서 펀잡지방에 침입했고 그들의 신화를 讚歌集 '리그베다'라 한다. 이들은 목축으로 생활을 영위했다. 아리안인은 소를 소유하고 전투에 종사하는 무사귀족계급을 주체로 했고 자연의 혜택과 전쟁의 승리를 기원하기 위한 종교를 필요로 했다. 이 때문에 복잡한 종교 의례를 주관하는 神官階級이 婆羅門(Brahman)으로 세력을 갖고 무사귀족인 크샤트리아의 위에 서게 되었다. 농업, 공업, 상업을 담당하는 서민은 크샤트리아의 하위에 그리고 그 밑에 피정복민이 놓여졌다. 이것이 훗날 카스트제도(四姓)의 기원이다.

바라문의 경전을 '베다'라 부르며 웅대한 문헌으로 그 중 최고의 '리그베다' 찬가는 기원전 1200년경까지 거슬러 올라간다. 베다(veda)는 지식을 의미한다. 인도에 들어온 아리안人에게 중요한 것은 전투적인 인드라神과 제사 중심을 이루는 火神아그니가 있다. 인드라神은 '술에 취해 폭풍을 일으켜 비를 내리게 하고 적을 쳐부수고 소를 뺏는다. 이른바 크샤트리아(무사귀족)의 理想이다. 이에 대해 아그니神은 '종교교의와 가정생활에서 가장 중요한 火의 상징으로 바라문教적 성격을 갖는다.'

베다 종교는 이 두 神을 시작으로 諸神에게 봉사하고 기도하여 그 보호에 의해서 종족의 영광을 기도하는 것을 목적으로 했다. 물론 베다 종교는 엄격한 도덕률을 설하고, 애정을 찬미하고, 자연의 美를 찬양하며 세계의 기원을 탐구하는 등 다양한 면이 포함되어 있지만 인도에 들어온 아리아인들은 그 중에도 특히 인드라神과 아그니神을 선택, 그 제사를 중심으로 바라문教가 성립했다.

아리안의 사회상

베다의 성립 후 베다 보조학의 하나로 행위규범을 정한 법전 다르마샤트라가 편찬되었다. 그 완성도가 높아서 부동의 지위를 확보한 것은 기원전후에 편찬된 '마누법전'이다. 이 법전에 아리안인의 사회상이 묘사되어 있다. 마누법전은 행위규범의 논거로서 리그베다로부터 승계된 세계 창조의 신화를 나타낸다.

최고의 神 브라흐만의 머리로부터 제식을 행하는 祭官 브라흐마나 바라문이 나왔고 팔에서 무사(크샤트리아), 다리로부터 생산활동에 종사하는 서민(바이샤), 발에서 노예(슈드라)가 나왔다고 설명하고 있다. 제관, 무인, 서민, 노예 각각을 성(우르나)이라 하고 이 4개의 서열이 四姓이다. 노예를 제외한 3성을 아리안이라 불렀다. 노예로서 아리안인 사회의 최하층에 위치한 것은 놀랍게도 원주민이었다.

마누법전에 의하면 3대 부채가 있다고 한다. 聖仙, 신들, 조상영혼에의 부채이다. 그리고 이들의 부채는 각각의 베다의 학습, 제관에의 보답, 조상영혼에의 제사를 지내면 그에 의해 직계남자에게 되돌아온다. 이렇게 해서 아리안인은 베다를 학습하고 제식을 행하는 제관에 증여해서 조상영혼을 제사 지내는 것과 함께 직계남자에 가통을 잇게 하는 것이 창조되었다. 이것 역시 베다로부터 이어진 사상이다.

3성의 아리안인 아이들은 출생전의 수태식, 출생식, 이후 결발식 등의 인생 의례를 통해 성장해서 입문식에 의해 제2의 탄생을 하는 것으로 여긴다. 오염된 존재가 아닌 있는 그대로, 베다를 배워 진짜 아리안인으로 재생 즉. '다시 태어나는 것'에 있다. 그 때문에 아리안인을 '再生族'(dvija)이라 불렀다. 입문식 후에는 스승에 해당하는 제관 아래서 베다학습을 거쳐 귀가식을 행한다. 이후 결혼해서 가장이 된다. 결혼식에는 가정제식을 위해 불을 준비한다.

마누법전의 사회모델은 2중 구조를 갖고 있다. 협의의 재생족 사회는 이러한 의례를 통해서 아리안인 성인남자로 이루어진 재생족은 사후는 천상계에 재생하는 것을 염원하고 제식을 행하고 제관에게 증여한다. 이에 대해서 노예와 아리안인 여성과 베다학습을 하지 않은 아리안인 소년은 그 외부에 두었다. 예컨대 재생사회의 구성원이어도 만약 타인의 아내와 성교 등의 오염된 행위를 범하면 이 협의의 재생족사회로부터 부정의 세계로 전락된다고 간주되어 정화의례를 받지 않는 한 사회에 복귀할 수 없다. 이와 같은 베다제식이 바로 사회의 질서를 유지했다.

바라문교

베다를 토대로 한 아리안인의 신앙을 일반적으로 바라문敎라하고 이 말은 祭官을 의미하는 브라흐마나(brahmana)에서 나온 브라흐마니즘(brahmanism의 번역어이다. 바라문이라는 말은 brahmana의 한역어인 婆羅門에서 유래한다. 바라문교에서는 제관이 언어에 깃든 신비적인 힘을 발휘하는 祭式에 의해서 신들을 조종하여 자손 번영과 가축 증식, 天上界(天界)에서 다시 태어남 등의 소원을 실현한다.

제사단에는 공물을 헌납하는 불(火), 家長의 불, 제물을 조리하는 불 즉, 3개의 불이 놓여있고 제문과 함께 공물을 바친다. 祭主는 제관에 의뢰해서 제식을 거행하고 제관에게 대가를 증여한다. 최고의 소망은 사후 천상계에서 다시 태어나는 것이다. 이것을 '生天'이라 한다.

여기서 베다의 상층부는 제식이 개인원리에 토대를 두면 개인이 공물로서 바친 재물은 한정되기 때문에 천상계에 다시 태어난 후에 '제식의 효력'이 끊어져 天上界에서 다시 죽는다는 것이다. 여기서 이 천상계에서의 再生 즉, 다시 태어나는 문제에 대한 해결책으로서 베다의 새로운 계층인 우파니샤드는 우주원리(브라흐만)와 자기(atman)의 일치를 제시했다.

자기라는 개인의 속성을 버리고 우주원리에 합일하는 것에 의해서 '천상계에서의 不死'가 된다고 여겼다. 이것이 유명한 우파니샤드철학에서 말하는 梵我一如이다. 이렇게 해서 베다에서는 혈족공동체의 원리로서 개인원리의 이행에 의해서 일어난 천상에의 재생이라는 종교적 위기를 범아일여라는 不死의 공동체 사상에 의해서 극복하게 되었다.

바라문敎는 제사를 전문으로 했다. 넓은 의미의 베다 문헌 중에 찬가를 알기 쉽게 풀이한 웅대한 '프라-후마나'로 부르는 神學書도 만들었다. 이어서 '우파니샤드'의 이름을 가진 100권의 책이 나왔고 대부분 기원전 500년경 이전에 중부지방에서 만들었다. 바라문은 모두 신관으로 만족하지 않고 인생과 자연에 대해 사색하고 탐구했다. 이는 최고의 '리그베다'에 나타나는 '프라-후마나'에서의 철학적인 논구가 '우파니샤드'로 되어 다양한 인생관, 우주관을 논하게 되었다.

우파니샤드에는 우주의 근본 원리로서의 브라만(梵) 또는 개인의 주체적, 내재적 원리인 아트만(我)이 세워져 이들에 관한 敎說이 정립되는 속에 드디어 양자의 동일시가 진행되어 '梵我一如'라는 장대한 지혜를 구축했다. 그 원리는 바라문敎

혹은 힌두敎의 기조로 2천 5백년에 걸쳐 현재에 이르기까지 인도철학의 주류를 이룬다.

우파니샤드의 사상

인간은 死後 어떻게 되는가? 이 문제는 동서고금을 막론하고 인류 공통의 중대 관심사이다. 대부분의 사람들은 죽음과 동시에 허무로 돌아간다고 생각하지 않는다. 아리안人도 역시 이 문제를 탐구해서 우파니샤드에 도달해 대부분 아래와 같이 정해진다고 한다.

⑴ 윤회(samsara)

인간은 죽은 후 어떤 세계에 도달해서 다시 이 세상에 태어난다. 이 과정은무한히 반복된다. 그래서 인생에는 반드시 고통이 동반되기 때문에 윤회의 무한한 계속성을 원하지 않는다.

⑵ 業(karma)

모든 인간은 태어남으로 인해 행불행의 구별이 있고 거기에는 이유가 확실히 있다. 이는 전생에서 그 사람의 행위(카르마, 業)의 결과이다. 인간은 그 생애 동안의 행위의 결과로 사후의 운명이 결정된다. 이 카르마가 윤회의 원인이라는 說은 훗날 인도사상계를 지배했다.

⑶ 조상의 영혼

대부분의 사람은 죽은 후 煙氣와 함께 높은 하늘로 올라가 어두운 길을 통해서 조상 혼의 세계에 도달한다. 거기에서 광음의 세계로 가서 대기 속의 바람과 비와 함께 지상으로 내려와 식물 속에 섭취되고 혹은 식물로도 되고 정자로도 재생한다.

⑷ 神의 길

선택된 사람만이 사후에 불길과 함께 광명의 길을 통해서 神들의 세계에 도달해 그로부터 태양과 전광을 통과한 끝에 절대자 브라만과 합체한다. 이 길은 생전에 은자로서 수행을 쌓고 최고의 진리를 발견한 자만 허용된다. 그 사람은 해탈한 사람이다.

(5) 브라만과 아트만

브라만(梵, brahman))은 원래 기도의 단어와 함께 '신비한 힘'을 가리키는 말이었지만 이후 '우주 최고의 원리, 진실'을 가리키는 것이 되었다. 아트만(atman)은 '호흡'을 의미했다가 인간 내면의 실재를 의미하는 '自我'를 가리키는 대표적 언어로 되었다. 그리고 인간의 가장 깊은 곳에 잠재한 아트만과 우주의 최고 원리인 브라만과 동일하다는 인식이 우파니샤드 철학의 최고진리로 간주되었다.

二大 史詩

넓은 의미의 베다 문헌은 바라문 계급이 제작 편집한 것도 있지만 고대 인도의 자료로 二大 史詩가 있다. 최종 완성은 기원전 5세기 혹은 기원후에 걸쳐 만들어졌고 그 내용은 아득히 먼 지난 시대를 포함한다. '마하바라타'는 기원전 1000-800년경으로 추정되는 큰 전쟁의 이야기를 중심으로 삽화를 집어넣은 一大문헌집이다.

이른바 인도인의 대백과사전이다. 이 大史詩에는 정통파 바라문이 전하는 풍속 관습과 맞지 않는 사례를 포함 전통을 무시하는 구도자가 순수하게 살아가는 여성 등 베다 문헌에 보이지 않는 다른 세계가 그려져 있다. 거기에는 또 심각한 生死의 문제가 고찰되었고 윤회와 카르마의 문제가 다루어졌다.

종교적, 철학적 사색 이외에 인간의 행불행을 지배하는 여러 神, 정령, 마물 등의 존재를 인정, 주술의 도움을 빌려 나무와 바위에 기도하고 눈에 보이지 않는 마력을 두려워했다. 요컨대 미개사회에서 문명사회에 이르는 모든 사회에 공통하는 종교의 이념과 실천이 이 大史詩 속에 포함되어 있다. 특히 '마하바라타'에 편입되어 있는 '바가바드'는 원래 독립된 책이고 현재도 인도인의 성서이다. 이것은 크리슈나神에의 절대 귀의를 설한 책으로 바쿠티(信仰)에 의한 救濟를 가르치고 있다.

또한 大史詩 중에는 베다의 神들을 부정하는 합리주의자도 등장한다. 그들은 감각적 대상 이외는 존재하지 않는다고 주장, 윤리와 종교의 관념은 기만이며 생명과 정신의 기능은 물질적 요소의 조합에 지나지 않는다고 주장하며 死後의 존재도 인정하지 않았다.

이들의 합리주의자 중에는 자연계를 몇 개의 요소로 분석하고 그 조합에 의해서 자연 현상을 설명하는 이른바 원초적인 물리학적 고찰을 한 사람도 있었다. 이들은 인간의 인식과 고찰의 법칙을 고안해 후세의 심리학과 논리학의 선구자로 되었다. 그러나 그들의 주장과는 다른 반대자(바라문교, 불교, 자이나교)의 문헌은 존재하지 않는다. 제2의 大史詩 '라마야나'는 '마하바라타'의 약 4/1의 분량이고 문학적으로 세련된 작품으로 북인도의 아요데야의 왕자 라마가 빼앗긴 妃시타를 다시 빼앗아오기 위해 실론을 공격해서 마왕을 퇴치하는 이야기이다.

출가 수행자의 무리

베다 종교는 바라문神官에 의한 제사 방식을 주관하지만 그 반면에 사회로부터 은신, 홀로 또는 단체를 이루어 정신적 수행에 전념하는 방식도 있었다. 이미 '리그베다'의 讚歌에도 장발을 늘어트리고, 특이한 복장으로 고독한 생활을 영위하는 은자들이 출현했고 시대가 내려옴에 따라 걸식하며 생활하는 무리들이 나타났다.

이들 무리의 대부분은 바라문과 크샤트리아의 상층 출신이었다. 특별한 자세로 명상을 하고 단식, 절식, 불면, 금욕 등의 계율을 지키며 信者로부터 음식을 받아 생활했다. 그 엄격한 생활을 '타빠스'라 불렀다. 타빠스는 원래 '熱'의 의미로 정신적 육체적 긴장을 의미했다. 옛날 찬가에 '신들은 타빠스에 의해 세계를 창조했다' 하며 인간도 타빠스에 의해서 특수한 체험이 가능하다고 여겼다.

양다리를 꼬고 앉아 육체에 고통을 가하는 것에 의해서 특별한 정신적 체험을 하고 황홀 상태 또는 忘我의 경지에 도달한다. 이와 같은 수행을 요가라 한다. 요가는 선주민의 非아리안 민족에서 승계되었고 타빠스와 요가가 결합한 것도 많았다. 기원전 6세기경의 北인도에 이와 같은 수행자가 많았다. 그들을 슈라마나(沙門)라고 불러 바라문의 전통과는 별개의 종교 생활과 사색을 했다. 불교도 또한 당시 수많은 슈라마나敎團의 하나였다.

슈라마나는 대체로 사회로부터 존경받았고 종교적, 정신적인 공헌도 많이 했다. 바라문 계급은 청소년기에는 스승의 집에서 베다의 祭式을 배우고 성장해서 집으로 돌아와 결혼해서 가문을 잇고 자손을 낳아 선조의 제사를 지내면서 처음 출가하여 은자의 생활에 들어간다는 규정을 만들었지만 이 규정을 무시하고 청년이 집을 나와 슈라마나의 생활로 들어가는 경우도 많았다. 이러한 풍조 속에 非바라문적 교단이 생겨났다.

새로운 修行者들

도시의 출현과 교역의 발전, 부유층이 나타나면서 사문으로 부르는 출가 수행자가 출현했다. 그들은 가정과 노동과 소유를 포기하고 탁발에 의해서 생활하고 아리안인의 전통적 가치관에 속박되지 않고 다양한 새로운 사상을 키워갔다. 아리안인의 전통적 가치관에는 갠지스江 유역은 부정한 땅이었다. 그러나 정확히 그 지역에서 도시의 성립을 배경으로 허무주의, 유물론, 운명론, 회의론 등을 설하는 사상가들이 출현했다.

그들의 저작은 존재하지 않지만 佛典에는 이러한 신사상의 담당자를 기록하고 있다. 불교에서는 이들을 육사외도로 불렀다. 프라나 카사파(purana kssapa)는 살생을 해도, 타인의 소유물을 훔쳐도, 타인의 처와 성관계를 해도, 거짓말을 해도 그것에 의해서 악해가 생기는 것은 아니다. 거꾸로 보시를 해도 제식을 행해도 공덕은 없다고 주장했다. 이는 도덕 가치를 부정하는 허무주의자라고 할 수 있다.

아지비카敎(邪命外道)

붓다는 成道한 직후 伽倻에서 베나레스로 향하는 도중에 아지비카敎徒인 우파카라는 수행자를 우연히 만났다. 우파카는 불타의 위용에 충격을 받아 법을 묻지도 않고 사라졌다. 그로부터 45년 후에 여행에서 돌아온 카샤파는 쿠시나가라에서 파바로 향하는 한 사람의 아지비카교의 수행자를 만나서 처음으로 세존의 입멸을 알았다. 아지비카교가 그 당시 성행했다고 하는 것은 자이나교 측의 자료로 알 수 있다. 그 후 200년 정도 지나 아쇼카왕의 刻文에는 불교, 바라문교, 자이나교, 아지비카교를 나란히 보호한다는 기록이 발견되었고 후세에 남인도에서 유행했다.

불전의 기록에 의하면 불타 당시의 마칼리 고살라가 이 종교의 敎祖로 '地, 水, 火, 風, 苦, 樂, 自我의 7요소가 존재한다.'고 주장했다. 윤회를 설하고, 인간의 운명도, 자연의 운행도, 모두 숙명에 의해서 정해졌기 때문에 흐름에 맡기라고 가르친다. 아지비카교의 經典은 모두 소실되어 반대파의 문헌에 의해서 알 수 있다. 자이나교에 의하면 자이나교에서 분열한 일파라고 한다. 고행주의도 나체생활도 다원론적 실재론도 자이나교와 흡사하며 철저히 숙명론을 주창해서 인간의 노력은 소용없다고 설하는 점이 특이하다.

불교의 경전에는 '六師外道'로 여섯 종류 특징을 전하고 있고 그 중에서 자이나교와 아지비카교는 불교와 함께 후세까지 세력이 있었다. 이 3대 종교는 공통의 정신적 배경을 갖는다. 한편으로 카르마에 기초한 윤회를 기정 사실로 정해 놓고 윤회로부터의 해탈을 이상으로 여겼다. 다른 한편으로는 창조주 혹은 지배주로서의 최고신의 존재를 인정하지 않았지만 민간신앙에서 신, 정령, 마물들을 인정하고 지상세계의 상층인 天上界와 아래쪽의 地下世界를 상정했다. 이들의 상정 위에 자이나교는 고행에 의한 해탈을 믿었고 아비지카교는 숙명론을 설하고 靜觀을 권했다.

대표적인 마칼리 고살라(makkhali gosala)는 생물은 주체성이 없고 운명에 의해 윤회하고 고통과 즐거움을 경험한다며 반드시 윤회의 고통은 끝난다고 설했다. 이것은 운명론이다.

아지타 케사캄바린(ajita kesakambalin)은 인간은 地, 水, 火, 風의 4대원소의 집합에 지나지 않는다. 죽음과 4대 원소는 사라지는 것뿐이고 사후의 생은 존재하지 않는다고 설해, 보시는 어리석은 자의 헛된말이라고 잘라 말했다. 이것은 요소론에 기초한 유물론이다. 인도에서는 유물론 혹은 順世派에 해당된다.

파쿠다 카챠야나(pakudha kaccayana)는 지수화풍의 4대 원소에 락, 고, 생명을 추가해서 7요소를 주장, 7요소는 불변이다. 예를 들어 칼로 머리를 잘라도 7요소의 사이를 칼이 통과했을 뿐 목숨을 빼앗은 것에 지나지 않는다고 설했다. 이것도 광의의 유물론이다.

산자야 베라티프타(sanjaya belatthiputta)는 사후에 존재하는가? 부정하는가? 천상계와 지옥에 생물(화생)은 존재하는가? 부정하는가? 선행, 악행의 보답은 존재하는가? 부정하는가? 여래는 사후에 존재하는가? 부정하는가? 라고 말한 숙명에 대해서 그것이 있다고 생각하지도 않고 그것은 없다고 생각하지 않고 그것은 없는 것은 아니라고 생각하지 않는다고 주장했다. 이것은 회의론이다.

자이나敎

붓다와 동시에 같은 지방에서 흥기한 종교가 자이나교이다. 그 開祖는 바르다

마나이고 마하비라(위대한 영웅)로 존칭되며 자이나(勝利者)로도 불린다. 불전에서는 니가탄 나타푸타(nigantha nataputta)로 불렀다. 석가모니보다 10년늦게 바이살리 근처 무사귀족 가문에서 태어나 결혼해서 딸 하나를 낳았고 30세에 출가, 12년간의 고행 끝에 자이나로 되어 72세에 입멸했다.

자이나교는 허무주의, 운명론, 유물론, 회의론과 함께 윤회로부터 '해탈'을 설한 수행자들이 있다. 자이나교의 사상에서는 윤회가 있다고 여겨 인간은 사후에도 다른 신체로 변해서 태어나고 재생후, 즉 다시 태어난 후에도 전생한다고 주장했다.

영혼에 해당하는 윤회의 주체가 존재하는 것은 사후 그것은 생명을 의미하는 지바(jiva)라고 불렀다. 자이나교에서 지바는 바라문교의 아트만과 흡사하지만 우파니샤드 철학과 다르게 범아일여같은 일원론은 없다. 어디까지나 개개의 지바는 각각 독립해서 존재하는 것을 인정한 점에서 자이나교는 다원론이라 할 수 있다.

자이나教가 윤회는 業物質의 유입에 의한 것으로 여겼다. 업물질에 의해서 스스로의 주체성을 잃어버리거나 비폭력 등의 '절제'로 부르는 계율에 의해서 이 유입을 척단, 지바에 부착하고 있는 업물질을 고행으로 소멸하는 것에 의해서 진짜 주체로 되는 지바를 윤회로부터 해방된다. 이것이 자이나교에서 말하는 해탈이다.

한편 살생, 소유는 업물질의 소유를 초래하기 때문에 출가자는 살생을 완전히 중지, 일체의 소유를 포기하지 않으면 안 된다. 그 때문에 출가자는 의복을 갖지 않고 나체로 지낸다. 출가자의 흰옷 착용을 인정하는 백의파가 후에 형성되었고 후에 일체의 소유를 금지하는 나형파로 분열했지만 자이나교의 출가자가 본래 나체였다는 것은 백의파도 인정했다.

소유를 인정하고 있는 재가신자는 이러한 출가자를 지원해서 죽어서 전생하든 어떠하든 생존으로 해탈할 수 있는 공덕을 쌓는다. 그가 설한 자이나교가 全인도에 전해졌지만 현재는 카디야왈 半島를 중심으로 인도 전인구의 1%정도의 信者가 있으며 특히 상인계급의 지지를 얻어 현재 인도에서 영향력을 유지하고 있다. 마트마 간디는 이 종교의 신자로 그의 불살생(아힘사), 비폭력 사상은 이 종교로부터 온 것이다.

자이나교의 특징

(1) 카르마에 의해 윤회한다. 윤회로부터 해탈하는 것이 인간의 궁극의 목적이다.

(2) 금욕과 고행이 해탈에의 길이다. 수행자는 간결한 생활을 지향하고 실오라기 하나도 걸치지 않는 나체로 생활을 요망한다.

(3) 동물뿐 아니라 식물에도 생명이 있어 불살생(아힘사)을 최고의 덕으로 한다. 불살생을 철저히 지키기 위해 성자는 굶어 죽는 것도 두려워하지 않는다.

(4) 지바(自我, 영혼)가 카르마(업)와 결합해서 윤회한다. 카르마의 基体는 物이고 공간, 운동, 정지 등의 3원리에 의해서 움직인다.

자이나교는 이 카르마설을 해설하기 위해 물리학, 생물학, 논리학의 이론을 전개해 1種의 원자론을 세웠다.

(5) 세계를 창조하고 또는 지배하는 최고神은 존재하지 않지만 神 또는 정령과 魔物들은 인간세계에도 천상세계에도 지옥세계에도 다수 살고 있다.

(6) 재가신자의 의무는

- 동물을 고의로 상처내거나 죽이지 않는다.
  동물뿐 아니라 가능하면 식물도 상처내지 않는다.
- 허언을 하지 않는다.
- 도둑질을 하지 않는다.
- 순결을 지킨다.
- 소유욕을 제한하는 5개조를 기본으로 한다.

출가 수행자는 위의 5개조를 철저히 지켜야 하는 등 많은 의무가 있다. 자이나교는 바라문교와 다른 관점에 있고 불교와도 일선을 긋고 있다. 자이나교의 극단적인 고행주의와 다원적 실재론에 대해 불교는 중도주의를 설해, 관념론적 세계관을 이루어 자애를 강조한다. 그러나 非바라문적이라는 점에서 두 종교는 공통의 출발점을 같이 한다. 불교가 인도에서 망각되었어도 오히려 해외에서 번영한 것에 비해 자이나교가 현재 인도에서 융성하고 있다.

불교의 입장

불교는 자이나敎 아비지카敎와 똑같은 정신적 환경에서 발족했다. 윤회는 기정의 사실로 받아들였고 카르마의 지배는 의심의 여지가 없었다. 현세와 내세의 고통에서 해방되는 것을 원했다. 당시 세상의 유행은 한편으로 관능적인 즐거움에 심취하고 다른 한편으로는 육체적인 고행으로 미래의 행복을 기대했다. 바라문神官에 의한 祭祀방식도, 우파니샤드 철학의 브라만=아트만 一如사상도 일반 대중이 찾는 것은 아니었다.

민간신앙으로서 다양한 신과 혼령에 기도하고 고행과 사회봉사에 의한 선행의 보은을 추구했다. 집과 재산을 버리고 수행에 전념하는 수행자도 있었고 이를 존중하는 풍도도 있었다. 이와 같은 시기에 불교가 中道를 설한 것은 '쾌락주의와 고행주의의 양극단에 대한 비판'에서였다.

그 중도를 또한 8정도(올바른 견해, 올바른 결의, 올바른 언어, 올바른 행위, 올바른 생활, 올바른 노력, 올바른 사고, 올바른 명상)로 구분해서 구체적인 생활 기준을 정했다. 그리고 인간 존재의 구조를 고뇌와 고뇌의 기원, 고뇌의 초극, 고뇌의 초극에 이르는 길이라는 '4개의 성스런 진리'(四聖諦)에 의해 설명했다. 거기서 불타는 자기 자신만의 해탈에만 만족하지 않고 살아 있는 모든 생명체(일체중생)에 깨달음을 미치게 하지 않으면 안 된다. 자신만이 깨달은 것은 프라티예카(pratyeka)=붓다(독각, 緣覺)로 불러 '완전한 불타'(正等正覺者) 와는 구별했다.

이 불타의 이상에 준해 타인의 행복을 증진하고(慈) 타인의 불행을 제거하고(悲), 타인을 돕는 것을 즐거워하는(喜), 그러나 그것에 집착하지 않는(捨) 이른바 '四無量心'을 고취한다. 이와 같은 사상으로 불교의 가르침은 불교가 자이나교와 아지비카교와 공통의 환경을 전제로 하면서도 독자의 입장을 견지했다. '中道'에 대해서도 단지 한가운데의 길이라는 추상적인 생각이 아닌 역사적 기원을 소급하여 그것을 설한 상황을 파악해야 한다.

제2장 보살의 탄생과 고행

도술천(tusitu)

붓다가 되기 직전의 생애의 기간을 도솔천으로 부르는 天上界이다. 불타가 되려는 인물은 수천년 생애의 범위에서 완성되는 것이 아니다. 그 때문에 과거 무수한 세월에 걸친 준비가 필요하다. 그에 따라 수백의 前世 이야기가 말해지고 있다. 그리고 드디어 천상계는 불타로 되는 인물을 신들의 배웅과 함께 지상으로 내려보내 어머니의 태내에 들어간다.

菩薩의 誕生

훗날 불타로 되는 인물을 보디사트바(보살)로 불렀다. 보살은 '불타로 되는 자격을 갖춘 자'의 의미로 원래의 용법은 석가모니를 대상으로 한 말이다. 즉, 그 대부분의 과거 생애 및 이 세상에 태어나서 불타로서 成道하는데 까지를 보살이라고 한다. 보살의 잉태에서 탄생까지 모든 불교경전은 대부분 일정한 형태로 이야기하고 있다.

父는 샤캬族에 속했고 카필라바스투城의 왕으로 이름은 슈도다나이며 母는 마야로 같은 족 출신의 디바다하城 출신이다. 마야는 출산을 위해 친정에 돌아갈 때 룸비니라는 동산에 이르러 '어떤 나무 가지에 손을 얹고 서 있는 자세로 그 오른쪽 겨드랑이에서 출산했다. 태어난 보살은 즉시 지상에서 일곱 걸음을 걷고 나서 자신은 불타가 되기 위해서 태어났다고 선언했다'

마야가 손을 얹은 나무 이름은 아소카(無憂樹)라고 하고 사라(沙羅, 여름에 흰 꽃이 핀다) 또는 프라크샤라고 하는 설도 있다. 이는 부파에 의한 전승이 각각 다르기 때문이다. 한편 보살이 7보 걸었다는 것은 모든 불전이 일치한다. 그러나 어떤 불전에는 북쪽으로 향했다고 하며 다른 것은 4방 또는 상하를 추가해서 6방을 향해서 걸었다고 한다. 팔리어성전에서는 북극성(천지의 축)을 향해서 걸었다고 해석했다. 또한 보살의 탄생과 동시에 신들이 안아들자 냉수와 온수 2개의 샘이 솟아났다. 이 기록도 많은 불전에서 일치한다.

탄생의 유적

405년경 法顯은 그 지방을 방문해서 탄생지에서 무우수를 보았고 또한 보살 탄생 때 두 용왕이 엄청난 양의 물을 쏟아 부었다는 샘과 연못의 유적이 남아있어 당시 거기에 살던 승려들의 음료로 제공된 것에 대한 견문을 기록했다. 또 633년에 玄奘의 보고서에 의하면 샘과 연못 외에도 동남쪽으로 흐르고 있는 油河라 부르는 아름다운 작은 천이 있는데 마야妃가 출산후 목욕했다고 전하고 있다. 玄奘의 기록에서 아쇼카王이 세운 큰 대리석 꼭대기에 말의 像이 있는데 벼락으로 인해 기둥의 절반이 떨어져 나갔다고 썼다.

그 후 이 땅은 오래 동안 정글에 묻혔다가 1896년 인도의 학자 퓨라가 네팔에 들어가 카트만두의 서쪽 약 200㎞ 지점의 룸민디 사원이 있는 자리가 보살의 탄생지라는 것을 확인했다. 이 땅의 사람들은 고대부터 그 곳에 신전을 짓고 여신을 제사지냈다. 퓨라는 그 지형을 보고 현재의 티랄강이 玄奘이 말한 油河라는 것을 확인했다. 그리고 현장이 기록한 돌기둥의 아래 부분도 발견했다. 거기에는 刻文의 문자가 완전히 남아 있었다. 그 각문에는 '신들의 은혜를 받아 은혜의 눈길이 있는 왕'(아쇼카왕을 지칭)은 즉위 20년에 스스로 찾아와 숭배했다.

여기가 불타 석가모니 탄생지 이기 때문에 석단을 만들었고 석주를 세운다. 이 지역은 세존이 탄생한 곳이기 때문에 8/1의 세만을 과한다고 기록되어 있다. 이에 의해 현재의 Rummindei가 불전에 기록된 lumbini인 것이 확인되었다.

보살의 母

보살의 탄생 7일째에 마야妃가 병으로 죽었다. 보살은 카필라바스투로 돌아갔고 마야비의 여동생 마하의 손에서 자라났다. 일찍이 친모와의 이별이 어린 시절의 불타에게 어떤 영향을 미쳤는지 기록은 없지만 훗날 출가 수행 중에 격한 고행의 결과 일시 빈사상태에 빠졌을 때 마야비가 天上界에서 내려와서 한숨지었던 일, 성도 후 불타가 천상계에 올라가 어머니를 위해 설법했던 일, 불타의 입적 때에 마야비가 다시 출현해서 슬피 울었던 일은 문학 및 미술의 주요 주제가 되었다. 또한 계모 마하는 보살의 출가를 애통해하여 훗날 자신이자원해서 비구니가 되었다

예언

보살이 태어나자마자 아시타라는 仙人이 산에서 내려와 그 얼굴을 보고 '이 아이는 佛陀'가 된다고 예언했다. 그 자신이 이미 고령이어서 불타의 가르침을 받을 수 없는 것을 통탄하며 조카 겸 제자인 나라다에 이것을 알렸다. 나라다는 훗날 그의 가르침에 따라 불타로부터 배웠다. 어느 불전에 의하면 궁전에 초대된 점성가는 '이 왕자의 앞 길은 두 갈래 밖에 없다. 만약 왕위를 이어 받으면 全세계를 지배하는 제왕(전륜성왕)이 되고 만약 출가하면 사람을 구제하는 불타가 된다.'고 예언했다.

전륜성왕과 불타 공통의 육체상의 특징이 32상이다 '세계 속세의 지배자인가? 그렇지 않으면 정신세계의 왕자인가의 양자 택일' 이다. 전륜성왕이라는 말은 옛날 바라문교의 문헌에는 없지만 자이나교의 성전에 나온다.

청년 시절

보살은 '싯다르타'라 이름이 지어졌다. '願望이 가득 차 있다'는 의미이다. 부왕과 계모의 자애 속에서 성장했다. 학예와 무예에 뛰어났고, 17세 때에 결혼, 비는 3명이 있었다. 처음 妃는 '고파'였지만 야쇼다라가 正妃로 되어 아들 나후라를 낳았다. 훗날에 母 마하를 따라 출가해 비구가 되었다. 세번째 비는 잘 알려지지 않았으나 3인 모두 샤카족이었다.

슈도다나 왕은 아들을 위해 봄, 여름, 가을에 어울리는 궁전을 지었고 최고의 의식을 해주었다. 그럼에도 불구하고 보살은 사색을 좋아했다.

'세상의 어리석은 자들은 자신이 늙고 병들고 죽는 것을 잊고, 타인의 늙고 병들고 죽는 것을 이유 없이 싫어하지만 나는 나 자신도 늙고 병들고 죽는 것을 생각,

쾌락을 피하고 수행해서 정적의 경지에 이르고 싶다.'

四門出遊

이처럼 보살은 일찍부터 '生, 老, 病, 死'의 고민을 자신의 문제로 생각하고 있지만 많은 불전에서는 이것을 극적인 장면으로 정리해 이야기하고 있다. 즉, 보살이 교외의 동산에 가는 도중에 먼저 노인을 보고 '이것은 무엇인가?'

마부에게 물어 보고 계속해서 다른 문으로 나가 병자와 이어서 죽은 사람을 보고 하나하나 마부의 설명을 듣고 마지막으로 출가 수행자의 원만한 용모를 보고 이것이야 말로 자신의 이상이라고 해서 출가할 결심을 했다는 것이다. 이것이 이른바 '사문출유'이다. 보살 자신이 내면적 자성에 의해서 인간의 고뇌 문제를 사색하고 이어서 그 해결을 위해 출가를 결심한 것이다.

出家

보살이 카필라바스투城을 나온 것은 29세 때로 추정된다. 불전에는 그의 아들 나후라가 태어나자마자 출가했다고 하며 또한 임신 중이었다는 설도 있다. 어느 날 한 밤중에 愛馬 칸타카를 타고 마부 찬다카 한 사람만을 데리고 성을 나갔다. 남쪽을 향해 깊은 밤에 말을 달렸다. 다음날 말과 마부는 城으로 돌아왔다.

보살은 그로부터 6년에 걸친 수행 생활을 시작했다. 보살은 슈라마나(출가수행자)의 무리에 들어 갔다. 그들은 가정을 떠나 신분, 재산을 포기하고 홀로 또는 집단으로 수행에 열중했고 在家信者의 지원에 의해서 생활하는 것을 원칙으로 했다. 그 중에는 많은 재가자를 지도하는 스승도 있었다. 보살은 슈라마나들을 선배 혹은 스승으로 삼고 수행을 시작했다.

스승으로 우러러본 사람 두 명이 있었는데 그 중의 한사람이 아라다 카라마로 바이살리 근처에 살았다. 바이살리는 갠지스강 북쪽 안에 있다. 현재 바사루후로 불리는 마을 주변에서 그 흔적이 발견되었다. 슈라마나들의 대부분이 그 주변에 살았다. 아라다 카라마는 거기서 제자들에게 요가를 가르쳤다. 보살도 그의 제자가 되었고 곧 스승과 같은 경지에 이르렀다. 그러나 인간 고뇌의 근본적 해결이라는 출가의 목적에 도달할 수 없었기 때문에 다시 남쪽으로 갔다.

아라다카라마의 가르침에는 불교와 자이나교의 공통점이 있었다. 이후 수년 후 불타가 되었을 때 스승 '아라다 카라마의 진리를 이해 할 수 있었다.'고 생각했다. 40여년 후 입적 바로 전에 아라다 카라마의 신자들을 만났다고 그리고 보살은 갠지스江을 건너서 마가다國으로 들어갔다.

이 나라는 갠지스강의 북쪽과는 다르게 아리안계의 전제 왕국이었고 당시의 首都 라자그리하(王舍城)의 주변에는 많은 슈라마나들이 수행하고 있었다. 보살이 왕사성에 들어가서 출가 수행자들의 규율에 따라 탁발할 때 빔비사라王은 그 위용에 감복해서 일부러 찾아와 면담했다. 그 인연으로 마가다국이 불교 최초의 땅으로 되었다.

왕사성 주변의 슈라마나 중에서 명성이 높은 우드라카 라마푸트라의 제자로 되어 요가를 배웠지만 그래도 소기의 목적을 달성할 수 없었기 때문에 혼자의 힘으로 수행 할 것을 결심했다. 이 스승은 마가다국 사람으로 자이나교 또는 아지비카교의 계통의 바라문 출신이다.

苦行

王舍城의 서남쪽 尼連禪河라는 아름다운 江(현재의 나이난자나강)의 굴속에서 보살은 홀로 고행을 했다. 절식에서 단식으로 그리고 호흡을 억제했다. 육체를 고통스럽게 하여 정신적 자유의 경지에 도달하려고 죽음 직전까지 갔지만 목적에 다다를 수가 없었다. 출가 생활에 들어 간지 6년 고행은 해탈에 이르는 길이 아닌 것을 분명히 깨달은 보살은 돌연 고행을 중지 했다.

그리고 먼저 쇠약해진 체력을 회복할 필요성을 느꼈다. 마침 근처의 위르비르바 마을에 사는 젊은 여성 스쟈타의 죽 공양을 받고 건강을 찾았다. 그리고 이어서 독자적인 명상으로 최고의 진리를 깨닫는 것을 시도했다

보리수

현재 가야市의 남쪽에 佛陀伽耶의 聖地가 있고 높이 54미터의 큰 탑이 우뚝 솟

아 있다. 이곳이 불타가 된(성도한)장소이다. 보살은 거기에 있는 아자팔라 또는 핏팔라 나무 밑에서 좌선하며 깨달음을 얻었다. 보살이 불타로 되었다는 의미이다. 이 나무는 그 이후 '菩提樹'라고 부르게 되었다.

보리수 아래의 체험 내용을 추측하는 것은 불가능하다. 그러나 역사적 사실로 인정할 수 있는 것은 다음과 같다. 싯다르타는 때어날 때 총명해서 왕자의 교육을 받았지만 명상적인 성격으로 '인간의 고뇌' 문제를 통렬하게 고민해서 출가했다. 몇 사람의 슈라마나와 바라문에게 강의도 듣고 요가도 배웠지만 문제를 해결 할 수 없었다. 決死의 고행도 소용없었다.

거기서 다시 명상(禪定)을 한 결과 깨달음에 도달하였다. 그 후 그 자신의 몸에 갖추어진 이상한 인격의 힘, 설득력과 감화력, 이러한 특별한 능력은 누구의 눈에도 분명해 보였다. 순식간에 수많은 제자가 모였고 그 몇 배에 달하는 신자를 얻었다. 그리고 후세의 영향을 고려하면 보리수 아래의 체험의 의의는 매우 중대하다.

經典의 저자들은 불타의 체험 내용을 종종 상징적인 이미지로 묘사했다. 대승경전 중에서 대표적인 화엄경은 보리수의 장면을 휘황찬란하게 묘사하고 있다. 여하튼 그 후 45년간에 걸친 불타의 불법 활동에 대해서 설법항법(다르마)은 보리수 아래서의 체험의 발로이다.

마라(mara)와의 싸움

보리수 아래서 보살이 성도하기 전에 마라라는 악마와 싸운 일은 여러 불전에 기록되어 있다. 마라는 우리와 살고 있고 '욕망세계(欲界)의 지배자'라고 한다. 우리가 욕망에 따라서 생활하는 한 우리는 마라의 지배 아래에 있다. 보살이 온갖 욕망을 끊어버리고 불타로 된다는 것은 욕망의 세계에 있었던 한사람이 마라의 지배로부터 탈출을 의미한다. 그 중대한 손실을 막기 위해 마라는 온 힘을 다하여 보살을 전방위로 공격하지만 보살은 굳은 결심과 자애의 心念에 마라의 공세도 무력해져 맥없이 물러간다.

마라의 극복은 '깨달음의 전제'이다. 욕계는 감성적인 세계에 지나지 않는다. 일상의 욕망뿐 아니라 현세 및 내세의 행복을 감각적인 즉, 육체적 감촉으로 파악할 수 있지만 생각이 복잡한 종교는 욕계에 속해서 마라의 지배 아래에 있다. '불타의 깨달음의 의의는 감성적인 세계를 극복하고 정신적(영적)인 종교'를 처음 수립한 점이다. 그러나 불타가 또 감성적 세계를 대상으로 활동하는 한 마라는 기회를 잡을 수 있다. 불타의 제자들을 유혹하려는 시도, 불타에 입멸을 권유한 것도 마라이다. 이는 불교의 훗날 매우 흥미 있는 문제였다

成道

마라를 격퇴한 깊은 밤에 보살은 명상에 들었다. 그 테마는 출가 수행 본래의 목적인 '인간 고뇌의 해명'이었다. 보살은 분명한 통찰력을 지니고 고찰했다. '인간은 생사를 반복하고 그때 다시 老, 死 등의 고뇌에 빠진다. 老死의 원인은 탄생(生)에 있다. 탄생의 원인은 생존(有)에 있고 그 원인을 다시 거슬러 올라가면 집착(取), 욕망(渴愛), 감수(受), 감촉(觸), 감각의 기능(6處), 心과 物(色), 정신활동(識), 생활활동(行)을 발견하여 그 최초의 원인은 근본적 무지(무명)이다'

이처럼 모든 고뇌의 근원은 근본적인 무지라고 깨달았다. 근본적 무지에 의해 생활활동 이하가 계속해서 생기고 이어서 온갖 고뇌가 생기는 것이다. 따라서 근본적 무지가 없어지면 생활 활동이하가 계속해서 없어지고, 온갖 고뇌가 멸한다. 이 도리는 '근본적 무지에 의해서(緣), 생활활동 기타, 다른 것이 생긴다(起)'는 점에서 연기설로 알려진 근본적 무지에서 열거하여 노사까지 12가지가 있고 이로부터 '12인연'이라고 했다.

이것이 불교 사상의 출발점이다. 이는 단순한 사색이 아닌 보살이 근본적 무지를 발견하여 그 절멸을 몸에 실현해 온갖 고뇌에서 해탈하여 그것에 의해서 佛陀로 되었다는 것이다. 연기설을 심리적 또는 논리적으로 해석하는 것은 얼마든지 가능하지만 그것은 어디 까지나 단순한 해석에 지나지 않는다. 연기라고 하는 것은 단순한 이론이 아닌 불타로 되기 위한 체험으로서의 종교적 사실이다. 마라를 격퇴해서 연기를 명확히 한 그 날 밤을 지나 새벽 하늘에 밝은 별이 나타날 때에 보살은 불타로 되었다. 기원전 525년이다.

世尊(bhagava)

'여래(tathagata)'는 보통 불타의 지칭이고 불타(석가모니=석존)로도 불리며 진실에 도달한자를 의미한다. 또한 행복한자를 의미하는 세존(bhagavat)으로도 불렀다.

漢譯은 각자, 깨달은 자인 불타이다

스스로 태어나 있으면서. 태어난 것을 찾고
스스로 늙어가면서 늙은 것을 찾고
스스로 병들면서 병을 찾고
스스로 죽어가면서 죽음을 찾고 있는 것에 의문을 느꼈다(中部, 성구경).
그리고 29세에 선을 찾고자 출가했다(長部, 대열반경).

선정(명상)을 배웠다. 마가다국의 우르베라의 세나마을에 있는 보리수 아래서 좌선해 깨달아 붓다로 되었다. 35세 때이다. 고타마는 세존의 보통 이름이고 수행자 집단 또는 미신자들은 고타마로 부르지만 제자나 신자는 '세존'으로 부르고 고타마라고 하지 않는다. 룸비니에 있는 아쇼카왕의 石柱 刻文에도 '불타 석가모니' 세존으로 기록되어 있다.

독각

成道 후 49일 동안 불타는 보리수 및 그 주변에 머무르며 연기의 법을 명상했다. 지금 최고의 진리를 발견, 체험했기 때문에 그 이상 무엇을 찾을 필요가 없었다. 그러나 여기서 새로운 문제가 일어났다. 그것은 자신이 얻은 이 최고의 진리를 세상의 사람들에게 전해 해탈의 행복을 나누어 주어야 하는가? 하지 말 것인가? 불타는 다음과 같이 생각했다

'자신이 체득한 진리는 난해해서 현명하지 않으면 도저히 이해할 수가 없다. 세상 사람들은 쾌락에 빠져있기 때문에 연기의 도리와 정적의 경지(열반)을 깨달을 수가 없다. 애써 법을 설해서 듣게 해도 이해할 수 없으면 소용없다.'

이와 같이 생각해서 불타는 법을 설하려고 하는 것을 단념하려고 했다. 인도에서는 지금도 옛날도 생명을 걸고 진리를 탐구해서 진실성을 확인했음에도 정확히 이해시킬 수 없는 것이 두려워서 타인에게 설득하려는 것을 단념해서 혼자서 진리를 가슴에 품고 생을 마치는 성자도 많이 있다. 불교에서는 이런 성자의 일을 '프라티에카 = 붓다' 즉, '자신만을 위해 진리를 깨달은 것'이라고 한다. 독각은 한역의 음사로 '壁支仏'로 썼고 '獨覺'으로 번역했다.

불타가 법을 설하려 한 것은 자신의 것을 알고 있기 때문에 혹은 이야기해 보고 싶기 때문은 아니었다. 어떻게 특별하게 잘 가르쳐도 만약 부적당한 경우에 부적당하게 듣는 자 때문에 설하면 이익보다도 해가 많다. 듣는 상대에 따라서 원래 필요 적절한 것 밖에 말하지 않는 것이 불교가 세운 원칙이다. 당시 세존이 설법을 단념하려고 생각했던 것도 이와 같은 원려였기 때문이다. 불타는 필요하지 않으면 법을 설하지 않는다.

梵天의 권유

붓다는 깨달음을 얻은 직후 보리수 아래서 12지연기를 관찰했다. 그 후 7일간 장소를 옮겨가면서 해탈의 즐거움을 누렸다. 타푸사, 바리카라는 상인 두명이 붓다에게 보리과자와 꿀을 보시하며 붓다의 가르침에 귀의를 표명했고 이 두 사람이 최초의 재가신자가 되었다. 그 후로도 붓다가 좌선에 집중하고 있으면 스스로 관철한 연기의 내용이 깊었기 때문에 쾌락에 빠진 사람들이 이해하기 어렵다는 생각이 떠올라 가르침을 설하지 않는 쪽으로 마음이 기울었다.

그러자 붓다에 대해 브라흐만神이 범천에 그것을 알리고 붓다 앞에 나타나 붓다에 대해 경의를 표하고 가르침을 사람들에게 설할 것을 3번 요청했다. 붓다는 세상을 관찰하고 자질이 우수한 자도 열등한 자도 있는 것을 보면서 브라흐만神의 간원을 받아들여 설법의 길을 떠났다.

브라흐만은 옛 베다성전에서 추상적인 원리로 여겨졌고 훗날 하나의 神으로 신앙되어 印度에서 대표적인 神의 하나가 되었다. 불교에서는 샤크라(帝釋)와 함께 불타를 수호하는 神으로 되었다. 샤크라는 베다에서 인드라의 神이다. 브라흐만神의 간청을 받은 불타는 세상속의 사람들을 고찰해 보며 연못속의 연꽃처럼 어느 것은 깊은 물속에 빠져있어 햇볕을 쬐어도 피어날 가망이 없지만 어떤 것은 수면위에 쑥 나와 있다. 전자는 구제할 수 없고 후자는 가르침이 없어도 스스로 깨달을 수가 있다. 그러나 또한 어떤 것은 수면에 알맞게 곳곳에 있다. 한 손을 빌리면 구할 수가 있지만 방치하면 물속에 빠져버린다. 이 때문에 불타는 법을 설하지 않으면 안 되었다.

거기에서 세존은 마음속에 설법의 상대를 물색했다. 처음 요가 스승이었던 아라다 카라마 등을 생각했지만 이들은 이미 죽어서 함께 행동한 5인의 수행자로 하기로 정했다. 그들은 고타마를 존경했지만 고행을 포기했고 이들이라면 법을 이해할 것 같아 세존은 베나레스로 떠났다. 도중에 우파카라는 아지비카敎의 수행자가 세존의 위용에 탄성을 냈지만 이 사람이 진짜 불타인가 어떤가? 반신반의한 채 그냥 지나쳤다.

녹야원(mrgadava)

현재 베나레스市의 북방 6.5㎞ 정도의 장소에 사르나트라는 지역이 있다. 이 곳은 옛날에 마가다바(mrgadava) 즉, 鹿野苑으로 불렀다. 法顯은 승원이 있었다는 것을 기록했고 玄奘은 아름다운 '鹿野伽藍' 에 1,500명의 승려가 수업하고 있는 것을 보았다고 기록했다. 12세기 이후 이슬람교도에 의해서 파괴되었지만 1905년에 유적이 발굴되어 상부가 부러진 石柱가 발견되었고 그 石頭도 부근에 쓰러져 있었다. 이것은 玄奘이 목격한 아소카왕의 석주로 기둥 위는 4방향으로 향한 四頭사자형 아래에 冠盤과 연꽃 띠가 조각되어 있고 法輪이 새겨져 있다. 柱頭는 현재 사르나트박물관에 진열되어 있으며 인도공화국이 독립할 때에 국가의 상징으로 채용되었다. 이 사르나트가 바로 불타가 최초의 법을 설한 장소이다.

전법륜

붓다는 스스로 가르침을 이해할 것 같은 인물을 생각하고 수행할 때 지지해준 5인의 수행자에게 가르침을 설하기로 했다. 거기서 바라나지로 향했다. 붓다가 녹야원 근처에 있을 때 5인의 수행자는 어렴풋이 그를 알아보고 그가 고행을 버린 것을 경멸해서 환영하지 않기로 합의했다. 그런데 불타가 점점 곁으로 다가오자 5인이 합의한 것도 잊고 정중히 맞이했다.

처음에는 그가 불타로 된 것을 몰랐지만 불타의 자신에 찬 태도에 압도되어 그의 설법에 귀를 기울이게 되었다. 마하나마 등 5인에게 가르침을 설했다. 먼저 쾌락과 고행의 양쪽을 분리해 '중도'를 설하고 '4聖諦'를 설했다. 이 설 직후에 사성체의 앎에 따라 해탈했다는 것을 붓다자신이 이야기했다.

(1)고성체는 이와 같은 것이고 (2)꿰뚫어야 하고 (3)꿰뚫었다. (4)고집성체는 이와

같은 것이고 (5)버려야하는 것이고 (6)버렸다. (7)고멸성체는 이와 같은 것이고 직접 (8)봐야하는 것이고 (9)직접 보았다. (10)고멸도성체는 이와 같은 것이고 (11)실천해야만 하는 것이고 (12)실천했다.

이상의 12항목을 꿰뚫는 것이 생겼을 때 붓다는 '無上의 깨달음을 깨달았고 해탈했고 알았다고 말했다. 이와 같이 설하자 5인의 수행자는 기쁨에 차서 콘단니야는 지견을 얻었다.

'아아, 콘단니야는 깨달았다. 콘단니야는 깨달았다.'고 감흥의 말을 붓다는 발했다. 콘단니야는 붓다 지도하에 출가했고 수계하고 싶다고 제안했다. 붓다는 출가를 인정했다. 이 말이 수계제도가 확립하기 전의 붓다에 의한 출가의 승인이었다.

'오, 이번 가르침은 잘 설했다. 苦의 종식을 위해 바른 금욕적 수행생활을 행하라.'(율장, 대품) 콘단니야가 붓다의 지도하에 최초로 출가한 자가 되었다. 다른 4인도 계속해서 지견을 얻어 붓다의 지도하에 출가하였다. 이렇게 하여 불교의 출가교단이 성립되었다. 나아가 붓다가 '오온'은 '나의 것도', '내 것도', '나의 자기'것도 아니라는 것을 가르치자 5인은 모두 해탈했다.

그때 불타가 설한 말이 '轉法輪經'이라고 알려져 이 이름이 산스크리트어, 팔리어, 기타 경전 등에 전해진다. '輪은 세계를 지배하는 제왕의 상징'이고 법륜은 '최고의 진리'이다. 법륜을 전한다고 하는 것은 최고의 진리를 세상에 선포한다는 의미이다. 불타의 설법은 모두 전법륜이지만 여기서는 녹야원에서 초전법륜의 일이다. 45년에 걸친 세존의 종교 활동은 여기서 출발했고 그 후 모든 불교의 발전은 이의 연장이다.

中道

초전법륜은 2개 부분으로 이루어진다. 하나는 '中道'의 설로 다음과 같이 설했다 '수행승들이여 세상 속에는 두개의 극단이 있다. 수행자는 그 어느 쪽에 치우칠 필요가 없다. 두 개의 극단이라는 것은 무엇인가?'

제1은 관능이 이끄는 데로 관능적 쾌락에 빠지는 것이다. 그것은 비천하고 저급하며 어리석고 하등하여 무익한 것이다.

제2는 자신이 자기를 고통스럽게 하는데 열중하는 것이다. 이것은 고통만이 있고 하등하며 무익한 것이다. 수행자들이여 如來는 두개의 극단을 버리고 중도를 깨달았다. 이에 의해서 통찰도 인식도 얻었고 적멸, 깨달음, 자각, 열반에 도달했다. 수행자들이여 중도라는 것은 무엇인가? 그것은 여덟 개로 이루어진 성스런 도(八正道) 이다. 즉,

정확한 견해(正見)
정확한 決意(正思惟)
정확한 언어(正語)
정확한 행위(正業)
정확한 생활(正命)
정확한 노력(正精進)
정확한 사념(正念)
정확한 명상(正定)이다.

이것은 왕자 때 경험한 관능의 만족도 수행 때의 고행도 모두 어리석고 무익한 것에 지나지 않는다는 자신의 경험을 반성해서 중도를 발견했다. 그러나 종교사에 비추어 보면 한편으로 현세의 소유욕과 관능욕을 만족시켜 내세의 안락을 보증하는 공리주의적 종교(바라문교), 다른 한편으로는 육체를 고행하는 대가로 정신적 자유를 얻을 수 있다고 가르치는 종교(자이나교)가 있다. 불교는 그 양쪽을 모두 부정해서 중도를 수립했다.

그리고 그 중도의 내용을 구체적으로 설명한 8항목은 무엇인가? 특정한 도그마를 예상한 것이 아니고 어떤 입장에서도 저항을 느끼지 않고 받아들이는 것이 가능한 것이다. 여기에 中道라는 것은 쾌락주의와 고행주의의 양쪽을 단호히 부정하는 것이고 미온적 타협적 태도를 허용하지 않는다. 불교의 중도는 잘못된 생각을 철저히 비판한 위에 독자의 원리를 제시한 것이다. 대승의 중관파의 통렬한 비판적 논법은 정확히 이 불타의 중도 정신을 발휘하는 것이고 이것은 모든 불교 사상에 공통된다.

四聖諦 – 4개의 성스런 진리

전법륜의 제2부는 4개의 성스런 '진리'(四聖諦) 이다. 이것은 보살의 출가 수행의 동기인 인간고뇌와 그 해결을 4단계로 고찰한다. 고뇌는 무엇인가?

(苦聖諦) 고뇌는 무엇에 의해 일어나는가?
(苦集聖諦) 고뇌의 초극(초월, 극복)이라는 것은 무엇인가?
(苦滅聖諦) 어떤 방법으로 초월하는가?
(苦滅道聖諦)의 4단계이다.

이것은 병의 상태를 관찰하고 그 원인을 확인해서 회복을 생각하고 그 치료 방법을 정하는 의료의 4단계에 해당한다. 고뇌에 대해서
'수행승들이여, 고뇌에 대한 성스런 진리'라는 것은 다음과 같은 것이다. 즉, 탄생은 고뇌이고 老와 病도 고뇌이며 死도 고뇌이다. 증오하는 것을 만나는 것은 고뇌(怨憎會苦)이고, 좋아하는 것과 헤어지는 것도 고뇌이며(愛別離苦), 원하는 것을 손에 넣지 않는 것도 고뇌(求不得苦)이다. 요컨대, 인간적 존재를 구성하는 온갖 물질 및 정신적 요소(五取蘊)는 고뇌이다.'(색, 수, 상, 행, 식 5요소)

앞의 탄생에서 죽음에 이르기까지를 四苦라 하며 뒤의 4苦를 더해 8苦라고 한다. 이것이 이른바 '四苦八苦'이다. 제8은 총괄로 인간적 존재를 다음과 같이 5요소(5온, 또는 5취온)로 구별해서 이들 모두가 고뇌라고 한다.

⑴ 色 : 육체 및 외계의 온갖 물질적 요소
⑵ 受 : 외계로부터 받은 인상과 감각 등
⑶ 想 : 사물의 모습(형태, 체, 자태)을 심상으로 정하는 지각과 표상 등
⑷ 行 : 앞의 2항 이외의 온갖 심리작용. 특히 의지 등을 포함. 행은 넓게 현상을 의미하는 말이지만 5취온의 제4로서는 이렇게 심리작용을 가리킨다.
⑸ 識 : 각각의 심리작용을 종합하는 순수한 정신 활동

고뇌의 기원

'수행승들이여, 고뇌의 기원(集)에 대한 성스런 진리'는 다음과 같은 것이다. 즉, 다시 태어남의 원인으로 즐거움과 탐함을 억제하지 않고 여기저기 즐거움을 찾는 욕망(渴愛)의 일이다. 그것은 감각적 욕망(欲愛)과 생존에의 욕망(有愛)과 생존의 절단에의 욕망(無有愛)이다. 인간존재가 고뇌라면 그 고뇌는 무엇을 원인으로 하는가? 그 원인은 욕망이고 그것은 목말라도 물을 찾지 않는 상태에 비유되어 '渴愛'라고 한다. 이것이 다시 태어남, 윤회의 원인이다. 이에 의해서 여러 가지를 보며 즐겁다고 생각하여 기쁨을 탐한다. 그 욕망은 3 종류로

제(1)은 감각을 즐겁게 하는 관능적 욕망
제(2)는 어떻게 해서든 살고 싶다. 사후에도 무엇인가의 형태로 계속 살고 싶다는 생존에의 욕망
제(3)은 생존의 단절에의 욕망

이것은 제2 욕망과는 반대로 생존에서 탈각하고 싶은 욕망이다. 많은 사람들은 살면서 여러 번의 자살 충동을 갖는다. 모든 것을 청산하고 생존에서 도피하고 싶다는 욕망이 인간의 마음속 깊은 곳에 숨어 있을지도 모른다. 그와 같은 도피에 의해서고뇌의 해결을 얻을 수가 없다는 것을 불교는 가르치고 있다.

고뇌의 극복과 실현

'수행승들이여 고뇌의 극복에 대한 성스러운 진리' 즉, 욕망을 남김없이 멸하고 단념하고 포기하고 집착하지 않는 것이다. '수행승들이여 고뇌의 극복, 실현하기 위한 길에 대한 성스런 진리'는 다음과 같은 것이다. 그것은 여덟가지로 이루어진 성스런 길이다. 즉 8정도 이다. 이와 같이 고뇌를 극복하기 위한 길도 또한 앞서 중도로 나타난 8정도에 불과하다. 이것에 의해서 고뇌의 인식과 그 해결책이 제시되었던 것이고 이들은 통상의 이론에 머무르지 않는다. 그것을 우리 몸에 완성시켜서 '완전한 불타로 된다.'라는 것을 명확히 하지 않으면 안 된다. 이것이 '전법륜경' 결말에 설해져 있다.

제3장 붓다의 출현

불타로 되었다는 선언

'수행승들이여 이것이 고뇌에 대한 성스러운 진리이다'고 나는 인식했다.
그리고 꿰뚫고 있지 않으면 안 된다고 나는 인식했다.
그리고 이것을 모두 알아버렸다고 나는 인식했다.
이것이 고뇌의 기원에 대한 성스런 진리라고 나는 인식했다.
그리고 그 것을 절멸하지 않으면 안 된다고 나는 인식했다.
그리고 이것을 이미 절멸해버렸다고 나는 인식했다.
이것이 고뇌의 극복에 대한 성스런 진리라고 나는 인식했다.
그리고 이것을 실현(현증)하지 않으면 안 된다고 나는 인식했다.
그리고 나는 이것을 벌써 실현해버렸다고 나는 인식했다. 이것이 고뇌의
극복을 실현하기 위한 길에 대한 성스런 진리라고 나는 인식했다.
그리고 이것을 실천(수습)하지 않으면 안 된다고 나는 인식했다.
이것을 나는 이미 실천해버렸다고 나는 인식했다.

수행승들이여 이들 4개의 성스런 진리에 대해 이와 같이 3단계로 나눠(三轉) 합계 12상태(12行相)로 여실히 인식을 완성하지 않는 것은 '최고의 정확하고 안전한 깨달음(無上正等正覺)을 여는 완전한 불타이다라고 나는 자인하지 않았지만 지금 그 인식을 완성했기 때문에 나는 완전한 佛陀라고 자인하고 있다.

고뇌를 인정하고 꿰뚫어 보지 않으면 안된다. 이미 꿰뚫었다 말하고 고뇌의 기원을 인정하고 절멸하지 않으면 안 된다. 이미 절멸해 버렸다고 말하고 그 길을 인정, 실천하지 않으면 안된다. 이미 실천했다라고 하는 것처럼 4개의 성스러운 진리에 대해 각각을 4단계로 나눠 합계 12상태(형)을 몸에 완성시켰기 때문에 불타로 된 것이다.

이와 같은 진리를 이론으로 이해하는 것 만으로 충분하지 않기 때문에 실제 그 몸에 갖추고 있는가? 어떤가가 불교의 문제인 것이다. 그 과정을 이미 완성해서 윤회로부터 해탈한 것을 '아라한 또는 나한'으로 불러 聖者로 번역되었다. '불타는 최

초의 아라한이다‘ 불타의 선언에 이어서 5인의 수행자 중 후에 1인이 그 장소에서 가르침을 받고 이해해서 천상계의 신들이 전법륜을 찬미하는 것으로 ‘轉法輪經‘은 끝을 맺는다.

교단의 성립

불타는 베나레스에서 5인의 제자를 얻어 여기서 최초의 불교 교단이 성립됐다. 곧이어 이 도시의 상류사회의 자제들이 출가해 여기에 참여했고 60人 정도가 수행하여 성인(아라한)의 경지에 도달했다. 그때 세존은 포교를 위해 한 사람씩 각 방면으로 보냈고 자신은 나이란자나江 쪽으로 갔다. 이때부터 입적까지 45년간 불타는 포교 여행을 계속했다. 당시 나이란자나江 근처에는 3인의 바라문형제가 각각 수백인의 제자를 데리고 있었고 명성이 높았다(우르비드바, 나디, 가야). 불타는 단신으로 그들을 만나 설해서 모두 자신의 제자로 삼았다. 세존은 1천명의 제자를 이끌고 마가다국의 수도 왕사성에 도착했다. 빔비사라王은 즐겁게 세존과 제자들을 맞이했고 교외에 승원을 설치하여 기부했다. 이것을 '竹林精舍‘로 부른다.

3대 제자

당시 왕사성에는 여러 종교단체가 있었다. 이른바 ‘六師外道’의 한 사람인 산자야 벨라지푸타는 수백명의 제자를 갖고 있었다. 그 중에 두 사람의 우수한 청년이 왔다. 모두 도시 근교의 바라문의 부유한 농가에서 태어났고 道를 찾아서출가했지만 스승의 가르침에 만족하지 못하고 있었다. 두 사람은 불타의 일을 듣고 죽림정사에 온 것이다. 이들은 그 자리에서 불교에 귀의했다. 그 2인이 舍利佛, 目犍連이다. 두 사람은 바로 두각을 나타내 선배를 능가하여 2대 제자로 불리게 되었다. 전자는 지혜가뛰어났고 후자는 신통력이 특별했다고 한다.

후에 이들은 세존보다 먼저 입적했지만 후세에 2명의 유덕을 기리는 사람이 많았다. 또 한사람의 大제자 카샤파가 합류한 것도 이때 쯤 이었다. 그는 마하 카샤파(mahakasyapa,大迦葉 또는 摩訶迦葉)로 불린다. 고결 간소한 생활을 선호했다. 역시 마가다國 바라문의 부유한 농가에서 태어났다. 이 가샤파는 세존의 입적 후에 사실상 그의 후계자가 되었다. 이들 3대 제자가 참가함에 따라서 불교 교단은 장족의 진보를 이루었다. 3인은 많은 제자를 이끌고 세존의 뜻을 받아서 각지에 포교를 해나갔다.

마가다國

불교 교단의 활동은 사실상 마가다국의 수도 왕사성에서 발족했다. 국왕이 기부한 죽림정사를 시작으로 근처에 몇 개의 승원이 더 생겼다. 영취산, 칠엽굴 등도 종종 체재와 집회를 위해 이용되었다. 국왕 빔비사라는 일생 열렬한 불교 신자였다. 그의 아들 阿闍世는 세존 입적 8년 전에 부왕의 뒤를 이어 왕위를 이었고 그 자신도 불교 신자가 되었다. 신왕은 침략전쟁을 계속하여 영토를 확장했다. 그의 사후 마가다국의 왕조가 교체되었다가 1세기가 지나서 마우리아 왕조가 출현 3대째인 아쇼카왕에 의해 불교가 인도 전역에서 국외로 확장되었다. 그때에도 불교의 중심은 마가다국이었다.

카필라바스투

불타의 고향인 카필라바스투에서도 그의 명성이 자자했다. 父 슈도다나는 이미 왕위를 양위하고 은거한 상태이지만 使者 우다이를 왕사성에 보내 불타를 초대했다. 우다이는 출가했다지만 임무를 완수해 불타를 고향마을로 안내했다. 불타가 고향에 체류할 때 많은 청년귀족이 출가했다. 그 중에서도 특히 아난다는 훗날 세존의 侍者가 되어 입적에 이르기까지 충실히 모셨다. 오래 동안 불타의 주변에 있었기 때문에 불타의 언행을 대부분 보고 듣고 하여 암기한 귀중한 존재이다.

또한 많은 귀족들에 섞여 출가한 이발사 우파리(upali,優波離)는 계율을 지키는 일에 충실해서 훗날 律藏의 결집에 공헌했다. 불타의 친아들 나후라는 아직 어렸지만 불타의 뜻에 따라 성년이 되자 정식으로 비구가 되었다. 성실하게 수행해서 존경받았다. 나후라에 대한 불타의 가르침을 기록한 경전은 훗날 아쇼카王도 존중했다. 불타는 그 후 여러 차례 고향인 카필라바스투를 방문했고 이 작은 나라는 불타 말년에 서쪽의 강국 코사라에 의해 정복되었다.

데바닷타(提婆達多)

데바닷타(devadatta)는 아난다와 마찬가지로 불타의 이종형제로 동시에 출가해 불타의 제자가 되었다. 그는 후에 불타에 반기를 들고 교단을 탈취하고 분열을 모의하였으며 이어서 마가다국의 아쟈타샷투王과 공모, 불타를 박해하고 살해하려 했다고 한다. 이것은 많은 불전에 기록되어 있지만 적어도 교단의 분열은 사실로 볼 수 있다. '율장'에 의하면 데바닷타는 처음 5개조의 계율(五分律)을 제안했다.

이는 출가 수행승의 의, 식, 주에 대해 엄격한 제한을 규정했기 때문에 불타도 칭찬하는 少欲知足의 수행(頭陀行)과 대부분 내용이 같아서 그에 한정해서 어떤 비난도 할 수 없다. 단지 불타는 이 제한을 교단의 모든 승려의 의무로 부과하는 것에 반대했다. 많은 불전에 의하면 데바닷타는 살아서 지옥에 떨어졌다고 하지만 그의 전통을 고수하는 집단은 후세에도 남았다.

법현은 기원정사 관련 기록 중에서 '調達(디바닷타)에도 역시 많은 무리의 사람이 있으며 항상 과거의 三佛을 공양하고 단지 釋迦文佛(석가모니)만은 공양하지 않는다'고 썼다. 또한 현장은 카르나수바나國에 '다른 3개의 가람이 있고, 우유를 가공한 식품을 먹지 않는다, 提婆達多의 유훈에 따른다'고 썼다. 이들의 기록에 따르면 데바닷타는 석가모니가 불타라는 것을 인정하지 않고 옛날의 過去仏 신앙에 따라 그 가르침에 의해서 衣, 食, 住의 규율을 지켰다고 여겨진다.

자이나교와 비교해 보아도 지역적으로(비아리안 민족 사이에) 옛날부터 그와 같은 신앙이 전해진 것도 가능하며 혹은 오히려 석가모니가 그와 같은 토착신앙을 개혁해서 진보적인 불교를 說한 것 일 수도 있다. 그 개혁에 반대해 데바닷타가 옛 신앙에의 복귀를 주장해서 분파했다는 것도 고려하지 않으면 안 된다. 그가 불전에서 말한 정도의 극악인이었나 하는 것은 의문의 여지가 있다.

祈園精舍

카필라바스투의 서쪽에 코사라 왕국이 있다. 그 수도는 舍衛城(sravsti)이며 상업 도시로 번창했다. 이 마을 부호 수닷타(須達)는 세상에 불타가 출현했다는 말을 듣고 죽림정사로 불타를 방문, 신자가 되었다. 교외에 넓은 토지를 구입하여 승원을 세우고 세존을 초대했다. 수닷타는 의탁할 곳이 없는 자들을 위해 식사를 급여하는 사람(給孤獨)이라는 이름으로 알려진 사회사업가였다. 그에게 토지를 제공하고 협력한 것은 제타(祇多)太子였다. 이 승원을 漢譯불전에서 '祇樹給孤獨園'이다. 약칭 기원정사로 잘 알려졌다.

법현은 승원의 규모는 장엄했고 그 아름다운 정원을 서술했다. 7층 건물 이었으나 화재로 2층이 되었다. 그 후 玄奘이 왔을 때 정사는 황폐해서 겨우 초석만 남아있다고 기록했다. 19세기말 영국의 고고학자 커닝햄이 사헤트(saheth) 마헤트(maheth)의 땅에서 그 유적을 발견하여 옛날의 위용을 추모할 수 있게 되었다. 수닷타는 기원장사의 시설이 완성된 때 세존과 그의 제자들을 초대했다. 불타는 마가다국의 라자그리하(王舍城)을 출발해서 슈라바스티(舍衛城)로 왔다. 이후 불타는 종종 이 지역을 방문해서 기원정사에 머물렀기 때문에 여기를 무대로 한 이야기는 불전에 많이 나온다.

鹿子母 講堂

그 후 이 마을의 또 한사람의 부호 미가라 (鹿子)의 며느리 비사카가 기원정사의 동북쪽에 정사를 건립해서 세존에게 기부했다. 그녀의 친정은 불교도였지만 시집은 자이나교 신자였다. 시아버지는 며느리의 설득에 따라 불교로 개종하고 우리 며느리는 '신앙에 관해서는 우리 어머니 이상이라고 하면서 비사카는 미가라의 어머니(녹자모)'로 부르게 되어 그 정사는 녹자모 강당으로 알려졌다. 여기에도 불타는 종종 머물렀다.

舍衛城에는 자이나敎, 아지비카敎 이외에 수행자 교단이 많이 있었다. 佛典에 의하면 육사외도가 여기에 세력을 갖고 있어서 비교적 연소한 불타를 경멸했으며 방해하고 박해했다고 기록하고 있다. 신통력을 겨루어 외도들을 격파했다는 기록도 있다. 또한 여성을 사주하여 세존의 명성을 상처내려는 시도도 실패했다고 기록되어 있다.

프라세나짓王

코살라國은 마가다國과 같은 왕국이었다. 아리안 문화의 영향이 강해 바라문

세력이 강했다. 코살라국의 波斯匿왕(프라세나짓)은 동물공양의 의식도 행했다. 자이나교 외의 다른 종교도 무성했기 때문에 舍衛城에서 불교 활동이 처음에는 쉽지 않았다. 파사익王은 왕비 말리카의 영향으로 불교신자로 개종했다, 말리카는 일반 평민 출신이었지만 그녀의 심성이 우아했기 때문에 妃로 맞이했다. 일반시민의 일부에 전파된 불교라는 새로운 종교가 후궁을 통해서 국왕을 움직여 불교신자로 입문시킨 하나의 예이다.

프라세나짓王이 불교에 입문한 후에도 마가다국의 빔비사라王 및 그의 후계자 아쟈타삿투王은 자주 전쟁을 했다. 프라세나짓왕은 아들 비루다카王(毘瑠璃王)에 의해서 쿠데타로 쫓겨났다. 오랜 적대국인 마가다국으로 도망 중 길에서 사망했다. 비루다카왕은 불타의 조국 카필라바스투를 정복했지만 바로 天災를 만나 비명횡사했다. 그 후 코사라國은 마가다國의 지배하에 들어갔다. 이 마가다국은 3회 이상 왕조가 교체되어 기원전 260년경 아쇼카王의 출현으로 그의 보호와 함께 불교가 비약적으로 발전했다. 불타의 생애에 인도의 이 지역은 작은 나라가 큰 나라에 정복되어 농촌마을이 도시로 발달해서 정치 경제적으로 눈부시게 변화한 시대였다.

西端과 東端

고대 인도의 16대국 중 서쪽에 아반티(avanti)國이 있다. 이 국가의 푸라데요타王은 성정이 광폭해 이웃 국가와 자주 싸웠지만 훗날 불타에게 경의를 표했다. 불타의 제자들이 이 지역에 와서 포교했다. 2세기경이 지나서 아쇼카왕은 왕위 계승前에 이 국가의 수도 웃쟈이니에 한동안 머물렀고 이때부터 불교 활동 기지의 하나가 되었다. 또한 서쪽으로 아라비아海에 접한 슈루파라카는 일찍부터 무역항으로 번영했고 불타의 제자 파르나는 이 지역에서 포교하고 승원을 건립했다. 불타 생존시 이미 불교는 아라비海까지 이르렀다.

동측에는 마가다국의 동쪽 근처에 안가(anga)國이 있고 그 수도 잔바에 불타도 초대되어 머무른 적이 있다. 이 나라는 마가다국에 복속된 적도 있었다. 이처럼 불교는 이미 불타의 재세 중에 동쪽은 갠지스江 하류 지방에서부터 아라비아海岸까지 전파되어 후세의 발전에 초석이 되었다. 그러나 東과 西의 벽지에서는 마가다국의 중심부 같은 교단의 기율을 준수하는 것은 곤란했기 때문에 계율에 대해서 약간의 완화를 인정했다.

바이살리(vaisali)

불타의 포교활동 중심은 남쪽의 왕사성과 북쪽의 사위성이였고 갠지스江과 떨어진 마가다國의 북쪽에 위치한 바이살리에도 불타의 신자가 많았다. 이 지역에 살고 있는 무릿지족은 몽골계였고 이미 아리안화한 마가다國과는 풍속과 습관이 달랐다. 바이살리는 귀족공화제의 도시국가로 전제왕국인 마가다국과 대립해서 가끔 전쟁을 했으며 자이나敎의 본거지였다. 불타는 그 후 종종 修行時代에 바이살리 근처에서 아라다 카라마에게 배운 명상 방법을 연구했다. 이 도시에서 가뭄과 역병에 시달리자 세존에게 간청, 불타가 이 곳을 방문하여 '宝經'이라는 經文을 읽어 재해로부터 구제했다. 불타는 그 후에도 가끔 바이살리를 방문해서 입적 직전의 마지막 여행 때에도 이 지역의 땅에 이름을 남겼다.

이 도시의 군인 귀족과 상인 중에도 信者가 많았고 그들은 大林重閣講堂을 지어 기증했다. 또한 암라팔리라는 여성신자는 망고 과수원을 기부하고 사찰을 지었다. 그녀는 후에 출가해서 비구니가 되었다. 대승경전 '唯摩經'의 주인공 유마힐(vimalakirti)은 가공의 인물로 여겨지지만 다른 경전에도 그 이름이 나오며 玄奘도 그 흔적을 보았다고 기록했다. 불타 입적 후 100년 정도 지나서 바이살리 지방의 출가 수행자들의 계율이 잘못되었다는 것을 정통파가 규탄하자 '7백 결집'이라는 회의를 개최했다. 바이살리는 상업 도시로 번영했고 불교 교단 중에서도 특이한 지위를 차지했다.

열반

불타의 마지막 해에 대해 팔리語 '마하-파리닛바나=숫탄타'가 있고 산스크리트語 斷片에도 있다. 漢譯의 阿含部에는 '유행경' '佛般泥洹經' '般泥洹經' '大般涅槃經' 4권의 책에 대체로 같은 내용이 기록되어 있다. 왕사성을 출발해서 쿠시나가라에서 입적할 때까지의 기록이다. 불타 생애의 어느 한 시기의 기록이다. 여기에는 인간미가 흘러 넘치는 불타의 모습을 여러 가지로 묘사하고 기록자의 외경과 친애의 정이 흐른다.

마지막 여행

세존이 왕사성 郊外 영취산에 머무는 도중 아쟈탓사투王이 사자를 보내서 우릿지族을 공격하는 것에 대해서 의견을 물었다. 불타는 직접 대답하지 않고 민주적, 도의적으로 일치 화합하는 국민은 멸망하지 않는다고 설했다. 불타는 그 후에도 수행승들을 모아 놓고 교단의 일치 화합을 설했다. 왕사성을 출발한 불타는 파타리를 지날 때 건설 중인 도시를 보고 장래 번영을 예언했다.

그로부터 800년 후에 마가다국의 首都로 변한 파타리프틀라였다. 불타는 여기서 갠지스江 바이샬리의 도시국가인 북쪽으로 건너갔다. 여기에서 암라팔리(amrapali)라는 여성신자의 망고 과수원에 체재하며 그녀의 공양을 받았다. 곧 우기가 되었기 때문에 수행승들을 분산시키고 불타는 시자 아난다 혼자 데리고 근처의 벨루바나 마을에 머물렀다. 불타가 혼자 있을 때 격한 고통이 일어났다. 급히 달려온 아난다를 향해서 세존은 다음과 같이 말했다.

'아난다야,
나는 지금까지 法을 모두 있는 그대로 가르쳐 왔다.
法을 가르치는 것을 싫어하지 않았다.
나는 지금까지도 교단을 통솔해 갈 계획은 없다.
지금 또 새롭게 교단을 향해서 지시를 할 것도 없다.
아난다야, 나는 늙고 쇠약해 벌써 80세의 고령에 달했다.
지금은 낡은 수레를 수리해 가면서 움직이고 있는 것 같구나.
아난다야, 너희들은 자신의 '灯明'을 올리고, 자신을 의지하도록 하라.
다른 것에 의지해서는 안 된다. 법을 '灯明'해서 법에 의지하는 것이 좋다.
그 외에의 것에 의지해서는 안 된다.'

이 '灯明'은 dipa가 원어로 '島'(洲) dvipa로도 해석된다. 大河와 大海에 표류할 때에 의지하는 것은 洲(섬), 島이다.

生命의 포기

바이살리 근처의 찬드라 왕조에서의 일은 신비적이었다. 아난다와 둘이 있을 때 불타는 '如來도 만약 욕심을 냈다면 자신의 수명을 연장할 수 있었다.' 하자 아난다는 마왕의 유혹에 미혹해서 마라가 불타에게 수명 연장을 간청하는 것을 알아차리지 못했다. 여기서 불타가 아난다를 물리치자 마라가 모습을 나타내며 '세존은 이미 이 세상에서 使命을 수행했기 때문에 약속대로 입멸하시'라고 요청했다. '세존은 3개월 후에 입멸할 것이다'라 하고 스스로 생명을 포기했다. 그때 대지진이 일어나자 아난다가 급히 달려왔을 때에 이미 늦었고 입적은 기정 사실로 되었다.

약속

불타가 보리수 아래서 成道했을 때 마라가 출현해서 '즉시 입멸하시요' 라고 권고했지만 세존은 불타로서 사명을 수행하지 않고서는 입적할 수 없다고 대답한 것을 가리킨다.

입멸 선언

여기서 불타는 바이살리 郊外의 대림중각강당에 수행승을 모아 놓고 설법하며 다음과 같이 맺었다.

'그러면, 수행승들이여 너희들에게 알린다. 여러 가지 현상(諸行)은 변화해 간다. 부지런히 정진하는 것이 좋다. 지금부터 3개월 후에 여래는 입적할 것이다.'

그리고 아름다운 바이살리의 추억을 애석해하면서 다시 북쪽으로 떠났다.

최후의 공양

몇 개의 마을을 지나서 파바의 도시에 도착하여 대장장이 춘다의 집에서 공양을 받은 것이 불타의 마지막 식사이다. 이때의 식단에 대해서 漢譯 '열반경' 3권에는 아무런 기록이 없지만 '유행경'에는 '별도로 단전수(백향단)의 잎사귀를 쪄서 이것을 불타에게만 공양했다고 한다. 팔리어 책에는 이 식물의 이름을 스카라 = 맛다바라고 한다. '스카라는 돼지 맛' '다바는 부드러운 것' 또는 '美味'로 풀이된다. 이것이 돼지고기인가? 풀 요리인가는 의견이 분분하다. 열반경에 식단 이름이 나오지 않지만 그러나 불타의 최후의 오찬에는 특별한 요리가 공양되지 않으면 안 된다는 기록자의 생각에 환상의 진미가 더해서 비약적인 해석이 나온 것으로 여겨진다.

쿠시나가라

설사가 있었던 불타는 아난다의 도움을 받아서 중간중간 쉬면서 쿠시나가라에 도착했다. 현재 우타르프라데슈州의 고라크풀 동쪽 65km 지점에 있는 카시아 마을로 추정된다. 그 당시에는 말라族이 살았던 곳이다. 불타는 마을 바깥에 있는 사라나무 숲속에서 2개의 나무 사이 북쪽에 베개를 놓은 침상을 만들고 오른쪽 겨드랑이 아래로 양다리를 포개고 몸을 옆으로 뉘었다. '최후의 마지막 밤'은 마을 사람들의 인사를 받고 다시 제자들에게 설법을 계속했다. 그 사이에 수바드라라는 수행자가 찾아와서 가르침을 받고 세존의 마지막 제자로 되었다. 이어서 불타는 제자들을 불러 모아 놓고 '불타이다, 법이다, 교단이다, 道이다'에 대해서 의문이 있는 것을 말하라고 했지만 누구하나 질문하는 자가 없었고 의문이 없다는 것을 확인하고 불타는 제자들을 향해서 다음과 같이 말했다.

자, 수행자들이여 너희들에게 알린다.
'아니뜨야르타'(Anityaartha) '모든 현상은 변해간다'
형성된 모든 것은 소멸하는 것을 성질로 한다.
나태하지 말고 노력하는 것이 좋다.

세존은 그후 禪定에 들어 그대로 완전한 열반에 들어갔다. 아직 깨닫지 못한 제자들은 흐느꼈고 이미 알은 제자들은 無常을 觀해서 참았다. 인도曆으로 카르티카(kartika)의 달(태양력 11월) 보름 밤이었다. 중국의 소전에는 2월 15일로 기록되었다. 기원전 480년으로 추정된다. 장례는 유언에 따라 말라人 信者에 의해 행해졌다. 7일간의 엄숙한 공양 의식 후 화장했다. 말라人들은 그의 유골 즉, 사리를 수습해 집회당에 모셨다. 그때 마가다國의 아자타샷투왕을 시작으로 여러 나라에서 사리를 요구하여 이것을 둘러싸고 무력 충돌의 움직임이 보였다. '도로나'라는 바라문이 조정, 8등분해서 8개국이 나눠 가졌고 이를 위해 각국은 사리탑을 세웠다.

이상은 열반경에 기록되어 있고 1898년 프랑스의 고고학자 페퍼가 카필라바스투의 故地 근처인 피프라바에서 밀납석을 발견했다. '그 표면에는 이것은 불타 세존의 사리를 수습한 그릇이고 영광스런 샤캬족 사람들과 그 자매처자들의 것이다.'라고 쓰여 졌다. 이 文이 아쇼카 문자로 기원전 3세기 이전의 것이다.

제4장 붓다의 입멸 후

出家와 在家

불타가 설한 가르침을 신앙으로 삼아 그에 따라 생활하고 그 가르침을 다른 사람에게 전하려고 노력하는 것이 불타의 제자이다. 이는 출가와 재가로 구별되고 衣食住 등의 생활양식과 지켜야 하는 규율도 다르다. 출가자는 재산, 지위, 신분 등을 모두 3파티모카(pratimokkha, 波羅提木叉)를 지킬 것을 서약한다. 특히 성행위는 완전히 금지한다. 생계 때문에 일하지 않고 의식주는 모든 재가신자들의 시주에 의한다. 그리고 온갖 고뇌에서 해탈을 자신의 몸에 실현하는 것만 목표로 수행한다.

재가신자는 자신의 직업에 종사하고 가족을 부양하고 가정과 사회적 의무를 수행하면서 불타의 가르침을 그 생활상에 실현해 자신의 행복을 꾀하는 동시에 타인에게 봉사하는 것을 이상으로 한다. 출가자와 재가자는 생활도 이상도 다르지만 서로 도와 불교의 목적을 달성 할 수 있다. 즉 재가자는 의식주와 의약을 제공하여 출가자를 위해도움이 되고 출가자는 훌륭한 법을 설하고 순수한 수행을 하여 재가자를 위해 도움이 된다.

양자의 협력에 의해서 순결한 수행을 실행해 미혹한 세상을 초월해 고뇌를 종식시킬 수 있다. 재가자도 노력에 따라 출가자와 같이 해탈에 이를 수 있다. 불타시대에도 실제로 뛰어난 경지에 도달한 재가자의 이름이 기록되어 있다. 그러나 결국 수행에 전념할 수 있는 출가의 우위를 인정하지 않을 수 없다. 적어도 출가교단에서 편집된 초기 성전에는 이 점이 강조되었다.

상가(sangha)

집단을 의미하는 이 말은 한역으로 僧伽 또는 僧로 음사되었다. 바라문교와의 또 하나의 큰 차이는 교단이었다. 그 당시의 교단은 현재의 종교단체와는 크게 다르고 불교와 자이나교단은 출가자의 자치조직이었고 재가신자의 조직화는 용납되지 않았다. 4인 이상의 출가자를 가리키고 비구, 비구니는 탁발 수행자를 의미한다. 20세 이상이면 비구, 비구니가 될 수 있다. 정식 출가자에게는 파티모카(patimokkha)라 부르는 벌칙과 생활 규칙을 부과했다. 지켜야할 규칙은 비구인가? 비구니인가?

또는 출가교단이 어떤 파에 소속하는가에 따라서 다르지만 대략 200~300개조를 상회했다. 예를 들어 상좌부 대사파의 부파는 비구가 227조, 비구니가 311조이다. 벌칙으로 사형과 육체적 고통을 주는 형은 없다. 출가교단으로부터 영구추방이 가장 무거운 것이고 기한부 출가자격도 있다. 성교, 절도, 살인을 범하거나 깨달았다고 허언을 하면 출가교단으로부터 영구히 추방되었다.

출가자의 수습으로 남성은 사미, 여성은 사미니이고 예외도 있지만 수습에는 15세 이상으로 출가자의 수습에는 비구, 비구니의 생활규칙은 부과되지 않는다. 수습기간은 사미계 또는 사미니계로 부르는 10개조만의 계를 지키고 정식 출가자의 1인 스승의 감독 지도하에 생활한다. 출가자는 독신이기 때문에 부족사회의 구성원은 되지 못했고 일하지 않고 세금은 부과되지 않았고 정주하지 않았기 때문에 국가의 통치를 직접 받지 않는다.

그 대신에 출가자는 출가교단이라는 자치조직에 들어가게 된다. 출가교단은 율(vinaya)에서 정해진 출가자의 생활 규칙과 출가교단의 운영방법에 의거 합의에 따라 운영되었다. 출가교단이 분열한 경우를 제외하고는 국가가 출가교단에 개입하지 않는다. 집을 갖지 않기 때문에 우기기간 정주(안거, vassavasa)를 제외하면 기본적으로 편력하여 지낸다. 정식의 출가자는 月 2회, 초하루와 보름날에 파티모카((波羅提木叉)을 암송하고 출석자 전원이 확인하는 포살(uposatha)이라는 의례에 반드시 참석하여야 한다.

바라문敎의 교육시스템에서 보면 정보전달이라는 점에서 불교의 출가교단은 큰 의의가 있었다. 당시의 아리안 사회에서도 부모에 의한 자식의 교육은 당연했고 祭官 밑에서 배운다는 사승관계에 의한 교육이었다. 여성과 노예는 가르치는 것이 허용되지 않았다. 이에 대해 불교의 출가교단은 출가자 생활 규칙을 제외하면 일반인에게 가르치는 것을 금지한 것은 없었다.

붓다의 가르침은 특정의 계급, 특정의 인종, 특정의 인물에 한정하지 않았고 모든 사람들에게 열려 있었다. 붓다의 입멸 후 사람들은 붓다를 직접 만날 수 없었기 때문에 붓다와 그의 가르침은 출가교단에 의한 구두전승을 통해서 알려지게 되었다. 사람들의 목전에 '佛' 과 '法'이 있다는 의미로 출가교단이 그 새로운 매개체가 되었다.

계율의 조항

재가신자와 출가 수행자 모두의 공통 5개항

⑴ 살생하지 말라.

⑵ 주려고하지 않은 물건을 임의로 취하지 말라.

⑶ 음란한 짓을 하지 말라.

⑷ 허언을 하지 말라.

⑸ 술을 마시지 말라.

이 중 3까지는 출가자에게 절대적이고 재가신자와 배우자는 제외한다. 출가해서 구족계를 받기 이전 즉, 슈라마네라(沙弥), 슈라마네리카(沙弥尼)의 신분인 경우는 다음의 5가지가 추가된다.

⑹ 오후에 식사하지 않는다.

⑺ 가무, 음악, 구경거리를 듣지도 보지도 않는다.

⑻ 화려한 장신구 등을 사용하지 않는다.

⑼ 호화스런 의자나 침대를 사용하지 않는다.

⑽ 금은(화폐)을 소지하지 않는다. 지역에 따라 예외조항이 인정되었다.

이상의 10조항은 슈라마네라를 위한 규정이지만 구족계에는 더욱 자세히 규정해서 200개 이상의 조항이 있다. 그러나 그 중에는 다른 지역에서 실행 곤란한 조항도 있어서 지역에 따라서 제외조항이 인정되었다. 또한 세존이 입멸하기 직전에 아난다에게 '만약 상가가 희망하면 세부적인 계율조항을 폐지해도 좋다'라고 한 것이 문제가 되었지만 카샤파의 제언에 따라 모두 폐지하지 않기로 결정했다. 훗날 계율조항의 실시는 종종 상가의 분쟁의 원인이 되었다.

포살과 반성의 날

불교 교단이 처음 마가다國에서 발족될 당시 타종교 단체는 매월 정해진 날에 집회를 했다. 불교도 그것을 모방하여 매월 6재일이 정해졌다. 그 날은 재가신자도 깨끗하게 지내는 것을 항상 주의하며 집회에서 法語를 듣고 식사를 함께하는 축제일이다. 이것은 원래 바라문敎 행사의 하나로 우파바사타(upavasatha)에서 유래한다. 불교에서 팔리어로 우파사타라 하며 漢字로 '布薩'로 음사한다.

계율조항 파티모카(pratimksa)를 비구들이 실제로 지키는가, 아닌가는 상가의 존망이 걸려있는 중대 문제이기 때문에 월 2회 보름과 초하루에 비구들이 모여서 1인이 각각의 조항을 3회씩 낭송하고 그것을 범했다면 그 자리에서 고백하는 것이 정해졌다. 최저 4인의 출석에 의해서 집회가 성립되었고, 정해진 地區의 비구는 병이 나지 않는 한 반드시 출석할 의무가 있다.

음행, 살인, 도둑질과 함께 성자(아라한)가 되었다고 허언을 선언한 경우에는 즉시 교단에서 추방된다. 그 외의 죄는 경중에 따라 고백, 참회에 의해서 용서된다. 이 집회는 상가의 중대한 행사이고 자격이 없는 자는 출석할 수 없다. 6齋日 속에 초하루와 보름의 2일을 택해서 비구의 반성의식을 행하고 6齋日은 僧俗 공통의 축제일이다. 보름과 초하루 당일과 그 전야제를 재일이라 하며 그 외에 보름과 신월의 중간에 각각 1齋日이 있기 때문에 합계 6재일이다.

雨期

인도는 雨期인 3-4개월 사이에는 초목이 왕성하고 동물의 활동력이 강한 시기이기 때문에 어떤 종교 단체도 일정의 주거지에 머무르는 습관이 있었다. 불교에서도 그것을 모방해 이 시기에는 여행과 외출을 제한하는 것이 제도적으로 정해졌다. 이것을 '雨安居'(바르시카) 줄여서 '安居'라고 한다. 안거에는 스승과 선배로부터 설법을 듣고학습하고 옷을 만드는 일을 한다. 일정한 장소에서 비구들이 모여 생활하는 것이기 때문에 교단의 중요한 문제를 처리하는 기회이다.

긴급하지 않은 경우 이외에는 외출과 이동은 계율에 어긋난다. 그리고 안거가 끝날 때는 특히 반성의 집회가 열린다. 매월의 포살처럼 매년의 우안거는 중대한 행사이다. 우안거를 몇 회 경험했다는 것은 그 비구의 법랍을 나타내어 이것에 의해서 상가에서의 지위가 정해진다. 우안거 전후에는 齋의 행사가 있고 재가신자들은 의복, 음식 등의 선물을 갖고 온다. 승속의 교류 기회였다.

축제일

세존의 입멸 후 그의 탄신과 성도 그리고 열반한 날이 축일이다. 남방불교의 전승에 의하면 이 세 개의 중요한 날은 모두 바이샤카의 月(태양력의 4-5월에 해당) 보름날이다. 동남아시아의 불교 국가에서는 이것을 베사카(바이샤크의 사투리)의 제사로 현재도 매년 성대히 행하고 있다. 옛날부터 있었던 僧俗 공동의 제례의식 기념이다. 그러나 玄奘 당시 인도에서는 이미 불교의 部派별로 전승을 달리했다. 인도曆과 중국曆의 환산에 문제가 있다. 탄신일 4월 8일, 성도일 12월 8일, 열반일 2월 15일에 祭典을 한다.

제5장 불타의 이상을 찾는 보살의 길

자타카(jataka) 이야기

고대 인도인의 통념에 의하면 사람은 많은 경험을 하고 生死를 반복한다. 현재의 생애는 과거 생애의 연장이다. 불타와 같은 인물은 과거의 많은 생애 동안에 그 밑바탕을 쌓아 왔다. 또한 불타 주변의 인물에는 선악, 우열, 행불행 등 다양한 차이가 있었고 그것도 前世에서 그에 어울리는 생활을 해왔다는 것이다. 이렇기 때문에 전세의 이야기가 종종 말해진다.

불타 자신도 설법 때에 상대를 훈계하고 격려하고 위안하고 질책하는 형식을 써왔다. 이와 같은 전세의 이야기를 '자타카'라고 한다. 불타의 제자와 그 후계자들도 좋아해서 자타카의 형식으로 설법했다. 일반인들도 이해가 쉬웠고, 소재로는 민간의 설화가 풍부했다. 고대 인도의 민간 설화는 형태 그대로 후세에 전해지지 안했지만, 불교의 자타카 속에 옛날 형태를 많이 보존하고 있다.

자타카 이야기는 언제나 불타가 중심인물이고 거기에서는 보살로 불려졌다. 보살은 다양한 신들도 되고 왕, 대신, 바라문, 선인, 학자, 상인도 되고, 사자, 코끼리, 말, 사슴, 원숭이, 새, 기타 동물도 된다. 어떤 경우에도 보살은 바르고, 현명하고, 강하고, 곤란을 이겨내서 성공하지만 자기를 희생시켜 타인에게 봉사하는 이야기가 많다. 기원전 100년경에 자타카의 텍스트가 정비되었다. 팔리어의 '자타카'는 547편의 설화를 포함해 완비되었지만 현존의 책에는 詩句의 부분만이 옛날 형태를 갖고 있고 산문의 형태는 기원후 5세기경에 다시 쓰여졌다. 기타 산스크리트語 원전, 漢譯, 티베트어역 등의 諸본도 있지만 그 내용은 반드시 팔리어본과 일치하지 않는다.

자타카의 테마

자타카의 테마는 자기희생이 두드러진다. 자신의 소장품은 물론 몸과 생명까지

받쳐서 타자를 구제한다. 그것이 '布施'이다. 또한 청렴한 생활에 철저히 한다. 이것이 '戒'이고 어려움에 처해서 이겨 내는 것이 '忍辱' 이다. 노력해서 목적을 달성하는 것이 '精進'이다. 이 네 개가 자타카의 주요 테마이고 보살의 신조이다. 그리고 또한 불교의 윤리(특히 재가신자)가 된다. 이 네 개의 덕목은 바르후트 조각에 새긴 자타카에서 분명히 인정되고 있다. 훗날 이 네 개의 명상(禪)과 지혜를 더해서 六파라미타 (波羅蜜)로 불러 보살의 덕목이 되지만 처음부터 6개로 정해진 것은 아니다. 팔리어 문헌의 옛 부분에는 파라미타라는 말은 대부분 나오지 않는다.

'숫타니파타'에서는 '經典에 정통하다'라는 의미로 '파라미'(parami)라는 말을 쓴 예가 있다. 이 말은 '가장 우수한, 최상위의'라는 의미의 형용사 parama에서 파생한 추상명사로 '탁월, 우월, 완성'을 의미한다. 훗날에는 '파라미타와 똑같이 보살의 덕목을 가리키게 되었지만' 숫타니파타의 용법은 그것과 관계없다. 팔리어 문헌의 새로운 단계는 보살의 덕목으로 십파라미타를 말하는 것이 보통이다.

보살의 확대 해석

보살이라는 말은 '불타 될 자격을 갖춘자'라는 의미이고 불타로 되기까지의 석가모니를 가리키는 의미로 소승에서는 항상 쓰였다. 석가모니에 이어 불타로 되는 것이 예정되어 현재, 천상계에 대기하고 있는 마이트레야(미륵)도 여기에 준해서 보살이라고 한다. 그러나 다른 측면에서 생각하면 석가모니는 과거의 많은 생애에서 파라미타를 실천했기 때문에 불타로 된 이상 다른 사람에게도 같은 길이 열려 있는 것은 아니다. 보수파 출가교단의 답은 부정적이었다. 석가모니가 걸어왔던 보살의 길은 완전 독자적이어서 아무리 하여도 다른 사람은 따라 올 수가 없다고 주장한다.

불타의 가르침에 따라서 수행하면 아라한(聖者)의 경지에 도달해서 해탈할 수가 있다. 혹은 12인연의 도리를 깨우쳐 '프라티에카-붓다(pratyeka-buddha), 붓다(독각, 연각)'로 될 수 있지만 '완전한 불타'(정등정각자)로 될 수는 없다. 보수파의 이와 같은 견해에 대한 비판도 보인다. 불타는 무한한 慈悲를 갖고 만인을 구제한다고 선언했다. 불타의 慈悲와 智慧를 믿는 이상 보살의 길은 누구에게도 열려 있는 것이다. 이와 같은 신념을 고취하는 것은 대승계통의 사람이었다. 대승과 소승의 차이점은 이 점에 달려있다고 해도 좋다.

보살의 길은 걷는 자는 누구라도 보살이다. 석가모니 한사람에게 한정된 것이 아니다. 어떻게 해서라도 불타의 가르침에 따라 출가 수행한 사람들은 아라한의 경지에 도달해 해탈 할 수가 있다. 이것은 슈라바카(성문:가르침을 듣는 자)의 도이다. 그러나 그 외는 석가모니 자신이 걸었던 길이다. 그것이 보살의 길이다. 이것이 바로 이상에 도달하기 위한 '위대한 大乘'이며 그것과 비교하면 슈라바카(sravaka)의 도는 '열등한 小乘'이라고 대승의 사람들은 주장했다.

보살의 길

보살의 길은 여러 설이 있지만 기본적으로는 6파라미타이다. 이 중에서 보시, 계, 인욕, 정진의 4개는 바르후트彫刻의 테마로서 알려졌고 불교신자의 일상생활의 덕목이며 보살의 길로는 이들이 파라미타로 완성의 극치까지 올라가지 않으면 안된다. 그 4개 다음에 명상과 지혜로 들어가야 한다.

예를 들어 정진노력해서 활동할 때 마음이 산란해서 일이 해결되지 않으면 일의 성공은 바랄 수 없다. 그것을 가능하게 하는 것이 명상의 파라미타이다. 또한 5파라미타를 바른 방향으로 이끌기 위해서는 이들을 총괄하는 英智가 필요하다. 이것이 지혜의 파라미타이다. 그러나 제5가 없이는 제6의 파라미타가 성립되지 않는다. 이렇게 해서 보살의 길로서 6파라미타는 상호 긴밀한 관계를 갖고 있다.

요가(Yoga)

명상은 불교 실천론의 중심 과제이다. 이것은 옛날부터 인도의 전통적인 사상이었다. 이 실천은 다양한 명칭으로 불렸지만 그 중에서도 요가라는 말이 넓은 의미로 쓰여졌다. 요가는 '결합한다', '적용'이라는 말로 한편으로 정신통일을 가리키고 다른 의미로는 의약과 주술을 적용한다는 의미로도 쓰여졌다.

특별한 자세로 명상에 전념하는 것에 따라 고차원의 정신적 체험을 하는 자는 초자연적 능력을 몸에 지녀 기적을 행할 수 있다고 일반적으로 알려졌다. 석가모니는 처음 출가해서 몇 명의 스승에게 요가를 배웠고 보리수 아래서도 요가를 실천해서 불타로 되었고 제자들에게도 요가를 권했다.이경우에 불교에서는 '사마디'(samadhi, 三昧, 三摩地)로 부르는 것이 보통이다. 이 말은 '집중'이라는 의미로 정신집중을 가리킨다.

바라문계 요가파의 술어로 사마디는 요가 수행의 최고 단계만을 가리키지만 불교에서는 요가와 사마디가 같은 의미로 쓰인다. 삼매를 8단계로 나눠서 설명할 때에는 전반을 '데야나'(dhyana, 靜慮, 禪那, 禪)로 이름 붙였다. 제1단계로는 욕망과 악으로부터 해방되고 그 해방감에 만족한다. 곧 모든 잡념을 떨치고 순전히 내면적으로 된다. 이어서 만족감을 버리고 완전히 평정으로 된다. 여기에는 고통도 즐거움도 기쁨도 우울함도 없다. 다만 평정과 전념만으로 철저하게 제4단계로 도달한다. 이상의 4단계가 협의의 '정려'이다. 그 위에

'허공은 무한하다고 하는 경지'(空無辺處)
'식은 무한하다고하는 경지'(識無辺處)
'아무것도 없다고 하는 경지'(無所有處)
'상념도 없고 상념의 부정도 없다고 하는 경지'(非想非非想處)의
4단계가 있다.

석가모니가 수행 때에 사사했던 한 사람은 그 중에 제7단계의 경지까지 또 한사람은 제8단계까지 도달했기 때문에 이 8단계는 당시의 많은 종교에 공통적인 설이었다. 이후 제5부터 8까지를 사마팟티(等至)로 부르고 또한 滅盡正(또는 想受滅)로 부르기도 한다. 여기에 도달하면 정신 활동이 완전히 정지된다.

요가와 三界

요가는 내면적인 체험이지만 그 체험의 내용에는 단순히 주관적, 개인적 것만 있는 것은 아니고 같은 요가 체험을 하는 모든 사람에게 공통하는 객관적인 근거라 한다. 4정려와 4등지의 각 단계는 각각의 단계에 어울리는 神들이 사는 곳이었다. 요컨대 요가 중에서 그들 신들의 세계를 경험하는 것이다. 불교의 세계관에서 윤회의 범위를 三界라고 한다. 그 최저 세계가 欲界 - 욕정에 지배되는 세계이다.

욕계는 밑에서 부터 지옥, 아귀, 축생, 인간, 신들의 다섯 세계로 이루어진다.

욕계에 속한 신들의 세계는 4천왕, 3십 3천, 마야천, 도솔천, 기타 2계의 6단계로 된다. 3십 3천에는 불타의 어머니 마야가 있다. 도솔천에는 불타로 되기 전의 보살이 살고 있고 현재는 미륵보살이 살고 있다. 축생과 인간 사이에 아수라를 넣어 六道라고 하는 경우도 있다. 욕계 위에 色界가 있다. 여기에는 일찍이 욕정은 존재하지 않고 신체 등의 형태(色)는 아직 남아 있기 때문에 색계라고 한다. 그 위의 세계로 되면 욕정도 형태도 없고 다만 영적 존재만이 있기 때문에 無色界로 불린다.

색계와 무색계라는 것은 브라흐만(범천)에 속한 神들의 세계이다. 살아가는 것(有情)은 자신의 선행에 대한 보답으로 死後 색계와 무색계와 신들의 세계에 살 수 있고 현재 이 세상에서 살고 있는 중에도 요가를 수행하면 그들의 세계를 경험할 수가 있다. 제4의 정려는 색계에 속한 17世界로 나눠진다. 제1의 정려에서 3까지는 각각을 3세계씩 포함, 제4 정려에는 8세계가 있고 거기에 사는 신들의 이름으로 불려졌다. 4등지는 무색계의 四世界에 상당하고 그 等至의 이름이 각각 세계의 이름으로 되었다.

요가와 無常觀

4정려와 4등지 등의 사마디를 실습하는 자는 색계와 무색계에 도달할 수 있다. 그 위에 滅盡定을 체험하는 자는 이미 3세계로부터 초월한다. 열반의 세계는 완전히 3계의 바깥에 있다. 불타의 제자들은 사마티를 실습해서 바른 인식을 얻어 열반에 도달하는 것을 목표로 했다. 그들은 스스로의 몸과 마음을 여실히 관찰하여 보통 자아로 여겨지는 것은 다양한 요소(오온)의 조합에 지나지 않기 때문에 무상하다고 인식했다.

자아로 부르는 것은 무상이 되기 때문에 고뇌를 일으켜서 주체성이 없는 것(無我)이고 또한 집착하기에 가치가 없는 不淨한 것이라고 인식했다. 그 인식을 확인하기 위해 억지로 시체의 썩음을 실지로 관찰하기도 하고 그 상태의 변화를 떠올리기도 했다. 현실의 無常, 苦, 無我, 不淨을 통감하는 동시에 드디어 요가에 힘써 정신적으로높은 단계로 올라가 열반에 도달하는 것을 기대했다. 이와 같이 출가교단의 주류파는초세속적인 방향으로 나아가 현실로부터 유리해 도피하는 경향을 낳았다.

그러나 대승계의 사람들은 요가를 다른 각도에서 취급했다. 즉, 요가는 자신만의 해탈을 목적으로 하는 것이 아니고 타자에의 봉사를 위해 실천하는 것으로 보았다. 거기에서 정려를 파타미라의 하나로 보게 되었다. 소승계의 남방 상좌부 및 북방의 설일체유부에서 정려를 파라미타 속에 넣지 않는 이유이다.

대승의 靜慮

'入楞伽經에서는 정려를 4종류'로 나눈다. 제1로 소승사람들처럼 自他의 몸에 대해서 '무상'이다 '고'이다, '부정'이다로 알고 '인간 존재는 무아'이다(人無我)로 생각하고 이어서 멸진정에 도달하는 것은 '幼稚한 것에 어울리는 정려'(愚痴凡夫所行禪)이다. 더 나아가 '인간의 존재를 구성하는 요소 자체도 실체는 없다'(法無我)로 하는 것은 객관적 고찰(觀察義禪)이고 제2류의 정려이다.

제3류의 정려는'진실 그대로의 모습(眞如)'을 대상으로 하지만 제4류의 '여래의 정려'가 최고이다. 이 대승경전에서 이른바 4정려로부터 멸진정에 이르는 요가의 실천을 유치한 것이고 소승적이라고 일방적으로 단정해서 불타의 정려가 바로 최고라고 갈파하고 있다. 이것이 대승의 '정려파라미타'이다

靜慮 파라미타

보살은 중생을 구제하는 것을 사명으로 하는데 왜 산중에 혼자 한가롭게 거주해서정려 등에 빠지는가? 그것은 정려의 힘에 의해 지혜를 획득하기 위함이다. 사람은 병에 걸리면 약을 복용하고 요양하고 힘을 기르고 가업에 힘쓴다. 이와 같이 보살은 정려에 의해 지혜의 약을 복용하고 능력을 몸에 지닌 때부터 중생 제도로 나간다. 이처럼 보살은 利他를 목표로 해서 정녀 파라미타에 힘쓰는 것이다(반야 경전의 '정려파라미타'를 해석한 '대지도론'17권).

정신이 산란해서는 유익한 활동을 할 수 없다. 정려는 정신을 안정시키는 작용을 한다. 활동적인 사람에게 정려가 필요하다. 보살은 자신의 정신을 안정시키는 동시에 상대를 지도해서 그의 정신을 안정시킨다.

이에 의해서 자타와 함께 이상의 경지(열반)에 도달하는 것을 기대한다. 정려-요가는 또한 그 사람의 심신의 능력을 개발한다고 한다. 인도인 일반의 통념으로 요가 수행을 쌓은 자는 일반 사람이 불가능한 것을 가능하게 하는 것으로 여긴다. 이로부터 요가는 기적을 낳고 기술과 투시 등의 초능력과 결합된다. 대승의 보살들은 '정려파라미타'를 실천함으로서 모든 중생을 불행으로부터 구제하고 행복을 준다. 여기에 정려는 독선적인 침묵 생각만이 정신력을 발휘하는 사회적 활동의 원동력으로 된다.

요가의 실천자들

대승불교 2대 분파의 한 분파를 '요가실천자들' Yogacara(瑜伽師)라고 한다. 4세기말 활약한 아산가(無着), 바수반두(世親)의 형제들에 의해서 창설되었다. 유가사는 요가의 실천자를 의미하고 師는 사람을 나타내고 반드시 교사(스승)를 의미하는 것은 아니다. 이것을 유가행파라고 하는 것은 잘못이다. 우주세계는 모두 思惟에 의해서 구성되고 思惟를 떠나 외계는 존재하지 않는다는 설에서 유식파라고 부른다.

일반적으로 외계의 존재로 생각되고 있는 것은 思惟의 투영에 지나지 않고 이들은 순전히 주관적인망상에 지나지 않는 것(遍計所執)과 객관적으로 因果律에 의해 규제되고 있는 것(依他起)과는 구별된다. 또한 이 양자의 제약을 초월하여 절대적 진리(眞如)가 보여진다. 이것이 완전한 상태(圓成實)이다.

이 三형태는 有의 고찰이지만 계속해서 그와 동시에 계속된 앞의 양태를 부정하여 고차의 인식에 도달할 수 있기 때문에 無의 고찰이다. 또한 이 유식설에 의하면 개인을 구성하는 것은 아라야로 이름 지은 '의식의 흐름'이다. 아라야는 끊임없이 새로운 인상을 모집해서 일종의 경향 형태를 만들고 개인의 성격을 결정한다.

이에 의해 새로운 활동이 일어나고 그것에 애착하는 것에 의해 윤회가 계속되지만 아라야는 고정된 실재는 없다. 유식파는 이와 같은 독자의 존재론, 인식론, 심리학설을 세워 많은 뛰어난 학자를 배출했다. 이들 이론의 근저에 있는 것은 정려에 지나지않는다. 그렇기 때문에 스스로 요가의 실천자라고 이름을 붙였다. 그리고 이 요가가 自利他利의 완성을 목표로 한다.

정려 파라미타는 정신을 안정시켜서 소극적인 면(止)과 나아가 진실을 인식하는 적극적인 면(觀)을 포함한다. 그리고 무엇보다도 세속적인 것과 종교적인 것의 양방향으로 관계한다. 보살은 자기 수양에 노력하는 동시에 중생의 교화에 맞추어 곤궁한자를 구하고 도덕을 가르치고 필요에 의해 신통력을 발휘해서 두려워하게 하기도 하며 즐겁게 하기도 한다. 또한 재액을 극복하는 것도 정려의 힘에 의한다.

독, 열병, 악령 등의 해를 제거하고 병을 치유하고 가뭄에 비를 내리게 하고 여러 위험으로부터 구출해서 황야에서 음식을 굶는 자에게는 음식을 주고 재물이 없는 자에게는 재물을 주고 방자한 자는 바르게 지도한다. 또한 신통력에 의해 악인을 징계하고 지옥의 모습을 나타내기도 한다. 잊기 쉬운 자에게는 기억력을 주고 학예를 가르친다. 지옥에 떨어진 자에게도 광명을 주고 잠시 고통에서 해방케 한다.

이와 같이 정려파라미파의 효능은 무한하지만 이들의 움직임에 의하여 보살은 불타의 깨달음에 도달한다. 여기서 이야기한 정려파라미타의 작용 속에는 기적이 포함되었고 인도의 일반 요가의 역사에서 보아도 놀라운 것은 아니다.

불교의 역사에서 대승은 밀교로 연결되었고 7세기 초부터 밀교가 역사의 전면에 나타났다. 밀교에서는 손으로 印을 연결, 입으로 진언을 부르고, 의중에 본존을 念할 때에 本尊의 몸, 입, 意와 일체로 된다. 이 신비적 체험을 '3밀의 요가'(몸, 입, 의)로 부른다. 이 밀교도 요가의 실천자들의 계보에 속한다.

제6장 아쇼카王 시대의 불교

아쇼카王 당시의 불교

기원전 327년에 그리스의 알렉산더 대왕(기원前 356~323)이 서인도에 침입해서 철수한 다음 해에 풍요로운 마가다지방에서 일어난 찬드라굽타는 마우리아 왕조를 창건했다. 그 왕조가 인도 최초의 통일국가를 세워서 제3대 아쇼카왕(阿育왕, 無憂王, 前268-232제위) 시대에 전성기를 맞이했다. 이 왕의 즉위가 그리스의 문헌에 기록되어 있고 고대 인도 연대의 결정적인 열쇠이다.

아쇼카王의 즉위를 후대의 스리랑카전(南伝)은 불멸보다 218년 후인 5대의 불제자대라고 기록했다. 北伝에서는 약 100년이고 4대 불제자로 했다. 南北兩伝에 논쟁이 계속되어 현재 유력시 되는 북전에 의하면 불멸은 前383년 석존의 생애는 전 463~383년으로 된다.

아쇼카王은 곧 불교에 귀의하고 특히 東海岸의 칼링가(현재의 오리사州) 지방 공략 때 목격한 전쟁의 비극을 깊게 뉘우치고 불교 존중에 헌신했다. 동시에 바라문교와 자이나교 그 외의 모든 종교도 후원했다. 이와 같은 전통은 인도에서 계속 승계되었다. 왕은 불필요한 살생을 금지하고 도로와 수도를 놓고 나무를 심고 휴게실, 병원 기타 보호시설을 지었다. 왕은 佛陀의 업적을 巡拜하고 왕자인 마힌다(mahinda)를 스리랑카에 파견해서 불교의 보급 확대에 진력했다.

여기에 보편적인 불법(dharma)을 정치이념으로 내걸고 스스로 서약하는 외에 그 신념을 토로한 칙어를 석주와 암석 등에 새겨 민중의 협력을 호소했다. 또 使臣을 통해서 서방제국(시리아, 이집트, 마케도니아, 그리스 등)까지 전했다. 19세기 이후에 발견된 각지의 石柱 조칙은 26개이고 당시 국경 부근의 암석 조칙은 10개 정도로 모두 14장 혹은 7장의 문장은 현재 모두 해독되었다. 사르나트(sarnath) 외의 石柱 조칙은 당시 눈에 띄기 시작한 교단의 분열을 걱정해 경계하고 있다.

또한 바르후트(Bharhut)에서 발견된 암석의 조칙에는 佛法僧의 3보에의 귀의 후 불교 정법에 역할을 했던 7종의 經(다르마팔리야야:法文)을 새겨 넣었다. 이들

7개는 현존하는 經의 일부에 확인되며 다른 점도 많이 있다. 그 때문에 아쇼카왕 시대에 전해지는 초기 경전의 틀은 아직 결정되지 않았다고 보는 것이다.

여하튼 아쇼카왕 시대에 불교는 대약진을 했다. 이 통일국가와 제왕의 理想像으로부터 곧 전륜성왕(보편적 제왕)의 이념이 생겨 그것은 佛典의 각 장과 많은 경전에서 이야기 되었다. 아쇼카왕은 만년에 정무에서 밀려나 부하에 배신당했다. 이후 마우리아왕조도 쇠퇴하여 前180년경에 멸망해서 인도는 다시 분열 상태로 돌아갔다.

아쇼카王의 불교 입문

마우리아 왕조 제3대 아쇼카왕은 祖父의 과업을 이어서 통일국가를 완성했지만 남쪽의 칼링가國 정복 때 10만명의 전사자, 15만명의 포로, 거기에 몇 배에 이르는 사망자를 내었다. 이로 인해 가족들의 비탄과 불행을 초래한 것을 참회하고 불교에 귀의해 신자로 되었다. 특히 타종교(바라문, 슈라마나 등)에 대해서도 예를 다해 감명을 주었다. 왕은 그들에 폐를 끼친 일에 대해 참회를 했다. 그 이후 불법 dharma)을 위해 노력했고 불법을 좋아하고 불법을 설하게 되었다. 무력에 의한 정복을 중지했고 '仏法에 의한 정복'에 힘썼다.

아쇼카王의 법

아쇼카왕은 국민에게 가르쳤다. '仏法의 실천'은 살생을 하지 않는다. 살아 있는 것에 고통을 가하지 않는다. 부모를 공경한다. 나이든 연로자를 존경한다. 종교가와 친구, 친척 등에 대해서 바른 예절을 다 한다. 보시를 한다 등이다. 그 덕목은 자애, 보시, 진실, 순결, 부드러움, 선량으로 요약되고 악을 피하고 선을 증진하라고 가르친다. 지출은 적게, 저축을 행하는 검소한 생활을 권했다. 그는 모든 사람들이 仏法의 번영에 협력할 것을 요망하고 그에 따라 현세와 내세의 행복이 보증된다고 설했다.

아쇼카왕은 불법에 의한 통치를 증진하기 위해 46시간 중 항상 알현, 진언을 허락하고 지방을 순행하는 동시에 '법을 위한 관리'를 임명해서 그 실행을 맡겼다. 암벽과 石柱에 각문을 새긴 것은 법의 선포를 위한 것이다. 또한 그는 복지사업을 실천했다. 사람과 가축의 의료를 위해 약초, 뿌리, 과실을 모았고 길에는 일정한 간격으로 우물을 파고, 물 마시는 곳과 휴게소를 설치해서 사람과 가축이 이용하게 했다. 이것도 '법을 위한 관리'가 관할하게 했다. 그들은 또한 상가(sangha) 이 외에 바라문敎, 아지비카敎, 자이나敎 및 기타 각 종교 사람들을 보살펴 주는 일을 담당했다.

아쇼카王과 불교

아쇼카왕의 법은 이처럼 폭이 넓고 그는 모든 종교에 대해서 관용적이었으며 그의 신앙은 불교였다. 즉위 9년 때 칼링가를 정복한 직후에 入信해서 약 1년 반 후에 佛陀成道의 땅, 菩提道場(sambodhi, '法의 巡行'의 일환을 이룬 장소, 四大靈場의 탄생- 성도-초전법륜-입멸의 제2에 해당)에 나아가 진실한 신자가 되었다. 27년 후 서거할 때까지 신앙을 지켰다. 즉위 15년에는 불타 탄생의 땅 근처에 過去仏 코나카마나의 스투파를 수복하고 21년에는 불타 탄생지인 룸비니에 이르렀으며 각 지역을 巡行했다.

'法'이라는 말은 인도에서는 법률과 종교라는 2중의 의미가 있다. 아쇼카왕은 주로 제2의 의미로서 사용했다. 국왕의 공적인 입장에서 바라문과 슈라마나, 불교, 아지비카敎, 자이나敎 및 기타 모든 종교를 평등하게 대했지만 개인으로서는 불교를 신봉했다. 아쇼카왕이 칼링가 침략전쟁 때 감명을 받은 현지 사람들의 덕목, 훗날 그 스스로가 고취한 덕목과 사회복지사업은 자이나교와도 공통되며 정확히 불타가 재가신자에게 설한 道이며 훗날 대승불교로 이어졌다.

주목되는 것은 아쇼카왕이 직접 불교 교단에 호소한 각 종류의 刻文 중에서 그가 불, 법, 승에 귀의한 우파사카라는 것을 선언해서 불타 세존의 所說은 모두 훌륭한 가르침이고 그 정통한 가르침(正法)이 오랫동안 번영하는 것(久住)을 원했다.

특히 7仏의 경전(법문) 이름을 들며 남녀의 출가도, 재가도를 반복해서 듣고 생각하라고 권하고 있다. 이 7개의 경전이 현존의 팔리語 또는 한역의 어디에 해당하는가에 대해서 전문가의 의견이 일치하지 않지만 그 중의 제 7에 대해서는 어느 정도 같다. 이 제7불의 법문을 아쇼카왕은 '나후라의 교계'로 이름 붙이고 '허언(망언)에 대한 불타 세존의 所說'이라는 副題을 붙였다.

세존의 친자 나후라에 대한 교계는 따로 있지만 그 부제에 의해서 이것이 현존의 팔리어 '中部經典'의 제61경, 한역 '중아함'의 제14경에 해당된다는 것이 알려졌다. '법구 비유경' 제3권, '出曜經' 제12권에도 대부분 같은 내용이 있다.

세존이 洗足한 물을 버리고 난 후에 세수대야를 가리키며 '이 속에 물이 남아 있지 않는 것과 같이 허언을 말하고, 부끄러운 자는 슈라마나로 될 자격이 없다'고 가르쳤다. 아쇼카왕이 권한 법문의 제5, 제6은 아마 '숫타니파타'에 수록된 '성인에 대해서'와 '사리불의 질문'의 2편에 해당된다. 각각 26節과 21節의 詩句로 이루어진 초보의 수행자를 위한 설로 간단한 문장의 법문이다. 아쇼카왕 당시는 이와 같은 경전을 출가자도 재가자도 독송해서 학습했다.

제4부 불교의 시대 구분

제1장 초기 불교

초기 불교는 불교가 성립하고 발전이 왕성한 문자 그대로 초기의 약 150년 혹은 200년간을 말한다. 불멸후 확대된 교단은 전통보수의 上座部와 진보적인 大衆部로 양분되었다. 그 후 분열이 2백여 년간 계속되었고 약 20개의 부파가 성립되었다. 이들 속에 상좌부 일파는 기원전 3세기 반경에 스리랑카로 전해져 남방불교가 형성되었다.

중기 불교는 교단의 분열에 의해 部派불교가 생겨서 이 분열과 대략 같은 시기의 아쇼카왕의 즉위(기원전 268년경) 이전을 말한다. 각 부파는 초기 경전을 계속 정비해서 自說의 확정 이후 기원전후에 대승불교가 일어나서 각종의 초기 大乘의 諸경전과 소수의 論書가 만들어졌다. 새로운 다종다양한 대승의 諸佛과 제보살의 출현은 대승과 부파와의 경쟁을 가속화시켰다. 기원후 4세기 초까지의 약 550년간을 중기 불교라고 부른다.

후기 불교는 기원 후 320년을 기점으로 한다. 이 해에 순수의 힌두이즘에 빠진 굽타왕조가 성립되어 불교는 바라문 문화에 압도되어 급속히 민중의 지지를 잃기 시작하여 쇠퇴기로 들어섰다. 그러나 불교의 諸전통은 부분적으로 강고히 유지되었고 때때로 불교 부흥이 시도 되었다. 또한 교리의 발전과 확립 등에 현저한 諸활동도 있었지만 13세기 초인 1203년 불교 최후의 거점인 비쿠라마시라 大寺刹이 이슬람군에 의해 아무런 흔적도 없이 파괴되어 그 막을 내렸다. 거기까지 약 9백년간을 후기 불교라 한다. 한편 불교는 북인도에서 西域을 경유해 중국에 전해졌고 북방불교는 대부분 대승불교가 주류로, 후에 밀교가 추가 되었다. 4세기에 불교가 조선반도에 전해졌고 시대와 민족성에 상응하는 불교로 발전했다.

초기 교단

불교의 교단은 상가(samgha, 음사는 僧伽)로 부른다. 상가의 원뜻은 모이다, 집단, 회의장에서 곧 조합(길드)과 공화국, 동맹국으로 표현되었다. 석존의 在世 중에는 석존을 중심으로 한결같이 석존의 제자로서 평등했고 단결은 느슨했다. 불멸 후에 교단의 정비가 자연스럽게 진행되었고 남성의 비구, 여성의 비구니를 별개로 조직했다. 이들을 가까이서 시중드는 사람을 의미하는 남성의 우파사카(優婆塞)와 여성의 우파시카(優婆夷)는 재가신자를 가리킨다.

이것을 四衆이라고도 한다. 比丘, 比丘尼는 학식 있는 바라문 계통이 많았고 카스트 전반에 영향을 미쳤다. 교단내의 평등은 철저했고 출가 이전의 차별은 모두 없어지고 순서는 출가 후의 수행(법랍) 연수에 따랐다. 단, 교단이 질서집단으로서 질서 유지를 위해 또한 석존의 유훈에 따라서 석존이 이미 설했던 戒에 기초해 집단 규칙으로 律(비나야)이 만들어졌고 그것은 회원의 증가, 그 외의 諸원인으로 계속 증가했다.

이것을 수범제계라고 칭하고 교단 전원의 합의에 따라 결정되며 그 수는 250 혹은 500조의 律藏(장은 피타카의 번역으로 수집의 뜻)으로 발전했다. 이를 위반한 경우에는 고백, 참회, 교단 추방 등의 벌칙이 있다. 그러나 그 이상은 없고 폭력을 포함한 힘의 행사는 일체 없다. 한편 자발적으로 몸에 붙이는 계(시라)가 있고 벌칙에 의한 규제는 없다. 신자는 불법승의 삼보에 귀의하고 五戒를 서약 준수한다.

제2장 중기 불교

剖波불교

석존의 입적 직후 다수의 佛제자가 왕사성에 모였다. 석존의 신뢰가 돈독했던 舍利弗과 目連은 불멸 이전에 사망해서 장로의 하나인 摩訶迦葉(大迦葉)을 중심으로 석존 생존의 가르침과 계(이의 준수를 석존은 유언으로 남겼으나 후계자는 지명하지 않았다)를 확인하는 회의가 열렸다. 이것을 결집이라 하며 이를 제1결집이라 한다. 결집의 원어 samgiti는 合誦의 의미가 있고 각자 생각나는 석존의 설을 모아서 확실한 교설을 얻어 함께 誦했다.

초기의 불교는 인도 중부지역에서 작은 조직에 불과했다. 불멸 후 약 백년 사이에 인도 서남쪽 마두라를 중심으로 서쪽에 전해졌고 교단도 확대되었다. 거기에는 서인도와 관계가 깊은 우수한 불제자들의 놀라운 포교가 있었기 때문에 서서히 인도 각지에 펴져서 불교 교단은 불멸 후 100년이 지나서 교단의 각 구성원을 규제하는 율의 조항을 둘러싸고 신구의 대립이 일어났고 이어서 분열했다.

많은 문헌에 의하면 밧지族 출신의 비구들이 용인한 十項目(十事)에 관해 바이살리(vaisali)에서 7백인의 장로 비구가 제2 결집(samgiti)으로 부르는 회의를 개최해 이 조항 특히 10조의 금은의 보시를 받는 것의 완화는 '非法'이라고 결의하는 보수파의 주장에 진보파는 패배했다. 거기서 관용을 구하는 진보파는 다시 집회를 개최해서 1만인으로 전해지는 다수의 참가자가 모여 독립을 선언해서 大衆部를 결성했다.

이렇게 해서 교단은 분열하였고 보수적인 엄격한 長老 그룹은 上座部 혹은 長老部로 부르고 이후 전통보수의 핵심이 되었다. 최초의 분열을 근본분열, 그 후에 계속해서 일어나는 것을 지말분열이라고 한다. 먼저 최초의 약 백년간 대중부의 내부에서 그 후 100년간 상좌부로 재분열이 일어났고 대중부계는 9부, 상좌부계는 11부, 계 20부(18부설도 있다)의 諸부파가 기원전 100년까지 성립했다.

후세까지 중요한 부파는 상좌부, 그 분파의 설일체유부, 법장부, 犢子部의 화지부, 經量部, 正量部 그리고 대중부이다. 상좌부계는 주로 인도의 서북쪽, 스리랑카로 대중부계는 중부와 남쪽에서 번창했다. 근본분열의 년대가 아쇼카왕 이전에 있었던 것은 확실하고 산치, 사르나트, 코산비 등의 石柱소어칙에는 왕이 교단의 분열을 우려하는 계의 문장도 있다.

각 부파는 다소의 영고성쇠는 있었지만 교단으로서는 항상 우위를 유지, 훗날 기원후 대승불교가 번영할 때에 인도에서부터 西域일대 불교의 주류는 부파불교가 차지했다. 大乘佛教徒에서 부파의 일부가 소승으로 부르는 일이 있었어도 부파는 대승불교의 이 행위를 계속 무시했다.

소승의 원어 히나야나(hinayana)의 히나에는 작은 것 이외에 '지위가 낮음, 열등, 천박함'의 뜻이 있고 그 폄하하는 명칭의 원어 사용은 대승(mahayana)의 말보다 꽤 늦어졌고 또한 번창하지 않았다. 그러나 중국과 티베트 등의 북방불교는 대승불교가 점유했기 때문에 거기서 대승-소승의 호칭이 일반화되었다.

소승은 초기 불교까지 포함하는 경우가 많아 적정성이 결여된다. 부파불교의 사정은 인도 국내에서 기록되지 않았고 중국에서 渡天(天竺=인도)의 여행을 통해서 여행기를 남긴 3인의 구법승 즉 법현(399~414년 탐방), 현장(629~649년 탐방), 의정(671~695년 탐방)에 의하면 항상 부파가 압도적으로 유력했고 특히 유부, 정량부, 상좌부와 대중부가 두드러진다.

또한 스리랑카와 동남아시아 일대로 확장된 것은 상좌부계이고 지역별로 긴 세월에 일시적인 쇠퇴가 있었고 대승과 밀교의 전래도 있지만 정통상좌부를 자칭하는 大寺派(마하비하라바딘)가 오늘날까지도 번창하고 있다. 기원전 1세기에 20여 개의 부파가 눈에 띄는 것은 스스로의 정통성을 증명하기 위해서도 그 근거가 되는 經과 律의 정비였다. 상술한 것과 같이 석존설을 포함한 초기 불교의 경전은 아가마(전래의 뜻)로서 口誦 형태로 전해져 이것을 각 부파에서 집대성, 편집하여 형식과 내용을 정리해서 확정했다.

초기 경전은 이렇게 이루어졌고 이것이 팔리五部, 漢譯, 四阿含 외에 기타가 전해진다. 한역의 각 자료는 4아함 외에 '雜藏'의 이름을 써서 그것에 4아함에 나타나는 諸경전이 포함되어 팔리의 소부에 해당되지만 대부분 현존하지 않는다. 또 팔리어 소부의 원어 중의 쿳다카는 小보다도 雜의 쪽이 어울리지만 한역의 '잡아함경'과의 혼동을 피하기위해서 잡부에서는 없애고 소부로 했다. 이 팔리어 소부는 다른 四部보다 양이 상당히 많고 그 중에 현재의 형태인 '자타카' 등에는 성립의 새로움이 많다.

경과 율의 확정에 이어서 자설의 구축을 위해 經의 주석이 창안되었다. 이 일부는 팔리 소부 안에 있고 후에 이것이 발전해서 논장으로 불렀다. 이는 유력한 부파 교단이 왕족 및 부유한 상인, 신도들로부터의 후원에 의해서 가능했다. 또한 부파를 산스크리트어로 니카야로 부른 흔적이 義淨의 여행기와 티베트어 등에 있지만 팔리어 문헌에는 없다.

아비다르마(abhidharma)

부파에서 창작된 문헌류의 대부분은 아비다르마(阿毘達磨, 阿毘曇, 毘曇)라고 한다. 이들의 수집은 '아비달마藏'이라 부르고 논장으로 역해서 초기 불교에 전해진 경장 및 율장과 합해 처음으로 '三藏'이 이루어졌다. 삼장은 불교 경전을 말하며 팔리 불교 내부에서는 그 전체를 광의의 불설로 간주한다. 중국에서는 삼장을 '一切經'과 '大藏經'으로 불렀다. 아비는 '대해서, - 에 관해서'를 의미하고 또한 달마는 '佛說'을 나타내는 經과 어느 정도 동일시되어 법으로 번역되는 것은 불설에 나타나는 진리, 진실을 가리키는 해석으로 된다.

아비다르마는 '법의 연구'를 의미하고 對法으로도 번역한다. 팔리 문헌에서는 아비를 '우수하다, 지났다'를 의미해서 아비다르마를 '뛰어난 법'으로 해석했다. 팔리 상좌부에는 기원전 250~전 50년경의 약 200년간에 '카타밧투'(論事)를 포함한 7개의 論이 성립되어 이 七論이 논장(아비단마. 비타카)으로 되었고 그 외의 註釋書와 연구서 등은 모두 藏外로 취급했다. 有部(설일체유부의 약)에서도 '發智論' 외에 6종의 足論으로 부르는 논서가 쓰여져 일반적으로 '六足發智'로 부른다.

이들은 기원前 1세기경에 성립했다. 그 속에서도 발지론은 大論師 迦多衍尼子의 저서로 그 광범위한 내용이 유부 교학의 기본을 나타내서 佛身論으로 불렀다. 이들 七論은 漢譯이 있다. 이 중 산스크리트어로 된 몇 개의 단편이 중앙아시아에서 발견되었고 독일에서 교정 출판되었다. 이 외에 논장에 추가되지 않은 주석서와 해석서 또는 논서도 다수 만들어졌다.

팔리 문헌에서는 2세기의 우파팃사 이후 5세기에 남인도에서 스리랑카에 도래해서 오랫동안 체재한 佛音이 三藏의 대부분을 상세하고 웅대한 주석서를 만들었고 또한 독자적으로 유명한 '淸淨道論'을 썼다. 그들의 해석이 上座部敎理의 표준으로 현재에도 끊임없이 인용되고 있다. 팔리어는 스리랑카 역사를 전하는 '島史'와 '大史'가 5세기 전반에 성립되어 이후 18세기까지 부가해서 쓴 '소왕통사'가 있다.

북인도의 카슈미르에 견고한 근거를 구축한 유부는 약 2백년을 요약해서 '발지론'에 주석을 달아 새로운 교학을 서술한 '大毘婆沙論'을 완성했다. 여기에 많은 학설을 소개하고 엄격한 비판을 썼다. 玄奘번역은 200권에 이른다.

중앙아시아로부터 인도 중부에 이르는 지역을 정복한 크샤나왕(약 129~153년 제위)의 이름이 책 속에 인용되었고 책 끝의 玄奘 '跋文'에는 불멸 4백년 캬슈미르에 카니시카왕이 아라한 5백인을 모아서 삼장을 결집했고 그때의 논장이 바로 이 책이라 했다. 毘婆沙는 주석을 뜻한다. 이 책의 양이 방대하고 諸說의 나열이 많아 체계성이 결여되었기 때문에 이들에 이어서 有部의 학설을 체계적으로 서술한 요약서가 만들어졌다. 한역으로는'毘婆沙論' '阿毘曇心論' 등 다수가 있다. 그 후 탁월한 논사 세친, 천친(서기 400~480년)이 출현, 뛰어난 논서 '阿毘達磨俱舍論'을 썼다.

이들은 먼저 유부에서 배우고 이 책에 포함되어 있는 운문 六百誦 정도를 만들었다. 이것은 '大毘婆沙論'의 최량의 요약서로 유부 관련자들에게 절찬을 받았다. 그러나 세친, 천친은 후에 經量部로 변신, 대중부설 등도 고찰해서 넣고 '이치에 뛰어남을 宗(根本)으로 한다'라는 입장에서 비판적으로 상세하게 긴 산문을 이 책에 기록했다. 한문역서 二種(현장역 30권, 眞諦 역 22권), 티베트譯 또한 1967년 간행된 산스크리트어 책도 있다.

이 '俱舍論'은 단순히 1, 2부파의 교설만이 아니고, 불교학 전반의 기본으로 諸분야에 걸친 정수이며 정확히 전해져 온다. 또한 세친은 이후 대승불교로 전환해서 유식에 대한 유명한 책을 썼다. 구사론이 유부에 비판적이라는 것에 대항해서 衆賢은 '阿毘達磨 順正理論' 80권을 썼고 유부설을 강조해서 별도로 '아비달마 顯宗論' 40권도 썼다. 또한 각종의 주석서를 만들어 저술했다.

그래도 구사론은 넓게 읽혀졌고 여러 종류의 주석서가 만들어졌으며 또한 내용을 답습한 논서인 '아비다르마디파' 등이 전해지고 있다. 팔리와 유부계와의 완전한 논장 이외에 法藏部의 논서 '舍利佛阿毘曇論' 30권과 訶梨跋摩(250~350년경)의 '成實論' 16권의 경량부계 등의 한역본이 남아 있다.

또 이들 외에 여러 부파의 논서가 玄奘에 의해서 중국에 들어왔지만 현장은 유부와 대승의 經과 論만 있고 다른 것은 모두 소실되었다. 또한 부파의 분열과 각각의 교리의 개략적인 요지는 유부의 世友의 '異部宗輪論' 티베트역에 기록되어 있다.

대승불교운동

대승불교 성립까지의 諸활동을 대승불교의 운동기라 할 수 있다. 대승불교의 성립과 그 활동은 불교사를 화려하게 풍부한 내용으로 담겨있을 뿐만 아니라 불교를 일약 세계 종교로 되게 하는 강력한 원동력이 되었다. 북방불교는 초기 경전과 부파의 논서도 그 일부에 포함하면서 대부분 대승불교 일색으로 채워졌다.

특히 조선, 일본, 티베트 불교는 각각 원류와 형태를 현저히 다르게 하면서 대승불교만이 번창, 오늘에 이르고 있다. 그러면서도 대승불교는 '석존 = 고타마 붓다'가 직접 설한 가르침(金口의 說法)과는 현격히 멀다. 더욱이 지금까지 모두 이른바 大乘非佛說(대승은 불설이 아니라는 설)이 인도, 중국, 조선, 일본에서 제창되었고 그것을 스스로 부정하는 대승불교 측의 자기합리화가 두드러진다.

한편 부파불교는 대승불교에 관해서 아무런 언급도 하지 않았고 문제조차 삼지 않았다. 그럼에도 대승불교는 '大乘諸佛의 教說'에 불과하기 때문에 위의 주장은 '대승비석가불설'로 정정하지 않으면 안되었다. 그와 동시에 대승 제불은 석가불의 설(일부)을 무엇인가 다른 형태로 계승 발전시킨 이상 '대승은 불설' 이다. 대승경전에서 몇 개를 추려서 '불설'을 붙인 것은 위의 사정을 고려한 것이다.

또한 대승경전은 초기 경전과 완전히 동일의 형식을 고수 이미 수백년전에 사망한 불제자들(사리불, 아난다)도 仏과 함께 등장하는 체제를 취했다. 대승은 마하야나의 번역으로 마하는 大, 야나는 타는 것을 의미해서 당초에는 가르침을 뜻했다. 대승의 말을 처음 쓴 것은 '般若經'이고 이 말은 곧 보편화 되었다. 대승에 대해서 소승(히나야나)의 명칭 사용은 시대도 늦고 범위가 극히 한정되어서 내용적으로는 대부분 유부만을 가리킨다.

이를 부파 일부에서 호칭한 것은 중국과 티베트의 불교도들이고 인도에서는 범용하지 않았다. 소승을 폄하 하는 특수한 경우 이외에는 사용을 피했다. 대승불교 성립의 前史로서 대승불교운동에는 불교 내외의 제사정이 지적되고 있다. 그 속에 중요한 것은 3가지이다.

(1) 마우리아 왕조 붕괴(前180년) 이후 북서인도 전체의 대혼란이다. 즉 기원前 2세기에 그리스인의 諸왕이 차례로 침입해서 諸왕조를 세우고 그 후에 사카족(塞族) 파르티안人, 그리고 기원후 1세기 크샤나족(월씨)의 대제국이 구축되었고 이것은 3세기 중반까지 계속되었다. 남인도는 인도인의 안드라帝國이 장기간 힌두문화를 고수 유지했고 또한 크샤나왕조의 카니시카왕처럼 불교를 후원 보호한 왕의 통치도 있었다.

이들을 제외하고 異민족의 지배를 받은 북인도와 서인도의 주민은 약탈과 폭정에 시달렸다. 이 정황은 인도의 대서사시 '마하바라타'의 일부에 전해지고 인도인의 어둡고 비참함이 통절히 서려 있다. 외래 야만인들의 난폭한 행태로 사람들은 증오, 상처, 약탈, 살인, 강도들의 비도에 물들어 버렸다. 이것이 곧 불교의 後五百歲說로 전개되었다. 후 5백세설은 5백년마다 구분해서 正法-像法- 末法-法滅로 불교가 추이하는 설이다.

불교의 敎(가르침)와 行(실천)과 証(깨달음) 속에 이 3개 모두를 구비한 것이고 방법은 정법으로 像法에서는 証이 소멸되고 말법에서는 행까지도 소실되어 敎만이 남아 존재하여 법멸도 모두 완전히 소멸한다는 것이다. 위의 5백년을 천년으로 하는 설도 있고 훗날 말법 돌입이 중국(남북조 말기의 552년)에 번창한 것은 이 사관에 근거한 것이다. 이 당시 외래의 諸민족이 불교 귀의로 전환한 경우도 많았다. 이 시대의 인도는 외래의 권력자로서 카스트제도가 느슨해져 개인의 활동에 자유와 해방이 찾아 왔다.

(2) 출가자는 각각의 부파 내부에 틀어 박혀서 수행과 면학에 정진해 전문가의 색채가 농후하게 되었다. 그들에 귀의해서 보호 지원한 것은 당초의 왕족과 자산가, 상공인들이고 교단에 사원, 굴원, 불탑 등에서부터 精舍와 가람, 토지와 재산 등을 보시했다. 이렇게 해서 승원 소속의 토지는 莊園과 대등해져서 그 諸활동은 과세를 면했고 구성원의 생활은 안정되어 출가자들은 오르지 자기의 완성에 전념했다.

그런 속에서 불교의 교학은 아비다르마로서 체계의 웅대함과 정치로 발전했다. 그러나 이것은 곧 엘리트 전문가의 독점으로 되었다. 이미 석존시대 이래 재가신자는 아침, 저녁의 보시 등을 통해서 출가자와 매일 접촉하며 그 생활을 유지했다.

더욱이 석존 입적 때에 그 유체를 다비해 불사리를 8등분하여 기념한 스투파(불탑)를 세운 것은 모든 각지의 재가신자였다.

스투파는 팔리어로는 투파라고 하고 佛과 聖者의 유골과 유품을 묻은 후에 기와나 토사를 쌓아 올리는 모리形에 담아 올린 기념상(monument)의 일종으로 불탑으로 번역된다. 이것은 불교와 자이나敎에서 기원전 2세기 이후부터 수백년간 번영했다. 불탑으로 최대의 것은 인도 중앙의 산치에 남아 있다. 기원전 2세기에 건립된 대탑을 중심으로 뒷문에 방패와 창문을 주위에 둘러쌓고 거기에는 석존의 전생담과 불전 등을 주제로 한 이야기를 전면에 그려 넣었다. 이슬람의 파괴에도 불구하고 현재까지 60개가 발견되었다.

이들의 파괴된 조각이 다수 발견, 해독되어서 이들의 기증자 및 건립 목적들도 대부분 판명되었다. 스투파는 동남아시아에서는 파고다로 불렀고 석조가 많으며 중국, 한국에서는 탑으로 번역되었다. 스투파 이외에 남부의 데칸高原에 레나(굴원)의 깊은 산속에 있었기 때문에 이슬람의 파괴로부터 피할 수 있었고 2백개 이상이 현존하며 그 속에 약 75%는 불교에 관련된 것이다. 이들은 기원전에 만들어졌고 놀라울 정도로 정교한 것도 많다. 특히 아쟌타와 에로라가 유명하다.

굴원에는 예배당과 승원의 두 종류가 있다. 스투파도 굴원도 건립에 많은 비용이 들어서 자산가인 재가신자들의 기증에 의한 것이 비문과 각문에 새겨져 있다. 부언하면 인도에는 우파니샤드 이래(불교의 등장 이전) 윤회전생의 사상이 넓게 민중에 펴져 있었고 죽은 사람은 7.7 = 49일 이내에 五種 또는 六種의 생명체(중생 또는 有精)에의 무언가로 변해서 태어나 이 세상에 되돌아온다고 믿고 있었다.

스투파의 건축 후에 그 관리 유지 운영은 재가신자가 했다. 율장 팔리律은 불탑에는 전혀 접촉하지 말라고 되어 있고 漢譯의 율은 오종에도 출가자의 불탑 공양을 금지해서 불탑 관계자와 출가교단을 명확히 구분했다. 이렇게 해서 계율에 제약이 없는 자주적인 불탑 운영은 재가자의 자유로운 발상에 따랐다. 예를 들어 일종의 축제가 개최되어 불탑 경제는 번창했다. 드디어 운영도 전문화되어 재가자도 아닌 어떠한 부파에도 속하지 않고 출가도 하지 않은 자들이 일종의 비승비속의 관리자가 등장해서 강력한 활동을 전개했다.

(3) 불교의 확대 보급과 함께 무수의 信者에 호소하고 여러 종류의 문학 활동이 왕성하게 되었다. 이들은 찬불문학과 불전문학으로 나뉘어졌다. 찬불문학에는 팔리小部에 547의 이야기로 이루어진 '자타카'와 35의 이야기를 담은 '챠리야 피타카'가 있다. 이들은 석존(특히 불제자)의 전생을 주제로 당시의 민중에 널리 알려

진 우화와 전승 등에 힌트를 얻은 이야기로 이루어졌다.

그리고 전생에 獻身 또는 捨身이라 했던 최초로 佛教思想史上 타자 구제를 내걸은 다양한 선업을 완수해서 그 業으로 今世에 석존(때로는 불제자)으로 태어난다는 설이다. 이 이야기의 주인공으로는 왕과 선인을 포함한 사람, 사슴, 코끼리, 소, 원숭이나 각종 새들, 신과 특수한 半神 등에 맞추어 민중과 친밀해졌다. 가장 유명한 불전문학으로는 대시인 馬鳴(50~150년경)의 '붓다차리타(佛所行讚)'가 있고 또한 大衆部系 說出世部의 '마하바스투'(大事)는 教義에도 섞여있다. 또 이 2개는 팔리어가 아닌 산스크리트어 의해서 기록되어 있다. 불전은 이들의 경과 중에 유형화되어 八相成道의 이름으로 알려지고 있다. 그것은

① 전생의 석존이 도솔천에 있다.
② 유마부인(생모인 마야)의 오른쪽 겨드랑이에 들어와 모태로 되어서 머문다.
③ 그 오른쪽 겨드랑이에서 탄생 7보를 걷고 오른손을 위로 왼손을 아래로 향해서 '천상천하 유아독존'을 선언했다(팔리어에서는 온 세상에서 나는 가장 뛰어나다.).
④ 출가
⑤ 고행 후와 선정에 깊이 드는 것을 방해해서 유혹하는 악마를 항복시킨다(항마).
⑥ 成道, 붓다로 된다.
⑦ 전법한 가르침을 설한다.
⑧ 입적의 8항목을 말한다.

그 외에 예컨대 32상(후에 80종류가 추가되었다)으로서 머리가 적은 나선형의 머리, 금색의 신체, 손가락을 동그랗게 한 모양 등이 고안되었다. 또한 불타만의 十八不共佛法(不共은 공통의 부정으로 불타만을 의미)은 十力과 大慈를 포함한다.

이상의 것들이 상상력이 풍부하고 참신한 문학자들의 참여에 의해서 불교문학이 자유롭게 창작되었다. 이들은 반드시 불교의 教義에 제약되지 않았다. 물론 교의를 넓혀가는 경우도 있었다. 그러나 동시에 일단 이들의 형식과 틀이 대부분 이들에 고정되었고 같은 종류의 이야기와 작품이 반복되어 나왔다. 여하튼 찬불과 불전의 문학에 따라 붓다에의 관심이 인도의 대중에 다가가 불교신도의 급속한 증대를 유발했다.

또한 석존=석가불의 전생담에서 더 나아가 별도의 명칭을 갖는 佛이 세워졌다. 먼저 1대의 가섭불이 생겼다. 또한 前生으로 소급해 가는 최고의 毘婆尸佛에 해당

하는 '過去七佛' 설도 세워졌다. 이 7의 수는 '리그베다'에서 말한 '7인의 仙人'에서 영향 받은 것이며 혹은 제7불(석가불)을 표현하는 팔리어, 이지 산타마의 단어가 '성인의 上首'의 의미도 있어 그로부터 온 것 일수 있다. 또 가섭불에 따라 일대 앞에 또는 비바시불에서 제5佛에 해당하는 코나가마나(拘那含)佛의 명칭이 아소카왕 비문에 새겨 있어 過去佛 신앙이 오래 되었다는 것을 반증한다.

과거 7불을 주제로 한 經이 창작되었고 한역 單經 여러 종류가 있다. 또한 팔리 '長部'와 한역 '長阿含經'에도 포함되어 있는 '大本經'은 오로지 이 이야기를 설한 것이다. 이 7불은 모두 석가불에 수렴되는 특징이 있다. 이윽고 과거불이 반전해서 미래불이 설해지게 되어 그 불은 '메티이야=마이트레야=미륵'으로 불렀다. 미래불인 이 미륵불은 이미 열반한 석가불의 전생과 같고 현재는 도솔천에 있어서 지상에는 56억5천만년 후에 하생한다고 한다. 그때까지는 불의 호칭이 적합하지 않아 보살에 머물러서 미륵보살이라 이름이 붙여졌다.

現在仏에서 3세로 확대된 佛은 그 시간이라는 관념을 이른바 횡으로 두고 공간적으로도 확대 투영되어 동남서북의 사방에 佛이 세워져 이것이 현재 다방불로 된다. 이 생각은 부파의 일부로 싹터서 특히 진보적인 대승불교는 十方世界 多佛을 설하게 이르렀다. 이렇게 해서 새로운 諸佛의 출현은 석가불을 이탈 대승제불 - 대승불교의 설립을 이끄는 중요한 뿌리의 하나로 되었다. 또한 보수적인 상좌부계는 항상 釋迦一仏을 엄수해서 그것은 현재도 남방불교에서는 변하지 않고 있다.

대승불교의 등장

출가교단에 대해서 이들과는 별도로 혁신적 성격을 띤 諸운동이 오랜 세월에 걸쳐서 인도의 각 지역에 싹터 추진되었고 이어서 이것을 大乘(마하야나)이라고 선언했다. 거기에는 部派 특히 아비다르마 체계의 완성에 열중한 전통보수의 有部(일부는 대승부)로 나아가서 이들로부터 많은 것을 흡수해가면서 그 아비다르마에의 고수에 격한 비판과 비난을 받으면서까지 활동했다. 또한 초기 불교에서 부파까지의 엘리트들이 대부분 자기수행 완성에 열중한 것에 대해서 이미 외래의 이민족 지배에서 바로 해방되는 동시에 또는 스스로의 극심한 타락 끝에 같은 길을 걸었던 자기와 대중의 他者를 발견한 일군의 사람들이 있다.

그들은 서로 협동해서 연대하고 예전에는 생각하지 않았던 自他間의 救濟라는 테마를 심각히 고찰해서 論究하게 되었다. 그 경우에는 자기가 타자를 또는 타자가 자기를 그 고뇌와 비참함에서 이탈시켜서 구제를 행하고 그것을 목표로 혼신의 노력을 기울였다. 때로는 절대적인 힘을 갖춘 구제자를 세워서 신심을 진력한다. 무엇이라 해도 지금까지의 불교 내부에는 그 작은 부분이 극히 일부에서 분간할 수 없는 것에 지나지 않는 이념이 이 대승불교 운동에서 클로즈업되며 확대, 심화되어 일종의 理想에 부응하는 결과로 이 운동은 무성하게 촉진했다. 이어서 대승불교로서 여러 곳에서 분출되었다.

이 추진에는 역시 재가신자의 열렬한 신심과 자유로운 발상이 있었고 또한 경전 창작의 위업을 수행한 것은 部派의 교의를 배운 출가자들이었다. 이들은 무명의 大乘諸佛로 활약해서 諸經典을 만들었고 그 일부는 유명한 諸佛을 구상했다. 혹은 제불에 해당하는 일보 직전에 대승의 諸菩薩이 있고 대승의 제보살은 초기불교에서 부파에 이르는 釋迦一佛과 동류의 釋迦一菩薩(불전의 보살)과는 근본적으로 다르며 예전에 보편화된 이른바 '누구라도(범부) 보살'이었다. 그러나 자기 홀로 갈고 닦는 것이 아닌 확대된 타자 일반에 미치는 것을 항상 목표로 했다.

대승불교의 理念 - 理想의 조건은 대략 다음과 같다.

① 새로운 諸佛과 諸菩薩
② 空의 사상, 그에 관련된 六波羅密, 특히 般若波羅密
③ 구제와 慈悲 널게 말하면 利他. 이와 관련된 서원 그리고 廻向의 새로운 전개
④ 일종의 現世 지향과 동시에 彼岸에의 희구
⑤ 信의 강조
⑥ 三昧의 淨化
⑦ 장대한 우주관
⑧ 자기 마음의 추구
⑨ 방편 즉, 수단의 중시
⑩ 어떤 種의 신비화, 그것에 고래의 전통과 당시의 정황 또는 토착문화의 영향

이상의 하나 또는 여럿을 내걸고 먼저 초기 대승경전이 차츰 등장했다. 흥미로운 것은 각종의 제경전은 출현 당시 대부분 각각 독자적으로 했고 일부의 예외를 제외하고 상호 관련성이 적어 각각 독특한 특징을 갖추었다. 초기 대승경전이 생기면서 부파(특히 有部)에의 강력한 비판, 비난이 있었어도 부파들의 반론은 전무했고 오히려 대승불교측이 독자적 자설의 우월을 강조해서 그것이 반복되어 계속

되었다.

인도에서는 부파가 불교의 전통을 계승해서 저류에서 움직였고 이에 비해 대승불교는 초기 - 중기 - 후기로 위의 (1) - (10)의 후반에 따라 계속 각종의 新사상, 新학설을 내놓아서 불교의 내용을 풍부하게 했고 나가서 世界思想에 크게 공헌했다. 그 속에서 초기 대승경전이 갖추어진 후에 등장한 용수(나가르주나 150~250년경)가 확립한 空의 思想 및 그 論証은 불교 특히, 대승불교를 과시하려는 것으로 일종의 관계주의(특수한 상대주의), 철학적 사색의 클라이맥스를 나타낸다.

그들에 있어서 초기 대승은 정점에 달하기 때문에 4세기 초까지를 중기 불교라고 한다. 이상의 시대를 후대에서 조망해보면 부파와 나란히 초기 대승이 경합하는 것처럼 보였고 인도주의의 최전성기를 형성했다

제3장 후기 불교-대승

대승불교의 중기와 후기

서기 320년경은 마가다에서 일어난 굽타왕조의 창건시기였고 곧이어 全인도를 정복해서 마우리아왕조 이후 통일국가를 이루었다. 이 왕조는 힌두교색이 매우 짙었고 이른바 인도 정통의 종교, 철학, 문학, 예술, 법전 등이 풍부하게 개화해서 인도 고전의 틀을 이루었다. 이들이 강력히 사회에 침투함에 따라서 불교는 급격히 신도 수가 줄면서 세력을 잃어갔기 때문에 이 4세기초 이후를 인도 불교사의 후기라 할 수 있다.

이 시대의 전반에는 中期 大乘이 그리고 7세기 후반에는 密教와 후기 대승들이 그 전체를 통해서 여러 종류의 부파불교가 인도에서 일어났다. 대략 4세기에서 6세기까지의 중기 대승불교에는 그 이전 최성기의 모습이 강렬히 남았고 특히 여래장(佛性)과 唯識과 佛身論의 三身說이라는 3개의 설이 정수처럼 조직되었다.

이들 각각에는 초기 대승에 보여지는 적극적인 외향성은 사라지고 내성적이고 소극적으로 종교 또는 철학으로서 불교 사상의 일종의 정점을 나타내는 높은 수준의 형태를 전개해서 각각의 논술은 체계적으로 진행시켰다.

초기 불교에서는 마음의 중시가 설 되었고, 마음의 본체는 淨이고 또는 마음이 움직여서 일체만물이 전개된다고 주장한다. 이것을 起原으로해서 그 과정에 각각의 설을 중복한 후에 위의 전자로부터 如來藏思想이 후자에서는 唯識說이 창출되었다. 여래장은 불성으로도 부르고 중생(모든 생명체)이 평등하다는 불교의 기본적 입장에서 혹은 인도의 토착사상과 아트만설이 반영되어 '중생은 여래' 혹은 '佛의 소질'을 타고나서 스스로의 내부에 잠재해 있다고 가르치고 있다.

이것은 중기 대승의 經論에 설해진 후 곧 인도에서 소멸되었지만 후대에 밀교가 번창해서 무성히 '卽身成佛'을 설하는 여래장 사상이 그 배경이다. 또한 여래장설은 중국 불교의 긍정적 성격 때문에 대환영을 받아 특별히 중요시되었고 이들의 교학과 실천의 중추를 차지하게 되었다(티베트 불교에서는 여래장설은 결여).

유식은 사람이 뭐라 해도 번뇌를 응시해서 그것을 추구해 갈 때 온갖 對象的 존재를 각자가 갖은 표상에 귀납시켜서 표상의 투영이 외계의 사물에 지나지 않는다는 것을 분명히 한다. 그것은 모든 인식, 의식의 밑에 잠재하는 아라야識에 도달하지만 요가의 실천자인 瑜伽行(요가챠라)派의 요가 체험이 뒷받침되어 일체화 된다.

동시에 唯識說을 선도한 '解深密經'에는 五姓 各別(강고한 차별사상)의 敎義가 있고 불교의 주목되는 평등에 달하기 위해서는 空의 思想에 의한 역전은 필수로 했다. 또 극단적으로 여래장설은 理想을 추구한 보편성에 유식설은 현실에 닥친 개별성에 기울였다(그러나 양자 모두 깨달음에 향한다는 것은 말할 것도 없다). 이와 함께 중국의 고대 사상의 풍습에 극히 세세하게 표현된 여래장은 性善說에, 유식은 性惡說에 해당된다.

유식의 분석이론은 학문에서도 정교함이 높고 그 數學上에서는 곧 인식론, 동시에 그것의 필요성을 충분히 표현해서 전달하는 論理學이 우수한 학자들에 의해 구축되어 발전했다. 그래도 그것은 4세기 이후에 화려하게 전개된 인도 정통철학(이를 六種의 학파로 六派哲學이라고도 함)의 諸현인과의 논쟁도 불가피했지만 이것을 통해서 쌍방 모두 큰 비약을 이루었다.

佛身論(붓다카야, 불의 신체)은 석존의 입적 직후에 일어나 초기 불교부터 중기 불교까지 釋迦佛만으로 착안해서 二身說(색신이라고 하는 육신과 법, 그것을 □로 하고 있는 法身의 두개) 처음부터 끝까지 일관하고 있지만 다수의 대승제불이 등장해 활약하는 장면에서 후술하는 三身의 전개가 설해졌고 특히 유가행파에서 이론화됐다.

7세기 이후의 후기 대승은 일부에 밀교의 방편 중시를 받아들이면서 일찍이 龍樹가 설한 空觀의 재흥이 있었고 中觀派로 부른다. 중관과 유식은 때마침 번창한 인도 정통의 제학파가 뒤섞이어서 다방면에 걸친 논쟁에 큰 비중을 차지했을 뿐 아니라 티베트에 전해져 티베트 불교의 본류로 되어 곧 중관파의 독무대가 되었다.

밀교

옛날부터 인도에서는 呪術과 密儀가 무성했다. 그것은 바라문敎 힌두敎에 많이 유입되어 혼재했다. 그러나 석존이 설한 초기 불교는 이것을 명확히 불식해서 항상 만인에 열린 지적 요소로 가득 찼고 그것은 부파 불교에도 계승되었다. 대승불교의 선구인 이 운동이 광범위하게 민중에 지원되는 초기 당시 민중 속에는 직접 현세의 이익을 찾아서 더욱더 구제를 희망하는 경향이 있었다. 그리고 그것을 억지로 엄격하게 배제한 초기대승의 내부에서 곧 그것은 인도 토착 주술의 활동과 연결되었고 곧 침투되어 그 세는 가속화 되었다.

예컨대 知를 표현하는 비드야 또는 直觀知를 나타내는 프라쥬야(般若로 音寫) 등이 모두 그대로 주술적인 성격을 띠게 되었다. 그래도 대승불교의 넓은 포용성은 이들도 자연히 그 속에 흡수했다. 대승불교가 오래 동안 전승되는 중에 그 教義로부터 독창성도 신성함도 잃어서 점점 정체되었다. 곧이어 교의의 매력은 상대적으로 약체화되고 그와 함께 새롭게 채용된 주술적인 모든 활동이 현재화 되었고 이어서 그것이 독립해서 밀교가 형성됐다. 밀교의 정식 명칭은 산스크리트어에는 존재하지 않고 여러 이름으로 불려졌고 이는 인도에서 밀교의 모습을 말한다. 그러나 연구자들은 이것을 순수밀교로 이름 붙이고 지금의 여러 주술적인 제 요소에는 雜密로 명명해서 명확히 구별했다.

제5부 불교의 思想 변천사

제1장 초기 불교의 思想

초기 불교는 전능의 神을 부정했다. 유대교, 기독교와 이슬람에서 믿는 세계를 창조한 神은 존재하지 않는다고 여겼다. 神들의 존재는 인정했지만 초기 불교는 인간보다 수명이 긴 天上界의 주인에 지나지 않는다고 보았다. 그들은 초능력의 발휘가 가능했지만 결국 태어나 죽어 길을 잃은 자이다. 만약 神을 전능의 존재로 정의한다면 초기 불교는 무신론이다.

神들도 길 잃은 존재에 지나지 않는 이상 神에의 기도 같은 행위에 의해서 인간이 구제된다고 생각하지 않았다. 때문에 힌두교처럼 신들에 제사지내고 원하는 바를 뜻대로 해달라고 하는 행위는 권하지 않았다. 소원을 이루는 방법을 설한 것은 아니고 오히려 자기 자신 스스로의 생각에 지나지 않는가에 눈을 돌렸다.

또한 초기 불교는 인간의 지각을 초월한 우주의 진리와 원리를 논하지 않았기 때문에 노자사상과 같은 道와 일체로 되어 살아가는 것도 설하지 않았다. 주관 객관을 초월하고 언어를 초월한 깨달음의 체험도 일체를 설하지 않았다. 거기에 그치지 않고 우주 원리를 설하지 않은 초기 불교는 우주의 질서에 따른 인간의 본성이 있다고 생각하지 않았다. 인간 속에서 자연적인 본성을 찾아내어 거기에 되돌아가는 설은 없고 인간이라는 개체 존재가 다양한 요소의 집합이라는 것을 분석해 갔다. 이것이 타종교와의 차이이다.

초기 불교는 극락정토의 아미타불도 고난에 처했을 때 날라와 도움을 주러오는 관음보살도 설하지 않았다, 영원히 살아있는 佛도 만다라에서 묘사하고 있는 佛世界도 설하지 않았다. 또한 초기 불교는 수행하지만 논리적으로 모순된 문제에 집중한다든가 또는 단지 좌선만을 한 것은 아니다. 출가자, 재가신자의 장례식을 집행하거나 기도를 하는 것도 아니다. 출가자들의 주술행위도 금지했다.

초기 불교는 이것을 대신해서 '개인의 자율'을 설했다. 초월적 존재로부터 분리된 규범에 의해서 한 사람이 태어나고 한 사람이 죽어가는 자기에 입각해서 원리를 세웠다. 여기에 인생의 불확실성을 정면에서 파악, 자기를 다시 태어나게 하는 '渴望'이라는 충동의 극복을 설했다.

붓다의 인도思想 비판

붓다는 돌연 새로운 사상을 만들어 낸 것이 아니고 당시 쓰던 언어와 개념을 사용해서 가르침을 설했다. 불교의 어휘와 사상에는 당시 他教와 공통된 점이 많이 있기 때문이다. 그리고 이러한 공통점을 근거로 서로의 차이점에 착안해서 불교가 다른教에 어떻게 대처하나를 명확히 했다. 生天 신앙, 즉 천계에서 다시 태어난다는 신앙은 그 전형이다. 바라문교가 제식에 의한 천상계의 재생을 지향한 것에 대해서 불교는 증여(보시), 좋은 습관(戒)에 의해 천상계에의 재생을 설했다.

바라문교와 똑같이 불교는 神들이 사는 천상계를 계층적인 세계로 파악했다. 그러나 바라문교가 브라흐만을 최고神에 놓은 것에 대해서 불교는 브라흐만을 천상계속에서 중간 정도의 위치에 살게 하였고 원래 신들도 인간과 똑같이 영원불변한 것이 아니고 윤회하는 존재에 지나지 않는다고 설했다. 또한 불전에는 보기 드물게 브라흐만을 믿는 바라문 제관을 유머러스하게 야유도 했다.

붓다는 브라흐만神 있는 천상계(梵天界)에의 환생 길을 설한 祭官에 대해서 브라흐만神을 본 자가 있는가 물었다. 3베다에 통달한 제관들 중에서 그리고 옛 제관의 스승들 중에서 브라흐만을 실제로 본 자는 없었다. 또한 없다고 대답한 제관에게 그것은 '나는 아름다운 여성을 좋아하고 있다고 말하면서 그 여성에 대해서 얼굴도, 이름도 모르는 남자 같은 것이다'(長部. 三明經)라고 했다.

그리고 붓다는 제관들이 집행하는 祭式 대신 범천계에 환생하기 위해서 '4梵住'라는 명상을 가르쳤다. 범주라는 것은 '일체'를 자기로서 즉, 일체의 생물을 자기와 똑같이 간주해서 자애(慈), 연민(悲), 즐거움(喜), 평정(捨) 등 무량의 心으로 사방을 가득 채우는 것이다. '무량의 심'이기에 사범주는 사무량심이라고도 했다.

바라문의 우파니샤드 철학에서는 브라흐만에 자기가 합일하는 '범아일여'에 의해서 범천계에 도달하는 것을 설한 것에 대해서도 불교는 '범아일여'도 '일체를 자기로서' 라는 표현으로 계승해서 그것을 '利他의 心'으로 전환했다. 범천계에서 환생한다는 것은 제식에 의해서도 아니고 범아일여에 의해서도 아닌 이타심에의 수양에 의한 것이라고 했다.

또 다른 불전에는 불제자 사리붓다는 범천계에서 환생하는 것을 갈망하는 제관에 4범주를 가르치는 것에 붓다는 사리붓타에게 범천계에 사는 이상 해야 할 것, 예컨대 해탈이 있다는 것을 왜 가르치지 않은지를 넌지시 말했다(中部, 다난샤니경).

이것은 바라문교에 대한 2중의 비판이다. 예컨대, 첫 번째로 제식으로도 범아일여로도 아닌 利他心의 수양에 의해서 범천계에 도달한다고 설하고 있는 것이다.

두 번째로 그 범천계보다도 더 중요한 것이 있다는 비판이다. 불전에서는 제관이 종종 불교의 비판자로 등장, 불교의 출가자들을 '검은 귀신' '대머리'라고 비방했다. 사실 베다의 전통적 가치관을 인정했지만 불교는 종종 유물론과 함께 비판받아 허무주의(nastika)라든가 은둔 유물론자라고 불렸다. 이것은 당시 불교가 유물론에 이어서 이단사상이었다는 것을 나타낸다.

요소론의 해탈사상 수용과 비판

유물론은 존재를 제1요소로 분석하는 사상을 전개했고 자이나교는 고행에 의한 윤회로부터의 해탈을 주장했다. 불교도 이미 존재하고 있는 요소론과 해탈사상을 수용했지만 이들을 다른 사상으로 대체했다. 인간이 제요소의 구성체에 지나지 않는다는 사상을 유물론과 공유하면서 유물론과는 다르게 불교의 '渴望'에 의해서 자기가 다시 태어나는 과정을 설했다.

또한 불교는 윤회로부터 해탈이라는 사상을 자이나교와 공유하면서 자이나교가 설한 고행을 거절하고 해탈하는 '주체'를 인정하지 않았다. 나아가 유물론자와 자이나교도에 대해서 불교는 엄하게 비판을 했다. 불전에서는 신사상을 부르짖는 6인의 육사외도의 가르침을 거절했다(長部, 沙門果經).

이러한 육사외도에서 수행한자들이 회심해서 불교교단으로 출가를 희망하는 경우 불교 측에서는 신중히 처우했다. 4개월간 출가교단에서 함께 생활하면서 그 자가 다른 교를 버렸는지 관찰했다. 그리고 바른 출가생활을 보낸 것이 확인되면 정식출가자로 인정했다. 그 중에서도 불교와 똑같이 해탈을 설한 자이나교를 불전에서 종종 비판했다. 예를 들어 붓다는 고행에 의해서 '業'을 멸하는 자이나교의 사상을 요약한 후에 그 차이를 논했다.(中部, 苦蘊小經)

자이나교의 개조 마하비라는 선정에 친숙한 불교 재가신자의 발언의 모순을 탐구했다. 또한 다른 불전은 마하비라의 사후 자이나교가 두 파로 분열해서 제자들 사이에 살상이 만연한 것은 그 가르침이 해탈에 도움이 되지 않는다는 증거라고 설했다.(長部, 淨信經) 이것이 나형파와 백의파 분열을 가리키고 여기서 자이나교의 분열의 구실로 자이나교는 해탈에 도움이 되지 않는다고 분명히 하고 있다.

이와 같이 불교는 천상계에의 재생을 지향하는 생천론, 인간은 제요소의 집합에 불과하다고 생각하는 요소론, 윤회로부터 해탈을 지향하는 해탈론을 설했다. 그러나 이들은 이미 바라문교, 유물론, 자이나교에서 설했기 때문에 불교 독자적으로 만들어 낸 것이 아니다. 그러나 동시에 불교는 바라문교 유물론과 자이나교에 대해 비판을 전개해서 그들과 다른 生天論, 요소론, 해탈론을 구축했다.

제2장 붓다의 사상

붓다의 깨달음에 이르는 과정을 설한 전승을 成佛傳承이라 하며 각 부파의 '성불전승'이 온전히 남아있지 않지만 전존하는 불전의 대부분은 '4성체', '연기' 또는 '오온육처'의 사상을 인식해서 성불했다고 전승되고 있다.

4聖諦

붓다는 4성체를 인식하는 것에 따라 깨달았다고 하는 것은 불전에서 가장 많이 설명하고 있다. '律의 전승적 기술에도 그러한 4성체의 인식에 의한 성불전승이 있다'고 5부파도 공유하고 있다. 또한 붓다가 '3개의 明知'(tisso vija)을 해탈했다고 하는 법=4아함 중에서 최고의 전형이 성불전승이다. 보리수 아래서 초야에 '제1의 명지'를 한밤에 '제2의 명지' 늦은 밤에 '제3의 명지'를 얻었다고 설하고 있다(中部, 사차카大經).

이 세 개의 명지라는 말은 고대 인도에서는 원래 3베다를 의미한다. 3베다는 바라문교의 성전 '리그베다', '사마베다', '야주르베다'를 가리킨다. 이에 대해 불교에서는 3개의 명지라는 말을 완전히 다른 의미로 바꾸어서 썼다. 제1의 명지를 스스로 과거의 생애를 상기하는 '知 宿命知' 제2의 명지를 살아 생존하는 자들의 '생과 재생의 知 死生知' 제3의 명지를 '번뇌의 멸진知 漏盡知'로 해석하고 있다.

緣起

연기를 인식해서 붓다가 성불했다는 전승도 있다. 대비유경에서는 過去佛 비파신이 12연기를 깨달았고, 城邑經에서는 붓다가 제자들 앞에서 자신이 예전에 12연기를 깨달은 경위를 회상하는 형식을 취했다. 여기서 붓다는 숲속을 헤매는 사람이 옛사람들이 걸었던 길을 발견해서 그 길을 나서서 옛길을 발견한 것처럼 과거불들이 걸었던 옛길을 자신도 발견해서 십지를 깨달았다고 설했다. 이어서 城邑

經에서는 이 옛길이라는 것은 '八聖道'이고 팔성도에 따라 진전해서 연기를 깨달았다고 설하고 있다. 또한 끝에서는 각 연기지의 원인(集), 정지(滅), 道를 인식한다고 설하고 연기를 4성체와 조합해서 나타냈다.

五蘊六處

인간과 이 세계를 구성하고 있는 제요소로부터 향락과 곤란이 생긴다는 것을 인식하고 따라서 이들 제요소로부터 분리되는 것을 알고 붓다로 성불했다는 전승도 있다. 여기서 말하는 제요소는 오온과 육처를 가리킨다(相應部). 이처럼 성불전승에서 설하는 붓다의 깨달음의 내용은 율의 불전 기술에서 설하는 '붓다의 가르침'의 내용과 잘 대응한다. 즉, 4성체, 연기, 오온육처 및 6처와 구조를 공유하는 '12처 18계'는 제부파의 출가교단과 함께 중심적 교리로 자리매김했다.

차제설법

붓다는 어떤 사회적 문화적 전제도 없는 근거로 가르침을 설한 것은 아니다. 당시 死後에 천상계에서 다시 태어나는 것을 염원하는 生天信仰과 모든 생명은 다시 태어나기를 반복한다는 윤회사상이 이미 존재하고 있었고 그것을 전제로 가르침을 설했다(신가라敎誡經, 육방예경이라고도 함). 신가라카라는 사람이 부친의 유언에 따라 동서남북 상하 6개의 방향에 예배를 했다. 바로 거기를 지나던 붓다는 그 예배행위를 미신으로 부정하지 않고 예배를 구실삼아 생활의 지침을 이야기했다.

'4개의 악행', '6개의 재산을 잃는 행위', '4종류의 거짓 친구', '4종류의 선한 친구', 동쪽을 부모, 남쪽을 스승, 서쪽을 처자, 북쪽을 친구, 아래쪽을 노예와 노역인, 위쪽을 행자와 제관에 비교해서 그들의 윤리적 관계를 설했다. 4개의 악행으로는 살생, 도둑질, 허언, 배우자 이외의 자와 성행위이다. 6개의 재물을 잃은 행위로는 음주, 때도 없이 길을 헤매는 것, 도박, 나쁜 친구와 교제, 유흥, 나태 등이다. 붓다는 이를 분리해서 설했지만 이중에 4개의 악행과 음주를 합친 5계가 재가신자들이 지켜야하는 '五戒'이다.

4종류의 나쁜 친구는 주지 않으려는 물건을 취하는 자, 말로만 큰일을 하는 자, 좋은 것도 나쁜 것도 동의하면서 면전에서 칭찬하고 뒤에서 비방하는 감언을 하는 자, 타인을 파멸시키는 자이다. 4종류의 선한 친구는 도움을 주는 자, 고락을 함께 하는 자, 악을 방지하고 올바름으로 이끌어 천상계에서 다시 태어나는 길을 가르치는 자, 연민이 있는 자이다. 이 경전에서는 상대에 따라서 가르침을 설했다.

이처럼 초기 불교는 고대 인도사회의 전제로 사상을 전개했다. 구체적으로 생천신앙의 문맥으로 '증여'와 '습관'을 설하고 業과 윤회의 문맥으로 열 개의 선행과 함께 열 개의 악행을 설했다. 生天이 있고 輪廻가 있고 자신의 행위의 결과는 자신에게 되돌아간다는 자업자득의 논리를 계승해서 덕목을 적극적으로 수용했다. 그러나 불교가 천상계에의 재생과 윤회를 논한 것은 단순한 모방은 아니다.

불교는 재생 즉, 다시 태어난 조건이었던 祭式과 윤회로부터 해탈하는 방법이었던 고행을 불필요한 형태로 파악해 대처 그것을 설했다. 그리고 일관해서 '증여와 자율'을 최선으로 했다. 이와 같은 행위론에서 초기 불교는 당시의 사회사상을 전환시켰다. 사회계급의 전통인 '四姓'을 사회계약론에 의해 재해석하고 위정자의 정통성을 우주적 질서가 아닌 위정자의 행위 자체에서 찾았다.

야사의 출가

바라나시에 자산가의 아들로 야사라는 방탕한 청년이 있었다. 그는 우기에 대저택에서 여자들만으로 연주하는 음악에 취해 외출을 하지 않았다. 어느 한밤에 눈을 뜨자 자신의 시녀들이 눈앞에 있는 것을 보고 비파를 켜고 북을 두드리고 머리를 흩트리고 침을 흘리며 잠꼬대하듯이 중얼거리는 모습에 혐오감이 생겼다. 그가 저택을 나와 녹야원으로 가는 중에 붓다를 만났다.

'아아, 싫다. 아아, 혐오스럽다'고 말한 야사에 대해서 붓다는 '여기는 혐오스런 것은 없다' 답하고 야사를 앉게 했다. 그리고 야사에게 '施. 戒. 生天'을 설하면서 '諸佛의 탁월한 교시인, 4성체를 설명하는 次第說法을 했다.

이것을 들은 야사는 지견이 생겼다. 야사가 집에 없는 것을 안 부친이 야사를 찾아 녹야원의 붓다가 있는 곳까지 왔다. 붓다는 부친에게도 차제설법을 하자 그도 지견이 생겼다. 이렇게 해서 야사의 부친은 삼보에 귀의해서 재가신자가 되었다. 그는 최초로 삼보에 귀의한 재가신자이다. 또한 이것을 들은 야사는 해탈해서 붓다 지도하에 출가했다.

야사의 부친에게 초대된 붓다는 야사를 데리고 그의 집으로 갔다. 그리고 야사의 모친과 그의 처도 만나 차제설법을 했다. 그 2인도 지견했다. 그녀들도 삼보에 귀의해서 재가신자가 되었다. 두 여인이 최초의 여성 재가신자이다. 가족과 친구 등 50인의 가족들이 야사가 출가했다는 것에 호기심을 품고 야사를 만나러 왔다.

붓다가 차제설법을 하자 모두 지견을 얻어 출가해서 더욱 가르침을 듣고 해탈했다. 이렇게 해서 출가자가 많아지고 각지에서 출가자가 유행하게 되었어도 새로운 출가 희망자들은 붓다의 지도하에 출가할 수가 없게 되었고 붓다를 만날 수도 없어 삼보에 귀의하는 것에 의해서 출가를 인정하는 것을 붓다가 정했다.

未信者에게 가르침

인간이 미래에 대해서 품고 있는 관념은 현재의 생존방식을 바꾼다. 경기가 좋을 것으로 믿으면 투자에 편승하고 나쁘다고 믿으면 절약하고 저축한다. 현대는 미래 예측이 때때로 변해도 미래의 관념이 현재의 행위를 좌우한다는 점은 고대나 현대나 큰 차이가 없다. 고대 인도의 베다적 세계관에서는 천상계라는 내세를 믿는 것이 현세에서의 행동을 규정해서 사회규범을 유지했다.

사후 조상영혼들이 사는 천상계에 재생 할 수 있는 것이 가능하다고 믿기 때문에 인간들은 신들에게 공물을 바치는 제식을 행하고 제관에 대가를 지불하는 것이다. 이른바, 生天信仰이다. 이것이 아리안인 사회의 경제를 뒷받침했다. 거꾸로 사후의 세계는 없다고 믿는다면 사회의 규범은 잃어버릴 수 있다. 실제로 붓다와 동시대에 활약했던 유물론자들은 죽어서 인간은 無로 돌아가고 사후의 세계는 없고, 선과 악도 존재하지 않는다고 주장했다.

사후의 세계가 없으면 祭式의 의의도 잃어버리기 때문에 유물론은 아리안인의 신앙을 뿌리부터 뒤엎는 것이다. 이와 같은 상황에서 활동한 붓다는 불교를 믿지 않는 사람들에게 순서에 따라 이야기를 의미하는 차제설법(anupubbi-katha)을 했다. 좋은 집안의 자식 야사에게 세존은 순서 있게 이야기를 했다.

즉, 증여(보시), 습관(계), 천상계(생천론), 여러 가지 쾌락이 주는 위험과 타락, 혼탁 그리고 출가의 공덕을 설명했다. '세존은 야사가 건전한 마음, 유연한 마음, 편견이 없는 마음, 기쁨의 마음, 밝은 마음으로 된 것을 알고 거기서 제불의 탁월한 설법을 설명해갔다. 즉, 과의 원인과 정지의 길이다(律藏, 大品).

여기서는 신자가 아닌 자에 대한 제1단계의 가르침으로 증여(보시), 습관(계), 천상계(생천)와 상대가 더 가르침을 들을 준비가 되어있으면 제2단계의 가르침으로 '고. 원인. 정지, 도' 즉, 4성체 등과 구별하여 설했다. 불교를 알지 못하는 상대에 따라서 가르침을 설한 후에 그것을 듣고 마음이 맑아진 자에게는 불교의 핵심이 되는 '제불의 탁월한 설법'을 설했다. 제1단계의 가르침이 '증여, 습관, 천계'라는 순서로 된 것은 증여, 실천을 실천하는 것에 의해서 천상계에의 재생이 실현되기 때문이다. 미래에 품고 있는 원망을 전제로 해서 증여의 실천과 바른 습관의 정착을 촉진하고 있다.

증여(布施)

증여를 의미하는 원어 다나(dana)는 영어의 기부(donation), 기부자(donor)와 같은 어원이다. 한역 때 보시로 의역했다. 불교가 설한 증여는 주로 출가자에게 식사나 약, 옷 등의 생활용품의 제공을 뜻한다. 보시로 한역한 것은 출가자에게 옷(布)을 준다는 것이 중요한 증여의 하나였기 때문이다. 증여에는 여러 대상이 있지만 해탈한 자, 미래에 해탈이 확정된 자, 특히 증여에 가치를 놓고 행복을 만들어내는 밭(田)에 비유해 福田(punnakhetta)이라고 했다. 밭에 심은 씨앗이 결실을 얻어 수확을 얻는 것처럼 증여의 공덕에 의해서 천상계에 이른다는 것이다.

불전에 의하면 증여는 개인에게 증여와 출가교단에의 증여로 분류했다. 개인에게 증여는 해탈한자와 미래에 해탈이 확정된 자 외에 세속을 떠난 타교의 신자, 좋은 행동약식을 몸에 지니자, 몸에 걸치지 않는 자, 동물 또는 병자에 대한 증여가 있다. 이들의 증여에는 각각의 공덕이 있다는 의미로 증여 자체에 가치가 있다고 인장했다. 출가자가 직접 소유할 수 있는 것은 옷과 목탁에 한정했지만 출가집단은 소유 가능한 폭이 확대되었다.

습관(戒)

불교의 계는 일신교에서 神이 명한 戒 즉, 모세의 십계와 같은 의미는 아니다. 神의 명령에 따른다거나 神에 서약하는 뉘앙스는 전혀 없다. 계의 어원 시라(sila)는 습관을 의미한다. 이에는 좋은 습관도 나쁜 습관도 포함되어 있지만 불교의 계는 좋은 습관을 의미하고 몸에 배여 있는 올바른 행동양식을 가리킨다.

계가 습관을 의미한다는 자체가 중요하다. 재가 신자에게는 5계가 있다. 不살생계, 不유도계, 不사음계, 不망어계, 不음주계 5계이다. 이 중 불음주계 이외에는 타인에 대한 행위이다. 타인에 대한 윤리는 불교에서는 먼저 몸에 배야하는 행동양식이다. 이 4계에 대해서 불음주계는 이유가 다르다. 술을 마시면 취해서 의식이 혼탁해져 올바른 思考에 기초한 생활양식을 유지할 수 없게 되기 때문이다.

행위의 근본인 생각을 바르게 유지, 타자에 대한 언어의 행위를 정확히 하지 않으면 안 되는 것이다. 월 6회 초하루와 보름 등의 재일에 재가신자에게는 8재계를 준수할 것을 권한다. 8재계는 5계의 배우자 이외와는 성행위를 하지 않는 것, 제6은 정오 이후 식사를 하지 않는 것, 제7로 가무, 음악을 듣지 않고 또한 향수, 반지 등으로 몸을 꾸미지 않는 것, 제8로 고급 침상을 쓰지 않는 3계를 합해서 8계로 된다. 재일에는 성적 행위와 금욕을 실천해야 한다.

행위의 의미 전환

초기 불교는 이미 존재하고 있는 윤화사상을 계승해서 독자의 윤회관을 형성했다. 불전에서는 생명을 갖는 윤회하는 존재로서 神들, 인간, 아귀, 동물, 지옥에 살고 있는 자의 다섯 개를 들고 있다. 이것을 '五趣'라고 한다. 후에 아수라를 더해서 '六道'라는 思考가 생겨 동아시아에 정착했다.

불교의 윤회관은 행한 그 언동에 따라서 반드시 자신에게 되돌아온다는 것이다. 언동이 선하면 즐거운 결과(樂果), 나쁘면 고통스런 결과(苦果)를 낳는다. 현세에서 행한 행위는 이생에서 혹은 전생에서 이어 태어나고 그렇지 않으면 그 후에 반드시 결과를 낳는다. 문자 그대로 자업자득의 사상이다(中部, 業分別小經).

아쇼카王 비문에 있는 7종의 법문의 하나에 있는 신체에 의한 행위, 언어에 의한 행위, 뜻에 의한 행위에 대하여 자기와 타자에 대한 선은 락과를 낳고 자기와 타자에 대한 악은 고과를 낳는다고 되어 있다. 그러면 행위의 선악엔 어떠한 기준이 있는가? 불전에서 빈번이 언급하는 선악의 행위로서 십선행도와 십불선도가 거론된다(長部, 結集經).

① 살생하는 것	② 주려하지 않는 것을 취하는 것
③ 성적 쾌락의 잘못된 행위	④ 허언
⑤ 중상하는 말	⑥ 난폭한 말
⑦ 경박한 잡담	⑧ 욕구
⑨ 사악한 생각	⑩ 잘못된 견해

意思로서의 행위

불교의 이러한 윤회사상은 선행하는 윤회사상을 계승하는 것이고 선악의 기준도 고대 인도사회에서 널리 인정된 도덕과 큰 차이는 없다. 그러면 불교의 독자성은 어디에 있는가? 윤회사상의 핵심이 되는 행위(karman), 業의 의미를 크게 전환한 점이다. 불전은 행위를 意思(cetana)로 정의한다.

'나는 의사를 행위로 설했다. 생각에서부터 신체, 언어, 뜻에 의해 행위를 낳는다고 붓다는 설했다.'(洞察經).

한역, 티벳어역 산스크리트어에는 미묘한 차이가 있으나 意思라는 행위와 의사에 기초한 신체행위, 언어행위로 분류하지만 신체를 움직이고 언어를 발설하는 내발적인 원동력에 의해서 행동이 일어난다고 하는 것은 공통점이다. 이 행위론은 행위의 선악을 다른 각도로 설명해간다. 즉, 행위의 선악은 입으로 발하는 언어로서 혹은 신체의 작동으로 발현하는 의사에 의해서 결정된다고 한다.

불교는 행위의 원동력으로 의사에 초점을 맞추는 것에 의해 의사에 기초한 논리를 세운 것이다. 의사를 핵심으로 행위론을 세운 것은 불교가 생명의 범위를 인간과 동물에 머무르고 식물에 확대하지 않았다는 것을 뒷받침한다. 인간과 동물에는 의사가 있다는 것에 대해 식물에는 의사가 없다고 생각했기 때문이다. 의사가 없으면 행위를 하는 것도 없기 때문에 식물은 윤회하지 않고 생명이 없는 것으로 여겼다. 또한 불교는 의사의 자발성을 부정하는 견해를 인정하지 않았다.

불교는 '모든 것이 전세에서 행한 것을 원인으로 한다.'고 하는 운명론, '모든 것이 主宰神에 의해 창조를 원인으로 한다.' 라는 주재신론, 모든 '원인도 없고 조건도 없다'라는 우연론을 거절했다. 이들 설의 입장은 모든 행위가 운명이 되고 주재신이 되고 우연의 산물로 되어 버렸기 때문이다. 이처럼 의사의 자유가 없는 곳에서는 행위의 선악은 성립되지 않고 필연적으로 논리는 부정되어 버린다.

이렇게 해서 불교는 자업자득론을 의사의 자유론을 인정하여서 그 뒷받침을 확고히 했다. 나쁜 행위를 신체행위, 언어행위, 心的행위로서 발동해 십악행을 행하면 장래 반드시 苦에 빠지는 것에 대해 선한 의사를 신체행위, 언어행위, 심적 행위로 발동해서 선행을 행한다면 반드시 즐거움을 받는다(意思經).

이 의사에 기초한 선악의 행위론, 바꾸어 말하면 의사라는 행위의 원동력이 살인, 허언 등의 행위에 따라 외부에 발휘되어도 그것은 苦로 되돌아온다. 그 인식 위에서 자신을 규율하고 살생과 허언 등을 하지 않으며(십선행) 자신에 즐거움을 낳는다는 것이다. 그 윤리적 귀결로서 자신의 마음을 바르게 하는 것에 의해서 자신의 행위를 바르게 하는 것이 추구되었다.

그것은 어디까지나 자신이 자신의 행위를 규율하는 것이기 때문에 공동체의 질서에 따른다든가 神의 명령에 따르는 他律은 없다. 그처럼 외부의 규범을 받는 것이 아니고 의사의 발현으로서 타자에 미치는 행동이 자기로 되돌아오는 결과에 기초한다는 점에서 자신이 만들은 규범이다. 이렇게 해서 초기 불교는 '자율'이라는 윤리적 지침을 낳았다. 뿐만 아니라 현실과는 별도로 그것은 지연, 혈연에서 분리되어 '개인의 자율'을 실현하는 행동원리였다.

사회계약론

바라문교의 창조신화에서는 최고신 브라흐만으로부터 四姓이 생겼다고 설했기 때문에 '四姓神授說'로 부르는 것에 대해 불교는 4성이 인간에 의해 만들어진 것이라는 일종의 '사회계약론'을 설했다. 이 불교적 사회계약론을 상세히 설한 것이 '起源經'이다. 이 경은 세계의 시작에 대해서 이야기하는 형식을 취하면서 집, 가축, 토지 소유와 사회제도 등이 어떻게 시작되었나를 논하고 비판하는 정신으로 가득 차 있다. 이는 제부파에 전승되었고 공통의 내용을 정리했다.

祭官가문 출신으로 출가한 바세타라는 제자가 제관들을 매도하며 '제관이야말로 최상이고, 다른 자들은 열등하다.'고 말했다. 그것을 들은 붓다가 바세타에 대해 4성에 대해서 설했다. 왕족이라도, 제관이라도, 서민이라도, 노예라도 일부는 살생과 만행 등의 십악행을 행하고 일부는 십선행을 행한다. 이 세상에서 최고의 자는 제관이 아니고 해탈한 자이라고, 그렇게 설했다.

개인의 자율에 기초한 세계

반복하지만 불교행위론의 특징은 '개인의 자율'에 있다. 욕망을 쫓아서 타자를 살상하는 한 그것은 타율적인 삶이다. 욕망에 뒤틀리지 않고 자신이 자신을 규율하는 것이야말로 바른 의사에 의한 바른 행위가 실현된다. 동시에 불교는 유물론에서 기초한 도덕부정론을 거절했다. 고대사회에서 죽음에 의해 인간은 무로 돌아가서 사후의 세계는 없다는 생각에서 윤리보다도 눈앞의 이익이 우선시되어 힘이 강한 자가 약자를 착취하는 세계로 되어버렸다. 불교를 포함 고대 인도사회에서는 이와 같은 약육강식을 '魚의 법칙'이라 불렀다.

생존의 문제

초기 불교의 사상적 근간인 四聖諦, 연기, 오온, 6처에 공통되는 것은 '나는 어디서 와서 어디로 가는가?' 하는 생존을 둘러싼 문제였다. 나의 생은 어떻게 성립되었는가?라는 점에서는 '渴望'에 의해서 생존이 이루어진다는 것은 이미 언급했다. 또한 나의 생은 어떻게 되는가? 라는 점에서는 만들어진 생에 확실한 근거는 아무것이 없어도 생존이 항상 위험한 상태(苦)에 있다는 것을 제시했다.

당시 바라문敎의 우파니샤드철학은 자기(atman)기 우주원리 브리흐만과 일치하는 것을(범아일여) 설했다. 이 아트만이라는 말은 우리들이 일상 쓰는 '자신', '자기'를 의미하는 것과 함께 '魂'과 주체를 함의한다. 바라문敎는 이 개념에 의해서 인식주체, 행위주체, 윤회주체, 해탈주체를 가리켰다.

한편, 윤회를 인정하지 않는 유물론은 그러한 주체를 인정하지 않았다. 인간은 제요소로 환원되기 때문에 거기에 귀신같은 존재는 인정하지 않았고 당연 사후의 세계도 존재하지 않는다고 생각했다. 주체의 존재를 둘러싸고 바라문과 유믈론은 정면으로 대립했다.

불가분한 제교설(12지연기)

4성체, 연기, 오온, 육처를 이해하기 위해 가장 중요한 것은 이들이 각각 별개의 가르침이 아니고 어느 하나로 떼어낼 수 없는 관계에 있다는 점이다. 四聖諦라는 것은 고귀한자(성자)들에 의한 4개의 진실을 의미한다. 제1의 고(고성체), 제2의 고의 원인(고집성체), 제3의 고의 정지(고멸성체), 제4의 고의 정지로 이끄는 길(고멸도성체)인 4개의 진실로 이루어진다.

모든 살아 있는 것은 苦를 피할 수 없다. 그것을 깨달은 후에 그 원인과 극복방법을 나타내는 가르침이다. 한편 연기라는 것은 원인에 의해서 생기는 것(依存生起)을 의미한다. 생이 고통에 이르는 것은 왜인가? 그 원인을 찾아내서 인과관계를 나타낸 가르침이다. 불전에는 12지연기, 5지연기, 9지연기, 10지 연기 등 다양한 연기설이 설해지고 있다. 12지 연기는 다음과 같다.

① 늙어 죽음(老死)	② 탄생(生)
③ 생존(有)	④ 집착(取)
⑤ 갈망(愛)	⑥ 감수(受)
⑦ 접촉(觸)	⑧ 6개의 인식기관(6處)
⑨ 명과 자(名色)	⑩ 인식(識)
⑪ 제형성작용(行)	⑫ 무지(無明)

①~⑤까지를 5지연기, ①~⑧까지를 8지연기, ⑧을 제외한 ①~⑩까지 9지연기 ①~⑩까지가 10지연기이다.

연기서 5지연기는 갈망을 원인으로 해서 최종적인 탄생과 늙어죽는 고통에 이르는 인과관계를 설한 연기설이다. 이 5지연기는 4성체와 내용이 대응하고 있는 점이 주목된다. 4성체 의하면 생의 고통의 원인은 '다시 생존으로 이끄는 갈망이다.'

따라서 갈망 → 다시 생존 → 탄생 → 늙음 → 죽음이라는(고) 인과관계를 나타내는 것이다. 한편 5지연기는 갈망→ 집착→ 탄생 →늙고 죽는 고통이라는 인과관계를 설한 것이고 갈망으로부터 생존이 성립한 과정을 나타낸다. 4성체와 5지연기는 모두 '갈망'이 바로 고통의 시작이라는 인과관계를 나타내고 있는 점에서 같은 내용을 갖고 있다.

초기 불교는 니르바나, 삼법인, 중도, 4체 8정도 등의 원형에 설해지는 것처럼 실천과 연결된 교설에 집중했다. 이윽고 이들의 실천의 이론화가 추진되는 과정에서

緣起와 法의 논의가 대두해서 이들은 혼합과 융화를 계속, 초기 경전에는 실로 다수의 연기설이 다종 다채로이 설해졌고 매우 복잡한 형태로 구전되어 왔다. 이것을 수집하고 정비, 편집해서 확정한 제부파의 학승들은 순관 - 역관도 준비해서 가장 정연한 12연기설을 채용해 그 이후 불교에는 오직 12인연의 정형이 계승되었다.

주체의 부재

불교는 신들과 인간과 동물 등의 태어나고 죽는 개체를 가리키는 경우 '존재(sattva)라는 표현을 썼다. 한역의 衆生, 有情이다. 불교에서는 개체존재로 윤회하는 주체로서의 '자기'를 인정하지 않았다. 개체의 존재는 인식기관의 뭉치(6처)로서 또는 신체와 제능력의 발휘로(5온) 이해되었다. 먼저 6처는 우리들의 인식작용이 무엇에 의해서 생겨난 것인가를 설했다.

시각기관 눈(cakkhu), 청각기관 귀(srotra), 취각기관 코(ghrana), 미각기관 설(jihva), 촉각기관 身(kaya), 마음인 意(manas)의 집합이라고 설했다. 이 6개의 인식기관을 器官을 의미하는 '근'(indriya)이라는 말을 사용해서 '六根'이라고도 했다.

요컨대 6개의 인식기관이다. 이 6개의 인식기관이 6처로도 불렸다. 처(ayatana)라는 말은 근거를 의미하고 6개의 근거를 의미한다. 눈의 대상인 색(rupa), 귀의 대상인 성(sabda), 코의 대상인 향(gandha), 혀의 대상인 미(rasa), 몸의 대상인 촉(sparsa), 意의 대상인 법(dharma), 이들 6개의 인식기관과 6개의 인식대상을 합해서 12처라 한다. 또 12처를 6개의 인식기관을 6내처로 6개의 인식대상을 6외처로 분류한다. 불교에서는 이 양자의 관계를 넘어서 우리들의 인식이 생기는 것은 아니라고 여겼다.

오늘날 최첨단의 우주물리학에서도 우주에 대한 데이터는 인간의 지각을 통하지 않으면 얻을 수 없다. 그런 의미로 인간은 12처를 떠나서 세계를 인식할 수 없다. 불교는 12처를 '一切'로 부르고 그것을 떠나서 다른 일체를 설하면 그것은 근거 없는 말이라고 설했다. 12처의 외부 즉, 神과 같은 초월적인 존재를 설한 것은 불교에서는 근거 없는 언설에 불과하다. 이 12처를 토대로 인식(식, vijnana)의 형태를 6종으로 분류할 수 있다. 안식, 이식, 비식, 설식, 신식, 의식이 있다. 12처와 6개의 인식형태를 구성요소를 뜻하는 界(dhatu)와 조합해서 18개의 구성요소를 의미하는 18계라고 불렀다. 불전에서는 12처와 똑같이 18계도 '일체'로 불렀다. 12처

18계를 떠나서 근거 있는 언설은 성립하지 않는다.

유물론과의 차이

초기불교가 설한 '渴望이 있는 한, 생존이 더욱더 작용한다.'라는 인과관계는 바라문教에서는 '욕망 → 제식행위 →천상계에의 재생' 이라는 점에서 인과관계를 설했다. 우파니샤드철학에서는 제식을 집행하는 동기로서 욕망이 자리매김 되었다. 욕망(kama)에 따라 목표(katu)가 생기고 행위의 결과(phalark)가 생긴다고 설했다. 윤회로부터 해탈을 지향하는 자이나교에서도 인과의 연쇄에 의해서 재생이 일어난다고 설했다. 자이나교의 성전 아야라가타수타(ayaranga sutta)에서는 분노를 원인으로 해서 망집 등이 생겨서 죽음으로 향하고 지옥과 축생으로 재생한다는 苦에 이르는 인과관계가 설해졌다.

바라문教와 자이나教가 설한 인과관계는 불교의 4성체 연기설에 비해 욕망과 집착을 원인으로 해서 재생을 얻는 과정이 그려있다. 이 욕망이 생존을 만들어 낸다는 사상이 유물론과 결정적으로 다르다. 유물론에서는 인간은 제요소의 집합에 불과하다. 사후에 재생하는가? 어떤가는 있을 수 없다. 그러나 유물론자가 머릿속에서 주체는 존재하지 않는다고 생각하면 실제의 사회 속에서 생의 본능, 죽음에의 본능 등을 정지할 수 없다.

고대 인도에서는 인간들이 사후에 천상계에 재생하는 것을 염원해서 제식을 행했기에 욕망이 생존 작용이라는 원인론은 머릿속의 생각이 아니고 현실을 움직였던 생각이었다. 이것이 고대 인도사회에서 현실 사회질서를 뒷받침했다. 사후에 천상계에의 재생으로 향한 갈망이 원동력으로 작동한다는 생존방식을 비판적으로 밝힌 점에서 불교는 유물론과 결별했다.

주체의 부재와 자기의 재생

4성체와 5지연기가 공통하는 구조는 (1)생존이이 苦로 귀결하는 과정 (2)생존이 갈망에 따라 일어나는 과정이라는 생존 관련된 2개의 과정을 명확히 하고 있는 점이다. 전자는 오온육처와 결합되어 설명되었고 후자는 윤회적 생존의 연속을 설명해 밝혔다. 먼저 (1)에 대해서 생존은 항상 위험한 상태이다. 생각하지 않는 곳에서부터 통제할 수 없는 상태에 빠지고 일상에서 자명했다고 생각하는 것이 뒤집힌다.

이와 같은 상태는 잠재적으로 계속되고 있다. 많은 사람들이 안정되고 있다고 생각해도 어떤 시초로 표면화 된다. 따라서 이 과정에서는 인식주체, 행위주체, 윤회주체로서의 자기의 존재를 인정할 수 없다. 자기는 제요소의 집합에 지나지 않는다. 제 요소를 통일하는 주체 등이 없기 때문이다. 이 의미로 주체의 부재를 설했다. (2)에 대해 생존 그 자체는 반복해서 '자기를 만들어 내는 것에 의해 성립한다.'

미래를 향해 노력하면 보다 좋은 세계가 열리는 것이고 나태하면 상태는 점점 악화된다. 좋은 방향이 있고 나쁜 방향이 있고 이와 같이 차차로 새로운 자기를 만들어내는 것에 의해 생존을 유지하기 위해 생존을 유지한다는 무한의 반복에 빠진다. 이 과정에서 갈망이 있는 한 집착이 일어나고 생존이 반복한다. 제요소의 집합에 지나지 않는 비주체적인 생존을 가정해 '자기'로 부른다면 불교는 자기의 재생산을 더했다고 할 수 있고 주체의 부재, 자기 재생산, 이 2개가 4성체와 연기와 공통되는 구조이다.

비유비무 불상부단의 중도

주체로서의 자기부재와 제요소로서의 자기 재생산아라는 생존 형태를 명확히 하여 불교는 고대 인도사회에서 그때까지 없었던 새로운 사상을 내놓았다. 그것은 유물론과 같은 윤회의 주체를 인정하지 않았고 윤회의 주체를 조정하는 바라문敎, 자이나敎와 일선을 긋고 있다. 한편, 바라문교와 자이나교도 똑같이 욕망이 재생을 갖다 준다는 과정을 나타내서 단순히 주체를 부정한 유물을 거부했다.

불전에 의하면 붓다는 바차고타라는 편력행자에게서 '자기는 존재하지 않는 것인가?' 질문을 받자 침묵했다고 한다. 바차고타가 사라진 후 아난다가 왜 답하지 않았냐고 묻자 붓다는 이렇게 답했다.

"아난다야, 만약 내가 자기는 존재한다고 답했다면 그것은 그 영원을 설한 제관들의 편이 되는 것이다. 또한 자기는 존재하지 않는다고 답하면 그것은 그 단멸을 설한 제관편이 된다(상응부, 아난다經)."

여기서 자기가 존재한다는 견해를 거절한 것은 주체로서의 자기의 존재를 인정하지 않았기 때문이다. 한편, 자기가 존재하지 않는다는 견해를 거절한 것은 사후에 無로 돌아간다고 생각하며 자기의 재생산이라는 과정을 간과해 버리기 때문이다. 12지연기를 설한 불전에서는 '존재한다와 존재하지 않는다.'의 양쪽을 거절했다.

일체가 존재한다는(有)라는 견해는 하나의 극단이고 일체가 존재하지 않는다(無)라는 견해도 또 하나의 극단이며 그 양쪽을 거절한 '中'에 의한 가르침이 12지연기였다고 설했다. 이것을 비유비무의 중도라고 불렀다.

다른 불전은 행위자와 행위의 결과(業果)의 받음이 동일하다는 견해를 영원히 자기가 있다고 생각하는 오류(常住論)에 빠져서 거절하는 동시에 행위자와 행위의 결과의 믿음이 다르다는 견해를 행위자와 행위의 결과의 상속을 부정하는 오류(斷滅論)에 빠져 거절했다. 이들의 견해를 떠나 '中'에 의한 가르침이 12지연기다.

이것을 불상부단의 중도로 부른다. 이처럼 연기설 입장에서 '무지와 갈망이 있는 한', '자기의 재생산'을 정지하면 자기를 멸하기 때문에 자기가 존재하는 것은 아니다. 12지연기는 바라문교와 자이나교의 윤회사상과 유물론과 조합된 복합적인 사고에 의해서 양자를 비판하는 것으로 불교의 입장을 잘 상징했다.

재생산의 역사

인간은 유전자의 자기 복제에 의해 種을 증식하는 생물학에 머무르지 않고 언어에 의해 질서를 형성하는 사회적 존재이다, 인간사회의 질서가 정비되어감에 따라 자신도 생명 형성과 밀착하면서 인간은 스스로가 만들어 놓은 질서 아래서 자연과 생명 나아가 인간 자신을 다시 만들어 왔다. 수렵채집사회에서 농경목축사회로 이행되면서 동물을 기르고 식물을 심었다.

농경목축이 확대되면 될수록 삼림이 사라지고 생태계가 일변했다. 가축과 재배식물은 인간의 손에 의해서 분류 선택되어 서서히 유전자가 다시 바뀌어 진전했다. 약 1만년전의 일이다. 이러한 농경목축사회의 질서에서는 인간 자신도 자연상태로 자란 것은 아니고 질서 속에서 역할을 몸에 익히면서 성장했다.

농사가 시작되면 농지에서 일하는 노동자 있고 농지를 지키는 전사도 있었다. 계절의 주기를 파악해서 시간을 담당하는 제관도 있다. 수렵채집시대에는 없었던 역할분담이 새롭게 생겨났다. 그것이 부친에서 자식으로 이어져 내려왔다. 여기서 일어난 것은 동물에게도 인간에게도 단순한 자연의 사이클이 아니다. 인간에 의한 동물의 가축화와 식물재배를 동식물의 재생산이라 하면 사회적 역할 분담에 따라서 인간을 낳아 기르는 것은 '인간 재생산'이라 할 수 있다.

이를 토대로 해서 혹은 그와 연동해서 자기의 재생산이 시작되었다. 인간은 소유한 농작물을 소비하지 않고 미래를 위해 비축 가축과 재산을 증식하는데 힘쓴다. 가을의 수확에 대비해서 봄에 씨앗을 뿌리는 것처럼 사후의 재생산을 준비해서 제식을 행하고 제식 준비와 여러 의무에 진력한다. 미래의 가치를 위해 현재 행동한다고 하는 새로운 행동양식이 생겨났다. 이렇게 해서 '자기의 재생산□이 사회의 기조로 되었다.

자기를 만들어 내다

원래 유목민이었던 아리안인은 종마를 골라 번식하는 기술을 갖고 인위적으로 동물을 재생했다. 후에 농사를 시작하면서 식물의 재생산도 했다. 그리고 四姓이라는 사회모델도 만들었다. 4성은 제관, 무인, 서민, 노예라는 역할 분담에 따른 재생산에 지나지 않는다. 이 사회 속에서 인간은 야생으로 길러진 것이 아니고 질서로 구별된 역할 분담 속에서 태어나 성장한 것이다.

貪(열망), 瞋(증오), 痴(착오)의 3독

불교가 궁극적 목표로 하는 열반이라는 것은 정확히 일체의 형성 작용의 정지를 의미한다. 행위(업)에 의해서 생사를 반복하는 此岸을 떠나 자기 재생산을 정지한 彼岸에 이르는 것이 열반이다. 열반(nirvana)이라는 말은 '소멸한다'는 의미이다. 불(火)이 사라지는 것처럼 멸이 어둠을 전제로 하고 있는 것은 바라문교에서 행하는 제식의 祭火에 불과하다. 이 제화가 바로 자손의 번영과 천상계에의 재생에 대한 갈망의 상징이고 열반이라는 것은 그 갈망의 불이 사라지는 것을 함의하고 있다. 열반은 3독이라는 탐, 진. 치의 소멸로도 정의한다.

4성체에서 苦의 정지

고의 정지는 열반에 해당되고 불전에서도 해탈로 바꾸어 말하고 있다. 고의 정지와 열반의 해탈은 동의어였다. 초기 불교가 지향한 것은 '주체의 부재' 혹은 '생존의 위기'라는 시점에서 자기의 재생산을 비판적으로 파악한 불교는 궁극의 목표로서 '자기의 재생산'으로부터 해방(해탈)을 내세웠다. 즉 자기재생산의 정지였다. 나의 마음의 해탈은 흔들림이 없다. 이것이 최후의 생이다. 다시 생존은 없다고 선언했다. 붓다의 생이라는 것은 자기의 재생산을 정지한 재생 없는 생이었다. 재생 없는 생이라는 것은 어떠한 생인가? 4성체에서 고의 정지語로 거론되는 해탈(moksa, vimukti)은 속박으로부터 해방되는 것을 뜻하는 언어이다. 불전에서는 해탈의 동의어로 생존의 속박이 완전히 소멸했다는 표현이 자주 나온다.

붓다가 얻은 3개의 명지 중 제3의 명지에서는 최종적으로 4성체를 인식하는 것에 의해서 쾌락, 생존, 무지로부터 해방된다고 설했다. 이와 같은 지, 이와 같은 견에 그것이 나에게는 쾌락의 영향 아래서도 마음이 해방되었고 생존의 영향 아래서 해방되었고 무지의 영향에서도 해방되었을 때 해방되었다는 인식이 생겼다. 태어나는 것을 다했다. 금욕적 수행생활은 나에게 끝났다. 해야 할 것이 없이 마쳤다. 이 상태보다 다른 생존이 없다고 알았다고 붓다는 해탈의 경험을 설했다(中部, 사차카大經).

제3장 경전 성립 전후의 사상

불타 입멸 후 약 200년경 아쇼카王 당시에 많은 '經'과 '律'의 텍스트가 여러 형태로 존재했지만 部派에 의한 전승이 달라 내용도 일정하지 않았다. '단마파타'(法句經), '숫타니파타'(集經), '우다나'(自說經)', '이티웃타카'(如是說) 등도 아직 편집되지 않았고 그 중에 각 詩句와 章節이 吟誦되었다. 팔리語의 '장부', '중부', '상응부', '증지부' 등 漢譯 '장아함', '중아함', '잡아함', '증일아함'의 집성은 아쇼카王 시대에는 아직 성립되지 않았다.

四阿含의 각 경전은 기본적으로 어디서 누가 붓다와 만나 무엇을 말했다는 것을 설명한 것이고 여러 사람이 찾아와서 붓다와 대화를 나누며 붓다가 설법을 하는 형태를 수록한 것이다. 長阿含은 열반경을 포함 30편의 경전을 합해서 만들었다.

내용면에는 사체 팔정도 십이인연, 삼십 칠보리 등과 같은 공식적 견해 외에 많은 소수 의견이 함께 병행되었다. 부파별로 정리 통합해서 현재와 같은 경전을 수록하기까지에는 수세기의 시간이 필요했다. 여기서 아쇼카王을 기점으로 '불교 經典 이전의 불교'을 정하게 되었다.

아쇼카왕 시대에는 상가 중에서도 정통파의 경전이 확립되지 않았고 붓다의 所說은 다양한 형태로 전승되었다. 곧이어 상가의 권위와 함께 몇 개의 부파별로 경전이 편집되었다. 그 과정에서 각각의 입장에서 취사선택하여 부적절한 것을 가려내었다. 이처럼 수세기에 걸친 끝에 현존 경전의 원형이 성립된 것이다.

이렇게 해서 정통파 경전 중에 비정통적인 교설이 남게 되었다. '경전 성립 이전의 불교'를 설정한 자료는 그 비정통 속에 보여진다. 예컨대 재가신자에 대한 설법도 한 종류이다. 출가, 상가의 냉정함, 혹은 냉담함과는 대조적으로 자애를 선행시켜 개인의 해탈보다도 타자에의 봉사를 우선시하면 여기에 불타의 진면목을 볼 수 없다. 이것은 아래의 3개에서 확인될 수 있다.

⑴ 불타는 모든 사람의 구제를 목표로 늘 자애를 갖고 사람을 대했다. 과거의 많은 생애에서 보살로 자기를 희생하기 때문에 현재 불타로 될 수 있다.
⑵ 아쇼카王의 비문에는 년대의 확실한 자료가 있어 당시 불교의 사정을 전하

고 있다.

(3) 大乘의 구제 사상은 반드시 후세에 발명한 것이 아니고 '경전 성립 이전의 불교' 속에 이미 그 기원을 볼 수 있다.

초기 대승경전은 기원 전후에 성립했다. 부파불교의 경전을 이들의 관점에서 보면 불타와 그의 직제자들의 가르침은 '경전 성립 이전'의 수세기에 걸쳐 출가교단 부파별로 정리 편집되었고, 다른 한편으로는 재가자와 출가자와의 협력에 따라 초기 대승경전의 원형이 성립해 기원 전후까지 일단의 형태를 정비했다. 주류파의 교리는 아니었지만 저류의 하나로서 후세까지 전해지는 思想의 일례로 '六界說'이 있다.

多界經과 六界經

불교의 통일적 견해에서 '界'(dhatu)라는 말은 인간을 구성하는 18의 요소(十八界)로 설명된다. '眼'이라는 감각기관의 대상이 '色'이고 그 결합을 '眼識'으로 파악한다. 안과 같이 '耳', '鼻', '舌', '身', '意'에 대해서 '聲', '香', '未', '所触', '概念'과 耳識 혹은 意識이 있어 18계로 부른다. 이외에도 '계'의 쓰임으로 이름 붙인 것이 합계 62도 있다. 그중에서 주목되는 것이 '六界'의 설로 '六界經'이 있다. 육계경의 설명에 의하면 우리 인간의 육체는 地, 水, 火, 風의 4계로 이루어졌고 그것이 존재하는 장소가 空界이고 이것에 의식이 추가돼 모태로부터 태어난다는 것이다.

바꾸어 말하면 識界는 인간 주체를 구성해서 윤회의 주체로 되는 것이다. 이 思考방식은 자이나教 설과 유사해 불타시대의 일반적 풍조라는 인식에서 세존이 이 설을 설법에 인용한 것은 결코 부자연스런 것은 아니다. 육계경은 세존이 처음 대면한 제자 풋크사티에 설법한 것으로 육계설을 導入部로 해탈에의 길을 명확히 하였다. 육계설은 일반적으로 불교의 정통설로 인정된 것은 아니지만 '大毘婆沙論' 제75권과 '俱舍論' 제2권에서도 취급하고 있고 '瑜伽師地論' 제96권에서도 다시 논하고 있다.

四攝事

富豪 하스타카는 재가불자이면서 '사섭사'을 실천하고 '四無量'을 행했다. 그때문에 세존으로부터 칭찬 받았다. 사섭사는 사람과 사귈 때 사람에 사랑받는 법이다. 보시, 친절한 이야기, 利行, 상대의 입장에서 하는 행동(同事)의 4가지이다. 상인이 직업상 사람과 접촉하는 것에 필요한 처세술의 기원이라 할 수 있다.

설유부설의 '集異門足論' 제9권은 하스타카의 예를 들어 사섭사를 해설했다. 이처럼 보시는 시주가 출가자와 빈곤자에게 의식주를 제공하는 것이고 法施가 최고의 보시이다. 利行은 병과 재액으로 고통 받는 사람을 구제하는 것이지만 바른 생활로 이끄는 것이 최고의 이행이다. 同事는 자신의 악행으로 고민하는 사람을 구제하는 것이고 불도의 수행에서 전진하라고 격려하는 것이 최고이다. 기타 소승, 대승을 불문하고 많은 경과 논에 단지 '사섭사'로 또한 4개의 명목을 게재해서 설한다. 불교 모두에서 중요한 덕목이다.

四無量

똑같이 하스타카가 실행한 四無量도 불교 전체를 통해서 중요한 덕목이 되었다. 이미 하스타카에게 '四無量'은 정신통일(三昧)의 수행 방법이었다.

'慈'는 타인의 행복을 바라는 마음이다. 여기서 마음을 집중해서 그 대상을 무한히 넓힌다. '悲'는 타인을 불행으로부터 구제하는 마음이다. '喜'는 타인의 행복을 보고 만족하는 것이고 '捨'는 그것에 집착하지 않는다는 것이다.

이 四宗의 心을 무한히 확대하고 실습한 점에서 '무량'으로 이름 붙였다. 이 '사무량'은 '아함'에서도 종종 설명하고 있고 부파불교의 아비달마(Abhidharma) 논서에서도 복잡하게 이론이 전개되었다. 특히 심리학적 번잡스러움을 고찰해서 說一切有部의 내부에서도 異說을 낳았다. 그리고 또한 왜 '無量'으로 이름 붙였는가라는 점에도 '무량의 유정을 대상으로 하기 때문'이라는 이유 외에 '무량의 선법을 낳기 때문'에 사무량의 뛰어난 결과를 초래하기 때문이라는 이유를 부가했다. 그러나 대승에서는 사무량을 체험적으로 깊게 파내 각각 3단계로 나눠서 고찰하게 된다.

慈의 제1단계는 대상이 되는 인물(혹은 다른 생물)의 범위를 무한히 넓혀간다(有情緣無量). 제2단계는 상대를 잊고 단지 慈라는 사항만을 대상으로 해서 무한히 넓혀간다(法緣無量). 제3단계는 온갖 대상을 포기해 버리고 순전히 慈의 것으로 완전히 변모한다(無緣無量). 慈와 喜와 捨에 대해서도 똑같이 3단계의 체험을 한다.

밀교로 되면 더욱 생각이 발전해서 사무량을 불타의 四智로 나눈다. 慈는 불타가 유정의 행복을 증진시키기 위해 활동하는 認識(成所作智)이다. 悲는 사물을 식별해서 의혹을 단절하는 인식(妙觀察智)이다. 喜는 온갖 유정에 대해서 무차별한 인식(平等性智)이다. 捨는 온갖 것이 거울에 비치는 것과 같은 불타의 완전한 인식(大圓鏡智)이다. 이들의 四智를 총괄해서 '우주 그 자체의 인식'(法界体性智)으로 부른다.

그리고 위에 서술한 순서에 의해서 五智를 불공성취. 무량수. 보생. 阿閦, 대일 등 五如來로 나눈다. 이와 같이 四無量으로 해서 불타 시대부터 경전 성립시대, 부파불교, 대승을 거쳐 밀교에 이르는 경로를 추적할 수가 있다. 그 근원은 불타의 끝없는 자애이고 그에 대한 여러 가지 입장에서 다양한 반응을 나타낸 것이다.

慈愛(tanha)의 문제

불타는 살아있는 모든 것을 불행에서 구제하고, 행복으로 인도하기 위해 이 세상에 출현했다. 그리고 그들을 인도하기 위해 법을 설했다. 설법은 수단이었고 목적은 아니었다. 강을 건너기 위해 뗏목이 필요하지만 강 끝에 도착하면 더 이상 뗏목을 짊어질 필요가 없다. 불타의 설법도 그와 같다.

그러나 불타의 설법에 의해 구제된 사람들에게 불타의 말은 귀중하다. 그들은 그것을 충실히 기록하기 위해 온갖 노력을 게을리 하지 않았다. 기록은 장대한 것이 되었고 그것을 정리하지 않으면 안되었다. 곧이어 몇 개의 텍스트가 수속되어 전승의 차이도 생겼다. 이렇게 해서 수세기 후에 제부파의 성전이 성립했다. 그리고 기원후에는 소승부파 이외에 몇 개의 大乘그룹의 성전이 성립했다. 그리고 自派만이 불타의 진의를 전한다고 주장했다.

우리도 또한 불타의 진의를 찾고 있다. 어떻게 이론을 구성해도 불타의 의도가

慈愛였다는 것은 틀림없다. 불타를 모방해서 출가수행의 길을 걸은 사람들은 자기구제에 열심이고 이타를 잊기 쉬운 것이다. 그러나 소승불교도 慈愛 없이는 성립되지 않는다. 그중에는 자기의 해탈을 희생해서라도 타자에의 전도에 한 몸을 봉사하는 출가도 있다. 재가신자는 현실사회 속에 있기 때문에 타자와의 공존 없이는 생활이 성립되지 않는다. 특히 商人의 도덕에서 불타의 자애정신이 빛났다.

불제자들도 그들을 지도하고 격려했다. 그 전통이 아쇼카王에 의해서 발휘되어 더욱더 대승운동으로 전개되어 갔다. 인도의 내외를 불문하고 佛教가 사람의 마음에 갖다 준 최대의 선물은 '慈愛'의 정신이다. 자칫하면 살벌하게 되고 황량한 세상 사람들을 구제한 것은 바로 이 가르침이었다. 불타 자신은 과거의 많은 생애를 타자에게 봉사하여 자애를 실천했다. 그 결과 현재의 생애에서 불타로 되었다고 많은 불전에 기록되었다. 그 불타의 자애의 실천을 이상으로 하는 것이 대승불교운동이다.

지혜의 파라미타

보시, 계, 인욕, 정진, 정려는 지혜의 파라미타에 의해서 완성된다. 지혜는 단순한 지식이 아니고 모든 행위와 思考와 바르게 인도하는 불타의 英知이다. '장로의 노래' 중에도 사리불은 '불타를 지혜의 파라미타에 도달한 사람'으로 불렀다. '파라밀은 부처가 되기 위한 보살의 수행'이다. 자타카(jataka) 이야기의 테마는 자기희생이 두드러진다.

'자신의 소유 물품은 물론 몸과 생명까지도 제공해서 타인을 구제한다.' 이것이 '보시'이다. 또한 청렴한 생활을 철저히 한다. 이것이 '계'이다. 어려움을 견디고 이겨내는 것, 이것이 '인욕'이다. 보살의 신조이다. 여기에 禪과 지혜를 추가해서 6파라미타로 부르며 보살의 덕목이다.

통상 보살들이 파라미타를 실천하는 불타의 뛰어난 지혜에 도달하는 것이 최종목표이다. 한자로 智慧로 쓰고 보통의 지식이 연상 되기 때문에 중국의 번역자들은 prajna 을 음사해서 '반야'로 기록하는 방법을 많이 사용했다. 원래 프라즈나 '혜'의 단어는 많은 종류의 불전에 인용되어 있다. 戒를 지키고, 定을 수행하는 것에 의해서 慧를 얻는다고 하는 3단계의 실천방법(三學)은 불교 전체에 공통된다. 그러나 '혜의 파라미타'는 대승에서 특히 般若경전에서 중요한 의미를 갖는다. 보살의 덕목으로 파라미타의 개념에 대해서는 이설이 있다. 남방 상좌부에 대해 북방의 설일체유부설 역시 보수적인 부파이지만 그 내부에서도 이설이 있었다.

설일체유부의 정통파는 보시, 계, 정진, 지혜의 4파라미타만을 인정했지만 '外國師'는 그 외에 인욕과 선을 추가해 6을 설한다고 하며 또한 별도로 앞의 4에 '聞'(경전을 배우다)과 인욕의 2를 더해서 6으로 하는 설도 있다(大琵婆沙論 제78권). 그러나 대승 계통의 경전은 원칙적으로 6을 꼽는다. 이 6에 방편, 서원, 힘, 지의 4개를 추가해서 십파라미타로 하는 설도 있다(해심밀경, 금광명경, 화엄경 등). 남방 상좌부의 팔리어 경전에서 십파라미타를 정통설로 하지만 그 개념은 보시, 계, 出離, 지혜, 정진, 인욕, 진실, 결의, 慈, 捨이고 他派의 것과 다르다. 六파라미타 속의 '선'을 명심하고 있는 점은 설일체유부와 같다.

心

석존을 포함한 초기 불교가 취급한 테마 또는 다양한 질문에 대한 답은 그 대부분이 '마음'의 본연의 상태를 나타내서 마음에 기초를 두고 있고 마음에 의해서 이루어진다. 마음의 어원에는 시타(citta)와 마나스가 있고 각각 어근인 시토도 만도 모두 '생각하다' 등을 의미해서 양자의 내용도 용례도 대부분 변하지 않는다. 특히 인도불교에서는 동의어로 간주된다.

이 마음은 무엇을 의미하는 것인가?

언어학적으로 심(citta)은 Cit(積集. 集起의 의미)에서 파생된 언어로 적집심, 집기심으로 불려진다. 物을 실체적으로 파악하지 않는 불교에서는 심을 실체로 해석하는 것은 아니다. 제 각각의 행이 생기하고(pravrti)하고 적멸하는 상태로 전체를 체험해서 이것을 心으로 부른다.

'心이라는 것은 법에 따르게 하는 諸業의 생기와 적멸이다'로 말하는 이유이다. 미혹 번뇌가 생기는 것은 그 마음이 악하고 산란하고 무지하기 때문이다. 心이 정화되어 탐욕과 무명으로부터 해탈할 때 안락한 경지가 펼쳐진다. 그렇기 때문에 법화경에 '제법은 마음을 선도해서 마음을 가장 존중하고 마음'에서 이루어진다.

깨끗한 마음을 갖고 논쟁을 행할 때 즐거움은 그에 따라 간다. 마부의 말에 마차가 따라가는 것처럼'이라고 말하고 있다. 일체의 악행을 피하고 선을 행해서 자기의 마음을 깨끗하게 하는 것이다(諸惡莫作, 衆喜奉行, 自淨基意, 是諸佛敎, 法句經).

苦(duhkha)

苦는 산스크리트어의 도카(duhkha)이고 팔리어 돗카에 해당한다. 그 어원은 명확하지는 않다. 인도에서는 최고의 베다성전과 인도 사상에 종종 등장하는 유물론들을 제외하고 고대에서 중세에 이르는 대부분의 모든 종교철학이 苦를 중요한 테마로 취급해서 각종의 고찰을 다해 불교도 그 중요한 일익을 담당했다. 석존은 이른바 좋은 환경에서 태어나서 성장하면서 어릴 때부터 혼자서 침묵 사색에 깊이 빠지는 경우가 많았다. 그것은 인생의 苦에 직면해 체험한 것이 이유라고 말해진다.

그리고 그의 출가는 즐거움에 가득한 현세의 모든 것을 포기하는 것에 지나지 않지만 출가 후 6년간의 수행을 거쳐 苦로부터의 이탈과 그 초극을 달성해서 이른바 성도를 획득하여 붓다 즉 覺者 혹은 모니 즉, 聖者로 되어 석존이 되었다. 成道 후 곧 스스로 깨달은 내용을 사람들에게 설하기 시작해서 불교가 출현해서 창시되었다. 苦의 말은 이미 숫타니파타에 자주 등장해서 돗카와 그의 복합어는 이 텍스트에 수십회 쓰여 졌다. 그리고 '단마파다'(법구경)를 시작으로 여러 종류의 韻文경전에 또는 散文경전에서도 苦를 둘러싼 예문은 엄청난 수에 달한다.

苦는 이와 같이 초기 경전에 반복해서 설해졌다. 그 속에서는 일상의 감각적 혹은 생리적 고통도 있지만 역시 심리적 고통을 대부분 역설하고 있다. 그리고 이것이 바로 이 世(사하로카), 娑婆世界에 산다고 하는 현실이 苦로 가득 차 있는 것은 명백하다. 苦는 무엇에 기초해서 생기는가라는 시점의 토대를 구분하여 苦의 근거를 개괄하면 아래 4종으로 된다.

(1) 욕망과 그 변형에 기초한 苦
(2) 무지와 그 변형에 기초한 苦
(3) 인간 존재 그 자체 또는 실존에 기초한 苦
(4) 無常에 기초한 苦

無常

위의 4번째항 無常에 해당하는 팔리어는 아닛샤이며, 아삿사타, 아도우프바의 말도 있다. 그러나 이들의 말은 '숫타니파타' 이외의 운문에서 나타난 최고 경전에는 드물게 나타나고 용례도 전무하다. 예컨대 '숫타니파타' 제574-593 詩의 20 또는 '탄마파다'의 각 詩에 새겨진 약 20개의 시는 인간 존재에 필연적인 죽음에 관해서 엄숙하게 통절한 고통과 애석함을 반복해서 읊고 있다.

이들은 죽음의 불가피성, 죽음의 잔혹함을 강조하는 것과 함께 그 죽음의 비탄함에서 탈각과 이탈을 훈계하고 설교를 해서 태어나면 '반드시 죽는다는 것', '살면 반드시 죽음으로 끝난다'는 등의 글귀를 표현했다. 모든 生起하는 것은 어떠한 것도 소멸한다는 일종의 定型句로 되어 팔리 5부의 산문의 諸經典에도 또한 팔리律 등에도 자주 등장해서 '生者必滅'이 반복되었다.

無我

無我는 非我로도 번역된다. 단적으로 말하면 무아는 '나는 없다' 비아는 '나는 아니다', '자아가 없다, 자아는 아니다'로도 표현된다. 무아의 원어는 我. 自我를 의미하는 팔리어 앗탄, 梵語의 아트만에 안 또는 니르라는 부정을 나타내는 접두사가 붙었다. 이 교설은 이미 '숫타니파타'에 자세히 설명되었고 합계 1,149詩의 반 이상의 詩가 직간접적으로 無我說과 관련되었다.

이들 각 자료의 특징은 집착하지 않는 것과 동의어의 부정을 강조한다. 여기서 말하는 집착은 앞서 말한 욕망과는 다르고 특정의 개별이 아닌 막연하고 추상적인 無名(anonym)인 채로 인간존재(실존)의 근간에 숨어있는 그 밑바닥의 뿌리에 내려앉아 계속 멈추지 않는 것이다.

그렇기 때문에 바로 집착해서 매달려 응하고 있어도 이 種의 어떤 혼돈에 지나지 않는 집착에서 각각의 구체적인 욕망이 계속 생겨났다. 이처럼 무섭다고 할 수 있는 집착 속에 가장 강렬하고 완고한 것이 정확히 아집이고 그것은 집착에 더한 근저를 자아가 확고히 하고 있다. 이와 같이 執着-我執-自我라는 루트를 숫타니파타는 명확히 지적한 위에 그것을 제어, 부정, 이탈, 초월을 설해서 이것을 無我說이라 했다. 숫타니파타가 가리키는 無我라는 것은 '집착, 특히 아집을 버린다.

'구애되지 않는다', '집착하지 않는다'로 총괄된다. 이보다 후대에 성립한 가장 널리 알려진 산문경전인 '단마파다'에서는 지금까지 自我로 번역한 원어(팔리어)의 앗탄에 조금 변형을 가한 것이다. 즉, 그 앗탄은 지금까지의 '자아' 이외에 특히 '자신' 그리고 '自己'로 번역한 것이 어울리는 경우도 많이 있다. '초기 불교의 金言的 설법의 시집'으로 불리는 '단마파다'에서는 앗탄이 주체적인 자기를 설한 시 약 20개가 있다. 그 예를 3개 인용해보자

자신이 바로 자신의 주인, 그 누구보다도(자기의) 바람이다.
자기를 잘 제어하면 진실로 얻을 수 없는 자신을 얻게 된다(제160詩).
자기의 의지를 만들고 꾸준히 노력하면 현명하다(제236詩 제238詩).
진실로 자기가 바로 자기의 주인, 자기가 바로 자기의 의지, 그러므로
생각한 대로 자기를 제어해서 商人의 좋은 말(馬)을 제어하는 것(제380詩).

무아설을 고찰하면 무엇보다도 먼저 자신이 지금까지 여기에서 그 내면을 동시에 다양하게 전개하는 현실내의 대응을 생각해서 마음에 생각, 말로써 입으로 발설해서 신체가 움직인다. 이어 이들 근거의 발판으로 집착하는 자아, 자아에의 집착에 충동해서 이들의 탈각, 초월, 해방, 해탈을 지향한다. 그리고 탈각에서 해탈까지를 실현해 가면 주체로서의 자기이며 그리고 그 결과로서 해탈에 도달하는 것은 역시 그 자기에 지나지 않는다.

이상을 정리하면 인간이 그 출생에서 이별의 순간에 이르기까지 끊임없는 행위의 연속 사이에 그 주체인 앗탄은 일상에 대해서 또는 자신에 있어서 자기 긍정과 자기 부정을 번복해 나가면서 자아를 고착해 간다. 한편 그 자아를 극복하는 無我를 자기가 완수한 진짜 주체이며 어디까지나 평안한 자기를 획득해서 그것에 의지하는 것이다. 대략 이상이 '단마파다'가 가리키는 무아설이다. 이윽고 초기의 산문경전에서 앗탄은 대부분 '자아'에의 종류로 생각되어 불교 특유의 분석이 된 '나의 것'과 '나'와 '나의 自我'의 3개로 나눈다.

이렇게 해서 산문경전에 보이는 무아설의 대부분은 '이것은 나의 것은 아니다', '이것은 나는 아니다', '이것은 나의 자아는 아니다'라는 정형으로 대부분 이행해서 이 문장 속에 구체적인 하나하나를 들어 매우 번잡할 정도로 문장을 반복해서 강조한다. 그래도 다시 산문경전에서 앗탄을 주체적인 자기로 해석하는 예도 있다.

가장 잘 알려진 것은 앞서 인용한 '단마파다' 제236詩 등에 인용하고 있는 洲의 원어 디파(dipa)를 산스크리트어의 도비파로 환원하는 정통설과 분리해 산스크리

트어의 디파에 맞는 '밝은 빛'으로 해석한다. 그에 따라 漢譯의 四阿含 속의 몇 개의 경에는 '자기를 燈明하라, 타인을 등명하지마라, 자기를 귀의하라, 타인을 귀의하도록 하지마라'는 설의 문장이 있다. 이 句에는 더욱이 에고이즘(이기주의)과 자기중심주의를 배제하고 보편적인 法을 첨가해서 '法을 등명하라, 타인을 등명하지마라'의 句가 이어졌다. 위의 양자를 합쳐서 자등명, 자귀의, 법등명, 법귀의로 되었고 이 句의 문구가 산문경전에 설해졌다.

또한 '숫타니파타'에는 제45詩을 제외하고 제35-제75詩의 합계 40詩 모두의 끝에 '무소의 뿔과 같이 단지 홀로 걷는다.'는 반복 句를 붙였다. 무엇이라 해도 앗탄은 자신과 자아와 자기라는 여러 형태를 포함해 서로 어긋나는 동시에 양립하는 형태를 노정한다. 즉, 동일의 앗탄에서 바뀌어 또는 자아가 자기로 승화 또는 자기는 자아에로 전락한다는 카오스를 안에 품고 있다.

무아라는 가르침은 자신→ 자아→ 자기라는 일상성에서 종교성에 이르는 여러 국면에서 항상 그 중핵의 역할을 다하는 것을 계속 고찰하고 일보 나가서 스스로 어떻게 되고, 어떻게 생각하고, 어떻게 말하고, 어떻게 행하는가 하는 스스로의 행위, 실천과 직결한다. 그 의미로 無我說은 실천적이라는 성격을 담당하는 점에서 무상의 교설과는 양상을 달리한다.

三法印

고와 무상과 무아가 무아라는 팔리 5부 漢譯 四阿含에 각각 별도로 설되어 한 항씩 독립해 있지만 특히 위의 산문 경전에는 일괄해서 無常 -苦 -無我의 가르침을 확립, 앞의 예를 통해 苦가 교설의 시간적인 시원이라도 무상이 논리적인 시원으로 되었기 때문에 무상 - 고이고 이에의 통찰을 내포하여 실천으로 연결되는 국면에서 無我로 전개해서 無常 - 苦 - 無我라는 계열이 완성된 것이다. 이렇게 해서 이 무상- 고 - 무아의 교설은 팔리 5부에도 한역 4아함에도 자주 출현할 정도로 반복되어 이들 합계하면 각각 150여의 예가 있다. 그 속에 '단마파다' 제277 - 제279詩의 三詩에는 '諸行無常, 一切皆苦, 諸法無我'를 나열해서 각각을 지혜로 바라볼 때 바로 苦는 멀리 사라진다.

이것이 청정에 이르는 길이라는 같은 句를 이들 3詩의 끝에 3번 반복해서 읊는다. 여기에 명확하게 '제행무상, 일체개고 제법무아'라는 가장 유명한 문구는 모두 '단마파다'에 있다. 이것은 불교의 교설 중에서 석존이 처음 설한 것이다. 이미 무상, 고, 무아의 각각은 본래 석존이 도달해서 불교의 이상의 경지로 된 니르바나에로 이끄는 교설이며 따라서 제행무상, 일체개고, 제법무아(이 순서는 항상 일정)의 3항으로 이루어진 계열에도 니르바나가 가해져서 절대의 평안으로 통한다. 이것을 涅槃寂靜으로 부르고(적정은 산티의 번역으로 평화를 의미) 위의 계열은 4항으로 된다. 이렇게 해서 3법인, 4법인이라 칭해졌다.

이 법인은 梵語의 다르모다나의 번역이지만, 이에 해당하는 팔리어는 아직 알려지지 않고 있다. 후에 만들어진 말이고 5세기경 초의 鳩摩羅什의 번역에 처음 나온다. 또한 팔리어 문헌에는 보이지 않지만, 한역의 '中阿含經', '雜阿含經', '增壹阿含經'에는 無常, 苦, 空, 無我 라는 4개를 설해서 공의 말을 집어넣은 예도 있다. 또한 이 4개의 계열에 病등을 추가해서 설한 문헌도 있다.

이와는 별개로 약간 늦게 무상, 고, 무아, 不淨이라는 4항으로 이루어진 계열이 성립해서 이 사항에 기초한 교설은 '身은 부정, 受는 고, 心은 무상, 法은 무아'라고 설해서 '四念處'와 연관해 가면서 대승경전에서 여러 가지로 전개했지만 위의 四項은 四法印과 관계없다.

中道

釋迦族의 왕자로 태어나 자란 석존은 외견상 안락하고 만족한 청춘을 보냈다. 그러나 출가한 후에는 죽음에 이를 정도의 고행에 약 6년 이상 몰입했다. 그후 석존은 그 兩者를 단호히 버리고 보리수 아래의 명상 후에 깨달았기 때문에 '不苦不樂의 中道'가 특별히 쓰여졌다. 그것은 석존에 약간 앞선 자유사상가들의 快樂主義와 行 一辺倒에서 석존이 이 양자를 부정한 것으로도 통한다.

인도인과 고행의 관계는 깊다. 고행의 원어 '타파스'는 열을 의미하고 찌는 듯이 더운 인도에서 더욱더 열을 가하면 苦는 배가된다. 그러나 그것은 業(karma) 說의 기본인 善因善果의 이론에 따라 말하면 지금까지 어떤 악도 범하지 않은 사람이 고행이라는 善因에 의해서 적극적으로 좋은 결과의 기대와 획득이 생긴다고 하는 것이다.

그러나 고행도 악행도 본래는 수단이고 모두 자기 목적화 되는 것이 세상의 상태이며 각각은 그 극단에 질주하기 쉽다. 그 치우침과 2개의 辺을 인지, 중도를 선택한 것이 석존이고 불교가 설한 중도는 석존 이후의 불교에서 일관했다. 이 변에는 '苦와 樂' 외에 '有와 無', '斷(절단)과 常(상주)'가 있고 一辺과 다른 辺과 함께 부정이라는 二重否定에서 中道는 성립한다고 초기 경전은 설했다. 또한 그 중도의 가르침은 四諦八正道와 함께 석존 최초의 설법(초전법륜)에 설해졌다. 원래 최초의 설법 자료는 초기 경전 중에 23개가 남아있다.

'석존은 그 생애를 통해 일면에는 엄격하고 다른 면에서는 유화적으로 대부분의 辺을 배척하는 中道'로 갔고 또한 설법'했다.

불교의 中道라는 말 속의 '道'의 원어가 '파티파단'이고 이는 '향해서', '나아간다.'를 의미하고 똑같이 '道'를 표현하는 말보다도 실천적 성격이 짙다. 또한 이 중도설은 훗날 대승불교의 二大論師인 龍樹의 '중도론'과 '無着'의 '中辺分別論'에서 날카로운 이론을 동반해서 다시 새롭게 나왔다.

四諦八正道

諦는 원어가 샤챠(사티야)이고 원래는 '존재하다'의 뜻, 아스라는 동사의 현재분사에 기초하여 바뀌어 진리, 진실을 의미한다. 한자의 諦도 똑같이 진리, 진실을 말한다. 모두 진실에 어울린다. 4체는 4종의 진실이며 苦諦, 集諦, 滅諦, 道諦로 구성되고 약해서 고집멸도의 4체라고 한다. 정확히는 고의 집, 고의 멸, 고의 멸로 향하여 가는 길을 가리키고 4체는 모두 고에 관계되고 이것은 팔리어와 한역 모두 공통된다. 고의 설명 중에 욕망을 집체로 설한다.

멸체는 니르바나 해탈이고 도체는 항상 팔정도라는 설이 초기 경전에 반복된다. 또한 4체설은 석존 최초의 설법내용 자료에는 합계 23개 중 16종이 있다. 8정도는 8聖道라고 부르고 4체의 속에서 도체는 반드시 8정도이며 예외는 하나도 없다. 8정도의 정형은 최고의 '숫타니파타'에는 보이지 않지만 다른 韻文경전에는 '8支로부터 이룬 道'라는 말이 종종 등장한다.

8支는

正見- 바른 견해, 지혜(4체의 하나하나를 안다)

正思- 바른 생각(번뇌, 노여움, 상해의 부정)

正語- 올바른 말(거짓말, 폭언, 희언의 부정)
正業- 올바른 행위(살생, 도둑질, 간음의 부정)
正命- 올바른 생활(법에 맞는 의식주)
正精進- 올바른 노력 수행(선에의 노력)
正念- 올바른 마음가짐 사려(身, 受, 心에의 마음 씀)
正定- 올바른 정신통일 집주(4종의 禪)

또한 4체 8정도는 종종 중도설과 연결된다. 4체설은 팔리文句에 264, 한역 사아함에 273회 나온다. 이 설은 각 부파 교설의 중추로 되어 슬로건으로 내걸었다. 이것은 대승불교에서도 변함이 없다.

法

법은 팔리어 '단마, 범어의 '다르마'의 번역語이고 그 어근은 '짊어지다, 떠맡다, 지키다'를 의미하며 다르마는 지탱하는, 주춧돌, 결정, 정해진 것, 단단한, 규범, 관념, 의무, 우주 질서의 원리, 선, 덕, 보편적 진리, 법률, 윤리, 종교 등을 가리키는 광범위한 의미와 용례로 인도에서는 알려졌고 그 사용은 인도 전체에 널리 사용되었다. 약간 후대에는 불교 독자의 용법으로서 물건, 일, 것을 뜻하는 예도 있다.

5세기에 스리랑카에서 팔리佛典의 해석에 크게 활약한 佛音(buddhaghosa)은 단마를 1.속성 2.교법(因) 3.聖典 4.것(물질) 이라는 4종으로 구분했고 이 기본적인 내용은 현재 불교학에 대부분 계승되었다. 법에 관해서는 五蘊說과 六入說이 중심으로 된다. 오온의 온은 집합을 말하는 陰의 音寫이다. 다음 5개의 집합을 가리키고 또한 그 각각 구성요소의 집합으로서 취급된다.

니르바나

인도의 고대 사상가들은 평안, 안온, 안락, 행복, 不死, 彼岸 등을 理想 목적으로 내걸고 이들에의 도달을 해탈로 불렀다. 석존도 똑같이 이상의 경지를 梵語로 니르바나(팔리어는 닛파나)로 불렀고 또한 평안과 해탈의 말로 사용했다. 위의 팔리어의 '닛파나'는 한자 음사의 泥洹, 涅槃에 해당된다. 또 니르바나의 말과 그 용례는 자이나教도 공통된다. 니르바나의 어근은 '불어서 끈다.' 뜻의 니르, 바나는 '덮

개를 제거하다'의 니르무리이지만 확실한 예는 없다. 니르바나의 말이 고정되어 거기에 파리라는 접두사를 붙인 말도 종종 동의어로 사용되었고 특히 석존의 입멸을 항상 파리니르바나(파리닛파나 漢譯 음사는 般涅槃) 말에 한정했다.

니르바나는 번뇌가 완전히 소멸된 상태를 나타내고 거기에는 안에도 바깥에도 평안하기 때문에 이 양자를 합쳐서 '涅槃寂靜'으로 부르고 이것이 삼법인에 더해진 것이다. 석존은 보리수 아래서 깨달아 이 니르바나를 달성했다. 바꾸어 말하면 成道라는 것은 니르바나의 체득이며 그것에 의해서 고타마는 붓다(覺者) 혹은 모니(盛者)로 되었고 따라서 니르바나는 석존 또는 불교의 출발인 동시에 또한 목표였다.

'숫타니파타'와 '단마파다'와 같은 오래된 경전은 니르바나를 대부분, 애집의 척단, 욕망, 집착의 멸, 무소유, 탐진치(三毒)의 멸도, 또는 불생불멸, 허망되지 않은 법, 깊이, 진리, 최고의 안락, 지혜 등으로 읽힌다. 게다가 석존이 보여준 니르바나가 이 현세에서 달성되는 것처럼 불교는 두드러졌고 후대에는 이것을 現法涅槃(현재열반)으로 불렀다.

석존이 깨달아서 한 설법은 동시에 니르바나에 기반을 두고 또한 숫타니파타의 여러 詩에 '이 세상이라든가 저 세상을 버리라'고 설했다. 그것은 '이 세상을 버려라'는 세속에서 彼岸에로 가는 것이고, '저 세상을 버려라'는 피안에서 세속에의 환속을 의미한다. 이 니르바나의 往과 還은 이렇게 해서 이중부정해서 작동하고 또한 이 양자의 연속은 순환하는 圓은 아니고 주체적인 나선을 그려 진행해서 끊임없이 상승 또는 심화를 나타낸다.

니르바나 특히, 파리니르바나에 석존의 죽음이라는 의미가 부여된 것은 원래 '소멸'을 의미하는 것이고 번뇌와 苦의 滅만이 아닌 존재 전체의 滅로 확대된 것이다. 이와 같은 니르바나의 내용 확대 혹은 전환과 동반해서 니르바나를 2개로 나눠 나머지 니르바나(有余涅槃)와 잔여 없는 니르바나(無余涅槃)로 설 되었다.

慈悲

愛라는 말을 慾望의 동의어로 취급한 불교에서는 愛를 배척하고 慈悲의 말을 내걸었다. 그러나 慈(maitri)와 悲(karuna)를 석존에 질문한 것은 약간 빗나간 것이다. 慈와 悲가 초기 경전에 보이는 것은 마치 환자가 의사를 보는 경우와 똑같이 석존의 가르침을 받아서 스스로의 苦을 탈해서 얻은 信者와 불제자들이 그들의 편에서 다시 석존을 조망하고 그들이 품은 敬慕歸依의 감동이 慈 또는 悲로 표현되었고 이 慈 또는 悲를 석존에 맞추었다.

또한 숫타니파타의 제4장과 5장은 慈와 悲보다도 평정을 의미하는 捨(우베카)를 크게 강조했다. 여기에 喜를 더해서 慈悲喜捨로 일괄하는 예도 있고 그 외에 초기경전 속에 산재한다. 어쨌든 초기 경전이 부파의 편집에 의해 이루어졌고 이의 해석에 자비를 설한 예는 소수이며 별로 없다. 그리고 훨씬 많은 것을 주체적인 자기에 쏟고 있다. 그것이 훗날, 특히 북방불교에서 부파(특히 유부)를 폄하하는 소승의 말을 초기 불교에 포함시켜버린 이유이고 동시에 또한 인도에서 대승불교의 등장을 맞이하는 원인이다. 또한 자비에 연속해 있는 他者 구제의 테마는 초기 경전 중에 비교적 성립이 새롭게 되는 자타카류의 각 텍스트에 처음으로 선명하게 되었다.

제4장 부파시대의 사상

法

부파불교는 아비다르마佛教라고도 한다. 아비다르마 즉, '다르마에 대한' 아비라고하는 對法에서 각 부파가 탐구한 중심과제는 다르마(단마, 법)였고 상좌부의 팔리와 유부의 산스크리트 文句을 포함한 한역이 있다. 부파의 아비다르마(論) 중에서도 최량의 논서인 '俱舍論'에 기초해 부파의 맨 위에 위치한 유부教法의 해명에 중점을 두었다. '구사론'은 界, 根, 世間, 業, 잠재적 번뇌, 賢聖, 智, 定의 8章에 破我品(품은 章)으로 이루어졌다.

최초의 두 章은 법의 체계, 세간품은 불교 독자의 자연세계관(우주)에 이어 다음 두 章은 업과 번뇌, 현성품은 깨달음의 세계, 智品은 깨달음을 얻는 지혜, 定品은 禪定을 각각 설명한다. 이 중 法에 관한 분석과 종합은 다음과 같다.

다르마의 말은 인도 전반에 가장 중요하게 가장 광범위하게 쓰여졌고 불교도 그것을 따랐다. 거기에 불교 독자의 다르마의 용례로서 하나는 가르침을, 다른 하나는 존재를 나타낸다. 이 2개는 '俱舍論'을 설한 有部에서 가장 선명하며 존재와 진리를 올바로 파악하는 태도에 유래한다. 여기서 말하는 존재는 추상적 관념적이 아니고 현실에 사실로 존재하는 사물을 말한다. 그것이 일상세계에 편재해서 '세속의 존재'(世俗有)로 부른다.

그러나 그것은 모두 멸의 성질을 갖고 있고, 시간적으로나 공간적으로도 무너지는 것을 벗어날 수 없다. 이들을 계속 파괴해 가면 극소화된 극한에 그 이상은 파괴할 수 없는 극미에 다다른다. 극미가 최종의 존재이고 '우주의 절대적 진리의 존재' 즉 勝義有라고 부른다. 그것은 다른 것에 의존하지 않고 그 자체로 존재하고 有部의 술어에서는 실체로서, 自性을 갖는, '自相上이다'로 불러 이와 같은 자기 존재가 법이라고 주장했다.

이 법은 외계에 존재하는 사물뿐만 아니라 심리작용에 관한 같은 종류의 논의로부터 마음 작용의 분석을 경유해서 최종의 요소적 심리작용에 이르며 그것을 勝義

有이고 법이라고 설했다. 이 심리작용의 고찰이 바로 俱舍論의 중심을 차지하고 또한 외계의 존재가 직접 지각에 따라 인식한다고 주장한 유부에 대해서 구사론의 기반인 經量部는 외계의 추론에 의해서 처음 인식된다고 비판한다.

법에는 또한 有爲法과 無爲法이라는 두 가지가 있고 이 두 가지는 이미 초기 경전에도 있다. 무위법은 영원의 실재, 유위법은 요소로서 실존해도 끊임없이 생멸 변화하는 무상의 존재로 된다. 법의 분석은 이른바 五位 七十五설법으로 완성된다. 먼저 물질을 색법으로 말한다.

心을 心地로 부르고 마음의 여러 작용의 기반으로 한다. 마음의 주체를 心王, 심리작용을 心所有法으로 부르고 심리작용과 상응하지 않는 심불상응행법을 세웠다. 이상의 색법과 심왕 이하의 3종과 계4종은 유위법에 속하고 별도의 무위법이 있어서 계5위로 된다. 그 속에 색법은 11. 심왕은 1, 심소법은 46, 불상응행 14이고, 무위법은 3이다. 무위법의 3은 허공, 擇滅, 非택멸이다. 심소법은

(1) 온갖 심리작용에 작동한 遍大地法 10개
(2) 선심과 相伴하는 大善地法 10개
(3) 이미 오염된 마음과 相伴하는 대번뇌지법 6개
(4) 惡心과 相伴하는 大不선지법 2개
(5) 어떤 종류에 오염된 마음과 상반하는 소번뇌지법 10개
(6) 이상의 1~5에서 독립의 심리작용인 不正法 8개(구사론은 4, 후에 중국에서 주석에 4를 추가)

으로 구분된다. 그 일례가

(1) 수
(2) 신
(3) 치(무지)
(4) 무참(부끄러움)
(5) 질투
(6) 오작(후회)

등이 있다.

이들 75법은 모두 법으로서 독립해 실재하고 있고 자성(실체)이 있다고 설한다.

業

행하다. 행위를 印度 일반에서는 카르마라고 말하고 業으로 漢譯되어 인도의 종교와 철학에서 가장 중요시 되었으며 오늘에 이른다. 카르마는 낳다, 만들다를 의미하는 동사 크리를 어근으로 하며 이 술어는 이미 옛날 우파니샤드 속에 輪廻思想과 관련해서 설해졌다. 불교도 業사상의 완성의 일익을 담당했고 대부분 부파에서 완성되었다. 이하 유부설을 중심으로 기술한다.

業은 마음에 있는 생각을 입으로 말해 몸으로 행하는 3종이 있고 이것을 身, 口, 意 3業 즉, 각각을 신업, 구업, 의업 또는 思業으로 부른다. 3업은 긴밀히 연결되어 입에서 말하는 것은 반드시 마음의 생각에서 말한 것이고 마음에도 없는 것을 입으로 하는 다른 것은 본래 불교는 인정하지 않는다. 행위는 그 하나하나를 각 찰나별로 미래로부터 현재로 이끌어 현재화해 그것이 마음의 찰나에 현재에서 사라져 과거로 떨어진다.

그 하나하나의 행위는 항상 결과를 동반하지 않는다. 행위 그것은 사라져도 결과는 남고, 습관으로 되어 그것이 다음의 행위에 영향을 주고 때로는 제어한다. 불교는 개인의 행위의 주체성과 책임을 중요시하며 동시에 행위는 타자에 미쳐서 사회성을 갖는다. 더욱이 다수자의 공동 행위와 책임이 실제로 있다. 이와 같은 業의 共有를 共業으로 부르고 개인적인 業을 不共業으로 불렀다. 초기불교와 함께 부파 혹은 유부는 불공업을 묻는 일이 많았다.

옛날 우파니샤드 이래 업은 윤회와 밀접히 결합해서 현세의 행위가 사후에 재생하는 세계를 결정한다는 설이고, 이 설은 당시부터 현재까지 全인도인에 그리고 상좌부 불교를 받아들인 남방불교에 강고한 인생관으로 되었다. 輪回說에 의하면 사람을 포함한 생명 있는 모든 것을 말하는 중생은 사후에 반드시 다시 태어나 그 재생하는 세계는 天, 人, 畜生, 鬼, 地獄의 5種이고 5道라고 한다.

훗날에 사람과 축생 사이에 阿修羅를 넣어서 6道라고 한다. 또한 축생, 귀신, 지옥을 三惡道로 부른다. 즉, 이 윤회의 철칙은 업의 果報는 현세에 머무르지 않고 중점을 내세에 놓고 미래의 존재까지 연장해서 그것이 개인의 현재의 행위라고 강조되었다. 이 業은 북방불교에서도 강조되었다. 불교 전래 이전부터 현세 중심의 생각이 강한 중국, 조선에는 윤회사상이 희박하였고 윤회사상을 저지한 것은 뿌리 깊은 조상신앙 때문으로 死者는 무덤에서 자고 있고 生者를 지켜주며 때로는 생자로 살아 돌아온다는 死者觀에서 이탈하지 않았다.

時間論

불교의 기본사상인 '無常'은 모든 것이 끊임없이 어디까지나 生滅變化해 유동되어서 연속으로 볼 수 있는 業도 하나하나의 행위의 비연속을 띄게 한다. 즉, 강에는 항상 물이 흘러가고 있으나 흐르는 물은 일순간이라도 똑같은 물은 아니다. 여기에는 이른바 有와 時의 문제가 잠재해 있다.

먼저 인도의 時는 1년을 바르샤, 그것을 12등분해 1개월은 마사, 그것을 30등분한 1일은 아포라토라, 그것을 30등분한 48분은 1무후루타, 이것을 30등분한 96초는 1라바, 그것을 60등분한 1.6초는 1타토크샤나, 그것을 120등분한 75분의 1초(0.013...초)는 1크샤나로 부른다. 또 時의 연장도 있고 최대의 단위를 가르파(劫으로 음사)라고 한다. 그것은 상상을 초월할 정도로 길다. 그런데 위에 열거한 최소단위의 크샤나는 刹那로 음사되었다. 그리고 겁의 속에 有爲法은 일찰나에 생겨 일찰나에 멸한다고 말한다.

그 생과 멸의 중간인 일찰나만이 그 법에 머무르고 반영된다고 설했다. 이 머무름의 형태를 티티로 이름 붙여 住로 한역되었다. 초기 불교에서는 이상의 生과 住, 滅의 3개를 세워서 이것을 '有爲의 三相'으로 불렀다. 그것은 2~3세기의 대승불교의 나가르주나(主著 中論 7장)도 채용하였다. 그러나 '俱舍論'은 生 → 住 → 異 → 滅의 4相을 인용했다. 즉, 생은 태어나는 것, 주는 머무르는 것, 이는 변화하는 것, 멸은 소멸하는 것을 말한다.

사물은 일찰나에 생기고 일찰나에 머무르고 일찰나에 변화하고 일찰나에 멸한다고 설했다. 과거세와 미래세와 현재와의 三世는 반드시 실재하고 이것을 '三世實有'라고 한다. 이 삼세실유를 설한 유부에 대해서 그것을 비판한 경량부는 '現在有体, 過未無体'를 설해 과거의 법은 이미 있었지만 지금은 없다. 미래의 법은 앞으로 당연히 있고 지금은 없지만, 현재의 법만이 실재라고 주장했다.

제5장 초기 대승불교의 사상

대승諸佛

붓다라는 말은 본래 '깨달은 자(覺者)'라는 뜻의 보통명사이고 초기 경전에 붓다의 복수형은 결코 진기한 것은 아니었고 如來(眞理体得者)라는 말도 같다. 그러나 붓다도 여래도 이어서 석존으로 수렴되었다. 불교의 흐름에 따라서 초기 불교에서부터 부파불교에 또한 그 속에서 전통보수의 후예를 자인하는 남방불교는 釋迦佛만의 一佛을 고수해 현재에 이르고 있다.

현재 부파불교에서 새로 성립한 텍스트의 대부분은 붓다가 아닌 사람(論師)이 쓴 論이고 佛說을 의미하는 '經'은 아니다. 그러나 엄밀히 말하면 인도에서는 '經'과 '論'의 구별은 어느 정도 명백하다고 할 수 있다. 새롭게 '대승'을 선언해서 개시된 초기 대승불교는 그 청신함을 선명히 하기 위해 대략 100에서 200년에 걸쳐 釋迦佛(釋尊)과는 다른 佛을 세워 '論'이 아닌 '經'을 창작했다. 먼저 그 佛에 대해서 보면 대승의 佛은 여럿이고(如來도 마찬가지이다) 이것은 유명과 무명의 두 가지가 있다.

무명의 諸佛은 초기 대승경전의 작자들을 가리키는 것이고 그들이 붙인 것에 의해서 '經'의 자칭이 가능하게 되었으며 사실은 이를 통해 진행되었다. 그러나 정확히 무명의 이유 때문에 그 실상은 일체 판명되지 않았다. 어쩔 수 없이 창작된 각각의 '經'을 보면 구별은 불가능하고 확실한 것은 초기 대승경전을 창작한 것이 佛이라는 점에 이른다.

무명의 대승제불은 원래부터 석가불은 결코 아니지만 전혀 무관한 것도 아니다. 석가불의 교설 일부를 물려받아서 때로는 확대하고 또는 순화하고 심화했다. 이렇게 해서 창작된 경의 중심은 초기 경전과 같이 석가불로 칭해서 그 주위의 사람들도 예전의 불제자들과 같은 이름(아난다, 사리불 등)으로 불렀다.

그리고 그 외에의 대승 諸보살을 따르게 했다. 이 諸보살의 등장도 대승경전의 성립에 큰 역할을 수행했다. 한편 다수의 유명한 대승제불이 있고 종래의 이른바

'깨달음 - 해탈'의 붓다에 대해서 대승제불 대부분은 救濟佛로 활약하는 점이 특징이다. 여기에는 붓다觀의 전환이 보이며 이 諸佛 중에 彌勒佛, 阿弥陀佛, 藥師如來, 毘盧舍那佛이 가장 잘 알려졌다. 이 미륵불은 未來佛로 세워져 현재는 예전의 석가불이 살았던 '도솔천'에 살고 있다고 한다.

그 天上에 있는 미륵불에 대해서 지상에서 고뇌하는 범부는 사후에 바로 태어나서 上生을 원하며 또는 이 佛의 빠른 下降을 기도한다. 이 두 가지의 미륵불 신앙이 미륵경전(한역은 6종)에 설해지고 있다.

아미타불은 大乘諸佛 속에서 가장 널리 알려졌다. 그 원어는 아미타바(無量光)와 아미타뉴스(無量壽)의 두 가지가 있다. 이 두 말이 나타내는 무한의 빛과 무한의 수명은 예전의 석가불 찬미 수식어였다. 아미타불은 현재는 西方의 극락세계에 살고 있다. 그 전생은 法藏菩薩이고 이 보살은 먼 過去世에 무상의 깨달음을 얻어서 중생제도의 誓願을 일으켰다. 그리고 오랜 수행을 반복한 끝에 그것을 성취해서 十劫 이전에 아미타불이 되었다. 이것을 '無量壽經'이 설했다.

이 願은 그것을 설한 경전별로 다르고 당초는 24願, 그것이 36願, 46願 등으로 증보되어 48願에 이르렀다. 또 '淨土'라는 말은 중국에서 만들어졌고 산스크리트어에는 '佛國'으로 쓰여졌다. 또한 아미타불의 極樂世界가 세워진 西方은 東方의 '阿閦佛'의 妙喜세계에의 대항이고 그 외의 四方, 八方, 十方의 세계와 각각의 세계에 사는 佛이 세워졌다. 그 속의 서방극락이 특히 유명한 것은 서아시아와의 교류와 영향에 의한 것이다.

藥師如來(의약의 권위자)는 석가불이 여러 중생의 고뇌를 해결해서 醫王으로 불려진 것을 다시 전승, 부활해서 가장 직접적인 중생구제에 활약한다. 그 세계를 '淨瑠璃'로 부르며 동방에 설정된 정확히는 '藥師瑠璃光王如來'가 그 피안의 세계라고 각종의 약사경전은 설한다. 이들에 의하면 이 약사불은 예전에 보살이었을 때 12의 大願을 일으켜 중생제도의 行을 쌓아 그것을 전부 성취했다고 한다.

毘盧舍那佛은 바이로챠나(널리)의 로챠는 '빛을 비추다'의 음사로 초기 경전에 석가불이 태양처럼 빛을 발하여 그 광명이 가득했다고 끊임없이 말한 것에서 유래한다. 빛에 근거한 점은 앞의 아미타불의 원어의 하나인 아미타바(無量光)와 가깝다. 비로자나불은 '華嚴經'에서 석가불을 대신해 설법하고 무수한 땅에 각각 하나씩 사는 무수한 제불과 不卽不離 즉, 붙지도 떨어지지도 않는다. 이것을 축으로 전개하는 '화엄경'의 精髓는 중국의 唐나라 시대에 '華嚴思想'이라고 하는 장대하고 은밀한 종교철학적 세계관을 형성했다.

이상이 고유명사로 불려지는 佛로 여래가 大乘 諸경전에 등장해 각각의 경에서 가장 중요한 역할을 연출했다. 이들 제경전 중의 유명한 제불과 무명의 제불은 다수이고 각각 석가불의 諸특질을 나누어 구현한 결과이다. 대승제불 경전의 어느 한 經에는 대부분 하나의 仏이 활약하지만 그 각각의 一仏은 초기 불교에서 部派불교에 걸친 석가불에 첨부된 諸이념의 하나하나가 이어져 이상으로 확립되었다. 그래도 대승제불의 각각은 신자들로부터 독실한 귀의와 견고한 믿음을 받아서 승화되어 信者와의 결합이 긴밀해졌다. 그 형태를 대승불교 전체에서 조망해 보면 각각이 一佛이면서 전체로서는 多佛이고 혹은 汎佛이라 할 수 있다.

대승의 諸菩薩

菩薩이라는 말은 산스크리트어의 보디삿트바(팔리어는 보디삿타)를 음사해서 만들었다. 그 후에 보디는 어근이 브돕으로 깨달음의 뜻, 삿트바의 어근이 아스(존재한다)로 생명이 있다는 뜻이고, 鳩摩羅什에 의해서 중생으로 번역, 정착되었다. 玄奬이후는 有情으로 번역했다. 삿트바는 본질, 마음, 결의, 志願, 헌신, 의식, 용기, 胎兒의 뜻도 있고 옛 베다어의 사트반(영웅)과의 친근을 설하는 경우도 있다. 또한 菩薩摩訶薩과 연결하는 경우도 많아서 이 마가살은 마하자트바의 음사이고 이것이 大士로 번역될 때 보살은 開士로 번역한 예도 있다. 菩提薩埵 4자로 음사라는 예도 있지만 그 수는 적다. 이 4문자의 압축이 보살이다.

인도에서 보살이라는 말은 불교만이 사용한다. 보살의 어의는 여러 설이 있지만 대개 '보살은 지와 덕이 모두 뛰어나서 현재는 아직 佛은 아니지만 반드시 佛로 된다는(成佛, 作佛) 것이 확정되고 있는 후보자'이다. 그 초기에는 '未來에 成佛確定'이 중요시 되었지만 곧 단순히 '成佛의 候補者'로 취급되었다. 이 경위를 보면 보살이라는 말은 초기 불전에 등장한다. 예컨대 '숫타니파타' 제683詩의 일례가 있다. 有部系의 '중아함경'과 '잡아함경'에는 보살이라는 말이 등장하지 않지만 팔리 4부와 한역의 다른 2개의 아함경과 율장에는 있다.

초기 불교의 최초기에서 전반까지는 보살이라는 말이 존재하지 않았다. 위의 초기 경전에 보여지는 것은 후대의 편집 때 삽입된 것이다. 곧 이어 석가불 본생담類와 불전 등의 각 문헌이 창작되는 과정에서 처음으로 보살이라는 말이 생겼다. 그것은 碑에 새겨진 문장으로 입증되었다. 즉, 산치와 다른 곳의 불탑에 새긴 조각 비명이 발견되었다.

불교 조각의 초기에는 붓다의 像이 없었고 여러 종류의 심불(불족석, 보리수, 법륜 등)로 표현되었다. 이른바 불상의 출현은 북서부의 간다라와 중인도의 마두라에서 기원후 1세기 말 또는 2세기 이후로 간주된다. 예컨대, 아쇼카왕이 석존 탄생지의 룸비니동산에 세운 불탑 또는 바르후트 불탑의 탑문과 난간 등에 기원前 3세기~기원前 2세기 시대의 불전이 조각되어 있고 그 비명에는 임신과 탄생의 장면에 세존이라는 말이 있지만 보살이라는 단어는 전혀 기록되지 않았다.

원래 세존으로 부르는 것은 깨달음, 성도를 득한 후이고 임신과 탄생 등의 성도 이전은 세존도 석존도 아닌 단순히 고타마 또는 가우타마였다. 그럼에도 불구하고 위의 碑文에 세존으로 새겨진 것은 불전에 알려진 '보살'이라는 말이 성립되지 않은 것을 뜻한다. 또한 전통보수의 유부계 '중아함경'에는 석존이 지난날을 술회해서 '내가 원래 아직 무상의 바른 도를 깨달을 수 없었을 때'(我本未得覺無上正眞道時)로 설했다.

석존은 예전에 먼 과거세에 메가(구름의 뜻)라는 이름의 바라문 청년이었다. 그는 燃燈佛(定光如來, 錠光佛)을 만나서 보리심을 일으켜 연등불은 '그대는 未來世에 석가모니불이라는 이름의 佛로 된다.'고 예언했다. 이것을 '授記'라고 한다. 이에 의해서 빛을 본 청년은 오로지 깨달음을 구해서 수행에 정진했다. 그는 授記를 얻어서 언젠가는 佛로 된다는 것을 확정짓고 그것을 스스로 알고 있었다.

그 점에서 단순한 수행자와는 달랐지만 아직 佛이 되지는 않았다. 이 특수성에서 菩薩이라는 말이 만들어져 그들의 호칭으로 되었다. 그 후의 수행성과로 생각한 바와 같이 보살은 佛로 되었다고 한다. 그러나 이 前生譚은 각종 문헌에 범람하고 있지만 연대는 추정할 수 없다.

이렇게 해서 태어난 보살이라는 말은 위에서 언급한 것처럼 일부를 제외한 諸문헌에 자주 나오지만 授記에 의해서 반드시 불로 되어야만 하는 보살이다. 이것을 '佛典의 菩薩'로 부른다. 이것이 초기 불교에서 부파불교로 넘어가기 시작하는 보살이었다. 곧이어 널리 과거칠불과 미래불 등에도 이 말이 쓰여지게 되었다. 예컨대 '毘婆尸菩薩', '彌勒菩薩'로 불렸다.

초기 대승에 들어가면 佛이 유명, 무명으로 나누어짐과 동시에 보살도 유명과 무명으로 되었다. 아미타불의 전생의 法藏菩薩은 확실히 유명한 보살이고 약사여래 등에도 각각 보살이 세워졌다. 이와 함께 보살사상의 발전에서 佛로 되는 것을 포기하고 어디까지나 보살인 채로 해탈해서 중생구제에 전념한다고 하는 새로운 대승보살이 탄생했다.

그 중에 가장 유명한 것이 '觀音菩薩'이며 대승불교가 번창한 전지역에 널리 보급되었다. 觀音은 아바로키테스바라(avalokitesvara)의 역으로 아바는 널리, 로키테는 look(觀), 스바라는 音의 뜻으로 합해서 관세음 또는 관음이라 하고 한역은 5세기 초의 鳩摩羅什에 의해 확정되었지만 관세음 속의 世라는 말은 유래가 분명치 않다. 그러나 현존하는 각종 문헌에는 自在者였고 玄奘譯의 '觀自在'가 어울린다.

세상의 중생들이 보살의 이름을 부르면 그 음성을 관해서 그 願을 성취시켜서 이 보살로 되었고 觀音 속의 音이라는 말은 이 보살의 키워드에 해당된다. 이들의 작용은 관세음- 觀音菩薩이 적합하고 또한 이 쪽이 관자재보살보다도 유화감이 있고 친밀해져 중국, 조선에서 일반화되었다. 관음보살은 널리 서민의 신앙을 모은 오랜 역사를 거쳐 오늘에 이르렀다. 관음보살의 功德 등을 설한 '觀音經'은 정확히는 '觀世音菩薩 普門品'이며 鳩摩羅什譯 '妙法蓮華經'의 이 經은 법화경의 全 28장 중 25장을 차지하며 法華經의 1장을 독립시켜서 관음경이라 부른다.

'華嚴經'에는 관음보살이 살고 있는 남해의 보타락(광명산)山에서 經의 주인공인 善財童子가 남쪽을 돌아다니는 동안에 관음보살에게 가르침을 청했다. 이 보타락山의 이름은 중국으로 전해졌고 보타락은 山岳신앙의 성지였다. 티베트 불교에서 現身佛(활불이라고도 함)로 숭앙받는 달라이라마는 현세 관음보살의 화신이다. 관음보살 외의 특정의 명칭을 갖는 보살이 文殊(manjusri)보살이다.

문수보살은 문수사리의 약자로 般若經에 자주 등장해서 大乘의 가르침을 설한다. 특히 智慧에 정통했다. 普賢보살은 사만타바드라(samantabhadra, 널리 충복되는 것, 遍吉)의 번역으로 華嚴經에서 막중한 역할을 수행한다. 실행과 의지를 특징으로 한 흰 코끼리에 탄 像이 잘 알려졌다. 이 문수와 보현은 순전히 불교 내부에서의 탄생되었다.

다음 諸보살은 인도문화의 영향을 받아 생겼다. 먼저 勢至보살은 스타마라프타

(세력을 얻은 뜻)의 번역으로 마하(大)를 붙인 것이 많다. 지혜 또는 의지가 특출해 중생구제의 활동을 한다. 虛空藏보살 아카사가르바(akasagarbha, 허공의 母胎) 역으로 무한의 지를 상징해서 밀교의 여러 곳에 만다라로 등장한다. 地藏보살은 크시티가르바(ksitiggarbha, 大地의 모태)의 역으로 인도불교 후기에 생겨서 홋날 불분명하지만 중국에서 末法사상이 휩쓸었을 때 유난히 독실한 신심을 받아서 현재에 이른다.

이상의 보살들은 법장보살을 제외하고 모두 '授記'를 얻을 수 없었다. 그 때문에 관음보살에서 두드러진 것처럼 未來世仏로 되는 것을 스스로 포기해서 오로지 타자에 대한 봉사와 구제에 전념하게 되는 '自覺覺他行窮滿'(스스로 깨닫고, 타자를 깨우치게 하고 깨달음의 행에 극히 만족함)을 규범으로 삼아 그것을 닮아가는 自他 모두 구제와 깨달음을 현실에 실현하고 보편화하려 했다.

이 같은 보살이 바로 '大乘의 菩薩'이라 이름 붙여졌고 이것이 불교에 참여한 모두에게 깊게 새겨진 것이다.

이렇게 대승의 보살은 일체중생의 일원에서 '凡夫의 보살'이다. 그러나 보살인 이상 보리심을 발동해서 利他을 목표로 정진을 멈추지 않는다. 釋迦仏에서 大乘諸佛로 확산된 것처럼 대승 각 보살은 佛典菩薩에서 크게 비약적으로 확대되어 범부의 누구라도 뜻을 닦으면 참가할 수 있는 형태로 등장해 오로지 대승불교를 추진해 갔다. 여기에는 僧과 俗의 구별이 무용하고 혹은 불교의 각종 전문에 미숙해도 그 미숙함 때문에 새롭게 창작된 대승경전의 이상에 순응해 활약하는 좋은 점이 있다.

초기의 대승경전에는 經을 설했던 사람들을 다르마바나카(dharma-bhanaka)로 부르고 법사로 번역된 경우도 많이 있다. 바나카는 초기 경전에 각종 읊조리는 자, 외우는 자이고 해설자였지만 부파불교의 문헌 일부에 경전 독송자로 기록되었다. 이 바나카는 초기 대승에 들어와 다르마바나카(법사)로 불러 완전히 새로운 명칭과 함께 대승독자의 설법자로 출현해서 재가신자의 리더로 전환해서 대승불교의 지도적 지위를 만들었다.

또 그들의 대다수는 지금까지의 불탑 숭배에 비판적이고 반대해 새롭게 성립한 각종의 경에 꽃과 향을 바쳐서 경의 예배 공양을 장려하는 등 각각의 경의 절대화를 촉진했다. 또한 다르마바니카라는 여성법사의 존재와 활동도 뒷받침했다. 대략 이렇게 해서 초기 대승경전이 출현했다.

제6장 초기 대승경전

경전의 탄생은 인도에서는 史的관념이 결여되었기 때문에 經의 성립 과정을 일체 기록하지 않았고 특히 대승경전(論書 포함)의 성립 연대는 그 순서조차 전혀 알 수 없다. 다른 인용에 의해서 추정되고 소수에 지나지 않는다. 그러나 그 개요를 보충하는 것으로 중국의 번역 기록이 있다. 원래 漢譯에 대해서도 특히 佛典에 익숙하지 않은 고대 중국에서는 불명확하고 상세하지 않았다.

대략의 연대 결정이 제 연구를 거쳐서 결실을 맺었다. 대승경전의 최초 한역은 月氏(크샤나族) 출신의 支讖이었다. 지참은 後漢 桓帝(146~167년) 말기에 洛陽에 도착해서 178년~189년 사이에 12부 25권의 한역을 완수했고 그 중에 8부 19권이 현존한다. 이들은 원초형이며 般若系, 華嚴系, 아섭불, 아미타불, 관불, 성심청정, 문수보살, 삼매 등이 포함되었다. 이들의 원전은 인1세기 중반 이전에 성립되었다.

반야경

반야경은 '大乘'이라는 말을 최초로 선언해서 그 후 약 천년에 이르는 기간에 각종의 반야경이 인도에서 생겼고 이들은 연이어 漢譯되어 한역 반야경은 42종에 달한다. 그 속에는 여러 佛典 중에서 최소의 '般若心經'과 최대의 '大般若波羅蜜多經'이 있고 후자는 6백권 약 5백만자에 달한다. '金剛般若經', '理趣(般若)經'의 두 經이 잘 알려졌다. 또한 반야경전群은 그 대부분이 般若波羅蜜經(앞에 摩訶를 붙이는 것도 많다)과 이름의 혼동을 피하기 위해 그 제1장의 명칭과 大小 등의 별칭으로 불렸다.

대승이라는 말의 처음 출현은 지참譯의 '道行般若經'의 '道行品' 제1에 있고 '摩訶衍'이라는 마하야나의 음사어로 등장했다. 이 제1장은 이 경 속에서도 가장 오래 성립되었다. 그러나 여기에는 小乘이라는 말은 없고 위의 經이 발전해서 '小品般若經'(羅什譯 404년 완성)과 다른 계통의 '光讚般若經'(竺法護譯 386년)에 처음으로 小乘이라는 말이 표현되었다.

산스크리트本(8천頌,이만오천頌, 7백頌, 頌은 詩)과 티베트譯, 한역의 약 75종이 현존하는 반야경은 그 모두가 '空의 思想'을 설한다. 空의 이론화는 龍樹에 의해서 완성될 때까지 반야경은 완전하지 못했다. 고정을 배제하고 실체적인 생각도 허용하지 않는다는 空의 견해에 어떤 반야경도 철저했고 그와 같은 공의 반복은 반야경의 구석구석에 침투했다. 그 공의 실천적인 형태에 대해서 '마음에 머무르면서 얽매이지 않는다.', '집착하지 않는다.'를 강조했고 그것은 초기 불교의 '無我說'과 통한다. 실은 部派 중 최대의 有部이론이 본래 무아설을 축소해서 그 적용을 사람만으로 한정하고, 법에 의해서는 實有를 주장, 법의 체계에 전념하고 있다는 것을 엄격히 비판했던 것은 반야경이 說한 空에 지나지 않는다.

반야의 말은 초기 불교 이래 설되어, 지혜를 표현하고 그것은 직관적, 종합적인 특징이 넘쳐나서, 분석적, 이론적인 지식과는 근본적으로 다르다. 아무것에도 얽매이지 않는 空을 本旨로 하는 반야의 智에 의해서 일체를 직관해 통찰하는 것을 반야경은 설하며 또한 그 空에도 결코 얽매이지 않는 것으로 생각을 했다. 또한 그것을 몸으로 지키는 것이 바로 大乘의 菩薩이고 그것은 통상의 佛弟子(聲聞)와 고독의 성자(獨覺)와는 크게 달라 항상 타자와 결합, 타자에의 배려가 구석구석까지 미치고 타자를 위해 다하는 실천(利他)이 역설되었다.

그것을 단적으로 나타내는 말이 波羅蜜이고 經이름도 般若波羅蜜經이라고 지었다. 적어도 이 반야바라밀경의 성립 이전에 일찍 소실된 經의 이름만 전해지는 '六波羅蜜經이' 있고 보시, 지계, 인욕, 정진, 선정, 반야의 바라밀의 실천을 설했다. 그리고 이 6개는 초기 불교의 8정도, 5근5력(信, 정진, 념, 선정, 지혜)과 그것을 간략화한 戒, 定, 慧의 3學을 기본으로 부파가 설한 실천론도 참조해 가면서 결실을 맺었다. 즉, 자기 혼자에 관계되는 실천의 덕목으로 持戒와 精進과 禪定과 반야의 4개를 계승해서 타자와의 관계인 보시와 忍辱을 새롭게 추가해서 위의 6개가 이루어져 그 각각에 바라밀을 동반해서 '六波羅蜜'은 구성되었다.

바라밀은 파라미타의 음사이고 파라미타는 파라마(최상, 완전의 뜻)를 파라미로 여성형화 해서, 거기에 추상명사화 하는 접미사 타를 붙인 단어로 완성, 극치를 나타낸다. 그러나 중국과 티베트에서는 그 해석을 고의로 무시하고 파라(他, 彼岸)에 가다를 뜻하는 타를 붙여서 이 말의 내용에 의해 일탈된 해석을 행했다. 다른 곳에 가다, 피안에 건너다의 到彼岸으로 번역했다.

이 誤譯 위에 북방의 대승불교는 성립 이래 번영했다. 육바라밀의 나열에서 특히 제6의 반야바라밀을 골라서 그것이 다른 다섯 개를 뒷받침하는 기반으로 된다고 해석해서 반야바라밀을 테마로 했던 것에서 반야경이 성립했다. 또한 그것이 '大乘의 宣言'으로 되었다. 이 반야바라밀의 내실은 위에 언급한 공의 심화였다. 예컨대 보시가 반야바라밀을 동반해서 보시바라밀로 승화하는 것은 보시가 施者와 受者와 施物과의 3개로 연결되어 그 3개 속에 무엇인가 하나를 결여해도 보시는 성립하지 않는 것을 반야의 지혜에 의해서 알 수 있다. 그러면 그 하나가 독립해서 실재하는 것이 아니고 3개 함께 공이 있고 그 무엇에도 얽매이지 않는다고 하여 이것을 三輪淸淨이라고 불렀다. 이 이론이 다른 5개의 각각에 섞여져 각각의 바라밀로 되었고 이들의 근저에 반야바라밀이 있다.

또 이와 같은 공은 業說에도 반영되어 종래의 자업자득, 인과응보에 의해서 자기가 얻을 수 있는 과를 방향도 내용도 변경해서 다른 곳으로 뒤돌아보는 길이 열려있다. 특히 선과에서의 善果를 他者로 향하게 하는 廻向이라는 사상이 반야경에 구축되었다. 그것은 대승의 자비 - 이타사상과도 깊이 관련해 특히 정토경전에 자주 나온다. 회향은 힌두교에 속한다는 학설도 있다.

'반야심경'의 '色卽是空, 空卽是色'의 句는 사물과 공의 완전한 일치를 표현하며 사물이 그대로 공이고 아무런 고정된 실체는 없고 동시에 공이 있는 것이 사물을 사물답게 한다는 것을 설해서 그것은 五蘊의 다른 네 개(수, 상, 행, 식)에 반복한다. 그리고 이 經의 끝에 '가티(揭帝)' 이하의 진언의 주문을 추가했다. 그것은 본래는 공의 지혜인 반야바라밀이 그대로 진언으로 연결되고 있어 밀교의 영향을 반영했다.

維摩經

유마경은 성립이 약간 늦었지만, 반야경에서 說한 空을 그대로 실천하는 비마라키르티(vimalakirti, 유마힐로 음사, 뜻은 淨名)의 이야기이고 드라마성이 經 전체에 넘친다. 유마는 당시 상공업의 중심지 바이살리의 세속에 살면서 부인과 재산이 있는 재가신자(居士)였고 특히 유희와 술집에도 들락거렸다. 그들의 언동은 바로 空에 연마되었고 舍利仏 이하의 불제자를 감복시켜 재가불교의 모범을 보였다.

반야경이 반야바라밀을 '仏의 어머니'라고 한 것에 대해서 유마경은 그것을 '보살의 어머니' 또는 '방편을 아버지'로 했다. 이어서 법의 기쁨을 '妻' 자비의 마음을 '여자'라고도 설했다. 또한 유마경은 '大毘婆沙論'의 한 문장을 인용해서 仏이 설한 一音을 중생은 각자 다양하게 이해한다고 말해 對機說法의 형태를 다른 측면에서 뒷받침했다.

華嚴經

화엄경은 '大方廣仏嚴經'의 약어로 방광은 大乘을 나타내고 '仏華嚴'은 佛이 완성되는 심원한 깨달음을 꽃띠로 장식한 것이다. 원전은 '十地經'과 '入法界品'의 2부가 있고 각각 오래 되었으며 산스크리트본, 한역본이 있다. 현존하는 화엄경 한역이 5세기 초의 60권과 7세기 말의 80권이 있고 따로 '입법계품'의 8세기 譯인 40권도 있어 각각을 60화엄, 80화엄, 40화엄으로 통칭되었고 그 속에 60화엄이 옛날부터 널리 읽혀졌다.

화엄경은 장엄하고 화려한 내용이 실로 웅대한 규모로 전개되어 仏 스스로 가르침을 설한 것이 아니고 보현과 문수 등의 보살들이 仏의 神力을 받아서 불의 찬미를 계속 설명했다. 설법의 장소도 지상과 하늘을 왕복해서 합계 7처에 이른다. 이 仏은 광명이 두루 가득 찬 毘盧舍那佛과 일체라고 선언했다.

그래도 교설에서는 공간적, 시간적으로 개별과 보편이 서로 융합되어 하나에 일체가, 일체 속에 하나가 구현해서 一卽一切, 一切卽一이라는 철학을 전개했다. 또한 滿數로 十에 따라 모두를 설명해서 그것의 무한성과 안전성을 명확히 했다. 예를 들어 6바라밀에 방편, 원, 력, 지의 4바라밀을 더해서 10바라밀을 시초로 十行, 十廻行, 十念 등이 자세히 설명되었다. 특히 보살의 단계를 10으로 나눈 十地(열 단계의 뜻)가 알려지고 있고 이 설은 이미 화엄경의 전신인 '十地經'에 나온다. 십지는 2종류가 있다.

(1) 불전문학의 '마하바스트'(大事, 大衆部系)에 설해지고 있다. 이것은 각종 반야경이 계승하는 십지로 범부에서부터 성문, 독각, 보살, 불에 공통되는 것에서 '共의 십지'라고 한다.

(2) 보살만으로 한정한 것이 不共의 십지이고 화엄경만을 독자적으로 설한다. 화엄경 독자의 이 不共의 십지는 대승의 올바른 지혜를 얻어 기쁜 歡喜地로 시작

한다. 이어서 계를 지켜서 마음의 때를 벗은 離垢地 등을 거쳐서 제6의 現前地에 이르면 大智가 갖추어져 十二인연을 완전히 체득한다. 그러나 이 제6지에는 '3계(중생이 사는 세계 전체)는 허망해서 단지 본디 일심을 만들게 되고 12인연분은 이 모든 마음에 의 한다.'는 가장 유명한 문구가 있고 모든 것은 마음에 귀착한다고 주장하는 '唯心思想'이 완성되었다. 이 유심사상은 이미 초기 불교 이래 강조되어 훗날 유식설 등의 중기, 후기 대승을 이끌었다.

제7의 遠行地에서 보살의 수행은 완성되어 제8의 不動地에서 仏로 도달해 제9의 善慧地에서 중생을 교화한다. 제10 法雲地는 모두가 원만구족해서 그 지혜는 큰 구름에 비유되었다. 화엄경의 종장 '입법계품'에 善財童子라는 소년이 수행 편력하는 大로망이 전개된다. 그는 佛道를 찾아서 문수보살을 시작으로 비구, 비구니, 의사, 어른, 재가의 남녀 신자, 동자, 동녀, 창부, 어부, 바라문, 외도, 왕, 하늘, 선인을 거쳐 다시 문수로 돌아와 최후에 53인째(여성이 10명)에 보현보살을 만나서 문수의 지혜와 보현의 행을 완전히 얻어 깨달음에 달해서 완결을 맺는다.

'입법계'라는 것은 대승의 보살이 仏如來로 되어 불여래의 바로 직전이라는 뜻이고 이 여래의 출현을 특히 '性起'로 이름 붙여 훗날에 중국의 화엄종 및 禪의 중심과제로 되었다. 또한 화엄경에는 '初發心時, 便成正覺'(초발심 때에 즉시 바른 깨달음을 성취한다)이라는 문구, 사찰에서 널리 부르는 三歸依 (스스로 불, 법, 승에 귀의한다) 문구가 있고 60화엄의 淨行品 등이 포함되어 있다.

淨土經典

淨土는 중국에서 생겼고 산스크리트어의 붓다크세트라(buddhakshetra, 佛國土)에 해당된다. 대승에서 釋迦仏 외에 대승의 諸佛과 그 국토가 성립된 속에서 동방의 묘희 세계와 아섭仏, 西方의 극락세계와 阿彌陀佛 등이 잘 알려졌고 특히 후자는 북방불교에서 가장 중요시 되었고 중국에 정토교가 침투했다.

아미타불에 관련한 설을 서술한 한역의 經論은 대략 290부로 현존하고 있으며 그것은 대승의 경론의 1/5에 해당한다. 이 정토경전 속에서 '무량수경'과 '관무량수경', '아미타경' 등을 골라서 '정토 3부경'이라 한다. 중국에서는 오로지 이 3부경에 따라 정토교가 설해졌다. 이것을 각각 大經, 觀經, 小經으로 약칭하는 것이 많다.

대경과 소경에는 극락의 장엄으로 각 제목을 정한 것과 내용도 다른 梵語本의 두 종류가 있다. 대경의 한역은 다섯 권이 현존하고 관경은 漢譯 한 권만이 있다. 이것이 인도에서 만들어진 것인가는 알 수 없다. 처음 소경이 성립하고 극락세계의 찬미와 아미타불에의 믿음을 설했다. 그 후 곧 법장보살의 이야기를 추가해 아미타불의 자비를 강조하는 大經이 생겼고 그 끝부분에는 위와는 역행하는 범부의 三毒과 5종의 惡을 상세히 설명했다. 훗날에 만들어진 관경은 부왕을 살해한 阿闍世왕의 이야기에서부터 아미타불에의 念想을 전개해서 염불을 이끌었다.

정토교는 뛰어난 소수의 엘리트들이 실천수행에 전념하는 불도를 '聖道文'으로 불러서 멀리 慈悲에 넘치는 아미타불만을 염하고 그 본원을 오로지 정토문에 귀의하고 특히 말법세상의 범부에는 아미타불의 원력에 의하여 극락에 왕생하고 불토전의 자리에 이른다는 '易行道'가 어울린다고 강조했다. 성도문을 '자력' 정토문을 '타력'으로 부르고 타력의 타는 아미타불을 가리킨다.

이들의 구분도 명칭도 중국에서 시작되었다. 또한 信은 원래 초기 불교의 5근, 5력의 최고 위에 놓고 대승에 들어가면 '화엄경'에 '신은 道의 원천, 공덕의 어머니로서 일체의 모든 善法을 조장한다' 또한 '大品般若經'의 주석인 '大智度論'에는 '불법의 큰 바다는 믿음을 能入하지 않고 智(般若)를 태도로 삼는다.'고 설해 믿음으로부터 불교의 시작에 일관한다. 그러나 신앙이라는 말의 쓰임은 기독교가 전래된 18세기 말부터 병행되었다.

法華經

漢譯 중의 鳩摩羅什譯 '妙法蓮華經'은 28장(梵語本은 27장)으로 구성되었고 제14장까지의 전반과 이후 후반으로 二分하고 또한 후반의 제23장 이하는 부속되었다. 이 제25장이 상술의 '관세음보살보문품' 즉, '觀音經'이다. 전반의 중심 제2장은 방편(수단, 방법)을 本題로 한다. 이 장에서는 聲聞(불의 가르침을 듣고 배우는 불제자), 獨覺, 菩薩의 3乘은 각각의 성불을 지향, 모두가 一佛乘에 귀의하고, 2승, 3승은 교화의 방편으로서 임기응변의 설법에 지나지 않았다

그 방편은 여러 곳에 흙을 쌓아 불의 영묘를 만들었고 모래를 모아서 불탑을 만들고 나무와 붓과 필기로 불상을 그리고 합장하고 머리를 숙이며 일단 南無佛(불에 귀의하라)로 받아들이는 등 불도성취로 이끈다고 설한다.

거기에서 석가불의 입멸에 이르는 설은 중생교화의 방편에 불과하다. 진짜의 불은 깨달음을 옛날에 달성해서 끝없는 시대를 걸쳐 사람들을 교화한다는 내용의 '久遠實成의 仏'이 비유를 섞어서 자세히 기술되었다. 이 구원실성仏의 說이 중요시 되어 經의 후반을 本文으로 전반을 迹文으로 부른다. 그것은 후반 본문은 仏의 本體, 전반 적문은 佛의 救濟의 자취를 나타내는 二分說에 근거한다.

또한 '법화七喩'로 부르는 7종의 비유 등이 법화경의 문학성을 나타낸다. 그 중에는 이 세상을 仏에 의해 사라지는 집에 비유하고 그 불난 집에서 어린이들을 3종의 수레(三乘)로 구제하는 이야기와 가출한 소년이 50년 이상 방랑한 끝에 자신의 집인 줄도 모르고 돌아오는 것과 아버지가 여러 종류의 방편에 따라 맞이하는 이야기 등이 특히 잘 알려졌다.

그 외에 女人成佛을 설한 12장도 유명하다. 법화경은 풍부한 로망문학적 일면이 있지만 그 주장은 꽤 과격한 면도 있으며 이것은 순수성과 철저함을 반영하는 동시에 經을 신봉했던 사람들이 일종의 특수한 그룹은 아니었다. 또한 경 속에서 보이는 '妙法'은 산스크리트본에 '삿다르마'로 바른 정법을 의미한다. 그것이 진흙탕에서 오염되지 않는 흰꽃을 만개하는 연꽃에 비유했다.

기타 경전

三昧經典이라는 일군이 있고 선정에 들어가 마음이 통일되어서 완전히 평정되는 삼매를 경 이름에 붙인 것이다. 가장 오래된 한역 대승경전인 지루가참譯 중에 '般舟三昧經'이 있다. 삼매 속에 佛이 눈 근처에 나타났다는 의미이고 觀佛三昧에 가깝다. 그것은 불상 예배의 수행에서 체득된 종교 경험에 유래한 것이다.

같은 지루가참譯에 '首楞嚴 三昧經'이 있고 같은 이름의 경 鳩摩羅什譯이 있다. 수능엄은 '슈란가마'의 음사로 삼매의 힘에 의해서 온갖 더러움과 번뇌를 떨친다는 의미이고 용맹정진하는 수행자의 禪定 힘의 위대함을 나타내서 문수보살이 구현된다. 또한 문수를 주제로 문수가 활약하는 경전도 많다.

삼매는 사마디, 선정(dhyana)은 드야나의 음사로 삼매경전에는 음사가 많다. 삼매나 선정도 원래는 인도의 요가에서 출발해서 일상에서나 비일상에서도 일종의 靜止에 집중하는 이 行(samskara)은 훗날 중국인이 애호하는 가운데 禪이 형성되었고 한반도로 들어왔다. 선의 역사는 이미 오래전에 또는 현재는 전 세계에 확대되고 있다. 그 외에 '大寶積經'과 '大方等大集經'이 있고 오랜 세월에 걸쳐서 잡다한 내용을 모은 경으로 일부에 밀교적 요소도 섞였다. 그 이외의 경도 많다.

용수(nagarjuna)

초기 대승경전이 나왔던 기원150 ~ 250년경 세계 사상에서 걸출한 종교철학자로 불리는 나가르주나(龍樹)가 등장해서 특히 空의 사상을 멋지게 이론화했다. 나가르주나는 초기 대승불교에 확고한 기반을 구축했고 이후 대승불교가 모두 그의 영향 아래에 있었기 때문에 8宗의 祖로 존숭된다. 그는 남인도의 바라문 가문에서 태어나 당시의 모든 학문에 정통한 후에 불교로 전환해서 초기와 부파의 제설을 습득하고 곧이어 동북인도로 가서 대승불교를 배웠다.

주요 저서인 '中論' 외에 '廻諍論', '六十頌如理論', '寶行王正論', '勸誡王頌', '菩提資糧論' 등의 저술이 있고 일부를 제외하고 산스크리트본, 한역, 티베트역이 있다. 또한 '대지도론'(대품반야경의 주석)과 '十住毘盧沙論(십지경의 주석)', '十二門論'(중론에서 뽑아 고름)은 漢譯본만 전해지지만 그 영향은 대단히 크다. 나가르주나는 만년에 고국으로 돌아가 남인도에서 4백년 이상 지속해온 사타바하나(satavahana) 왕조의 왕과 교류하며 불교를 권장했다.

'중론'은 원본이 불분명하지만 5세기초 鳩摩羅什譯에서 7세기 챤도라기르타의 주해까지 6종의 주석서가 현존한다. 중론은 약 450개의 詩가 27장으로 나누어 구분되었다. 이 책은 말, 실체, 운동, 기능, 원인과 결과, 주체와 작용, 주체와 객체 등 또한 불교의 諸術語를 철저히 고찰해 실체적 사유를 부정해버리고 복잡한 상호관계에 의한 성립을 침투시켜 空의 해명을 수행했다. 이 책 서문의 8개의 부정은 그 독자의 緣起說과 戱論寂滅로 연결된다. '중론'은 일상적인 생각과 불교의 제술어를 수렴해서 그 중에는 이른바 사물이 독립적으로 실재해 기능하도록 간주하는 생각이 잠재된 것을 지적해서 그 생각을 '自性'이라는 술어에 귀납시켜 엄하게 비판했다.

자성이라는 것은 항상 동일성을 갖고 그 자신에 존재하는 본체를 말하며 실체라 해도 좋다. 그 비판의 근거로서 독자의 연기설을 세웠다. 즉, 온갖 사물은 항상 다른 사물과 깊은 상호의존의 관계 위에 시작해 그 사물로 성립하여 그 존재에서 연동과 기능까지의 모두에 자기 동일도, 독단의 자립도 있을 수 없다는 것을 '중론'은 설한다. 그리고 그 이론은 일체를 이 相依관계로 초래한다. 이 관계는 상호긍정과 상호 부정의 양자를 동시에 포함하고 거기에 유동성이 풍부해서 매우 복잡한 것이 중론에 명확하게 되었고 이와 같은 상호의존 관계에 의한 해명이 그 연기설에 해당한다.

연기라는 술어는 초기 불교와 부파의 교리에 무성히 인용되었다. 그러나 거기에는 因과 緣에서 果에 이르는 일방적인 관계에 머무르고 그 위에 因과 緣도 果도 실체적으로 얽매여 있다. 이에 대해서 '중론'이 설한 연기는 위에 서술한 가역적인 相依를 특질로 그 철저함에 의해서 일체는 이 연기에서 초래되었고 따라서 '自性'은 소멸된다. 자성의 부정을 '無自性'으로 술어화해서 모든 사물이 무한의 상의와 항상 변동하여 흘러들어 침투된다.

그 속에서 그들의 사물은 오히려 자유로운 작동이 넓혀진다. 또한 말로서는 부정을 중복해 나가면서 큰 해방을 갖다 준다. 그와 같은 위에서 '空'이라는 밑바닥의 지평이 열렸다. 초기 불교와 초기의 반야경전도 후대의 중기 대승의 論書도 부정을 내걸은 동시에 欠如을 표현한 '空'이라는 말은 예컨대 '방안에 소가 없다'를 '牛는 空'으로 칭해서 그것은 '牛의 欠如'를 나타내지만 '사람은 있다'를 포함해서 결여는 있어도 무언가가 남아있다고 말한다.

그것에 대해서 중론은 어디까지 '연기 — 무자성 — 공'의 라인을 일관한다. 따라서 위의 문장에서 소도 사람도 결여도 남아 있는 것도 실체로서 존재하는 것이기 때문에 인식하는 것도 아니고 모두를 거짓 상대적인 형태로 바꿔놓아 부정의 반복에도 미동하지 않는다. 이 처럼 공은 어디까지나 실체, 실체화를 계속 거부해서 억지로 표현하면 術語는 되어도 主語는 결코 될 수 없다. 즉 중론은 일체의 사물에 '그것은 空이다'로 결론 내는 것이 공의 대상화를 허용하지 않는다.

이렇게 해서 모든 얽매임은 空 자체의 얽매임도 포함하여 저절로 사라져 이른바 '상대적인 가설은 중도'에 연속해 있다고 '中論'은 설한다. 또한 중론은 2종의 진리를 표현하는 二諦說을 쓴다. 즉, 상대적으로 성립하는 언어에 의해서 설이 표시되는 진리를 世俗諦로 언어는 본래의 한계를 초월해서 상대성이 미칠 수 없는 제1義諦를 들어 '諸佛은 2諦에 의해서 중생을 위해 법을 설한다.'고 쓰고 있다. 이와 같이 일상에서 상대적인 진리를 승인하고 그 위에 이 근거에 고정해 실재하고 있다고 생각된 실체를 어디까지나 배제한 위에 자유롭게 결실이 풍부한 실천을 유도, 전자가 연기로, 후자가 무자연성— 공에 뒷받침된다.

'空'이라는 말은 중론의 詩에 鳩摩羅什譯本에는 41詩에 58회, 산스크리트本에는 38詩에 54회 등장해서 옛날부터 많은 연구자들이 무실체, 상대성, 한계, 무한의 부정, 자재, 해방 등도 설했다. 空이라는 말의 산스크리트어인 슈니야(공인 것, 空性)는 인명도 시대도 알 수 없는 인도인이 발견한 제로(零, 0)의 원어이고 제로는 단순한 無도 아니고 단순한 有도 아닌 동시에 유이고 무이다. 또 有도 아니고 無도 아니라고 하는 일견 모순에 찬 다면성을 발휘한다.

1로 시작하는 정의 정수는 자연수로 불렸고 매우 오래되었으며 거기에 추가해서 제로라는 수가 발견되지 않았더라면 모든 자연과학의 근저에 있는 수학은 그 근거를 잃어버린다. 제로라는 수의 발견에 의해서 예컨대 負(마이너스)의 개념이 명확하게 되었고 또한 중요한 것은 십진법(인도가 가장 오래 되었고 아라비아를 거쳐 유럽에 전해진 것은 천수백년전) 또한 수학의 기본인 가감승제가 매우 쉽게 되었을 뿐 아니라 이른바 근대 수학을 뒷받침했다.

제로는 일상에 이르는 구석구석에 넘쳤고 空도 똑같았다. 그 空에 의해서 우리들이 현재 살고 있는 상대의 세계는 성립했다. 그리고 그 밑바탕에는 그 상대의 세계 그 자체의 부정이 엄연히 있다. 또한 그 공이라는 부정 때문에 우리들의 이 세계의 모든 종교, 철학, 윤리를 시작으로 문학, 예술, 과학 등의 제 문화와 그들의 응용과 기술화에 의한 모든 제품, 또한 정치, 경제를 포함한 인간의 노동 행위 일반에서 자연계까지 어디에도 상대성을 면치 못한다.

게다가 그 부정은 더욱더 2종 부정에 한정하지 않는 부정으로 향해 그것에 의해서 그 상대세계를 일방으로 없는 것으로 해서 다른 쪽으로 초월시킨다. 그리고 동시에 無로 떨어지고 초월내의 내재를 실현한다. 또 이상의 상대세계는 끊임없이 생멸변화하는 무상의 현실 세계를 겸하고 있다.

불교사상사에서 보면 '중론'이 설한 空은 일부가 無我 또는 無常으로 다른 일부가 연기를 거쳐서 12인연으로 통해 양자를 합쳐서 苦의 테마로 이끌었다. 그 苦의 실체화를 배제해서 苦도 초월된다. 그 의미에서 중론에서 설한 空은 부정주의도 니힐리즘도 아니며 또한 허무하다고 말하는 감성의 詠歎과는 멀다. 그것만이 불교의 이상인 해탈, 여래, 니르바나도 위에서 쓴 肯定 — 否定 — 肯定의 길을 반복해서 걸어왔다.

다른 한편 세속 그 자체도 동시에 否定 — 肯定 — 否定에 돌진하는 모양, 이른바 3단 논법. 반어명제, 딜레마, 일종의 四句論法 등에 따라 중론에 상세하게 논해졌다. 이렇게 해서 세속의 범부를 미혹하게 괴롭히는 번뇌도 오히려 실체를 벗어나 이어서 해탈의 깨달음(菩提)으로 여래의 니르바나로 이끌어 간다. 이것이 '如來卽世間, 煩惱卽菩薩, 生死卽涅槃'이라는 일견 역설적으로 보이는 句로 결론된다.

게다가 여기에 사용된 말 그 자체가 우선 그 내용을 계속 지시, 실제는 희론, 가명, 시설이고 그것을 자각하는 곳에 空이 나타나고 또한 언어 자신의 허구와 한계가 자각되어 언어는 사라지고 공은 표현을 초월한다. 존재하는 상대 세계와 그 구성요소는 연기(相依關係)에 따라 우선 성립되어 우리들은 그 속에서 태어나고 산다. 그러나 실체는 없다. 잘못된 실체로 파악해서는 모순에 부딪치고, 자기부정, 자기모순의 苦에 빠진다. 이것을 체험해 가면서 무상을 포함한 연기의 반성에 의해서 드디어 無實体에 이른다고 空은 분명히 한다.

이상의 프로세스와 결과로 이루어진 이들의 자기체험을 기억과 기록에 남겨서 높이 쌓아 중복해도 이들 모두가 실체로 무화되어 죽음을 맞이한다. 그래도 다시 혹은 인류에게 하나의 경험으로서 유용하다면 그것을 실체화해 고립시키는 것이 아니고 空에 표백해 그 개인의 無를 통과하는 도리밖에 없다.

제7장 중기, 후기 대승불교의 사상

중기 대승은 4세기경부터, 후기 대승은 대략 7세기 이후를 가리킨다. 如來藏과 唯識이 중기 대승을 대표하고 일반적으로 유식을 먼저, 여래장을 후에 논하는 경우가 많다. 그러나 유식설은 그대로 계승해서 그 정밀한 이론 구성에 따라 후기 대승의 認識論과 論理學이 전개되었다. 여래장설은 인도에서 한 시기에 융성했지만 곧 소멸했다. 또한 후기 대승에서는 밀교가 일어났고 후기 대승의 諸論師에도 영향을 미쳤다. 또 밀교를 대승불교에서 독립시켜 논하는 학설도 적지 않다,

如來藏(佛性)

여래장은 타타가타가르바의 번역이고 타타가타는 여래, 가르바는 胎를 의미하며 藏으로 번역해 이를 합쳐서 중생은 그 태에 여래를 품고 있다는 것을 나타냈다. 이 설은 대략 5개를 기원으로 한다.

⑴ 自性淸淨心, 心性本淨說. 마음은 본래 깨끗하다고 주장해서 초기불교, 부파의 대중부 '般若經'이 설했다.

⑵ 仏種, 如來種. 종은 種族, 家族, 素質을 말하며 번뇌 속에 불여래의 소질이 있다는 것이다. 대승의 제경전 특히 維摩經에서 설했다.

⑶ 출생의 생각. 예컨대 '반야경'은 육바라밀을 佛母, '유마경'은 智度(반야바라밀)를 母, 방편을 父로, '大智度論'은 지도를 母로, 반야 삼매를 父로, '화엄경'은 중생을 불자로 설한다. 이 생각에서 '胎'의 말이 나왔다.

⑷ 如來界. 계는 토대, 기본, 본질, 구성요소 영역을 말하며 '性'이라고 번역했다. 예컨대 달은 구름이 뒤덮어도 만월인 것은 변하지 않는다고 설했다.

(5) 性起. '화엄경'의 '여래 성기품'에 설된 불여래는 잠재적으로 특히, 중생에 널리 실재한다고 주장해서 이 다섯 가지가 직접적인 동기로 되어 여래사상으로 정수되었다.

4세기경에 성립한 '여래장경'은 한역 1권의 작은 경이고 佛의 출현과는 무관계로 '일체중생의 여래장을 常住不變'이라고 설했다. 그리고 이것을

(1) 시들은 연화의 풀 속에서의 化佛
(2) 많은 벌에 에워 쌓인 꿀
(3) 외피를 감싸고 있는 곡식
(4) 깨끗하지 못한 곳에 떨어진 무쇠
(5) 가난한 집의 지하에 있는 감춰진 금
(6) 제왕의 아들을 재워준 비천한 여자 등등

9개의 비유를 詩와 散文에 따라 설명했다. 이 9개의 비유는 후대에 전해져 다시 인용된다.

'勝鬘經'은 한역 1권만 있지만 일반 책의 두 배 정도로 크고 내용도 풍부하다. 이 승만경은 중부 印度 사위國의 왕녀 아유타國 우니王의 妃인 勝鬘夫人이 仏을 찬미해서 후에 十大誓願을 말하고 또한 仏体得의 의의를 이야기하며 仏 하나하나를 감상한다. 즉, '법화경'이 설한 3승에 人乘과 天乘을 더해서 5승은 一乘에 돌아간다. 또한 상주불변의 法身에 번뇌가 달라붙어서 여래장으로 부른다. 여래장은 자성청정이며 불생불멸이고 일체의 원동력이 되는 번뇌를 이탈한다는 것을 설한다. 그러나 법신과 번뇌와의 관계에 대해서는 난해한 부분이 있다.

'大般涅槃經'은 초기 경전의 팔리어 '長部'와 '長阿含經' 속의 경의 異譯 경전과 같은 이름의 경이 있고 형식도 붓다 최후의 여행, 입멸, 불사리 분배 등이 유사하다. 이 經의 내용은 대승만을 설하고 초기 경전들과 구별하기 위해 '大乘涅槃經'으로도 불렀다. 이 한역 40권본은 法顯譯 '大般泥洹經' 6권보다 그 성립 연대가 약간 늦다. 후자는 전자의 전반 10권에 상당하는 원초형으로 이루어졌다. 이 經에는 여래장 대신에 佛性의 말을 사용, 그 원어는 佛界 또는 仏種이다.

唯識

유식설은 초기 불교 이래의 전통인 유심론을 받아 직접적으로는 화엄경의 '三界는 허망해서 단지 일심을 만드는 곳'의 설을 근거로, 반야경에서 龍樹에 이르는 空의 사상과 연기설을 활용해서 구성했다. 유식설은 낙천적인 여래장 사상과는 반대로 마음이 미혹해 번뇌에 사로잡혀 오염된다는 실태를 있는 그대로 특히 현실적으로 응시한다. 그리고 이 유식설은 현대의 말로 하면 심리학적 방법에 의해서 마음과 대상과의 대응에 관해서 구사한 조직체계라고 평가할 수 있다.

5세기에 완성된 이 유식설은 확실히 현대 유럽의 정신분석과 일맥상통되는 요소도 있다. 즉 서양철학이 천년 이상에 걸쳐 건강하게 발휘하는 이론체계에 숨겨져 있던 어두운 부분을 19세기 후반 이후에 쇼펜하우어, 니체, 키에르케고르 등이 폭로했고 20세기에 들어와서는 하이데거, 야스퍼스, 사르트르, 카뮈 등 실존철학의 그 정면에 놓였다.

이와 병행해서 극단적으로 말하면 어두운 세계인 광기와 여기에 어느 정도 근접하는 신경증세 등을 치료하는 의사로서 프로이트와 융 등이 등장한다. 이들은 전자는 잠재의식, 후자는 무의식을 세워 그 세계가 바로 인간의 의식세계의 원형이라고 하여 그 해명에 전념했다. 정신분석으로 부르는 이 길은 일찍이 심리학을 대신해서 전 세계로 퍼져 각종의 對症療法을 일으켰다.

이 두 사람을 시작으로 다수의 신경 의학자들은 스트레스와 릴렉스 등의 술어에 의해서 개인과 사회의 병리를 분석해 새로운 치료 방법과 약제 등을 개발, 사용해 의료에 크게 공헌했다. 그에 대해서 唯識師들은 모두 瑜伽行(yogacara)으로 불리는 건전한 요가의 行(아차라)에 전념했다. 현재의 일상어로 말하면 깊은 禪定의 도달에 의해 어디까지나 투명한 마음의 획득을 지향해서 그것에 대응하는 분석과 이론을 완수한다.

즉 唯識과 요가(禪定)는 밀접히 중첩되어 일체화하고 있다. 게다가 위에 언급한 것처럼 현대의 정신분석이 병을 치유시켜서 정상적인 건강체에의 복귀를 목적으로 하는 것에 대해서 유식설은 제 대상과 개인의 표상에 집어넣은 프로세스에서 각종 번뇌를 분석하고 그 근원을 밝혀내어 요가(禪定)에 깊이 들어간 후에 깨달음을 얻어 해탈에 도달하는 형태를 매우 냉정하게 가르친다.

유식에는 요가가 일관하고 있기 때문에 瑜伽行派로도 불렸고 유가행 최초의 경전은 '解深密經'과 '大乘阿毘達磨經'의 2개가 있다. 또한 유가행파 최고의 論師인 無着(390 470년)의 저서 '攝大乘論'은 이 經의 1章의 주석에 불과하다. 이 論에는 무착의 대승불교 전반에 걸친 철저한 깨달음과 이론이 종횡으로 전개되어 유식설뿐만 아니라 당시의 대승불교설에 하나의 정점을 제시했다.

한편 '解深密經'은 미혹한 현실을 직시해서 거기에 꿈틀거리는 凡夫의 마음을 잘못된 인식으로 규명하고 생존의 근원으로 마음을 아라야識이라 이름 붙이고 그것을 잠재심, 마음의 무의식 영역으로 간주하고 있다. 지금까지 나열식으로 기록된 유식설을 종합해서 체계화한 것은 世親(400~480년경), 天親의 형제였다. 세친은 마이트레야(미륵)의 가르침을 받았다고해서 마이트레야를 유가행파의 개조로 하는 설도 있다.

중국과 티베트에서 마이트레야의 저작인 五種의 논서 속에 詩가 있는 것이 알려졌다. 그 중에서 '대승장엄경론'과 '中邊分別論'의 2개에 설해진 詩가 중국과 티베트에 함께 전승되었다. 또한 玄裝譯의 '瑜伽師地論' 백권이 마이트레야 저서로 중국에서 중요시 되었다. 최근 이 책 중의 일부인 산스크리트본이 발견, 출간되었다. 어찌되었든 마이트레야에 관해서 기록된 문장에는 전설적인 요소가 많고 신비성도 있어 실재를 부정하는 설도 있다. 세친, 천친 등은 현재의 파키스탄 페샤우르에서 태어나 각각 化地部, 有部로 출가했지만 훗날 대승으로 전환했다.

세친은 위의 '섭대승론'을 주요 저저로 '유가사지론'의 많은 부분이 '대승아비달마집론'에 있다. 천친은 방대한 저술을 남겨 그 중에 가장 중요한 것만 한정해도 최초의 有部 - 經量部 시기에 '俱舍論'을 형인 세친에게 권해서 대승으로 전환하는 과정의 '大乘成業論'으로 전환 후에 유식설을 크게 완성하고 그것을 간결하게 논술한 '唯識十二論'과 '唯識 三十頌'이 있다. 그 또한 마이트레야와 세친의 諸저술에의 주석, 다수의 대승경전에의 諸註釋, 그 중에서도 '十地經論', '法華經論', '淨土論' 등은 빼놓을 수 없다.

如來藏 사상과 유식설

여래장 사상과 유식설을 받아 양자를 종합한 설이 '楞伽經'과 '大乘起信論'(약해서 起信論)에서 대부분 완결되었다. 능가경은 산스크리트本, 티베트譯, 漢譯 2本이 있다. 기신론은 眞諦(546년 중국 남부로 이주) 번역이 상당히 광범위하게 읽혀져 현재에 이르고 있다. '起信論'은 소책자로 위의 두 사상을 정밀히 총괄해서 자성청정심의 여래장과 더러움을 생기게 하는 아라야식은 동일한 마음과 표리의 관계이고 상반되는 2개가 대립하면서도 결코 분리될 수 없고 동일시하였다.

또한 '자신이 여래장이다'라는 믿음에 응해서 '阿弥陀佛信仰'을 설한다. 그리고 여래장의 자성청정심의 발현을 깨달음으로 이름 붙였고 깨달음이 완전하게 나타나는 것이 仏이고 仏의 본성을 本覺으로 불렀다. 범부는 不覺할 수 없지만 이 불각에서 覺의 힘이 계속 강하게 되어 이윽고 유식설을 통해서 깨달음이 완전히 나타나면 成佛이 실현되기 때문에 이것을 始覺이라 한다.

이와 같은 깨달음에 의해서 또는 유식의 諸識에 대해서 다른 諸술어를 섞어서 상세히 종합해 眞如인 心性과 망념의 세계인 무명의 현실과 일종의 모순적 통일을 '기신론'은 그 내용으로 했다. 그것에 의하면 아라야식은 眞妄和合識이고 이른바 범부의 미혹 속에 깨달음의 힘이 있고 미혹 때문에 깨닫는다는 도식을 세웠다. 기신론은 소책자이면서 대승불교의 마지막 장식을 설해 현재도 많이 읽힌다.

佛身論

석존의 成道와 설법에 연원을 근거로 한 불교는 당초는 釋尊과 佛法, 곧이어 상가(佛教教團)를 더해서 이 3개의 寶(라트나)로 불러, 불보와 법보, 승보의 삼보가 불교의 핵심이 된다. 그 후 2천 5백년에 걸친 역사를 지니고 현재는 다양하게 나누어진 불교도가 세계에 산재해도 三寶귀의는 全 불교에 공통되고 변동하지 않는다.

佛寶는 삼보 중에 제1를 차지하지만 佛은 본래의 불교에서는 석존 혼자이며, 석존 열반 후에 불의 현존재 그 자체가 의문시 된다. 여기서 초기부터 부파에 걸쳐 佛身(붓다가야)이 질문되어서, 거기에는 육체를 가진 色身, 육신, 生身과 전체가 법으로 되는 法身(理身)의 두 종을 설한 二身說이 생겨나, 이 설이 초기 대승까지 계속되었다. 또한 가야라는 말에는 身體 이 외에 本體와 집합 등의 뜻이 있다.

대승불교의 등장은 大乘諸佛에 의해 발전되어 그 속에서 대승경전을 창작한 무명의 제불을 제외한 무수한 제불은 이른바 '법신불'의 출현이라 할 수 있다. 특히 '華嚴經'에서는 그 중심인 비로자나佛을 법신이라고 부른다. 또한 초기 대승을 기초한 나가르주나의 저서로 전해지는 '大智度論'은 확실히 위에 언급한 佛身二身說을 고수해서 그 일부분은 주저 '中論'에 썼다.

중기 대승에서는 이론 구상에 특히 정통한 유가행파 유식의 論師들이 위의 다수의 제불에 고찰을 가했고 여기에 佛身 3身 說이 세워졌다. 거기에는 ① 自性身, 受用身, 變化身 ② 法身, 報身, 應身의 2종류가 있다. 이들의 三身속에 제1 법신은 법 그 자체이다. 제2의 보신은 보살이 실천에 고된 수행을 쌓아서 그 본원을 수행한 끝에 그 공덕의 보은을 받는 불신이다. 예컨대 아미타불은 法藏菩薩의 보신에 지나지 않는다.

또한 이 보신은 법의 즐거움을 향수함으로서 수용신으로 통한다. 이 보신이라는 果는 因과 가치적으로 서로 다르며 현존하는 산스크리트 자료에서 受用身과 동일어로 쓰여 졌다. 제3의 應身은 변화신(화신)으로 변하지 않고 응신도 화신도 모두 2신설의 色身에 해당, 석존을 가리킨다. 그것은 중생의 세계에 대응해 종종 변화를 계속하는 모양을 나타낸 불신이고 따라서 무상을 면했다고는 할 수 없고 입멸도 있다.

이상을 종합한 3신설에는 상술의 (1)과 (2)가 있고 (1)은 '攝大乘論'과 '大乘莊嚴經論' 등의 유식설에 (2)는 여래장사상을 설한 '寶性論'에서 볼 수 있다. 앞의 언급에서 귀결되는 것처럼(1)의 유식설은 미혹에서 깨달음으로 혹은 凡夫에서 仏로 (2)는 역으로 佛에서 범부라는 방향을 가리킨다. 그 때문에 (1)과 (2)의 각각의 삼신설의 내용에는 다소의 다른 점이 생겨도 큰 줄기는 변하지 않는다. 또한 중국불교 이후에 (2)가 주류로 되었고 그것은 身佛이 여래장 불성과 밀접한 관계에 있다는 것에 유래한다.

三身說은 후세에 더욱 논의되었고 4身說 등도 파생해서 복잡함을 더했다. 신불삼신설보다 옛날부터 지금까지의 바라문教에 있는 토착사상에 접촉해 가면서 성립한 힌두教에는 브라흐만(우주 창조), 비슈누(우주 질서 유지), 시바(파괴)의 三身설이 있다. 또한 삼신과 삼신에 대한 믿음의 형태를 보면 광신도를 뜻하는 바쿠티(신애, 성신)의 말이 힌두교에서 무수히 쓰였다. 불교는 그것을 피해서 일반적인 신뢰라는 '슈랏다'의 말을 썼다.

밀교

초기에는 顯敎로 불렀다. 석존의 유언에는 '스승의 손에 쥔 것은 없다'의 句가 있고주먹 속에 숨겨진 가르침은 일체 없다고, 석존은 모든 것이 가르침을 나타낸다고 말했다. 또한 그 산문의 諸경전에는 당시 바라문敎가 채용되어 세속 일반에 유포된 呪文, 주술, 미신, 密語, 密儀의 부류를 엄하게 비판하고 배격했다.

초기 불교는 확실히 투명했고 이른바 이성적, 합리적이었으며 석존은 종교보다는 윤리를 설했다는 일부의 비판도 나올 정도로 특히 윤리적 성격이 농후했다. 부파불교도 이를 계승해서 오로지 실천수행에 힘쓰고 이론을 위한 이론으로 불릴 정도로 知체계의 구축에 집중했다. 동시에 교단 내부는 금욕의 종교 생활이 철저했고 이론에도 반영되었다.

陀羅尼로 음사되는 원어 다라니는 그 어근이 다르마와 같은 두프롯(지키다)이며 總持로 번역된다. 이것은 한편 불교 전반에 坐禪을 주로 하는 요가의 정신 집중에서 마음을 한곳에 결합하는 것을 말하고 다른 한편으로 많은 의미를 갖는 짧은 말을 마음에 간직해서 기억하는 능력을 표현한다. 이렇게 해서 다라니는 여러 개의 뜻을 포함해 곧 주문을 가리키게 되었다.

그러나 이 말은 초기 경전에 없으며 대승불교에 들어와서 그 초기에 빈번히 등장했지만 그 용례인 비드야(明呪)와 만트라(眞言)는 대부분 변하지 않았다. '만트라'는 '리그베다'에 약 30개 정도 '아타르바베다'에는 다수가 있고, 바라문의 祭儀에 쓰여진 주술을 말한다. 만트라는 생각하다의 뜻에 트라를 붙여서 생각하는 도구라는 본래의 뜻이 성스런 말, 찬가에 이어 신비적인 句와 문장을 가리키게 되었다. 만트라는 그 신비성이 증가해서 종종 咀呪의 방편으로도 썼다. 그러나 성스런 句의 본래 뜻에 기초해서 眞言으로 번역했다. 만트라는 주문에는 (1)무의미한 말로 되는 것 (2)어느 특정의 뜻을 갖고 이야기하는 것 (3)양자의 혼합 3종이 있다. 그리고 그 만트라 속에서 一字를 꺼낸 일종의 기호를 種子로 부른다.

예컨대 대일여래에 대해서 阿는 胎藏界를 鑁은 金剛界를 대표한다. 曼陀羅는 본래는 둥글다, 圓, 環을 의미하고 곧 그와 같은 壇 및 단의 장소를 말한다. 거기에서 기도와 신비주의적인 의식들이 행해졌다. 그것은 굽타왕조期(4~6세기 초)에 힌두敎에서 대승불교에 도입된 것으로 추정되고 일종의 성역으로 숭배되었다. 이 단은 당초에 그 행사 및 장소에 따라 설치되었으나 후에 특정의 장소에 고정되었다.

또한 원형 방향으로 지상에 만들어진 토단의 만다라가 후대에 유포되었으며 회화로도 그려졌다. 이들 여러 종류의 만다라는 당시의 인도에 널리 행해져 그 후에 재료들의 변화는 있어도 티베트와 중국에서 무성했다.

밀교는 비밀(구히야)불교를 의미한다. 즉, 어떤 특정의 사이클이 만다라를 쌓고 호마(火, 護摩로 음사)를 불사르다 등의 신비성을 띤 특수의 작법을 계속해 만트라 다라니의 말을 외운다. 그 속에 마음(뜻)에는 독자의 힘을 축적해(身密, 語密, 意密 합해서 삼밀) 많게는 만다라에 諸尊이 군림해서 참가자와 함께 일종의 환희에 빠져든다. 그와 같이 진행해 거기에 참가하는 사람만이 그 행사와 공덕을 점유하고 일반에는 공개하지 않는다.

일반인의 개입을 인정하지 않기 때문에 비밀불교 이름의 기원이 되었다. 그들은 적어도 4,5세기 중반부터 대승불교에 혼입해 가지만 반드시 주류로는 아니고 사찰도 채용하지 않았다. 7세기 전반에 인도에 여행한 玄奘과 후반기의 義淨도 별도로 기록하지 않았다.

밀교는 정확히 純正密教(순밀)로 불렸고 그 성립은 7세기 중반 '大日經'의 출현에 의해서 지금까지의 밀교적인 諸種을 잡밀로 부르며 구별했다. '대일경'은 석가불이 아니고 '大毘盧遮那仏' 즉, 대일여래의 설법이며 청중도 장소도 특별히 한정해서 다른 대승경전(초기경전)과는 형식이 완전히 다르다. 그러나 그 가르침의 내용은 대승불교의 교리 특히 '華嚴經'과 '空'을 설한 중관과 유식 등의 제사상을 계승해서 기본적으로 변함이 없다.

적어도 후기 대승불교의 2대 조류인 '中觀派'와 '瑜伽行派'의 사람들 사이에 밀교적인 행사가 은밀히 행해지고 숫자도 증가하여 전술의 특정의 환상이라는 신비체험을 갖는 그룹이 생겨 번창했기 때문에 밀교는 어떤 의미에서 독립 발전했다고 할 수 있다. '大日經'은 中部 인도에서 장안에 도래한 善無畏(637~735)가 724년에 漢譯했다. 산스크리트 原典은 아직 발견되지 않았고 일부가 다른 경과 논에 인용되었으며 티베트역이 있다. 이 경은 대일여래의 성불, 神變(神通), 加持(신비적인 주술력)를 내용으로 대일여래의 깨달음, 성불이 초인적인 힘에 의한 불가사의한 동작을 나타내 그것이 중생에 더해져 보호하는 것을 설한다.

이 성불(일체지로 부르고 석가불의 일체지를 초월한다)은 '보리심을 因으로, 대비를 근본으로 방편을 究竟(구극)으로 한다.'고 經의 맨 앞에 선언해서 방편이 절대시 되었다. 이 경을 토대로 만다라를 '大悲胎藏生' 만다라라고 하며 약해서 태장 만다라로 부른다. 이어서 7세기 후반에 '金剛頂經'이 성립했다. 이 경은 산스크리트本, 티베트譯, 漢譯이 있고 그 한역 3본 중에 渡來인 不空(707~774)譯이 대표적이다.

불공은 소년시절에 한번 중국에 와서 金剛智(vajrabodhi, 671~741)의 가르침을 받고 금강지가 죽은 해에 인도로 돌아가서 다수의 밀교 경전을 모아서 5년 후에 다시 중국에 돌아와서 이들의 한역에 매진했다. 그는 구마라습, 진체, 현장과 함께 4대 역경가로 되었다. 金剛頂經'은 요가를 중시해서 금강계만다라를 설했다. 비로자나불을 본존으로 하는 '대일경'과는 다르지 않지만 여러 가지 점에서 발전했다.

'대일경'은 중관파와 '금강정경'은 유가행파 유식과 관계가 깊다. 전자가 능동적인 방편을 후자는 반야의 지혜에 역점을 놓았다. 經名의 금강(바쥬라, 다이야몬드)은 번뇌를 파괴하는 예리한 지혜의 비유이고 또한 바라문敎 이래의 천동번개의 神 인드라가 갖는 금강기둥의 의미를 포함해서 이 경에는 금강이 붙은 술어가 많다. 이들에서 밀교를 金剛乘으로 부르는 경우도 생겼다. 밀교 경전 중 '理趣經'이 잘 알려졌고 玄奘譯 '대반야바라밀다경' 600권 속의 제578권 '반야리취分'이 최초의 역으로 6종의 역이 있다.

그 대표적인 不空譯은 현장역보다도 적고 내용도 다르다. 밀교에서는 일반적으로 경을 탄트라로 부른다. 이 말은 원래는 베를 짜는 직기를 말한다. 그로부터 종사, 직물, 연속, 원칙, 요강, 정수 등의 뜻으로 확대되어 그 일의적인 정의는 불가능에 가깝다. 탄트라의 수는 매우 많고 통상은 티베트불교의 대학자 프톤(1290~1364)의 분류에 따라서

(1) 所作
(2) 行
(3) 瑜伽
(4) 무상유가의 탄트라
4종류가 있다.

(1)은 잡밀 (2)의 대표가 대일경 (3)은 금강정경으로 理趣經도 포함된다.
(4)의 대표는 비밀집회의 탄트라이다. 밀교에서는 (4)를 최고로 친다.
이 (4)는 여러 특질 속에 힌두교에서 채용한 사크티(性的 능력)가 뛰어난 기녀로

활약해서 이른바 좌도밀교를 개척했다. 이것이 발전한 것은 티베트이지만 중국에는 전해지지 않았다. 밀교의 개척자로는 龍猛(7세기 전반)이고 후기 밀교의 開祖인 인드라부티(indrabhuti, 8세기)는 많은 존경을 받았다. 밀교 전체를 통한 각 특징은 다음 3개로 개괄된다.

첫째, 대일여래의 본존 및 다수의 제불제존을 제사 지내고 종래의 불교에 등장하지 않는 많은 명왕(부등명왕), 불교 외의 諸神, 귀신, 神將, 諸聖者까지 취급해서 이들을 대일여래의 출현으로(권화) 또한 외호자로서 취급했다. 밀교는 이들 전원이 총출동한 하나의 큰 신전을 쌓아서 이것이 만다라에 표현되었다. 이른바 극대와 극소를 하나로 하려는 우주를 구상해서 그것을 직관에 의해 파악, 또는 그것이 구현하는 秘儀에 스스로 참여하려고 한다.

둘째, 제불, 제존, 제천 등을 외우고 진언다라니를 불러 火을 타게 하는 등 신비성이 두드러지며 거기에 추가해서 종교적 환상에 빠져 신비의 세계로 몰입한다. 이는 여래장이 머물 가능성이 있는 장소에서 실현해 卽身成佛을 현실화 한다. 이 내부에서는 현재의 至福이 획득되고 번뇌와 애욕은 그대로 승인된다. 또한 이 비의에서 의례가 특히 중요하고 여러 가지 복잡한 형태를 취한다.

셋째, 위에 언급한 만다라를 이론적, 추상적이 아닌 구체적, 현실적으로 나타내어 그들에는 상징성이 짙다. 또한 이렇게 창작된 회화와 도표, 조각상, 음악 등의 예술 작품은 일면에 신비성을 띄고 다른 면에 현실긍정의 사상을 리얼하게 표현하는 매력도 풍부하다.

中觀派(madhyamika)

초기 대승의 용수 교설은 그의 제자 提婆(아리야데바170~270년)와 羅睺羅에 전해졌고 오랫동안 감춰 있었다. 提婆는 '四百論', '百論' 등을 썼고 이 두 권의 책은 空思想을 강조해서 다른 諸사상에의 공격이 매우 격렬했다. 약 2백년 이상이 지나 '중론'에 의한 이 계보가 부활해서 中觀派로 불렀다. 먼저 仏護(붓다파리타 470~540년)에 이어서 淸弁(바바비야카, 490~570년)이 등장해 함께 '중론'의 주석서를 써서 전자의 '根本中論註'는 티베트역, 후자의 '般若燈論釋'은 한역과 티베트역이 남아있다. 훗날 티베트에서는 전자를 프라산기카(prasangika)派 후자를 스바탄트리카(svatantrika)派로 구분했다(현재 전자를 必過性空派 또는 歸謬論証派, 후자를 自立論証派로 부른다.). 그와 함께 중론에 따르면서 이 이론은 대립이 심했다.

그것은 전자를 승인한 月称(600~680년)에 의해서 선명하게 되었다. 프라산가라는 말을 '果實에 빠지다'로 해석하는 용례가 중론에도 있다. 그것은 상대의 주장을 돌파해 나갈 때 그 속의 과실을 예리하게 지적해서 그 주장을 깨나간다. 그 때문에 스스로의 주장을 세우지 않고 또한 자설이 없는 것을 표방해 오로지 상대를 어려운 질문으로 배척한다.

이와 같이 프라산기카派의 이론은 챤드라키르티의 '淨明句論'에 상세히 있다. 이 책은 중론의 주석서 6종속에 산스크리트本의 현존하는 유일한 책으로 널리 읽혀진다. 거기에는 '入中論' 외도 있고 티베트 불교는 그들의 계보를 정통화시켜 오늘에 이른다. 이 파로부터 나온 寂天(산티디바 650~750년)의 '菩提行經', '大乘集菩薩學論'의 저서가 있고 모두 육바라밀의 수행을 해설하고 장려해서 타자에의 봉사를 특히 강조한다.

한편 스바탄트리카派의 스바탄트라는 자력으로 활약하다는 뜻이고 스스로 空의 입장을 충분히 잘 단련한 논식에 따라 주장했다. 여기에는 他者와 공통하는 인식론과 논리학에의 배려가 있고 이것은 후술하는 동시대의 陳那(디그나가 480~540년)의 불교윤리학으로 통한다. 그러나 청변은 '中論'을 중요시하는 2諦(2개의 진리)에 관해서 제1의 체에는 말이 통달하지는 않고 논식을 世俗諦만으로 한정했다.

그는 위의 '중론'의 주석 외에 '中觀心論頌'과 그가 스스로 주석한 '中觀思擇焰' 또는 '大乘掌珍論' 등이 있다. 위의 2파의 논쟁은 잠시 동안 계속되었지만 곧 사라졌고 중관파로 부분적으로 나마 유식의 사상을 받아서 일반에 유가행 중관파로 부르는 파가 나타났다. 이것을 완수한 것이 寂護(샨타라크시타, 730~783년)와 그의 제자 蓮華戒(카마라시라, 740~797)이다.

전자가 364개의 詩를 후자가 그 주석을 쓴 '眞理綱要'라는 대저서가 있다. 이 책은 산스크리트본 26장에 걸쳐서 당시 번성한 인도 정통철학 제학파의 비판과 논리학을 포함한 불교 제학설을 은밀히 고찰해서 마지막에 一切智者를 논증했다. 또

샨타라크시타의 '中觀莊嚴論'은 중관과 유가행 유식과의 융합을 도모해서 카마라시라의 '修習次策'(한역은 '廣釋 菩提心論)은 불교에 들어갈 때의 결의(발보리심)에서 최종의 성불에 이르는 수행의 도정을 나타낸다. 이 2개의 책을 티베트 불교는 특히 중요시한다.

이 두 사람은 원래 중관파의 자립 논증파의 계통에 속해서 티베트王 티손텟엔(754~796 재위)의 초대로 티베트에 와서 티베트불교의 기초를 확립했다. 중관파의 중요한 사람들과 책으로는 師子賢 (팔리바드라, 800년)의 '八天頌 般若解說. 現觀 莊嚴明' 라트나카라샨티(11세기)의 '반야바라밀다론', '중관장엄론'아티샤(982~1054년)의 '菩提道燈論'(10~11세기) 등이 있다. 또한 아티샤는 티베트에 와서 티베트 불교를 훌륭히 재흥한 密教僧이다.

유가행파(Yogacara)

유가행파 유식은 세친(vasubandhu) 이후 셋으로 구분된다. 無相유식파의 덕혜, 안혜, 有相유식파의 진나와 무성(500년 전후), 호법과 계현(529~645년), 법칭650년 전후) 외 기타이다. 이 중에 주로 진체가 무상유식을, 玄奘(600~664년)이 유상유식을 중국에 전했다. 玄奘은 나란다절에서 戒賢(silabhadra)에게 배웠고 현장譯의 '成唯識論'은 유식설을 알기 위한 필독서이다. 이 책은 유상유식설에 의한 그 파의 諸스승 외에 무상유식에 대해서 상세히 소개해서 현재도 가장 널리 읽혀지고 있다.

구나마티와 스티라마티의 두 사람은 '中論'의 주석도 완수했고 후자의 '大乘中觀論'은 불안전한 한역이 현재 존재한다. 또한 디구나가는 인식론을 포함한 논리학의 대성자로서 중요시되고 유식설을 그 속에서 채용했다. 그가 유상유식의 개조가 된 것은 논리학이 대논자를 처음 타자와의 공통성을 전제로 한 것에 유래한다. 또한 디구나가의 유식설은 인식론과 긴밀히 결합된다.

즉, 그에 의하면 인식의 대상은 실은 識의 내부의 상(형상)이고 인식은 자기 인식으로 돌아간다. 다시 말하면 인식작용 (能取, 能量)이 스스로의 내부의 형상을 對象(所取, 所量)으로 계속 인식한다. 그렇지만 그 결과를 자각해서 인식, 자신에 대상을 인식했다고 하는 자각(자증)이 행해지기 시작되어 인식은 완성된다.

이 자각이 결여되면, 보아도 보지 않는다고 하는 어려운 實이 없는 인식에 빠져 버린다고 설하고 그와 같은 완전한 인식만이 기억된다고 주장한다. 기원 671~695년에 남쪽 바다를 거쳐 인도에 와서 나란다 절에서 공부한 義淨은 그 여행기 '南海寄歸內法傳'에 당시의 인도불교의 정황을 다음과 같이 말했다.

'小乘'은 대중부, 상좌부, 유부(근본설 일체유부), 정량부의 4부派, '大乘'은 중관과 유가의 2派이며 대승과 소승과의 구분은 不定, 戒律은 같고 모두 四諦를 수행하고 특히 보살을 예배해서 대승경을 읽는 것이 대승이고 소승은 그것을 하지 않는다. 이미 유가행 중관파에 대한 기술을 통해서 샨타라크시타 이후는 중관과 유식과의 융합이 분리되었고 또한 그들에 밀교가 더해져 불교 멸망까지 인도에서 배운 이들의 대부분이 티베트에 전해져 오늘에 이르고 있다.

제8장 인도에서 온 승려들

구마라습

구마라습은 東晋의 建元 2년(서기 344년)에 출가해서 인도에서 파미르(원령)를 넘어서 龜玆國(구자국)으로 온 父 구마염과 龜玆王의 여동생 사이에서 태어났다. 母는 라습을 임신할 때 성 밖의 북동쪽에 있는 스바시 근처에 있는 '雀梨大寺'라는 절에 가서 지혜 있는 아이를 얻게 해달라고 정성을 들였다 한다. 탄생 전설의 하나에 불과하지만 어머니는 매우 총명한 사람이었다. 구마라습의 원래 이름은 父의 구마와 母의 이름 耆婆를 합쳐서 구마라기파였다.

鳩摩羅什이 7세 때 어머니와 함께 출가해서 9세 때 어머니를 따라 인더스강을 건너서 간다라에 도착하여 거기에서 계빈王의 사촌으로 명망이 높은 '반두달다'를 만나 사사해서 아탄과 소승경전을 받았다고 한다. 왕국에서는 외도논사들과의 토론으로 학습의 언설을 단련시켰다. 12세 때 엄마와 함께 구자로 돌아왔다.

그 후에도 母를 동반하고 서역제국을 돌아다녔고 이어서 大乘의 경론에 심취경도했다. 이어서 '나는 지금까지 소승을 배워 왔지만' 그것은 정확히 금을 알아보지 못하고 놋쇠(유석)를 갖고 뛰어난 것으로 기이하게 여겨 왔다고 깨달았다. 그리고 천천히 작리대사에서 폭넓게 大乘의 경을 독송해서 그 '비오'(깊은 신비함)를 터득했다고 '고승전'은 전하고 있다.

雀梨大寺는 구자국에 있는 大사찰의 하나이다. 北魏의 려도원에 의한 지리서 '水經注'에 전해지는 龜玆國의 북서 40리의 산꼭대기 위에 있는 절로 원래는 雀離大淸淨이라는 절이었다. 현장이 방문한 '昭怙釐伽藍'은 이 절을 말하는 것이다. 구마라습의 파란만장한 생애가 시작된 것은 이때부터이다. 각 나라들이 무력으로 격하게 충돌했기 때문이다. 구라마습이 장안으로 와서 '법화경', '유마경'을 번역한 것은 東晋의 義熙 2년 이후였다(서기 406년). 梵本을 모사하고, 原音의 유려한 소리를 漢音으로 게재한 구라마습의 譯經은 헛되지 않았고 계승되어 그것을 독송하는 소리는 지금도 각 사찰에서 들리고 있다.

번역한 경전의 책은 '35부 294권', 정확히 '舊譯의 弘將'의 이름에 어울리는 것이다. 라습은 의희 9년(413년) 장안의 大寺에서 70세의 나이로 세상을 떠났다. 현장은 구자에는 가람이 백여 개 이상 있고 승려들은 5천여 명이 있다고 기록했다. 현장이 구마라습을 염두에 두고 구자에서 2개월 이상 머무른 것은 우연이 아니다. 구마라습이 서역에서 온 시기와 같은 기간인 5세기 초에 인도에서 온 붓다바드라는 '摩訶僧祇律' 40권, '華嚴經' 60권을 漢譯했다. 또 같은 시기에 수십명의 인도인이 와서 불경의 번역에 공헌하였고 중국불교의 발전에 기여했다.

그들이 갖고 온 문헌 속에서는 인도에서 4~5세기에 나타난 유식파의 책도 포함되었다. 이 唯識派 논서의 소개자는 眞諦(paramartha)이다. 그는 南海을 통해 548년 남경에 왔고 이 시기는 梁나라의 무제가 쿠데타에 의해 실각했기 때문에 진체는 방랑, 여행을 전전하면서 인도 불교철학의 진수를 漢譯하고 강의했다.

그의 제자들이 그가 남경에 와서 불역과 강의에 전념하기를 갈망했으나 당시 수도에서 세력이 컷 던 중국인 승려들이 극력 저지했기 때문에 眞諦는 실의 속에 569년에 71세로 세상을 떠났다. 그의 번역서 중에 '攝大乘論' 3권 '섭대승론譯' 15권은 유식(일체의 사물은 그것을 인식하는 마음의 표현이라는 생각)의 기본서이고 그의 제자들이 연구를 이어 이를 '攝論宗'으로 불렀다.

'훗날 玄奬은 7세기 초에 이것을 배우는데 전력하여 인도로 유학해서 유식을 배웠다' 인도불교를 이해하는 매우 중요한 문헌이다. 30권이 현재 보존되었다. 대부분은 훗날 현장이 새롭게 고쳐 번역했으나 진체의 번역본이 더 정확한 것으로 알려지고 있다. 그러나 애석하게도 진체가 가지고 온 산스크리트 원본이 흔적도 없이 사라졌다. 漢譯 약 2만권 정도의 분량이다. 이는 현재 한역 경전 중의 經, 律, 論 합계의 3배에 해당된다. 불교의 역사를 바꿀 수 있는 것이었다. 팔만대장경 그 이상이 될 수 있었다. 이 인도의 학승을 거부한 남경에서는 智顗가 독자의 천태를 만들어 설하여 부흥이 절정에 달했다. 이들은 인도의 진정한 불교인가? 중국식으로 수식된 불교인가? 라는 선택에 후자를 택해 '인도불교의 정수'가 死藏되었다.

쁘요다야

645년 현장이 귀국하고 10년 뒤, 쁘요다야라는 인도 중부 출신의 승려가 스리랑카와 인도네시아로 포교여행을 갔다가 중국에서 대승불교를 존중한다는 소식을 듣고 불전의 중요한 사본 1,500부를 정선하여 지참하고 장안에 왔다. 칙명에 따라 慈恩寺에 거주하게 되었지만 역시 玄奘의 전성기로 인해 이 인도승은 학승이 못 되었고 656년에 남쪽 멀리로 약초 채집을 하라고 명을 받아 수행했다. 663년 장안에 돌아 왔을 때 그 책은 이미 모두 자은사에서 옥화궁으로 옮겨져 겨우 3부의 경전을 번역했으나 다시 남해로 돌아 가야했다.당시 남산대사로 명성이 높은 道宣(596~667)이 '續高僧傳'에서 쁘요다야는 小乘, 大乘, 密教의 심오한 경지에 올랐고 바라문教의 성전에도 통달하였으며 여기에 중관파 불교의 권위자였다고 기록하고 있다.

그가 갖고 온 불교 원전은 현장이 갖고 온 분량의 약 3배 이상이었다. 만약 당시 중국인들이 협력하여 인도불교의 귀중한 기록을 남겼으면 동아시아 불교의 방향이 180도 달라졌을 것이다. 이 점에서 중국불교는 반드시 인도불교의 충실한 模寫는 아닌 것이다. 불교란 무엇인가? 라는 문제를 탐구 할 때에는 이 점을 염두하지 않으면 안된다.

天台의 智顗 일파는 眞諦(paramartha)를 거부하였다. 眞諦의 번역 업적을 손에 넣고 그의 학설을 새롭게 바꾸는 데에 생애를 걸었던 玄奘은 쁘요다야를 추방했다. 이 인도 고승의 한역 이름이 '福生'이고 약칭으로 那提라고도 한다.

不空金剛(Amogha-vajra)

이와 반대로 인도에서 온 고승이 중국에서 우대받아 그 재능을 발휘한 예도 있다. 720년(唐현종 개원 8년) 장안에 온 金剛智(vajrabodhi, 669~741년)와 그의 제자 不空金剛(705~774년) 두 사람이 그 재능을 발휘했다. 이들은 善無畏(subhakarasimha)와 함께 주로 밀교 경전을 한역했다. 불공금강을 不空三藏이라고도 하며 이 불공금강의 제자가 惠果이다.

玄奘

眞諦 입적 후 60년이 지난 629년에 현장은 인도로 갔다. 그는 파라마르타(眞諦)

의 유식론을 연구했지만 그 원전을 구하려 인도로 간 것이다. 16년 후인 645년에 657부의 산스크리트어 원전을 갖고 귀국해서 19년간 필사적으로 漢譯에 몰두했다. 이렇게 해서75부 1,330권이 한역 출간되었다. 그 중에서도 '대반야바라밀다경' 600권, '아비달마 대비바사론' 200권, '유가사지론' 100권 등이 큰 분량을 차지한다.

현장의 번역은 엄격함을 지향해서 종래의 구역에 대해서 신역이라고 표방했다. 또한 그의 여행기 '대당서역기' 12권은 지리, 역사서로 귀중한 책이다. 그런데 이 원본(산스크리트어) 남아 있지 않고 이를 배운 제자가 없다는 것이 중국인의 태도였다. 요컨대 인도불교를 있는 그대로 객관적으로 알려는 것이 아니라 중국인의 입장에서 필요 요소만 섭취한 것이다.

그런 측면에서 현장도 인도불교의 충실한 소개자는 아니라 할 수 있다. 인도에서 1960년에 출판된 '俱舍論'의 산스크리트어 원본-사본이 발견되었다. 이 책은 티베트어역과 함께 구라나타의 번역본이 대체로 일치한데 반해 玄奘 漢譯은 많은 부분이 틀린다. 유식 관계의 논서도 역시 같은 현상이 나온다. 동북아시아에 지대한 영향을 미친 현장이 걸었던 길을 간략히 추적해 보자.

褘가 걸었던 길

세상의 지축이 흔들리고 변동할 때 인간의 마음도 약초 같은 싹이 트는 것처럼 눈에 들어오는 풍경도 또한 꿈틀거리기 시작하고 지평의 넓힘을 바꾸어 간다. 의가 태어날 때 세상은 혼란했고 아직 어슴푸레한 세상이 변화하는 징조가 보였다. 그때 로마와 함께 고대가 종말을 맞이했고, 아라비아의 사막에 이슬람이 발아, 세계가 중세라는 미증유의 시대로 나가는 시기였다.

동아시아와 지중해 세계를 연결한 교역의 길이는 약 1만km로 이미 '青髭赤顏'(푸른 수염과 붉은 얼굴)의 상인들이 낙타와 말을 타고 빈번히 왕래해 무언가 시대를 품은 장대한 기류가 전해졌다. 玄奘이 훗날 실크로드로 불리는 그 길을 누구보다도 멀리, 누구보다도 오랜 시간, 누구보다도 광대한 공간을 걸어 통과한 것은 아시아와 아라비아 세계에서 계속 생겨나는 신세계에의 태동과 共振하는 무엇인가가 玄奘의 마음에 조성되었다. 현장은 인생의 인격이 형성되는 중요한 17년을 여행과 학습으로 보내고 자신이 머무른 7세기의 서역 중앙아시아의 생동한 모든 세계를 귀국 후 '大唐西域記'에 기록으로 남겼다. 현장 혼자만이 실현한 이 중앙아시아의 기록은 천수백년 후에도 유익한 자료로 그 가치를 잃지 않고 있다.

褘소년의 출생

洛州 河南의 농촌에서 전란으로 날을 지새는 세속의 애환을 냉정히 바라보며 세월을 보내는 늙은 한 남자에게 네 번째의 사내아이가 태어났다. 隋나라의 文帝가 착수한 黃河와 淮水를 남북으로 연결하는 운하를 뚫는 공사가 아직 완성되지 않아서 마차와 사람소리의 소란스런 소리가 멀리서 들려왔다.

아버지의 이름은 惠, 성은 陳으로 진유와 강릉의 현령을 역임한 지역유지였지만 살벌하고 비열한 정치의 세계를 별로 좋아하지 않았다. 유유자적 은거하며 일상을 가족과 함께 지내기를 원해서 관직을 물러 날 뜻이 강했다. 어머니의 이름은 전해지지 않았지만 '洛州 하급관리 송흠의 여식'으로 알려졌다. 이미 3남 1녀를 낳은 건강한 여인이었다. 그리고 막내 사내아이를 낳았는데 그의 이름을 '의'로 지었다. 훗날의 玄奘이다.

褘가 2세 때 여름, 불교 진흥에 열정을 기울인 文帝는 인도 아쇼카왕의 고사에서 배워 국내 30여 諸州에 칙령을 내려 각각의 州에 사리불탑을 건립할 것을 명했다. 강남 陳의 멸망과 南朝佛敎의 황폐함을 새로운 나라의 시책에 따라서 재편하는 것이 큰 목적이다. 褘가 3세 때 전국 50개 주에 사리탑을 건립했고 4월 8일에는 석가 탄생을 기념했다. 5세 때 어머니가 돌연 세상을 떠났다.

아버지는 褘가 8세 때 그 자질이 예사롭지 않게 서책의 眞義를 재빠르게 이해하는 것을 알고 공자가 증자에게 말한 '孝經'을 가르쳤다. 褘는 독서를 좋아해 古賢의 책을 읽었다. 아이들에겐 자애로운 아버지이지만 褘가 10세 되는 대업 5년 아버지는 돌연 세상을 떠났다. 褘의 형 素는 아버지를 잃은 고통에 빠져 집을 돌볼 생각도 없이 혼자서 동도 낙양으로 여행, 낙양성 동면 중리에 있는 淨土寺를 찾아가 출가했다. 그리고 이름 소를 법명 長捷으로 바꾸었다.

낙양 정토사

아버지도, 형도 없는 빈궁한 가정 속에서 褘 또한 거처를 잃고 부모와 살았던 추억을 떠올리며 집을 떠나 고향을 등질 수밖에 없었다. 우여곡절 끝에 형이 머무는 낙양의 정토사에 도착했다. 정토사 문을 두드린 때가 11세 때였다. 형 장첩은 의가 佛法을 독송하는 능력을 이미 갖춘 것을 알았기 때문에 소년 행자로서 먼저 경전을 암송하는 연습을 시켰다.

의가 최초로 손에 넣었던 불전은 '維摩經'과 '法華經'이었다. 鳩摩羅什의 漢譯인 것으로 추정된다. 이 정토사에는 구마라습이 龜玆國에서 갖고 온 '장육불상(약 4.8미터) 檀像'이 안치되어 있었다. 이 만남은 운명적이고 훗날까지 그에게 마음 깊숙이 새겨졌다. 또한 이 해에는 장안 승광寺의 승려 혜승이 高昌王麴氏를 위해 '金光明經'을 강연했다고 '續高僧伝'은 기록하고 있다.

13세의 현장이 어느 정도를 이해했는가 알 수 없지만 眞義을 납득했는지 몰라도 마음에 느낀 것만은 틀림없다. 東晋의 法顯이 인도에서 원전을 발견해 번역한 '大般涅槃經' 6권도 접했다. 또한 그때 엄法師라는 학승으로부터 '攝大乘論'의 첫 가르침을 받았다. 섭대승론은 간다라의 풀시야프라에서 태어난 대승의 논사였던 無著(asanga)가 서술한 것으로 훗날 '唯識思想'(온갖 존재하는 것은 단지 마음의 표현으로 나타난다는 사상)의 근본 경전의 하나로 이루어진 저작이고 젊은 현장의 생각을 깊게 했다. 섭대승론을 漢譯한 최초의 승려는 북인도의 佛陀扇多라고 전해진다.

현장이 접했던 책은 563년부터 익년에 걸쳐서 眞諦에 의해서 廣州의 制旨寺에서 번역된 이른바 제2의 번역이다. 현장이 정토사에서 경전의 독송과 학습으로 나날을 보낼 때 황하의 범람과 양제에 의한 고구려 침략의 실패, 이 기회를 틈탄 양縣監의 반란, 도적의 발호로 수나라는 국가로서의 질서를 차츰 잃어 난세의 징조에 인심은 요동치고 있었다.

쟁란의 낙양을 뒤로 하다

출가한지 5년, 18세가 된 현장은 고승이 많이 모여 있는 낙양을 떠나지 않고 연구에 몰두했다. 그러나 반란의 불길은 꺼지지 않고 요원의 불길처럼 크게 타올라 확대되었다. 낙양은 쟁란의 와중에 휩싸였다. 쟁란으로 공료도 끊어져 승려들이 뿔뿔이 흩어졌고 생활이 궁핍했다. 현장도 더 이상 낙양에 그대로 면학을 계속할 수 없었을 뿐만 아니라 목숨을 보전하기 위해 兄 장첩과 이연이(훗날 당태종) 있는 장안은 평온하다는 소문을 듣고 함께 부모의 땅 장안으로 도피할 것을 결의했다.

그가 찾아 간 것은 文帝와 연고 있는 절 '大莊嚴寺'였다. 唐나라는 개국 초로 기반은 확고하지 않았다. 천하에 이름 높은 四道場을 세운 낙양에 비하면 장안은 仏都로서는 아직 부족했다. 그러나 당시는 教義의 깊고 낮음을 묻는 것보다도 요동치는 시대에 유연히 적응한 教法을 찾는 움직임이 활발했다. 말법사상이 도입되었고, 불교의 대중화를 추진해서 인기를 넓힌 신흥의 宗派三階教도 그 하나였다. 三階教團이 장안의 化度寺에서 창설되었다.

촉의 성도를 찾아서

현장은 이미 19세로 教義의 분명하고 확실함을 찾는 향학에 불타서 장안에서 보내는 시간이 덧없다고 생각했다. 항상 같이 했던 형에게 '장엄사에서는 만족한 공부를 할 수 없으니 함께 촉으로 가자고' 간원했다. 두 사람은 촉으로 갔다. 성도에 도착한 현장은 형 장첩과 함께 空慧寺로 가서 입문을 의탁했다.

성도는 이미 여러 나라에서 많은 고승들이 모여 들어서 각각의 지론을 장식한 불교의 강좌를 열고 있었다. 玄奘은 낙양의 장안에서 '阿毘曇心論'을 강론해서 명성이 높은 하남의 道基와 寶暹의 법문에 연이어 참석했고 도진법사의 '八犍度論'의 강의에도 귀를 기울였다. 620년 성도에서 21세를 맞이한 현장은 승려들에게 필요한 계율인 구족계를 받는 의식을 끝내고 드디어 정식으로 승려의 자격을 얻었다. 공혜사의 승려로서 좌선 수업과 律을 배웠다.

현장은 무덕 6년(623) 가까이 성도에 머무르며 小乘, 大乘의 경론을 탐독하고 면학에 힘썼다. 더 이상 경전을 구할 수가 없어서 다시 장안으로 갈 것을 형에게 간청했다. 현장의 외골수의 향학열은 꺼지지가 않았다.

희귀한 청년

현장은 몰래 탈출의 기회를 엿보다가 촉 땅을 왕래하는 상인들의 무리를 따라 荊州로 와 天皇寺에 머물며 강좌를 열었고 겨울에는 長江의 동쪽인 揚州로 가서 江南의 成實學(소승의 교리를 망라한 불교 교리학의 하나)의 고승 智琰을 방문했다. '배움에 통달한 준재에 넓은 가르침을 청하는 노력을 다한다'는 현장의 의지였다. 곧이어 양주를 뒤로하고 현장은 먼 북방의 相州를 향해 여행을 떠났다. 慧休法師를 만나기 위해서 였다.

혜휴는 하북 사람으로 낙양에서 靈裕에게 華嚴, 渤海에서 明彦에게 '성실론'을, 志念에게 '毘婆沙論'을 배운 학구적인 승려였다. 현장이 방문했을 때 혜휴는 고령이었지만 명성이 자자한 사람이었다. 현장이 상주에 발을 디딘 것은 단순히 '攝論' 의심스런 교의를 묻고자 함은 아니었다.

상주는 삼단교의 창시자 信行이 태어난 땅이고 맨 처음 주창한 곳이다. 그리고 寶山은 隋나라의 國師령유의 불교가 바로 삼단교의 모태를 낳은 곳이었다. 이 靈裕의 제자가 혜휴였다. 두 사람은 8개월간 오랜 친구처럼 이야기를 나누었고 현장이 혜휴에게 지금까지 자신이 '雜心論'과 '攝論'에 대해서 배워왔던 것을 자세히 피력해서 그 비평을 청했다고 '속고승전'은 기록하고 있다.

隋나라 멸망 후 새로운 국가개조로 인해 불교계 또한 새로운 운동과 연동해서 왕성한 변혁의 시기를 맞이했다. 이 소용돌이에 휩싸인 혼란이야말로 현장을 강하게 움직이게 했고, 오로지 앞으로 나아가게 하는 원동력이었다.

現象속에 본질은 어떠한 형태로 존재하는가?

혹은 그와 같은 것은 대체 존재하지 않는 것인가?

청춘의 지적 충동에 의해서 가야할 길은 佛書에서 찾고, 佛師를 방문해서 玄奘은 相州에 머무른 것이다.

혜휴가 현장을 떠나보낼 때 '참으로 희귀한 젊은이다'고 중얼거렸다. 상주를 뒤로하고 현장은 멀리 북쪽으로 가서 趙州로 향해서 '성실론'의 학자 道深法師를 방문했다. 도심은 혜휴도 배운 지념의 제자였기 때문에 이 조주行은 혜휴의 권유에 의한 것이었다. 여기서 구마라습의 漢譯에 대해 서로 의견을 교환했다. 불교사상의 개념구축에 큰 역할을 수행한 '성실론'을 향해 현장이 확실히 응시했던 것은 난해한 형태보다 명석한 철리를 비판적으로 전개한 '具舍論'이었다.

眞義에의 열정

조주에서 장안으로 향하는 途上에서 현장은 파괴된 낙양으로 다시 오게 되었다. 唐朝의 새로운 장안은 東都낙양에 비하면 활기가 넘쳤다. 고조 무덕 4년(621년)에 이미 조로아스터敎(祆敎), 마니교의 사원이 건립되었다. 예전에 목격한 전란 중의 도시와는 달랐다. 자주 왕래하는 異國 사람들의 모습도 진기했다. 중앙아시아의 이란계 사람도 볼 수 있었고 돌궐족의 사신 행렬도 보였다.

잡초같이 왕성한 뿌리가 넓은 異教, 異문화를 직접 목격한 것이 바로, 佛教教義의 신비함을 찾는 것이라는 상상을 불러 일으켰다. 장안에 들어온 현장은 大覺寺를 방문해 머물면서 道岳에게 '구사론'을 배웠다. 道岳은 낙양 사람으로 眞諦의 제자였던 道尼에게 '섭론'을 배워 '구사론'에 정통했다.

그때가 현장이 26세(무덕 8년, 625년), 현장은 이어서 중국에 전해진 大乘의 學理, 世親의 '아비달마구사론'을 중국의 문맥으로 줄거리를 다듬은 최고의 학승을 배알할 수 있었다. 그리고 훗날 현장은 자신의 연구 성과인 新譯을 남북조 이후 중국불교에 큰 영향을 주고 현장 자신도 영향을 받은 眞諦의 譯(舊譯)과 대립하게 되었다. 드디어 현장은 도악과 대좌해 가면서 진체의 釋文과 그 語釋을 검토한 결과 새로운 교학사상의 근간에 이를 수 없다는 것을 느꼈다. 또한 다음해 현장은 다시 장안에서 法泰, 智凝 학통을 계승한 僧弁에게 '구사론'을 배우고, 曇遷의 제자 법상에게 '섭대승론'의 의문스런 교의를 물었다.

27세에 현장은 알아야 할 것을 알고, 물어야 할 것은 묻고, 이해해야 할 것은 이해했다고 생각했다. 그러나 어디까지라도 번역, 번안된 經論의 세계에 대해 眞義에 이르렀다고는 말하기 어려웠고 어딘가 답답함이 계속 남았다. 각종 경전은 서방에서 갖고 온 사람들에 의해서 번역된 것이고, 중국인이 스스로 원전을 펴서 읽고 원전에 충실히 준해서 번역된 것은 아니었다.

언어, 서술의 선택도 또한 정확하게 뜻을 전한 것은 아니었다. 현장은 결단을 해야만 했다. 이 해 12월에 唐派遣使를 따라서 인도 승려 한 사람이 장안에 왔다. 프라바카라미트라로 興善寺에 머물며 불경번역에 종사했다. 현장은 즉시 흥선사를 방문하여 그에게 인도의 불교 교학을 물었다. 그리고 당시 인도의 나란寺에서 강학이 성황하고 있으며 그 중에서도 유가학에 정통한 老論師 戒賢(시라바트라)의 평판을 듣고 인도로 갈 것을 결심했다.

일찍이 法顯과 智嚴, 寶雲 등 선승들이 진실한 법을 찾아서 힘든 여행을 떠나 험한 산을 넘고 사막을 건너 간다라와 인도의 聖地를 순례하고 새로운 불경을 모아 원전을 갖고 귀국하여 번역해서 많은 공헌을 새운 것이 아닌가? 시대는 그때보다 더 서방으로 열려 장안의 도시를 왕래하는 이방인의 숫자도 늘어났다. 현장은 열심히 언어학습을 시작했다. 먼저 원전을 깊게 읽고 해석하기 위해서는 범어에 통달하지 않으면 안된다. 장안에서 산스크리트어에 능통한 스승을 찾았다.

'속고승전'(권4, 玄奘伝)에 의하면 '널리 말을 달리하는 외국인에게(諸蕃), 어디까지나 書語를 배운다'고 했다. 제번이라는 것은 언어를 달리하는 사람으로 헤로도토스가 '歴史'에서 그리스어 이외의 언어를 이야기하는 사람을 가리켜서 한 바르바로이(음성을 다르게 하는 사람들)와 같은 의미이다. 언어는 국가의 영역과 문화의 다름을 측정하는 척도로서도 중요한 역할을 했다.

해가 바뀌어 현장은 28세, 貞觀원년(627년), 父를 유폐하고 이세민이 즉위한 628년, 장안은 기근이 닥쳐서 허덕이고 있었다. 4월에는 서방은 무함마드가 메카 정복을 눈앞에 두고, 메디나를 포위해, 이슬람을 승리로 이끈 '참호의 싸움'에 도전하고 있었고 세계사를 격동시킨 이슬람의 거대한 물결이 요동치고 있었다. 그러나 인접한 돌궐과 서역제국의 소식만이 전해졌다. 현장은 여행 준비에 여념이 없었다. 필요한 서방지역 정보를 수집하여 상세히 조사했다. 裵矩의 '西域圖記', 법현의 '仏國記'도 유용했다.

조용한 8월의 아침

이 해에도 장안은 기근으로 고통 받는 백성과 유민이 증가했고 서방 돌궐의 불온한 움직임도 있어 唐조정은 유동적이었다. 나라가 요동치는 그 순간을 꿰뚫어 본 현장은 급히 여장을 챙겨 바로 장안을 떠나 구법의 목적을 달성하기 위해 泰州로 향했다. '정관원년 가을 8월의 조용한 아침'이었다. 태주를 거쳐 蘭州로 들어가 서북의 凉州에 이르렀다. 량주는 오아시스의 거리였다.

현장은 량주에서 사람들의 청을 받아 '열반', '반야', '섭론'을 강의했다. 서쪽 바라문國의 법문을 구하러 가려고 하는 승려가 있다는 소문이 돌면서 량주의 都督 이대량의 귀에 들어갔다. 국외의 여행을 금지하는 칙명을 엄수하는 입장인 도독으로서는 간과할 수 없는 소문이었다. 도독은 현장을 불러 소문의 진위를 물었다. '그저 단지 법을 구해, 서방으로 여행하고 싶은 것입니다' 도독은 즉시 돌아 갈 것을 압박했다.

가로 막힌 관문

량주에서 총명하다고 알려진 법사 惠威는 현장의 언행에 크게 감명을 받았기에 서쪽의 고州로 데려가 주려고 사람들의 눈을 피해 은밀히 야행을 계속해서 고주에 이르렀다. 장안에서 약 3천 4백리로 고주는 북서의 伊吾로 통하는 길과 서남의 돈황으로 통하는 길이 교차하는 서역의 요충지이고 여기에는 고주刺史가 있다. 자사의 이름은 독고달, 그는 현장의 내방을 기뻐하며 법문을 청했다. 이때 현장은 구법의 뜻을 전달하며 서방의 지리에 대해서 보다 상세한 정보를 알고 싶다고 물었다.

자사의 대답은 암울한 것이었다. '여기 북쪽으로 가면 물살이 빠르고 깊은 고노江이 있어 건널 수 없다. 게다가 강의 상류에는 唐의 관문인 옥문관이 있고 그 서북쪽에는 각각 백리씩 떨어져 5개의 봉화대가 설치되어 있고 감시병이 배치되어 있다. 이 오봉의 북쪽에는 사막이 있어 거기를 통과하지 않으면 이오에 갈 수 없다. 현장도 국경을 넘어가기는 곤란함을 다시 알려주는 것에 불과했다.

현장은 고주에서 1개월 정도 '침묵'의 날'을 지냈다. 현장은 국경을 자유로이 왕래하는 이란 계통의 소그드(sogd) 상인들로부터 지리에 관한 정보를 모으고 또한 서역의 여러 언어를 胡僧에게 배우며 국경을 넘는 방책을 세우는데 여념이 없었다. 한편, 국법을 어기려는 승려의 소재를 파악해서 되돌아가게 하라는 통첩이 다시 자사에게 왔다.

그러나 자사는 때마침 불교를 존중하고 있었기 때문에 현장의 진의를 알고서 모르는 체 했다. 현장은 즉시 고주를 떠날 것을 결심했다. 몰래 말 한필을 사고 호인한 사람을 고용, 여장을 준비하고 밤을 틈타 고주를 떠났다. '大唐 大慈恩寺 三藏法師伝'은 여기까지 국경을 넘는 현장의 고난을 다양한 일화로 전하고 있다

경북 영천의 騎龍山 자락에 道雄스님이 계신다. 20년간 인도에 머무르며 경전연구를 하였다. 범어, 팔리어, 힌두어, 태국어, 중국어, 영어를 해독하고 번역할 수 있다. 물론 산스크리트어로 된 옛 불경을 영어, 한문으로 번역할 수 있다. 한국 불교의 보배이다. 조계종단이 앞서 언급한 파란 눈의 異國 승려 현각에게 지원한 것을 이 스님에게 100/1만이라도 지원하여 한국불교의 진흥을 해야 하지 않을까? 하는 생각이 들었다.

제9장 불교의 확장

남방불교(南傳불교)

남전불교라고도 하며 그 용어에서 팔리佛敎라고 부른다. 그것은 스리랑카를 시점으로 동남아시아의 전역에 확대 보급되었지만 이후에 이슬람의 진출에 의해서 일부는 소멸하고 현재는 스리랑카, 미얀마, 타이, 캄보디아, 싱가포르, 라오스 등에서 번영했다. 국가, 민족, 인종에 따라 각각 고유의 언어와 문자를 사용했지만 불교에 관해서는 대부분 팔리어로 통일되었고 이는 가톨릭교회의 라틴어 사용과 어느 정도 대항했다.

남전불교는 인도불교의 보수파에 속하는 上座部(또는 장로부)의 전통을 계승해서 교단의 형태와 팔리聖典에 충실했다. 출가승은 매일 아침 탁발에 의한 식사를 오전 중에 하고 오후는 수행과 면학에 전념하며 팔리성전을 독송하고 학습하며 또는 명상 禪定에 들어간다. 모두가 황금색의 가사를 입고 엄격한 사원생활을 수행한다. 그들은 대승불교가 설한 多仏과 多菩薩 또는 佛性(如來藏)사상을 받아들이지 않고 釋迦仏만의 一仏을 고수한다. 또한 불의 명호의 하나인 阿羅漢(arhat, 존경 받아 공양 받는 모습의 사람)을 1단계로 그들의 최종 수행목표로 삼는다. 이는 인도불교의 초기 말에 있는 것이다.

북방불교(北傳불교)

불교는 기원전 1세기경 간다라에서 파미르고원을 넘어 서역 즉, 현 중국의 서부로 들어왔다. 서방에의 진출은 당시 페르시아에서 활발한 조로아스터교에 저지되었다. 불교가 그대로 중국에 이식된 것은 아니다. 그 이유는 중국과 인도는 지리적으로 멀어 서쪽 육로나 남쪽의 해로로도 여행이 곤란하고 사람들의 직접 접촉이 불가능했다. 3세기말에 漢제국이 성립된 이래 서쪽 국경으로 연결되는 서역 지방과의 교섭이 활발했지만 기원 후 당시 서역에서 유행한 불교를 後漢시대에 받아들인 것이 중국불교의 시작이다.

처음에는 서역불교의 모방이었지만 본격적으로는 399년에 法顯이 서역을 경유하여 인도에 갔다. 그리고 세일론에서 스마트라를 거쳐 15년의 여행을 하고 해로로 귀국했다. 401년에는 서역에서 불교에 조예가 깊은 鳩摩羅什이 중국에 와서 불교 경전의 漢譯을 시작했고 이때부터 佛經의 한역이 1,000년 이상 이어졌다. 이 사람들이 번역한 '法華經', '維摩經', '阿彌陀經', 이 외의 책이 1,500년을 지나 지금 우리가 읽고 있는 것이다. 법현과 구마라습 시절부터 인도를 방문한 중국인 승려, 중국을 방문한 인도 및 서역의 승려가 이어져 佛典이 漢譯되었다.

이 시기에 異민족이 중국 북부에 침입해, 여러 나라를 세웠는데(5호 16국) 그 중에서도 魏는 漢族문화를 섭취해서 번영했다. 魏의 태무제는 446년 불교를 탄압했지만 452년 문성제가 즉위하여 불교를 장려하면서 이때부터 불교가 중국에 정착하게 되었다. 이때 운강의 크고 작은 사십여 개의 석굴과 석불을 완성하는데 70년 이상 걸렸다.

魏의 효문제는 493년 낙양으로 수도를 옮기고 남쪽 13km의 용문에 석굴을 조성했다. 이 사업은 200년간 계속되어 唐나라 중반 경에 30여 개의 석굴이 완성되었다. 운강과 용문으로 상징되는 魏의 불교문화는 중국불교의 방향을 제시했고 불교의 흥행을 촉진해서 조선, 일본, 베트남 등 해외로 전파를 하게 되었다.

같은 시기 중국의 남부에서는 漢族이 세운 국가인 梁나라의 무제가 502년 황제를 칭하며 50년간 통치를 했고 스스로 솔선하여 불교에 귀의했기 때문에 불교가 비약적으로 발전하였다. 武帝는 사원을 건립하고 장려했으며 스스로 불전을 강의했다. 불교 행사도 정착시켰다.

지금도 행해지는 연등회는 536년 남경에서 번성한 것이 기원이다. 이 시기에 인도에서 菩提達磨가 와서 禪을 전했다. 양무제 이후 남북조의 혼란과 분열기를 거쳐 589년 隋나라가 천하를 통일하고 618년에 唐이 뒤를 이었다. 5세기 후반에서 6세기말 사이에 중국불교의 유형이 대부분 형성되었고 이때 智顗가 출현했다.

그는 梁 — 陳 — 隋로 이어지는 혼란기에 國師와 같은 역할을 했고 문하생도 많았다. 그는 구마라습 번역의 '법화경'을 골라서 佛陀의 진의를 전했고 구마라습 번역의 '中論'을 분류해서 그 자신의 사상체계를 수립하고 이를 '天台宗'이라고 이름 붙였다. 이것은 인도 사상의 역사적 혹은 문헌학적 연구에 의한 것이 아닌 한역 자료를 중국적 사유에 의해서 정리한 것이다.

智顗의 천태종에 이어서 길장의 三宗論이 성립했고 이어서 唐나라 시대에 들어와서 華嚴宗, 法相宗이 성립했다. 이때 律, 禪, 念佛 등의 그룹도 각각 종파의 형태를 띠었다. 특히 남북조에서 당의 융성기까지의 사이에서 불교의 미술건축, 불전의 번역, 중국화한 사상체계와 종파조직 등이 대부분 생겼다. 그 후 8세기에 밀교가 들어왔지만 10세기 후반 宋나라 시대에 들어와서 불교는 중국화한 禪과 念佛로 대표되어 지금에 이르고 있다.

제10장 조선의 불교

고대 조선의 불교

고대 조선의 불교는 海東불교라 불리며 전반에 護國불교의 전통이 강하고 교리면에서는 종합적인 색채가 농후하다. 漢譯 大藏經에 기초해서 걸출한 학승, 고승이 많이 나왔다. 조선의 불교 전래는 4세기 이후로 삼국시대마다 다르다. 북의 고구려는 372년, 남서의 백제는 384년, 남동의 신라는 5세기 전반에 육로 또는 해로를 경유한 것이 불교초전에 기록되어 있다.

그러나 그 이전에 불교는 중국문화 일부와 함께 민간에 전래되었다. 3국은 각각 불교를 환영, 사원의 건립과 유학생의 파견에 힘썼고 특히 신라의 법흥왕(514~540년 재위)의 불교 융성, 圓光과 慈藏 등 唐에 유학한 학승의 활약이 두드러졌다.

신라에 의한 통일(676년) 이후 불교는 國教로 되어 화려하게 활약했다. 7세기에는 법상종의 圓測, 불교의 거의 전체를 통효한 元曉, 화엄종의 義湘 3인의 학승이 학문과 실천에 모두 탁월해서 초기 당나라 융성기의 불교를 능가할 정도의 업적을 쌓았다. 위의 법상과 화엄종 외에 涅槃, 律 등이 왕성했고 이어서 밀교도 가담했다.

또한 아미타, 관음, 미륵의 신앙도 번성했다, 각처에 사원이 건립된 속에서 불국사와 석불사 등이 건립되었다. 8세기에는 禪이 전해졌고 9세기에는 道義가 남송의 선을 배워 귀국한 이래 禪은 인기가 있어서 신라 불교의 주류로 되었었다.

고려는 936~1391년 약 470년간 반도를 통일 지배했다. 태조 왕건은 불교를 후원하는 동시에 도교의 비법을 혼합한 세속적 불교를 신봉했기 때문에 그것이 유행해서 후대에도 영향을 미쳤다. 훗날 승려의 위계제도가 설립되었고 또한 사원 외에 다수의 道場이 열려서 법회는 점차 번영했다. 11~12세기 초는 고려 불교의 최고 전성기로 선, 화엄, 천태, 법상, 정토의 각 宗派와 밀교가 융성 했다.

그 중에서도 송나라에 유학한 義天은 천태를 이끌 '新編諸宗教藏目錄'이라는 경전 목록을 만들었고 화엄에도 정통했다. 12세기 후반 이후에 知訥은 선을 부흥시키고 조계종을 열었다. 또한 고려대장경 開板이라는 대사업이 특필되었다. 그 초조판(1010~1032 재위의 현종)은 훗날 몽고의 침략으로 효실되었고 한층 완비한 再彫板(1214~1259년 재위의 고종)이만들어져 팔만여의 목판은 현재 전해지고 있다. 최초의 학술적 가치를 갖는 漢譯佛典의 寶庫이다.

1392년 조선이 건국 되고 50년 후에는 한글이 만들어졌다. 약 500년에 걸쳐 조선은 朱子學의 유교가 國敎로 되어 특히 불교를 폐지했기 때문에 불교는 쇠퇴했다. 그러나 민간인에게는 선종과 교종의 2종이 전해졌고 禪에서 휴정(서산대사, 1520~1604년)의 활약이 빛났다.

신라의 인왕회

仁王經은 '法華經', '金光明最勝王經'과 함께 護國 三部經으로도 부르며 국가 수호 불교의 중요 경전이 되었다. 신라의 진흥왕 551년에 백좌강연을 열었다는 기록이 삼국유사 거칠부傳에 나온다. 신라를 거쳐 고려 왕조가 망하는 14세기 말까지 역시 인왕회가 조정의 중요한 행사로 종종 개최되었다. 국가 수호의 목적으로 인왕경을 강설하는 관습은 중국에서 시작되었고 최초는 陣나라 永定 3년 559년(佛祖統記, 券317)으로 신라보다 오히려 늦었다.

신라에서는 인왕회가 오랜 기간에 걸쳐서 활발했다. 신라의 승려 円測이 쓴 주석 '仁王經疏'가 현재 전해져 신라에서 인왕경의 중요성을 나타낸다. 또한 천태종의 開祖인 천태지자대사 智顗도 '인왕호국반야경소'라는 주석을 했다. 이 책은 후에 신라의 승려 法融, 理應, 瑛純 등에 의해서 전해졌다.

충남 서산의 文殊寺 여래좌상에서는 '구역인왕경' 이외에 고려왕 문종의 왕자로 당시 동아시아의 불교계 전체에 탁월한 활약을 한 대각국사 義天(1055~1101)에 의한 '續藏經刊記'(1095년 간)도 발견되었다. 이처럼 인왕경, 인왕회를 둘러싼 활발한 불교 활동은 신라시대로 거슬러 올라간다.

신라의 불교와 설총

고대사에 대한 歷史書는 김부식의 '삼국사기'(1145년간)와 승려 일연(1206~

1289)의 '삼국유사'가 있다. 이 두 책은 7세기 신라의 학자 薛聰에 대해서 다음과 같이 기록하고 있다.

'以方言 讀九經, 訓導後生, 至今學者宗 之, 방언으로 구경을 읽고, 내세를 훈도해서, 지금에 이르러 학자 이를 종으로 한다.(삼국사기 권46권 설총)

以方音痛會 華夷 方俗物名, 訓解六經文學, 至今 海東業明 經 者 傳受不絕. 방음으로서 화이방 속의 풍속과 물건을 알고 육경문학을 훈독하고 해석한다. 지금에 이르러 해동의 불경을 공부하는 사람에게 전수되어 이어진다. 여기서 방언, 방음은 신라어를 가리킨다. 구경육경은 유교의 경전, 문학은 한문시, 이것을 설총이 신라어로 읽고 훈독한다.(삼국유사 권4 원요불기)

한문을 신라어로 말하는 것을 '訓'이라 하고 '한자를 신라어로 훈독'하는 것을 의미한다. 이것이 신라시대의 훈독이고 김부식과 일연의 고려시대로 이어져 내려 온 것이다. 이는 '구역인왕경'의 발견으로 설총은 신라 화엄종의 명승으로 알려진 원효(617~686)가 환속해서 낳은 아들로 설총 자신도 한번 출가했다가 환속했다. 高麗史의 '文宗 儒傳'에 國俗은 유치해서 반드시 승려를 따라서 구경을 배운다고 나온다. 이 기풍은 신라에서 일어났고 신라에서 고려에 이르기까지 漢文教育은 오로지 승려의 손에서만 이루어졌다.

신라에서는 불교 각 종파 중에서도 특히 華嚴宗이 성행하여 원효의 저작은 중국과 일본에도 전해졌다. 일본의 승려 명혜(1173~1232는)는 원효와 신라 화엄종과 義湘의 사적을 '華嚴緣起'에 기록했다. 그전에 속일본기에는 신라에서 온 사절 설충업의 이름이 나오는데 그는 원효의 손자이며 설총의 아들이다. 원효의 저작 '金剛三昧論'은 일본에 깊은 영향을 미쳤다. 또한 일본 승려 審祥(?~742년)은 신라에 유학한 학승으로 원효와 의상 등 신라 화엄종의 고승들이 지은 저작을 일본에 많이 전했다. 이전에 7세기 후반부터 8세기에 신라에 유학한 일본 승려는 약 14명이고 당나라에 유학한 학승은 11명이었다. 일본 승려 대부분은 신라의 배를 이용해 唐으로 갔다. 이 시기 일본 불교는 대부분 신라로부터 배운 것이다.

신라 불교의 융성

7세기 전반까지 조선반도는 고구려, 백제, 신라의 삼국시대였다. 불교가 372년 고구려에, 384년에는 백제에 전래된 반면 신라는 보다 늦게 527년에 고구려로부터 전래되었다. 3국 중에서 불교 전래가 제일 늦은 신라였지만 발전은 눈부셨다. 특히 668년의 3국 통일 이후 최전성기를 구가했다. 인도에 건너간 신라의 구법승이 많은 것이 그 단적인 예이다.

唐나라의 義淨(625~713)은 25년간의 오랜 기간 동안 인도에 머물면서 많은 梵文經典을 갖고 귀국하여 그 경험을 '南海寄歸內法專'에 기록했다. 그의 또 하나의 대작 '大唐西域求法高僧傳'은 7세기 후반에 육로와 해로로 인도에서 건너 온 구법승의 사적을 기록했는데 그 기록에는 60인의 구법승 중에 阿難, 耶跋摩, 慧業, 求本, 玄太, 玄絡, 慧輪 등 8명의 승려가 신라 승이고 이들 대부분은 인도 또는 唐에서 구법하다 죽었고 신라에는 돌아가지 못했다고 기록하고 있다.

당시 唐의 수도 장안에는 많은 신라 승이 와 있었다. 일본에서 건너온 학승들은 당의 수도 장안에만 머무른데 비해 신라 승들은 오지인 사천까지 들어가 탐구열이 대단했다. 당에 유학한 신라 승들은 당시 해상교통권을 신라가 장악하고 있었기 때문에 본국 신라와 밀접한 연락을 취하고 있었다.

그리고 당나라에 머무르고 있는 신라 승려 중에는 譯經사업에 직접 참가한 자도 많이 있었다. 인왕경소의 저자인 원측(613~696년)은 당나라에 유학해서 현장의 강의를 듣고 후에 역경원에 들어가 인도 승려 日照가 '大乘顯識經' 등을 번역할 때에 정리를 맡았다고 기록되어 있다(宋, 高僧傳 권2 일조전 권4원측傳).

또한 695년 화엄경을 새롭게 번역할 때에 의쟁 등과 함께 그 번역에 참여했다. 圓測은 이처럼 당시의 중국 불교계의 중심부에서 활약했고 그의 전기인 '大周西明寺 高大德円測法師佛舍利 塔銘'(玄奘, 資傳叢書)에 의하면 그는 신라왕의 후손이고 또한 당에서 사망했지만 의상과 원효는 신라 화엄승의 大師이다. 의상은 당에 유학할 때에 장안에서 원측을 만났다.

신라의 승려 慧超

신라의 인도 구법승, 역경 승려 중에서도 특히 이채로운 것은 구법승, 역경승을 겸한 혜초이다. 혜초는 소년기에 唐나라로 유학해서 곧바로 海路를 통해서 인도로 건너가 각 지역을 편력, 서북 인도부터 불교 유적지로 유명한 지금의 아프가니스탄의 바미양, 실크로드를 경유해서 唐현종 개원 15년인 727년에 안서대도후부(현재의 신강 위구르 자치구)로 귀국했다.

그리고 수년간의 대여행기록 '往五天竺國傳'을 썼다. 이 왕오천축국전은 산실되었다가 10세기 초 돈황의 석굴에서 나머지 책이 발견되었다. 唐에 돌아온 혜초는 중국에 밀교를 전한 인도승 金剛智(671~741)으로부터 師事를 받고 수학에 힘썼다. 740년에는 唐의 장안 薦福寺에서 唐현종의 칙령에 의해 행해진 '金剛智'의 불경 번역에 범어를 한역으로 번역하는 筆受(불경을 한문을 역하는)의 역을 담당했다. 그는 범어에도 능통했다. 금강지가 죽은 후에 그의 제자가 되어 당시 현종, 숙종으로부터 깊은 신뢰를 받은 인도 승려인 不空(705~774년)으로부터도 사사받았다.

774년에 불공이 죽었을 때에는 다른 다섯 명의 제자와 함께 그의 遺囑을 받았다. 또한 동년 대종황제의 칙령에 따라서 불공삼장을 대신해서 장안 서쪽의 옥연이라는 늪에서 기우제를 하였는데 멋지게 비를 내리게 하여 더욱 유명해졌다. 780년 혜초는 스승인 금강지삼장과 함께 번역한 경전을 갖고 오대산의 건원보리사로 가서 그 서문에 스스로의 생애에 대한 줄거리를 기록하고 불경의 祕義도 적었다. 이것이 혜초의 傳記로 알려진 최후의 사적으로 唐에 머문 기간이 54년으로 80세의 고령이었다.

또한 長安 청룡사의 혜과(746~805년)로부터 불법과 비법을 전수받은 신라 승려가 있었다. 혜과는 일찍이 혜초와 함께 불공삼장의 유촉을 받은 동문제자이다. 공해가 장안에 있을 때 혜초는 이미 세상을 떠났다. 혜과는 불공삼장으로부터 金剛頂經계통의 밀교와 인도 승려 善無畏(637~735)의 제자 현초로부터 大日經, 蘇悉地經 계통의 밀교도 전수받았다. 이 승려가 현초로 신라의 승려였다(大毘盧邦經廣大儀軌 후서).

제6부 화엄경

화엄경

화엄경은 선재동자가 수많은 보살을 만나서 겪은 경험을 통해 인간에게 꿈과 희망을 주는 장엄하고 생명력이 넘치는 이야기이다.
사람은 살면서 他人과의 무수한 만남을 통해 좌절도 겪고 용기도 얻는다.
그 좌절을 통해 인간은 점점 성숙해지며 인간미가 형성되는 것 같다.
나는 일찍이 사마천의 史記를 만났고 孟子의 혁명을 꿈꾸기도 했다. 나의 작은 화엄경을 이야기하고자 한다.

제1장 사마천을 만나다

“利를 탐하는 것보다 더 참혹한 재앙은 없고, 상심하는 것보다 더 고통스러운 슬픔은 없다. 가장 욕되게 하는 것이 조상의 이름을 더럽히는 것이며, 치욕으로 으뜸인 것은 궁형을 받는 일이다. 슬프고도 슬프도다.”

슬픔을 토해내며 ‘삶을 위해 굴욕을 참은 사나이’ 사마천은 불후의 명저 史記를 썼다. 사마천은 당시 북방오랑캐에 짓밟힌 중화민족의 자존심을 회복하고 漢나라를 중흥시킨 漢武帝의 노여움을 사 죽음이냐 궁형이냐의 양자택일에 몰렸다. 그는 ‘무고의 난’으로 죽음에 처한 친구 임소경의 구명 요청에 대한 답신 ‘報任少卿書’에서 비굴하게 살아남은 이유가 史記를 쓰기 위해서라고 했다.

사람은 언젠가는 죽는데, 어떤 죽음은 태산보다 무겁고, 어떤 죽음은 기러기 털 하나보다도 더 가볍다. 가장 훌륭한 죽음은 조상을 욕되게 하지 않는 것이고, 그 다음이 자신을 욕되게 하지 않는 것이다. 그러나 죽음보다 더 치욕스러운 것이 궁형이다. 나의 죽음이 아홉 마리 소의 털 하나 잃은 것이나, 땅강아지나 개미의 죽음과 다를 바 없다. 그렇게 죽을 수 없다하여 사나이의 치욕 중에 치욕인 궁형을 택했고 가슴에 비수를 품고 인류의 보고인 대작 '史記'를 남겼다.

그는 제왕에서부터 미천한 내시와 협객까지도 시대마다 그 역할을 다한 인간들을 탐구하여 기록으로 남겼다. 그는 사실 확인을 위해 한 인간의 출생지까지 찾아가 자세히 조사하는 일도 마다하지 않았다. 그는 역사를 통해서 인간을 묘사하려 했다. 인간이란 무엇인가? 하는 것이 사기를 집필한 명제였다. 그의 기록은 2천년 이상의 세월이 흘렀어도 우리에게 생동감 있게 다가온다.

漢무제가 군림한 54년간(기원전 141~88년)은 중국 역사에서 제일 빛나는 시대로 꼽히며 2천년에 걸친 중국 정신문화의 방향을 결정지은 시대이다. 이후 漢字, 漢민족 등이 중국 그 자체를 의미하는 대명사가 된 것을 보아도 알 수 있다. 漢武帝 때 비로소 대제국으로 자리매김한 전통 중국의 원형이 형성된 시기라고 할 수 있다. 그 중화민족의 자존심을 세운 무소불의의 절대 권력자 漢무제는 사마천이 竹竿에 쓴 '史記'를 상주하자 "내가 천하를 정복하고 천하 모두를 굴복시켰지만 너의 良心만은 굴복시키지 못했다. 내가 너를 굴복시키지 못했다."고 소리치며 죽간을 집어던졌다.

사마천은 꼿꼿하게 한무제를 응시했다. 그러자 한무제는 "책이란 인간에게 올곧은 양심을 길러준다."고 하며 사마천을 물리쳤다. 사마천이 기록한 漢武帝 本紀는 소실되어 전해지지 않고 있다. 사기의 규모는 1백 30권의 책에 52만 6천 5백자에 이르는 방대한 분량이다.

나는 기꺼이 안영의 마부가 되겠다

사마천이 사기에서 가장 높이 평가한 사람은 안영이었다. 사마천은 안영이 살아 있다면 나는 그를 위해 채찍을 든 마부가 되어도 좋을 만큼 그를 존경한다고 했다. 晏嬰은 '정치란 도대체 무엇인가'라는 것을 잘 암시해 준 사람이다. 중국 제나라의 안영은 동시대의 孔丘를 하찮게 여겼다. 미혹한 세치 혀로 제나라 조정에 벼슬자리를 청탁하러 다니는 孔丘를 측은하게 여겼다.

구직하려고 예를 논하고 다니는가?

벼슬자리 하나 얻으려고 정치하는가? 에 대한 가차 없는 비판이었다. 당시 세상 사람들은 管仲을 賢者라 평했고 孔子는 小人이라 불렀다.

喪家의 개라고 불린 孔丘는 죽은 조상에 대한 제사와 장례의 예를 설파해서 노나라에서 말년에 간신히 벼슬을 얻고 1천 5백년 후에 송나라의 주희에게 발굴되어 유교의 大성인으로 추앙받는 孔子로 재탄생되었다. 청나라 때는 공자의 사상이 불필요한 현학으로 땅에 묻혔으나 19세기말 중화제국이 서구열강에 의해 국토가 산산이 토막나자 중화민족의 구심점으로 강유웨이 등에 의해 다시 부활되었다.

그러나 1930년대에는 낡은 공자의 사상 때문에 제국주의 열강에 유린되었다는 강한 반발로 인해 모택동 등 공산당 지도자에 의해 다시 땅속에 묻혔다가 최근에 다시 되살아났다. 유교의 일부인 공자의 사상보다는 주희의 사상이 더 문제인 것 같다.

孔子 – 하늘이 나를 재판할 것이다

그의 이름은 丘 자는 仲尼였다. 이 이름 속에는 불교의 영향이 보인다. 노나라 창평현 추라는 마을에서 아버지가 누구인지 불분명한 사생아로 태어났다. 齊나라 안영은 경공이 공자를 지방의 관리를 담당하는 니계(尼谿)의 장관에 임명하려 할 때

"대개 儒者란 공리공론에 능하여 그 언변에 넘어가면 크게 혼이 나며, 남의 이야기에 귀를 기울이지 않아 신하로 쓰기에 힘든 존재이고 게다가 죽은 사람에 대한 예절을 시끄럽게 떠들어 대고 가산을 탕진하면서까지 크나큰 장례식을 하도록 요구하여 사회풍속을 해치고 있습니다. 儒者는 입으로만 녹을 구해 떠들며 거지처럼 이 나라 저 나라로 떠도는 패거리여서 국정을 맡길 수 없습니다. 공자는 周왕실이 쇠퇴하여 예악이 버려진 채로 있는 것에 착안하여 그 부흥을 위해 용식이 어떻고 참예는 이렇게 하라, 걸음걸이는 저렇게 해라 등등 일상에 불필요한 것을 떠들어 댑니다. 이런 번잡한 예악은 1년은 커녕 몇 세대를 지나도 다 배울 수 없으며 평생 동안 그 예법을 다 마칠 수도 없을 것 입니다. 그의 등용은 혼란만 초래할 뿐"이라고 했다.

그 뒤 경공은 공자를 만나도 더 이상 예를 묻지 않았다. 그리고 "내가 당신을 季氏처럼 예우해 줄 수 없소." 하고 공자에게 계씨와 맹씨 중간에 해당하는 대우를 해주었다. 제나라 대부들이 공자를 해치려 한다는 소문이 돌자 경공은 공자에게 "나는 늙었으니 당신을 등용 할 수 없다."하였고 공자는 제나라를 떠나 노나라로 돌아왔다. 귀로에 季氏의 가신 공산불뉴가 費邑에서 반란을 일으킨 뒤 사자를 보내 孔子를 자기 군대로 초빙했다. 공자는 자신을 등용하는 곳이 없자 초조했다. 주나라 문왕과 무왕은 豊과 鎬 땅에서 일어나 왕 노릇을 했는데 "지금 費城이 비록 작지만 치국의 도를 실현할 수 있겠지." 라고 하며 자로에게 비성으로 갈 뜻을 내비치었다. 그러나 자로는 기뻐하지 않고 말렸다.

"나를 불러주는 것이 어찌 헛된 일인가? 만일 나를 등용한다면 아마도 東周처럼 할 수 있을 텐데" 하고 공자는 말했다. 당시 공자는 괴로운 나날을 보냈다. 공자는 바로 費로 가려고 했다.

제자인 자로가 "평소의 선생님 답지 않습니다." 하고 막았다.

그래도 공자는 가려했지만 제자들의 만류로 포기했다.

그후 우여곡절 끝에 노나라의 노독(지방의 감독관리) 장관에 임명되었다. 그의 나이 50세였다. 이후 司空(토지와 민사담당 장관)과 大司寇(형조담당 장관) 직무를 하다가 사직하고 새로운 관직을 찾아 진나라, 위나라, 채나라를 떠도는 유랑의 길로 들어섰다. 위나라에 갔을 때의 일이다. 위나라의 영공 부인은 "우리 주군과 친교를 갖고자하는 자는 누구나 나를 먼저 만나야한다."고 하자 공자는 기꺼이 응하겠다고 답했다. 만남을 끝내고 돌아오자 공자는 제자를 향해 "만날 생각은 없었지만 이것도 예이니 어쩌겠느냐?" 하고 변명했다.

자로는 공자에게 심한 화를 냈다. 공자는 내게 잘못이 있다면 하늘이 나를 재판할 것이라고 답했다. 한 달이 지나서 공자는 영공의 초대를 받았다. 영공부인의 배려로 공자는 영공 수레의 뒤를 따라갔다. 얼마 안되어 어떤 사람이 영공에게 공자를 참소했다. 영공이 공손여가를 시켜 공자의 출입을 감시했다. 공자는 죄를 뒤집어 쓸까하여 머무르는 10개월 동안 전전긍긍했다.

喪家의 개(집 잃은 개)

이에 다시 공자는 위나라를 떠나 조나라로 갔다. 이때 지나가는 거리의 행인들이 공자의 처절한 모습과 그 지친 모양새를 보고 집 없는 개(喪家의 개) 같다고 비아냥거렸다. 그는 정나라, 진나라에서도 등용되지 않자 다시 위나라로 발길을 돌렸다. 가는 도중 위나라에게 반기를 들고 蒲땅에서 公叔氏가 농성하고 있었다. 공자는 거기에서 포로로 잡혔다. 공손은 '공자에게 위나라로 가지 않는다는 약속을 하면 보내주겠다'고 하자 공자는 이 제안을 받아들여 그렇게 하겠다고 약속하였다. 그러나 동쪽 문을 나서자 바로 위나라로 향했다.

자공: 그러면 약속을 어기는 것이 아닌가요?
공자: 나는 단지 협박을 받고 응했을 뿐이다. 성인도 그것을 약속이라 생각하지 않을 것이다.

자공은 의아하게 공자를 바라 볼 뿐이었다.

공자는 다시 채나라로 갔다. 가는 도중 밭을 갈고 있는 장저와 걸익이라는 두 남자가 보였다. 공자는 자로에게 마차가 건널 수 있는 곳을 묻고 오라했다. 자로가

다가가 말을 걸자 한 사나이가 바로

"저 사나이는 누구인가?"
"孔丘라고 합니다."
"아 ! 노나라 孔丘 말인가?" 長沮가 말했다.
"그렇습니다." 자로가 답했다.
"孔丘라면 남에게 물어보지 않아도 알텐데 뭘 그러지?" 라고
옆에 있는 桀溺이 말참견을 했다.

"그런데 당신은 누구요?"
"중유라고 합니다."
"孔丘의 제자 자로 말인가?"
"그렇습니다."
"보시오. 자로, 시대의 흐름이라는 것은 이 개울의 흐름과 같소. 이 도도한 개울의 흐름을 사람의 힘으로 바꿀 수 있다고 생각하시오? 이것도 안되고 저것도 안된다 하며 남에게 잔소리를 하며 다니느니 차라리 우리처럼 밭 갈고 사는 게 낳을 것이요. 또한 당신은 폭군과 난신을 피하는 孔丘를 따르는 것보다는 세상을 피하는 선비를 따르는 것이 낫지 않겠소?" 라고 걸익은 말하며 흙으로 씨 덮는 일을 계속했다.

자로는 두 사람의 이야기를 공자에게 전했다. 공자는 "내가 이렇게 하고 있는 것은 세상에 道가 없어졌다고 생각되기 때문이다. 천하에 道가 있다면 나도 이를 바꾸려 하지 않을 것이다."라고 말했다. 한번은 자로가 일행에서 떨어져 길을 헤매고 있을 때 대바구니를 짊어진 노인에게 물었다.

"우리 선생님을 못 보셨나요?"
"선생이라고? 땀 흘려 일하지도 않고 곡물의 구별도 못하는 인간이 선생이란 말인가?"
하고 상대하지 않았다. 이 말도 자로는 공자에게 전했다.
공자는 또 지난번 처럼 "은자로군." 하였다.

공자가 채나라로 옮긴지 3년, 초왕은 공자가 진과 채의 국경지대에 있는 것을

알고 그를 초나라로 초빙했다. 이때 오나라가 진나라를 공격했다. 초는 진을 지원 중이었다. 이에 공자 일행이 초나라로 가는 중에 피로와 굶주림에 처했다. 공자가 시를 읊자 분통이 터진 자로가 공자에게 대들었다.

자로: 군자도 궁할 때가 있습니까?
공자: 물론 군자도 궁할 때가 있다. 하지만 소인처럼 낭패하지 않는다.

자로와 자공도 분노의 눈빛이 어려 있었다. 그 후 공자는 다시 노나라로 돌아왔다. 그리고 나도 이제 마지막이다. 어느 누구의 이해도 받지 못하고 이 세상을 끝낸단 말인가?

나는 기꺼이 너의 신하가 되겠다.

공자가 이름이 賜인 제자 자공에게 말했다.
"사야, 시경에 코뿔소도 아니고 호랑이도 아닌 것이 저 들판에서 헤매고 있구나 라고 했으니, 나의 道(주장)에 잘못이 있단 말인가? 내가 무엇 때문에 이 지경에 이르게 되었는가?"

자공이 되물었다.
"선생님의 道가 지극히 원대하기에 천하의 그 누구도 받아들일 수 없습니다.
선생께서는 어찌하여 도를 약간 낮추지 않습니까?"

"賜야, 농부가 씨 뿌리기에 능하다고 해서 잘 거둬드리는 것은 아니고, 匠人이 비록 정교한 솜씨를 가졌다 한들 반드시 잘 풀리는 것이 아니다. 지금 너는 道를 닦지 않고, 스스로의 道를 낮추면서까지 남에게 받아들이기를 구하고 있다. 賜야, 너의 뜻이 원대하지 못하구나."

賜가 나가고 顔回가 들어왔다.
"회야, 나의 道(주장)에 잘못이 있단 말인가? 물었다.
내가 무엇 때문에 이 지경에 이르게 되었는가?"

"선생님의 道(주장)가 지극히 원대하므로 그 누구도 선생님을 받아들일 수가 없습니다. 그렇다 하더라도 선생님께서 계속 道(주장)를 추진하면 받아들여지지 않은들 무슨 걱정입니까?

道(원칙)가 닦이지 않는 것은 우리의 치욕입니다.

道가 잘 닦여진 인재를 등용하지 않은 것은 나라를 가진 자의 치욕입니다.

받아들여지지 않는다고 무슨 걱정이 되겠습니까?

받아들여지지 않고 나서 군자의 참모습이 드러나게 될 것입니다."

라고 안회가 답했다.

"아, 그렇던가, 顔氏 집안에 자네 같은 인물이 있었는가?

호, 자네가 만약 많은 돈을 번다면 나는 기꺼이 너의 신하가 되겠다."

天刑을 받은 公子

장자에 천형을 받은 공자 편이 나온다. 이는 史記보다 3백년 전에 먼저 쓰여진 것이다. 노나라 무산숙자라는 사람이 발뒤꿈치를 다쳐서 절름발이로 공자를 찾아갔다. 그때 공자는 "평소에 행실을 조심하지 않은 자가 새삼 내게 찾아와 어쩌겠다는 것이오?" 이에 무산숙자는 "사실 나는 힘써야 할 바를 등한히 하여 절름발이가 되었지만, 사람에게는 소중한 것이 있습니다. 나는 이 소중한 것을 지키고자 선생을 찾아 왔소이다. 나는 선생이 만물을 덮어주는 천지 같은 분이라 생각했는데, 잘못 알았습니다." 공자가 태도를 바꾸어 그를 대하려 했으나 숙자는 그냥 가버렸다.

무산숙자는 노담이라는 학자를 찾아가

"저 공자가 至人이 되려면 아직 멀었네, 도대체 무엇을 가지고 학자인척 할까요?

사람의 눈을 괴상하게 속여 단지 명성을 얻으려 하는 것 같습니다."

노담이 답했다.

"만물제동의 진리를 아는 사람으로 하여금 그의 질곡을 풀어주면 어떨까?"

"하늘이 준 형벌을 어찌 풀어 줄 수 있겠습니까?" 라고 숙자가 답했다.

공자는 말년에 "난 하늘에서 버림받은 것이다"라는 절망의 중얼거림을 자주 입에 올렸다. 말년의 공자는 고독했다.

노자가 仲尼에게 간곡히 전한 말

노나라의 남궁경숙이 공자와 함께 周나라로 예에 대해 물어보려고 갔다. 이때 공자는 老子를 만났는데 노자는 이렇게 말했다.

"내가 듣건데 돈 많고 신분이 귀한 자는 재물로 사람을 배웅하고 賢者는 말로서 배웅한다하오, 나는 후자에 해당한다고 생각하고 그대를 배웅하겠소."

"총명한 사람에게 죽음이 다가 올 수 있는데 이는 다른 사람을 잘 거론하기 때문이요. 변론을 잘하고 재능이 뛰어난 사람은 그 자신을 위태롭게 하는데 이는 다른 사람의 잘못을 잘 끄집어내기 때문이요, 무릇 현자는 자신의 존재를 내세우지 않고, 자신의 존재를 드러내지 않는다오."

"그대는 교만과 지나친 욕망, 위선적인 표정과 끝없는 야심을 버리시오, 이러한 것들은 그대에게 아무런 도움도 되지 않소. 하고 호되게 꾸짖었다.(노자. 한비열전)"

사기에 의하면 노자는 초나라 고현 출신으로 周나라(기원前 111~기원후 255) 수장실의 史官이었다. 그렇다면 공자의 생몰년(기원前 551~479)과 차이가 난다. 이는 송나라 시대에 주희가 孔丘를 대성인으로 신격화시키면서 임의로 정했을 개연성이 높다. 왜냐하면 주희가 불교를 외래종교라고 이단으로 배격하면서 중국의 사상적 정통성을 공자에서 찾으려 했고 중국 왕조의 정통을 조조가 활약했던 북방의 위나라를 이은 西晉의 사마염이 중국을 통일했으나 이를 오랑캐로 무시하고 유비가 활약한 촉나라로 했기 때문이다.

참고로 삼국지는 3세기 후반 西晉의 진수(233~297)가 쓴 '정사 역사서'와 14세기 중반 원말 명초에 집대성된 '삼국지연의'의 두 종류가 있다. 이들은 약 1천년 이상의 시차가 있다. 184년 황건적의 난으로 위의 조조, 촉의 유비, 오의 손권이 천하를 삼분하여 할거 중, 오가 280년에 멸망하고 서진에 의한 통일까지는 약 100년이 걸렸다.

指鹿爲馬

공자 나이 42세에 노나라는 定公이 왕위에 올랐다. 정공 5년 季桓子가 우물을 파다가 흙으로 만든 항아리를 얻었는데 그 안에 羊 같은 것이 있어 개를 얻었다하고 공자에게 물어보자 공자는 "제가 보건데 그것은 양입니다. 제가 듣건데 산의 요괴는 夔와 罔閬이고 물의 요괴는 龍과 罔象이며, 흙의 요괴는 墳羊이라 합니다(기와 망랑, 망상, 분양 모두 전설속의 요괴).”

오나라가 월나라의 수도 회계산을 정복하고 거기서 수레 길이만한 사람의 뼈를 얻었다. 궁금하여 오왕이 사신을 보내 공자에게 알아보라 했다.

“인골 중에 어느 것이 가장 큽니까?”

“禹임금이 여러 神들을 회계산으로 불러 모았을 때 마을 우두머리인 防風氏가 늦게 오자 그를 죽이고 그 시체를 백성에게 보여주었는데 그의 뼈마디가 수레처럼 길었으니 그것이 가장 큰 인골입니다” 라고 공자가 답했다.

오나라 사신이 다시 물었다.

“누가 그 神입니까?”

“산천의 신은 구름을 부르고 비를 내려서 천하를 이롭게 할 수 있으나 그 산천을 지켜 제사지내는 것이 신이며, 토지神과 곡물神을 지키는 것이 公侯인데 이는 모두 왕자에 속하오.” 라고 공자가 답했다.

오나라 사신이 되물었다.

“방풍씨는 무엇을 지켰습니까?”

“부락의 우두머리인 왕망씨의 君長은 封山과 禺山을 지켰는데 이 사람은 희씨성을 가지고 있었습니다. 虞, 夏, 商 시대는 왕망이라 일컬었고 周나라 때에는 長翟 즉, 긴꿩이라 하였으며, 지금은 大人이라고 합니다.” 라고 공자가 답했다.

사신이 다시 물었다.

“그 大人이라는 사람의 키는 어느 정도입니까?”

“초요라는 사람은 키가 세척으로 가장 작았습니다. 가장 큰 사람도 이것의 열배를 넘지 않는데 숫자상으로는 가장 큰 키입니다.”라고 공자가 답했다.

이에 오나라의 사자는 말했다.

“정말 훌륭하신 성인이시군요. 흐음”

노나라 애공14년 叔孫氏의 마부가 짐승을 잡았는데, 사람들은 상서롭지 못하다고 웅성거렸다. 공자는 그것을 보고 “기린이다.”라고 외쳤다. 그리고 “황하에서는 그림이 나타나지 않고, 落水에서 글씨가 나타나지 않으니, 나도 끝나는가 보다."
라고 중얼거렸다.

孔丘의 진면목

노나라 정공 10년 中都의 宰에 임명되고 司空에 이어 大司寇로 승진했다. 정공 14년에 공자는 少正卯을 주살했다. 공자가 대사구로 임명된 지 7일만의 일이다. 공구는 노나라 大夫인 少正卯를 정사를 어지럽혔다는 이유로 주살했다. 이것은 荀子가 남긴 기록이다(仲尼의 始誅篇, 荀子의 宥坐篇). 공자의 제자 자공이 인망이 높은 소정묘를 주살한 것에 대해 힐난을 하자 徒黨을 만들어 백성을 현혹시킨 소인배의 우두머리는 주살 당함이 당연하다고 답했다.

최근 중국 양영국의 학설에 의하면 공자는 노예제를 기반으로 하는 체제를 지지한 반면, 당시 소정묘는 신흥지주계급을 대표는 법가사상가로 평가했다. 또한 중니제자 열전에 기록된 공자의 제자는 3천명이 아니라 77명이다. 이 소정묘의 죽음은 현대 중국 공산당 정권의 공자비판운동이 한창 일어났을 때 주목받았다.

孔丘의 마지막 길

제자 안연이 죽자 공자는
"하늘이 나를 망쳤구나." 하고 원망했다.
"나의 道도 이제 끝났구나. 나를 알아주는 사람은 아무도 없구나."
하며 탄식했다.
이에 자공이
"어째서 아무도 선생님을 알아주지 않는다고 하십니까?"하고 말하자
仲尼는
"나는 하늘을 원망하지 않고 사람을 탓하지 않으며 아래로 배우고 위로는 도달하고자 하였을 뿐이다. 나를 알아주는 자는 아마도 하늘이 아니겠느냐?"

이어 "안되지, 안되지, 군자는 죽은 후에도 이름이 일컬어지지 않는 것을 근심한다. 나의 道가 행해지지 않으니 나는 무엇으로서 후세에 내 자신을 드러내겠는

가?" 이에 공자는 위로는 은공에서 아래로는 애공 14년에 이르기까지 12왕의 역사를 쓴 春秋를 지었다. 춘추는 노나라의 역사를 중심으로 周나라, 殷나라의 제도를 참고로 하여 夏, 殷, 周의 법통을 계승하고 있다.

여기서 오나라, 초나라 왕을 낮추어 작위격인 子爵으로 했다. 仲尼는 "후세에 나를 알아주는 사람이 있다면 春秋 때문일 것이며, 나를 비난하는 사람이 있다 해도 이 또한 춘추 때문일 것"이라고 썼다. 그의 예언은 약 1천년이 지나 宋나라의 주희에 의해 대성인으로 추앙받는 孔子로 다시 태어났다. 애공 16년 공자가 병이 나자 제자 자공이 찾아왔다.

"賜야, 왜 이렇게 늦게 왔느냐?"
"태산이 무너지는가?
들보와 기둥이 무너지는가?
哲人이 시드는가?" 하며 눈물을 흘렸다.

그리고 "천하에 도가 없어진 지 오래 되었구나. 아무도 나의 도를 믿지 않는다. 夏나라 사람들은 장사를 치를 때 유해를 동쪽 계단에 모셨고, 周나라 사람들은 서쪽 계단에 모셨고, 殷나라 사람들은 두 기둥 사이에 모셨다. 어제 밤에 나는 두 기둥 사이에 놓여 사람들의 제사를 받는 꿈을 꾸었다. 내 조상은 원래 은나라 사람이었다." 라고 자공에게 말한 후 7일 만에 73세의 나이로 세상을 떠났다. 애공 16년 4월 기축날이었다. 애공은 아래와 같은 애도사를 지어 보냈다.

"하늘도 무심하여 이 노인을 남겨 놓지 아니하고
나 한 사람만 남게 하여 나를 근심 속에서 외롭게 하는구나."
"아, 슬프구나"
尼父(孔丘)여, 스스로 규율에 얽매이지 말지니라.

理想은 무엇하나 달성되지 않았다. 대체 무엇을 후세에 남기면 좋단 말인가? 하여 쓴 '春秋'에는 군주를 시해한 게 36건, 나라를 망치게 한 52건이 기록되어 있다. 이 역사서가 후대에 그를 있게 한 것이다. 공자가 덕을 설파할 수 있었던 것도 돈 많은 제자가 뒤를 돌봐 주었기 때문이다. 자공이 음으로 양으로 공자를 도왔다. 현시대도 미래권력자에게 투자했다가 패가망신한 사람은 무수히 많다. 공자가 살았던 시대나 현재나 별반 다르지 않다.

제2장 難說

설득의 어려움

한비자는 옥살이를 하며 '설난', '난설'이라는 책을 지었다. 또한 그보다 2백년 앞서 장자는 '說劍'을 썼다. 인간은 총명하고 통찰력이 깊으면서도 죽음의 위험에 직면하는데 그것은 남을 지나치게 비판하기 때문이다. 박식하면서도 그 몸을 위태롭게 하는 사람이 있는데 그것은 남의 악을 폭로하기 때문이다. 모름지기 사회 속에 사는 자는 자기 주장을 사양하지 않으면 안 된다.

오랜 질곡의 일본제국주의 식민지배로부터 벗어난 광복 이후, 조선반도의 현실을 잘 파악하고 있었던 송진우는 1945년 12월 29일, 김구를 설득하러 갔다가 밤늦게 집에 돌아온 그 이튿날 새벽에 암살되었다. 송진우는 가장 현실적인 미·소의 후견통치안을 갖고 12월 29일 경교장으로 김구를 찾아가 온종일 '후견'을 받아들이도록 설득했다. 신탁통치 절대 반대자인 김구는 미, 영, 소 3개국의 신탁통치는 민족의 굴욕이고 재식민화의 길로 보았다. 송진우의 설득은 허사였다.

그날 밤늦게까지 민족지도자 김구와 송진우 사이에 무슨 대화가 오갔을까?
후견을 받아들여야 한다는 송진우의 설득에 김구는 어떤 반응을 보였을까?
애송이가 뭘 모르고 까분다고 생각했을까?
감히 애송이 따위가 나를 설득한다고 불쾌했을까?
김구는 송진우의 설득에 모욕감을 느꼈을까?
무엇이 문제였을까?

결과야 어찌되었든 민족지도자의 한사람인 송진우는 30일 새벽 과격한 반탁청년 한현우의 흉탄에 최후를 마쳤고 역사의 무대 뒤로 사라졌다.

1947년 7월 19일 한낮인 12시 31분경 종로구 혜화동 로터리에서 여운형이 총탄에 쓰러졌다. 이때도 배후가 김구라는 소문이 돌았다. 만약 여운형이 광복 직후 해외 망명에서 귀국한 임시정부의 지도부 김구 및 이승만과 연락하여 광복조선의 앞날을 진지하게 협의하는 자세를 취했으면 암살되었을까?

여운형이라는 걸출한 민족지도자가 자기 중심의 건국준비위원회를 결성하자 송진우를 비롯한 민족지도자가 이탈하며 조직이 와해되었다. 광복 직후 북조선의 김일성은 빠르게 조직을 결성하면서 자신의 몸을 낮추고 항일투쟁에 고생한 원로들을 앞세우고 핵심인 조직만 장악하여 성공했다. 그러자 김책 등 혁명원로들은 오히려 김일성을 더 우대했다. 개인의 이익보다 민족의 장래가 우선이었다.

여운형이 총탄에 쓰러진 3개월 후 조선반도를 둘러 싼 국제정세를 잘 파악하고 있고 이승만의 신임이 두터운 또 한사람의 민족지도자 장덕수가 다시 총탄으로 쓰러졌다. 이승만의 분노가 이루 말할 수 없었다. 이승만은 아웃사이더로 과거시험에 여러 차례 낙방, 낙심하여 이씨왕조를 뒤엎는 쿠데타를 주도하여 권력을 탈취하려다 실패했다. 이후 투옥되어 王孫이라는 덕택에 사형은 면하였고 무기수로 복역 중 영어를 할 줄 안다는 연유로 미국 파견 사절단에 합류하여 미국으로 건너가 파란만장한 생애를 보내다 광복 후 귀국했다. 현대사 쿠데타의 원조 격이다.

1947년 12월 2일 한국민주당의 간부로 젊고 유능한 장덕수는 종로구 계동 집에서 저녁밥을 먹다가 경찰이 찾아왔다는 아내의 말에 현관문을 나가자마자 순경 박광옥, 김구의 한국독립당 중앙위원 김석황 등에 의해 복부에 카빈총 두발을 맞고 즉사하였다. 이 역시 김구의 지시라는 설이 시중에 강하게 돌았다. 김구가 김석황에게 범행을 교사하는 내용의 엽서 한 장을 보냈기 때문이었다.

이 때문에 김구는 미군청의 법정에 장덕수 암살의 증인으로 심문을 받았다. 독립운동 지도자로 추앙받은 김구는 치욕을 당했다. 김구는 청년시절 황해도의 유력 지주였던 안태훈(안중근의 부친)의 집에 식객으로 머문 적이 있었다. 1909년 10월 26일 조선침략의 주역 이토 히로부미를 저격하여 민족의 각성을 일깨운 민족의 영웅 안중근과도 친분이 있었다. 훗날 김구는 안중근의 누나 딸을 며느리로 맞이하기도 했다.

일본의 식민지배가 깊어가는 1939년 10월 26일 안중근의 차남 안중생과 이토 히로부미의 아들의 화해의 장이 지금의 조선호텔, 원구단에서 이루어졌다. 물론 일본 총독부의 계획에 의한 것이었다. 이 소식을 접한 김구는 안중근의 아들을 친일파로 규정하고 중국의 장개석 군대에게 그를 교수형에 처할 것을 간곡히 부탁했다.

앞서 김구는 장개석과 면담하고 돈 100만원을 요구했다. 그 자금으로 일본의 침략자들을 하나하나 암살하겠다는 취지였다. 장개석은 그 말을 듣고 김구에게 한명 암살하고 또 한명을 암살한들 큰 의미가 없다. 조선민족 전체가 힘을 육성하여 독립을 쟁취해야지 테러로 독립을 할 수는 없다고 훈계조로 이야기했다. 김구는 장개석의 말에 수긍하고 물러났다. 돈 100만원은 받지 못했다.

살아남은 남한의 민족지도자 이승만, 김구, 김규식은 서로 만나 광복 이후의 민족 장래에 대해서 토의한 적이 없다. 마치 조선통신사의 동인과 서인처럼 서로 질시만 하고 있었다. 특히 김구와 이승만, 두 민족지도자는 미 · 소가 공동으로 조선반도를 5년간 신탁통치한 후 독립시킨다는 안을 거부하고 반대했다. 나아가 이들은 미 · 소공동위원회의 협상도 거부했다. 민족의 장래에 불행한 일이었다.

만약 이들이 허심탄회하게 서로를 존중하고 대화했으면 장덕수도 그렇게 희생되지 않았을 것이다. 장덕수가 살아서 민주주의의 기틀을 마련했더라면 이승만의 최후도 비참하지 않았을 것이고 뒤이어 일어나는 박정희의 군사반란도 일어나지 않았을 것이다. 민족의 불행이었다.

박정희 독재정권시절 장준하가 1975년 8월 17일 대낮에 암살되었다. 유력한 대통령 후보였던 그는 광복군 출신으로 일관되게 일본군 출신의 박정희 유신독제정권을 비판했다. 정통성의 뿌리를 갖고 있는 그는 미국의 초청으로 미국 議會에서 연설했다. 그때

첫째, 미국은 한반도 문제에 개입하지 말 것
둘째, 박정희 독재정권을 지원하지 말 것을 강력히 주장했다.

좀 더 유연하게 대처했더라면 어때했을까?
이 말을 전해들은 박정희는 어떤 반응을 보였을까?
결국 광복군 출신의 민족지도자 장준하는 암살되었다.

"백옥에 생긴 흠은 갈아 없앨 수가 있다. 그러나 말에 생긴 흠은 지울 수가 없다" "진언의 어려움이란 상대방의 마음을 간파한 뒤에 이 쪽의 의견을 거기에 맞추어야 하는 어려움, 그것이라고 했다"

사마천은 사기의 설난편에서 설난의 어려움을 이렇게 강조했다.

반면 毛遂自薦이라는 말까지 생겨난 모수라는 사람은 세치 혀로 초나라 왕을 움직여 나라를 구한 경우도 있지만 설난으로 2천 5백년전에도 이미 수많은 사람이 죽임을 당했다. 사마천 자신도 武帝에게 흉노에 포로가 된 이능을 변호하다가 죽음의 위기에 빠진 적이 있었다. 인류 역사상 총에 맞아 죽은 자 보다 말 화살로 인

해 죽은 자가 그 수 백배에 이른다. 설난의 어려움이 여기에 있는 것이다.

빌 클린턴의 수모

1980년대 말, 빌 클린턴 대통령이 아칸소 주지사 시절, 한국을 방문한 적이 있다. 나름 한국 정치권의 유력자와 대기업 회장들을 만나려고 동분서주했지만 어려웠다. 인구 300만명도 채 안되는 아칸소 주지사를 쉽게 만나 줄 리가 없었다. 그러던 차에 모그룹 회장과의 만남이 추진되었으나 대신 부회장을 만나기로 했다. 부회장은 별 실권이 없는 지위이다. 당시 부회장은 클린턴을 1시간이나 기다리게 했다. 그 만남도 의례적인 형식으로 간단히 끝났다. 클린턴은 한국에 대해 어떤 생각을 갖고 미국에 돌아갔을까? 그후 무명의 아칸소 주지사 클린턴은 미국 대통령이 되었고 이어서 재선되었다.

1997년 IMF사태로 금융위기가 일어나 한국경제가 휘청거릴 때 클린턴은 소극적인 태도로 일관했다. 한국은 최악의 경제 위기를 맞이했고 사회는 양극화로 빈곤화되어 전월세는 폭등하고 실업자가 양산되어 백성은 도탄에 빠지게 되었다. 그리고 한국경제는 신자유주의 경제체제로 완전 편입되었다. 그 대가로 국민들에게 던져 준 달콤한 미끼는 남북교류였다. 그 신자유주의의 대가가 너무 혹독하여 백성은 가난에 빠졌다.

인류를 핵전쟁의 공포에서 해방시킨 공로로 뉴욕타임즈에서 20세기의 인물로 선정한 구소련의 고르바초프가 1995년 1월 10일 한국의 제주도를 방문했고 그후에도 한 민간단체의 초청으로 다시 서울에 온 적이 있었다. 그가 "나는 오로지 3일동안 호텔에서 비후스테이크만 먹고 한국을 떠난다."고 한 말이 인상적이었다.

'羊沈의 恨'이 생각나는 장면이다. 이 고사는 춘추전국시대의 전장에서 한 장수가 양을 잡아 부하들에게 회식을 베풀었는데 미처 자기 마차를 끄는 부하는 못챙겼다. 마부는 서운함에 앙심을 품고 전투 중에 장수가 탄 마차를 그대로 적진으로 몰고 가 전사시켰다는 데서 유래한 말이다. 2017년 5월 트럼프 대통령의 특사로 국무장관 틸러슨이 한국을 방문했다. 그는 판문점을 방문하고 만찬조차 거부하고 화난 표정을 지으며 미국으로 그냥 돌아갔다.

習近平의 굴욕

문재인 대통령이 2017년 12월 13일 중국을 방문했다. 일국의 국가원수가 방문했는데 중국측이 격에 어울리지 않는 직급의 관료를 내세워 맞이했다. 그리고 중국의 외교부장인 王毅의 태도는 불순해 보였다. 국가 간에 있을 수 없는 예의에 벗어난 의전이다. 국가의 수치이다. 왜 이런 일이 일어났는가? 다분히 의도적인 것이 아닌지 의구심이 든다. 시진평 주석이 2005년 절강성 서기 시절에 한국을 방문했다. 당시 시진평은 노무현 대통령을 만나기 원했다. 그러나 노무현 정부는 일개 성장을 아무도 만나주지 않았다. 당시 그와의 만남을 모두 거부했다. 유일하게 박근혜 새누리당 대표가 그를 만나주었다. 이에 대한 심통인가?

극장형 이벤트 정치의 실패

일국의 대통령 일정은 나라 일로 분단위로 바쁘다. 그런데 각종 이익단체의 불필요한 행사의 참석 요청으로 시간을 많이 허비한다. 초청단체는 이를 이용하여 세를 과시하고 각종 이속을 챙긴다. 이런 불필요한 단체의 행사 참석보다 위에서 언급한 세심한 나라의 일정을 챙기는 것도 중요하다.

박근혜 전대통령은 각종 극장형 이벤트 정치로 연일 시간을 낭비하여 위기를 자초했다. 박근혜정권의 가장 큰 실패는 외교이고 인사의 실패이다. 그중에 외교적 실패가 뼈아픈 실책이다. 對美, 對日, 對中 외교 등 가장 중요한 국가의 대사 중 하나인 주중대사에 경직된 군인 출신을 기용한 것이다.

외교는 정교하고 세밀해야 한다. 적어도 그 나라의 언어를 완벽하게 구사할 수는 없어도 최소한 공용어라도 자유자재로 구사할 수 있어야 한다. 전문적이고 고도의 테크닉이 요구되는 국제 외교무대에 사고가 경직된 군인 출신을 세운 것이다. 그녀의 한계였다. 과연 그들이 중국어도 구사 못하고 영어도 구사 못하는데 어떤 중대한 직무를 수행할 수 있을까?

중국 측에서 파트너로서 중요한 국가의 외교 현안을 논할 수 있을까? 국가 간의 중요한 외교기밀을 이야기할 때 두 명의 조선족 통역관을 대동하면 정상적인 대화가 가능할까? 그냥 3년 동안 교민과 국내 기업인을 상대로 밥 먹고 교민 행사에 참석하느라 주업무를 뺏기고 시간만 허비하고 오지 않았나? 사드 정국으로 한중관계가 파탄난 게 좋은 예이다. 총영사는 또 어떠했나? 그냥 대통령선거에 기여했다는 명분하에 아무 경험 없는 자를 보내지 않았나? 지난 역사는 말해준다.

중국의 胡錦濤 전주석과 김정일 국방위원장이 회담했을 때 조선족 통역원이 통역을 했고 그 기밀을 조선족이 한국 측에 누설하여 처형되었다. 이 전례처럼 국가간의 긴밀한 대화를 나누는 외교대사는 중요한 자리이다. 나아가 여기에 박근혜정권의 인사 실패가 결정적이었다.

일본, 중국 등 외국으로부터 비아냥을 받을 정도로 국가의 품격이 추락하게 된 원인 중의 하나에는 청와대 민정수석실, 감사원 등 권력기관이 크게 기여했다. 대통령비서실장은 검사 출신, 감사원장도 판사 출신, 그 밑의 2인자인 감사원 사무총장도 검사 출신, 민정수석에 검사 출신 임명, 이런 인사 정책으로 박근혜 정권은 전방위로 실패한 것이다. 적어도 외교관 임명만큼은 중요한 자리임을 위정자들은 알아야 한다.

천하의 패권을 놓고 약 5백년간 진행된 중국의 춘추전국시대에는 200여 개의 크고 작은 국가 간의 항쟁이 이어졌고 살아남기 위한 선택의 정보전 치열했다. 그 당시 각 나라의 제후 중 세치 혀를 잘못 놀리고 이웃나라의 망명 제후를 홀대하고 무시하여 훗날 나라를 잃고 목숨까지 잃은 예는 무수히 많다. 바로 이것이 외교라는 것이다. 미국이 사드 배치를 요구할 때 그럼 당신들은 우리에게 무엇을 주겠는가? 협상을 해야 했다. 외교는 과시하는 게 아니다. 국가의 존립과 이익에 관한 냉철한 현실 인식의 바탕 위에서 출발해야 하는 것이다. 박근혜 대통령이 2015년 10월 중국의 전승절 70주년 기념식에 참석한 것은 명백한 외교적 실패였다.

약사여래를 만나다

우리는 일상생활의 현실에서 여러 만남을 통해 직접적인 경험을 얻는다. 나는 그 중에 이희목을 만났다. 그는 1936년생으로 충북 청원군 강내면에서 태어나 철도고교를 졸업하고 해군에 입대하여 그 인연으로 미국으로 건너가 전자공학과 약학을 공부했다. 미국에서의 고생은 이루 말할 수 없었다. 그의 나이 70에 우연한 기회에 만났다. 내 이름을 보고 고향을 물었고 나의 집안 형님인 장기순과 함께 철도고등학교를 같이 다녔으며 자기의 누나가 장씨네로 시집가서 어릴 때 몇 번 우리 동네에 놀러 온적이 있다고 했다.

그는 처음 만났을 때 담배 한 갑을 사 달라고 했다. 그는 사기를 당해 빈털터리가 된 상태였다. 그는 아주 특이한 약을 개발했고 한때 돈도 많이 벌었다고 했다. 이후 가끔 이 박사를 만났고 전화요금과 가스요금도 내주었다. 평소 몸이 약한 나는 알 수 없는 병에 시달렸다. 겉으로 보기에는 멀쩡한데 속으로는 환장하는 그런 것이었다.

폐결핵이 석고화된 나는 2000년 이후부터는 항상 지하공포증에 시달렸고 숨이 막히고 목이 항상 끈끈하고 컬컬한 증세에 시달렸다. 그리고 늘 뒷목이 뻣뻣한 고통에 시달려야 했다. 대형병원의 검사도 많이 받았지만 특별히 원인이 나타나지 않는다는 진단이 매번 나왔다. 어쩔 수 없이 한의원에 다니며 한약과 침을 많이 맞았다. 침을 자주 맞으니 몸이 더 허약해졌다. 효과는 별로 없었고 알 수 없는 고통이 항상 따라 다녔다.

나는 이희목 박사가 준 보타미라와 엘엑스지를 복용했다. 복용하자 혈관 속의 기름덩어리가 모두 변으로 빠져나왔다. 4일 후에는 처음으로 관장도 했다. 항문 주위에서 빠져나오지 못하고 혈관 속에 있는 기름덩어리를 빼내기 위해서였다. 복용 8일째 뒷목이 분수처럼 치솟아 올라 물줄기가 펑 뚫리는 감각이 왔다. 아, 하는 탄성이 절로 나왔다. 수 십년 이상 나를 괴롭힌 막혔던 뒷목의 혈관이 펑 뚫린 것이다.

하늘을 나는 기분이었다. 이후 지금까지 더 이상 뒷목과 머리는 아프지 않았다. 맥박은 현재 80 전후로 뛴다. 3~4개월 후에 얼굴에 나이가 먹어가며 생기는 검버섯이 없어졌다. 그리고 세월이 흘러 몸이 확 바뀐 것을 알았다. 참으로 신기했다.

이 약을 나와 특별한 인연이 있는 스님에게 보시했는데 평소 앓고 있던 심장질환에 효과를 보셨다고 했다. 다른 스님에게도 보시했는데 그는 먹지 않았다. 의사가 부정적으로 말했다 한다. 역량과 기량의 차이를 볼 수 있었다. 옛날이나 지금이나 양의사는 늘 한의학에 대해 비과학적이라고 부정적으로 말한다. 서로 협치하지 않는 사회풍토가 안타깝다.

이후 2년이라는 시간이 흘러 아내가 힘이 없고 맥이 빠진다하여 한의원에 다니며 보약도 먹고 했으나 차도가 없어 강북삼성병원에 입원하여 정밀검사를 받았다. 검사 결과 백혈병의 일종인 림프암 판정을 받았고 1년간 항암치료 후 골수이식을 해야 한다는 의사의 소견이 나왔다. 청천벽력같은 소리에 한숨이 절로 나왔다. 희망이 없어보였다. 별의별 생각이 다 났다. 며칠 후 이희목 형님과 상의해 보았다.

이 박사는 그건 병도 아니라며 걱정 말라고 했다. 어안이 벙벙했다. 그러나 그의 말에 하나의 희망이 보였다. 1차 항암 투여 후 이박사와 아내가 만났다. 가정을 돌보지 않은 나로서는 아내가 어떤 선택을 할지 초조했다. 함께 만나 상의 후 아내가 약을 한번 먹겠다고 기꺼이 선택했다. 그때 엘엑스지는 없었고 보타미라만 있었다. 보타미라만 먹고도 아내는 차도가 있었다. 급히 2년전에 보시한 스님에게 혹시 먹다 남은 엘엑스지 없냐고 물었다. 다행이 한통이 남아 있어서 아내가 복용을 할 수 있었다.

그후 바로 약효가 나타나 좋아지더니 기적이 일어났다. 아내 친구들이 난리가 났다. 항상 그러하듯이 그 중에는 의심꾼도 있었다. 얄팍한 지식으로 식약청에 등록되었느니, 안되었느니 확인하고 한의사에게 상의했는데 뭐 간이 손상되니, 안되니 별의별 뒷조사를 했다. 눈앞에 일어나는 현상조차 부정하고 모함하고 질투하는 것이 대부분의 인간사이다. 이 약은 미국과 이스라엘, 덴마크 등의 식약청에도 등록되었고 중국의 유수 대학에서 인정한 것이다. 그 증명서를 보고도 부정한다. 영어를 몰라서 그러나? 왜 그렇게 시기를 하고 타인을 존중하지 않은지 모르겠다. 어찌되었든 나와 내 가정을 구해준 이희목 형님은 약사여래였다.

하늘이 무너지는가?
땅이 꺼지는가?
하늘을 이길 수 있는가?
하늘이 날 살려주었다.

이 약은 심장질환, 백혈병, 췌장암, 당뇨, 파킨슨병, 뇌종양 등을 치료할 수 있는 탁월한 약이다. 내가 만약 그를 만나지 못했다면 나와 내 아내는 어떻게 되었을까? 지금쯤 혈관 어딘가가 터져 반신불수가 되지 않았을까? 상상만 해도 끔찍한 일이다. 나와 가정을 구제해준 약사여래에게 감사하고 감사하다. 모든 양의사들이 그 앞에서 엄숙하게 선서한다는 현대의학의 아버지라 불리는 히포크라테스는 2천5백년전 그의 저서에 '유황을 법제하면 고칠 수 없는 병이 없다'고 했다.

몇 년전에 TV 전파를 타고 황수관 신드롬이 일어났었다. 대중은 그를 대단한 의사처럼 착각하여 그의 말에 神처럼 따랐다. 그는 의사도 아니었고 단지 전문학교를 나온 물리치료사였다. 완벽한 이벤트 연출에 대중은 기망당한 것이다. 의료계를 개혁하지 않고는 이 땅에 희망은 없다.

최근에는 북한군 병사가 귀순과정에서 총알을 맞고 모대학에서 수술을 받는 장면이 뉴스로 나왔다. 치료비가 없다고 호들갑을 떨기도 한다. 그리고 담당의사는 대통령도 만났고 국회로부터 많은 예산도 지원받았다. 서글픈 일이다.

우리나라가 경제 중진국이고 군인이 68만명이 넘는데도 전문 치료병원조차 없다. 군인전문 병원은 의사협회의 반대로 이루어지지 못하고 있다. 미국이나 중국의 경우는 최고의 군인전용병원을 운영하고 있고 군인뿐만 아니라 대통령들도 치료받는다. 엉뚱한 미국식 신자유주의만 모방할게 아니라 이런 의료제도를 배워야 하지 않을까? 이 시기의 의사와 약사들은 데모를 하고 있었다.

이유인 즉 일상생활에 필요한 감기약을 일반 편의점에서 파는 것을 반대하고 비의료보험을 투명하게 하겠다는 정부 정책에 의사들이 반기를 들고 일어난 것이다. 즉 검은 뒷거래를 방지하겠다는데도 자신들의 이익 때문에 국민을 볼모로 반대를 외치는 것이다.

이어서 대한의사협회회장이 2018년 3월 30일 새로 선출되었다. 그리고 일성이 '문재인 캐어'와 전쟁을 선포하며 4월말 대규모 궐기대회를 열고 집단휴진으로 실력행사를 하겠다고 선언하였다. 이유인즉 보건복지부가 상복부 초음파 급여화 즉 환자 부담이 현재 6만~16만원인데 이를 2~6만원 수준으로 내려가도록 보험 혜택을 확대 실시하는 것에 대한 반발이다. 정부의 이런 조치는 불법임으로 법적으로 효력정지 가처분신청도 가겠다고 한다. 자기들만의 천국에서 천대만대를 살려는 이런 못된 심보는 어디서 기인하는가?

나는 외국에서 갑자기 이가 아파서 진료를 받은 적이 있었다. 의사는 느긋하게 치료해주고 그냥 가라 했다. 한국에서는 이해할 수 없는 일이다. 바로 교육, 의료, 노후를 책임지는 국가 사회시스템 때문이다. 굳이 악착같이 환자를 상대로 돈벌이를 추구하지 않아도 되기 때문이다. 한국에서는 이미 환자는 의사들의 사냥감이 된지 오래되었다. 歐美式 의료시스템 때문이다. 모든 각 분야의 사회민주주의 제도는 인간의 심성을 풍요롭게 한다.

영국식 국민건강보험서비스(NHS) 제도를 도입해야하는 이유가 여기에 있는 것이다. 고통스런 환자가 돈벌이의 먹이사냥감이 되어서는 안된다. 국가의 존재 이유는 백성의 생명을 지켜 주는데 있다. 보험이 국민 생명과 건강을 지켜 줄 수 없다. 백성은 공포에 떨고 있다. 마치 보험을 들지 않으면 지옥에라도 가는 것처럼 호도하고 있다. 학대하는 자들에게 이 땅은 '재미있는 지옥이고 심심한 천국이다' 미국은 연방재정의 51%를 충당하는 보험 자본주의 국가이다.

선택과 임마뉴엘 칸트

금강의 남쪽에 있다하여 호남이라 부르는 곳. 비옥한 호남은 옛날부터 장사가 많이 나오는 곡창지대이다. 그 호남에 살고 있는 친구가 있다. 젊었을 때 전국적으로 꽤나 알려진 친구였다. 이 친구가 30대 초반에 전신이 마비되는 원인모를 병에 걸렸었다. 의사들도 손 놓고 방치하고 있을 때 지리산의 한 스님에게 치료를 받았다. 스님은 무슨 약초를 썼는지 20일 만에 이 친구를 정상인으로 고쳐 놓았다. 예상치 못한 기적이 일어난 것이다.

이 친구는 생명의 은인인 스님의 만류에도 불구하고 정성껏 3년간 스님을 시봉했다. 그리고 그는 지금도 정성을 다해 스님들을 모시고 있다. 그가 지리산 자락에 머무를 때 뜻있는 사람들이 모여 암환자를 치유하는 일을 했다. 그리고 많은 사람의 병을 치료했는데 결국 불법으로 처벌받고 사람들이 뿔뿔이 흩어졌고 그 중 침을 잘 놓는 한 사람은 독일로 건너가서 지금도 활동을 하고 있다. 이런 침술은 오히려 탄생지인 본국에서는 불법으로 단속하나 유럽, 미국에서는 합법적으로 시술을 하게 한다. 이 사회의 무엇이 잘못되었는가?

만약 아내와 이 친구가 다른 선택을 했으면 결과는 어떠했을까? 아직도 미지수로 남는 숙제이다. 분명한 사실은 두 사람이 건강하게 살고 있는 점이다. 이 친구는 이후 조직에서 손을 떼고 아주 성실히 모범적인 삶을 살고 있다. 그야말로 모범보살이다. 모두 다 부처님의 가피라 한다.

보통 주부들은 TV광고, 신문광고를 무의식적으로 받아들이며 생활한다. 즉, 프로파간다에 의해 판단 당하고 선택 당한다. 그리고 어느 사이에 자신도 모르게 광고로 얻은 지식을 갖고 의사 이상 가는 빠른 판단을 한다. 그리고 TV에서 흘러나오는 프로파간다에 의해 마구잡이로 약과 영양제를 무의식적으로 사먹는다. 상업방송의 무차별적 광고정보에 자신도 모르게 빠져 판단하기 때문이다. 상업주의자들의 대중을 조절하는 광고전략 때문이다. 위태로운 일이다.

더 위험한 것은 어린아이에게 무슨 키 크는 영양제를 너무 남용한다는 점이다. 이것이 백혈병환자가 많은 이유 중의 하나라고 생각된다. 아내의 경우 우유와 영양제를 장기간 먹어서 그렇다고 단언한다. 결국 미지의 화학제품을 먹는 것이다. 지금 생각하면 모두 불필요한 것들이다. 음식이 만병의 근원이기 때문이다.

임신부가 우유를 장기적으로 먹으면 아이는 태어나서 아토피 질환을 앓는 확률이 높다 한다. 그 주부는 후에 위암에 걸릴 확률이 90% 이상이라 한다. 임신부일 때 충격을 받으면 간질환 아이가 탄생한다. 조심해야 한다. 내가 어렸을 때 어느 깊은 여름날 밤에 갑자기 설사가 나면 祖母는 말없이 부엌에 나가 프라이팬에 소금을 까맣게 태우고 계란을 삶아서 노른자 속에 태운 소금을 넣어 먹여주었다. 그러면 신기하게도 설사가 멈추고 낫는다. 다리에 마른버짐이 나면 마늘을 으깨서 쑥과 함께 바르면 며칠 후 깨끗이 낫는다.

祖父가 학질에 걸려 죽음의 위기에 처했을 때 변소의 똥통에 밀대를 꽂아 넣으면 그 밀대에 노랗게 똥이 썩어 올라온다. 그것을 먹고 조부는 학질이 나았다. 조모의 부친은 조선말 유명한 한약방을 하셨다. 조모의 지혜는 父親으로부터 배운 것이었다. 덧붙이면 한약방은 넓은 의미의 상업으로 부의 원천이다. 그 부의 토대는 조모의 동생들 대부분이 먼 땅 도쿄에서 학교를 다닐 수 있게 했다. 상업을 해야 부르주아가 될 수 있다는 하나의 일예이다.

우리 선조들의 지혜는 자연 속에서 아픈 사람을 치유할 수 있는 무한한 능력을 가지고 있었다. 그런데도 무지한 사람들과 양의사들은 이것을 비과학적이라고 한의학을 부정한다. 無明에서 벗어나지 못한 대중은 이들의 말에 神의 충복처럼 따른다. 양방과 한방이 협치하여 중국처럼 인간의 생명을 구하는 의료시스템을 구축해야 하는데 요원한 일이다. 주자의 폐해가 심한 것 같다.

나는 이희목 박사를 통해서 믹스커피 속에 들어있는 프리마가 얼마나 해로운 것인지 알았고 우유 특히 설렁탕 등과 소고기 관련 음식은 절대 먹어서는 안 된다는 것을 알았다. 소의 기름은 인체에 들어가면 절대 녹지 않고 싸여서 혈관계통 병의 근원이라 한다. 오히려 돼지고기, 닭고기, 오리고기가 인체에 이롭다는 것이다. 믹스커피는 유일하게 한국에만 있다고 한다. 국민의 건강을 해치고 있다. 이미 유럽과 미국의 여러 주와 일본 등에서는 초등학교에서 우유 먹는 것을 전면금지한지 오래되었다고 한다.

2천 5백년 전에 불타께서 유제품을 먹지 말라고 하셨던 것은 이유가 어디에 있을까? 불타는 의학의 제왕이기도 했다. 데바닷타가 반드시 고수해야 한다고 한 5분율 중의 하나가 바로 유제품의 섭취 금지였다. 몇 년 전에 우리 사회에서 갑상선 질환 수술이 돌풍을 일으킨 적이 있었다. 의사들의 새로운 먹이사냥감으로 떠오른 것이다. 과도한 수술로 부작용이 너무 심해 드디어 정부가 수술에 제동을 걸어 광풍이 수그러 들었다. 별것도 아닌 갑상선 수술을 해서 평생 약을 먹고 살아가야 하는 사람들이 무수하고 괜히 수술했다고 후회 막급해 하는 사람도 주위에 많이 있다.

외국에서는 갑상선은 80% 이상이 자연 치유되고 의사들은 환자에게 수술을 권하지 않는다. 한방에서는 침술로 간단히 고친다. 침에 신통한 사람을 만났는데 그는 침으로 갑상선, 전립선 등을 간단히 고친다. 그런데 이 광풍을 차단한 역할을 한 것이 의사도 아니고 시민운동가도 아닌 KDI연구원 윤희숙이었다는 생각이 들었다. 그녀는 신문 기고를 통해 갑상선 수술의 문제점을 적나라하게 잘 지적했다. 참으로 훌륭한 여성이다. 배운 지식이란 이렇게 써야 되는 것 아닌가?

그녀의 글을 보면서 임마뉴엘 칸트가 생각났다. 칸트는 고독하게 홀로 살았고 나이 40이 되어서야 겨우 도서관 사서로 취직했다. 가정부의 월급을 못줄 정도로 빈궁했다. 그런 그가 남긴 말이 있다. 당시 독일 지식인을 향해 "신변잡기에 불과한 교실 안의 얄팍한 지식은 현실 생활에 전혀 필요 없다. 그것은 시골의 농사꾼만도 못한 존재이다. 차라리 농촌에 가서 밭이나 갈아라."고 일갈했다. 농사꾼이 농사를 잘 지으면 그가 바로 전문가고 그가 바로 지식인이라고 열변했다. 타산지석으로 삼아야하지 않을까?

살면서 세상에는 각자의 분야에서 정통한 고수들이 많이 있다는 걸 새삼 느꼈다. 이들이 세상에 나와 많은 사회구제 활동을 했으면 하는 바람이다. 그런 사회시스템 구축이 필요하다. 문제는 수천년간 내려 온 우리의 전통 의술과 침술이 왜 불법으로 묶어서 단속되어야 하는가이다. 서민의 삶에 절대적인 영향을 주는 간단한 침술조차 불법으로 막고 그것을 방해하고 있다. 이들이야말로 백성을 괴롭히는 위장 좌파이다. 물질을 지상 최고의 神으로 여기는 구미자본주의 西學 추종자들 때문이다.

정치는 무엇하고 있는가?

이 사회의 무엇이 문제인가?

영국식 의료제도를 도입하자면 좌파이고 빨갱이인가?

유럽의 대학제도를 도입하자고 하면 왜 빨갱이로 몰아 매도하는가?

정부의 지원을 받는 사학재단을 투명하게 운영하자고 하면 좌파인가?

누가 진짜 좌파인가?

국민의 선량한 세금지원으로 운영하는 각종의 사학재단, 의료재단 등 각종의 기관이 위장 좌파 아닌가?

歐美 자본가들의 상투적 수법

중고시절 배운 조지 오웰 의 동물농장의 내용을 이해하는데 꽤 시간이 걸렸다. 동물농장 즉, 폭력을 사용하지 않고 위정자가 대중의 사상을 지배하는 수법이다.

이 책은 우리들의 적인 전체주의 국가에 대해서 풍자하고 있지만 그 실상은 대중을 통제하는 것이 그 목적이다. 자유주의 국가 영국과 미국에서는 사상을 탄압하기 위해 무력이 필요 없다. 가장 강력한 방법은 세뇌교육이다. 그에 의해 영국 국민과 미국 국민의정신과 사고가 조종당하고 있다. 이들은 미디어 광고를 대량으로 매일 만들어 내고 미디어를 통해 대중을 조정한다.

'광고산업의 목적은 시장의 파괴'이다. 광고산업이 시작된 곳도 미국과 영국이다. 세계에서 가장 자유로운 2개의 국가이다. 여기에서 광고산업이 발달한 것은 그럴만

한 이유가 있다. 반세기 이상 시대를 거슬러 올라가면 이들의 국가에서는 민중이충분한 자유를 획득했기에 이미 힘만으로는 그들을 제어하기가 어렵다고 감지하기 시작했다. 다른 방법이 필요했다. 그러한 와중에 생겨난 것이 거대한 광고업계이다. 그 사명은 사람들의 태도와 의견을 조작하는 것이다. 당시는 그것을 '프로파간다'라 불렀다.

지금은 '마케팅업'으로 이름을 변경해서 경제 전체의 1/6를 차지하는 업계로 성장했다. 여기에는 광고와 팩케지 등 사람들의 판단을 현혹시키기 위한 온갖 발명이 포함되어 있다. 기업은 이익 확대 추구를 위해 국민을 호도한다. 이러한 사명을 갖는 마케팅산업이 최대한 심혈을 기울인 것은 대중이 '마케팅의 목적'을 알지 못하게 하는 것이다. 절대로 알리는 것을 막고 있다. 그래서 미국, 영국의 대학교 경제학 수업에서도 '시장을 파괴'하는 일에 전념하는 거대한 산업이 존재한다는 것은 누구도 가르치지 않는다. 그 의도가 분명하듯이 우리의 교육 현실도 그와 비슷하다.

하찮은 獄吏가 장군을 구하다

주발은 漢나라 고조의 신임을 얻어 승상까지 올라갔고 한고조는 그에게 후사도 맡겼다. 한고조가 죽고 문제가 즉위하자 승상을 사직하고 領地인 강현으로 돌아갔

다. 그때부터 주발은 극도의 공포 속에서 지냈다. 하동郡의 장군이나 군사령관이 각 고을을 순찰할 때 문제가 자기를 주살하려고 보냈나 의심하여 가신들과 함께 스스로 갑옷과 투구를 무장하고 그들을 맞이했다. 1년 동안 이런 일이 일어나자 그는 역모혐의로 고발되었다. 주발은 주살이 두려워 변명조차 못했다. 고문이 심해졌다. 그러나 뜻밖에 옥리에게 거금을 주었던 것이 효과를 내었다.

옥리가 조서 뒤에 '공주에게 증언을 시키라'고 써보였던 것이다. 공주는 문제의 딸이고 주발의 며느리였다. 옥리가 슬쩍 힌트를 준 것이다. 주반은 일찍이 문제로부터 하사받은 포상을 남김없이 태후의 동생 박소에게 주기도 했다. 박소가 주발의 소식을 듣고 태후에게 구원을 청했다.

태후는 문제에게 '주발은 여씨 일족을 주벌하고 황제가 즉위할 기간 옥쇄를 간직한 사람이오. 권세가 융성할 때 모반치 않은 사람이 작은 고을에 틀어박혀 지내는데 모반을 꽤하다니 가당치 않은 일이오.'라고 비호했다. 문제는 그를 바로 석방했다. 출옥 뒤 주발은 '일찍이 백만대군을 호령하던 나였지만 옥리 하나가 이렇게 대단한 줄은 미처 몰랐다' 고 술회했다. 천방지축 푼수 없는 V여인이 나를 구해줬다. 그로 인해 이희목 형님을 만날 수 있었기 때문이다. 미워할 수도 없다. 불타께서 마라(mara)의 유혹을 물리치듯이 나는 그녀를 수십 번 물리쳤다.

비문명적인 여론 통치술

20년 지속된 박정희 독재정권이 1979년 10월 26일 밤, 김재규의 총성 한방에 의해 모래성처럼 무너졌다. 이어 1979년 12.12 군사쿠데타에 의해 민주화의 봄은 사라지고 전두환 군사정권이 들어섰다. 정통성이 결여된 과거 군사정권하에서 정권의 안정을 위해 갖은 모략과 술수가 동원됐다. 정치적 시국사건과 간첩 조작사건은 너무나도 흔했다. 대형사고는 연례행사처럼 일어났다.

그 중에서도 1977년 11월 9일 밤 전북의 이리역 화약 폭발사건이 있었다. 이 폭발로 한밤중에 날벼락을 맞은 이리시민 1천 4백여 명이 죽거나 부상당했다. 반경 2Km 이내의 가옥들이 무참히 무너졌다. 여론은 그쪽으로 쏠렸다. 폭발의 주범으로 약관 전후의 젊은이가 잡혔다. 촛불로 화물차에 불을 붙여 폭파했다고 구속된 것이다. 상식적으로 이해가 안 되는 것이다. 이 젊은 청년은 영문도 모르는 채 잡혀와 옥살이를 했다. 그의 항변은 도대체 촛불로 그 큰 화물차를 폭발시킬 수 있냐고 그 자리에 본인이 있었으면 왜 나는 다른 사람처럼 죽지 않고 살았냐고 억울하게 옥살이를 하고 있다고 한탄했다. 이런 사건들은 독재정권하에서 셀 수 없이 일어났다.

1983년 10월 9일 한국의 유능한 경제 관료 17명이 아웅산 수지 묘역에서 폭발사건으로 몰살되었다. 국가적으로 불행한 일이었다. 그런데 당시 국방장관은 행사장 건물 맨 뒤에 서서 살아남았다. 서열상 그는 맨 앞줄에 서 있어야 하는 데 맨 뒤에서 양복입고 헬멧을 쓴 어색한 자세로 있다가 미리 설치된 폭탄의 폭발로 건물이 무너지자 꾸역꾸역 일어나 살아남았다. 이를 두고 기적이라 할 수 있나? 우연이라고 할 수 있나?

1987년 11월 19일 대통령 선거를 앞두고 KAL기가 격추되면서 탑승객 115명 전원이 사망했다. 이어 김영삼 문민정권 탄생 이후부터 지난 박근혜 정권하에서도 각종 대형사고는 줄줄이 일어났다. 성수대교 참사, 연평해전 사건, 천안함 사건, 용산참사 사건, 세월호 사건 등등 각종 사건이 연속 일어났다. 왜 이러한 사건이 1세기 이상에 걸쳐서 일어나고 있는 것인가? 이와는 별개로 메르스, 사스, 조류 인플렌자 등이 국민을 공포로 몰아넣고 있다. 그저 백성들은 언론이 하라는 대로 떨고만 있다. 정권 유지용인가? 여론 무마용인가?

박정희 정권하에서 중앙정보부장을 지낸 김형욱 회고록(박사월저[김경재])은 1974년 8.15일 사망한 육영수여사의 저격에 대한 의문투성이의 문장이 암시되어 있다. 그 내용은 첫째, 삼엄한 경비를 하고 있는 행사장에 범인이 총을 갖고 들어갈 수 있나 하는 점 둘째, 권총의 사정거리는 7m 이내인데 육여사와의 거리는 15m 정도이고 더군다나 총알이 육여사의 뒷통수를 정통으로 관통했다는 점 셋째, 축구에 바나나킥이 있는 경우가 종종 있지만 총알이 바나나킥 형태로 날아가 뒤통수를 정통으로 맞추는 것은 금시초문이라는 점 넷째, 범인은 왜 박정희를 겨냥하지 않았나 하는 점 다섯째, 그런 공포의 상황에서도 박정희는 영웅적인 모습의 연출로 의연히 연설을 계속 해나가는 모습에 강력한 의문을 던지고 있다. 즉, 유신독재에 항거하는 민중의 여론을 무마하기 위해 박정희의 묵인하에 그렇게 했다는 뉘앙스이다. 그로 인해 유신독재에 대한 민중들의 항거는 잠시 수그러들었지만 결국 김재규의 총성 한방에 박정희의 유신독재는 막을 내렸다.

'1983년의 버마'라는 책에서도 아웅산묘지 폭발사건에 대한 여러 의혹을 제기하고 있다. 그 요지는 대략 韓. 美. 日의 3국 동맹 對 북한. 소련과의 첨예한 냉전 대립의 희생물로 발생한 사건이고 냉전체제의 경쟁 연장선상에서 역시 KAL기 폭파 사건도 일어났다는 시각이다. 그런데 통탄스런 일은 왜, 항상 선량한 우리 국민이 억울하게 희생당해야 하는 가하는 점이다.

문재인 정부의 개혁과제

문재인 정부 들어서 여러 가지 개혁을 진행하고 있다. 특히 국가정보원과 기무사 개혁을 단행했다. 이것만 해도 역사의 큰 진보라고 생각된다. 선하고 착하게 생긴 그가 음모와 술수가 난무하는 냉혹한 국제 정치와 국내 정치에서 성공할 수 있을까? 어느 대통령보다 도덕적 우위에 있는 문재인대통령이 잘 헤쳐 나갈 수 있을까? 그의 개혁 정책에 응원을 보낸다. 더불어 문재인 정부의 탈원전 정책이 성공하길 바란다. 독일은 1998년 슈뢰더정권 출범 이후 2013년까지 독일 국내 원전을 완전 철폐할 것을 계획했으나 원전 마피아의 방해로 실현되지 못했다.

중도에 보수당 메르켈정권이 들어서자 자본가와 원전마피아들이 결착하여 탈원전 포기정책으로 돌아섰었다. 그러나 2011년 3월 11일 일본의 후쿠시마 원전 폭발사고로 2022년 12월 30일까지 원전을 완전 포기하기로 여야가 합의하여 진행되고 있다. 그 이면에는 작센주를 비롯한 녹색당이 정치적으로 선전하여 정치적 위기로 몰린 보수당이 돌아섰고 환경단체의 거센 항의의 힘도 컸다.

원전은 지구온난화의 주범중 하나이다. 주로 바다 주변에 건설하는 원자력 발전소는 반경 1km의 해수면에는 물고기가 살수 없다. 수온 상승 때문이다. 원전에서 배출되는 원수는 바다 물의 온도를 높여 지구온난화를 촉진하여 예측할 수 없는 게릴라성 폭우와 한파를 불러일으킨다. 그리고 반경 4km 내에 사는 주민들은 방사능에 오염되어 암에 걸릴 확률이 높다. 원자력발전소 주변 주민들의 암환자가 많이 나오는 이유이다. 이런 인류의 미래를 위한 문재인정부의 탈원전정책을 반대하고 있는 무리들이 있다. 위장 좌파와 원전마피아들의 이해관계가 일치하여 국민 여론을 호도하고 있는 것이다.

이들과 함께 국민의 세금을 하마처럼 축내고 있는 탈세와 비리의 원천 사학재단, 의료계야말로 국민을 속이는 위장 좌파로 건전한 시민과 시민단체를 좌파로 몰고 있는 주역이다. 이들을 개혁하지 않으면 국가의 미래는 어둡다. 노무현정권

시절 못한 사학 개혁을 해야 한다. 투명하게 사학재단을 운영하자는 데 반대할 명분이 없다. 인촌 김성수가 친일을 했다고 여러 차례 수난을 당했다. 그의 공도 적지 않다. 그를 매도하고 폄하하는 배후는 어디인가?

조선말 서학(歐美기독교)에 나라가 침탈당할 때 분연히 맞선 것이 동학이었다. 인촌 김성수는 그 선상에서 사학육성을 한 것이다. 그 비난의 화살을 인촌이 아닌 歐美사대주의 전진기지와 전위대들에게 찾아야 한다. 그래야 민족을 지킬 수가 있다. 그런 저런 연유로 동아언론은 화살의 방향을 항상 잘못 쏘고 있는 것 같다.

밤의 女황제

1980년대 초반 건국 이래 최대 규모라는 장영자 이철희 금융스캔들이 일어나 여론이 들끓었다. 국민들은 온통 이 사건 이야기로 날을 샜다. 이철희, 박정희정권 때 나는 새도 떨어트린다는 중앙정보부 1차장으로 주머니에 백지수표를 항상 넣고 다녔다는 그가 어느 사찰에서 불공을 드리고 나오는 여인을 보고 한눈에 반해 이미 결혼한 여인을 강제로 이혼시키고 결혼에 이르렀다. 미모의 독실한 불교신자인 장영자였다.

또한 영화배우 장미희도 시중에 루머가 돌았다. 소문에 의하면 강제로 미국으로 쫓겨 났다는 것이다. 그녀는 미국 샌프란시코에서도 스캔들을 일으켰다. 한때 나의 정치적 대부는 그녀를 높이 평가하여 며느리로 맞이하려 했다. 한편 이런 어수선하고 혼란한 국내의 정치적 사태를 조용히 뒤에서 주시하고 있는 한 여인이 있었다. Y女이다.

그녀는 학부에서 간호학과를 졸업하고 보건소에서 간호사로 근무를 했었다. 그런 그녀가 5공 정권의 막후 실력자로서 그리고 수십년간 한국 정치를 커튼 뒤에서 조종했다. 이 여인은 당시 자신과 가까운 모장관을 통해 최고 권력자를 만났다. 얼마 후에 그녀는 간호사에서 의사로 변신했다. 그녀는 최고 권력자를 움직여 간호사도 섬 등 오지에서 일정기간 근무하면 의사 자격증을 부여하는 법안을 만들게 했다. 그 법안이 국회에서 통과되었고 이 법의 적용에 따라 대한민국의 당당한 의사로 탄생했다. 이후 법은 곧 바로 폐기되었다. 재주가 뛰어난 여자였다.

1980년대 5공화국 정권하에서 땡전뉴스가 유행했었다. 9시 뉴스가 땡하면 먼저 최고 권력자의 뉴스가 나와서 그런 말이 생겼다. 그 뒷면에 6시 땡하면 각 부처 장관 10명 이상이 그녀를 알현하러 그녀의 집에 집합했다. 그녀의 손에 인사권이 있었기 때문이다. 기타 각 부처 실력자들과 군 장성들도 속속 모여들었다. 그 시절 재야의 유력 대통령 후보도 그녀의 집을 1주일에 2회 정도 방문하여 밀담을 했다. 그런 그녀의 영향력은 김영삼 문민정부 탄생 이후에도 계속되었고 막강한 영향력을 행사했다.

몇 번의 이혼을 거친 그녀는 한때 내가 세계의 대통령은 못되더라도 세계의 퍼스트레이디라도 되겠다고 미국 NBC 아시아지국장(흑인) 닐슨하고 결혼하여 3년간 뉴욕에서 살기도 했다. 오바마 미국 대통령의 출현을 보면 그녀의 예측 시기가 너무 빨랐는지 모른다. 어느 정도 통찰력도 있어 보인다. 이 배포 있는 Y女는 일개 국회전문위원을 경제부총리까지 앉히고 그 자를 억지로 이혼시키고 결혼까지 했다. 그리고 그를 한국의 대통령으로 만들고자 경기도지사를 만들었다. 전적으로 권부의 지원이 없으면 이루어질 수 없는 일이다. 매일 밤 도지사 관저에서 호화판 파티가 벌어졌다. 호사다마인가? 시중의 여론이 조용하지 않았다. 권부는 더 이상 좌시하지 않았다. 1차로 남편이 구속되었고 이어서 그녀가 구속되어 몰락의 길을 걸었다. 그녀가 옥에서 나와 조그마한 병원 원장을 전전하다가 지금은 수천억 재산가와 살고 있다.

썩어도 준치인가? 그런 그녀도 한때 신세를 한탄해서 수면제를 먹고 죽어야겠다고 산속을 헤맨 적이 있다. 그녀는 나이가 70대를 넘은 중반으로 접어들어 가는데도 아직도 정열적으로 활동하고 있다. 최근에는 최초의 의사 가수 1호가 되어 미지의 황금을 캐러 다니고 있다. 나는 그녀와 오랫동안 생활한 V女를 만났다. 그리고 밤마다 광란의 질주가 일어났던 양수리 별장도 갔었다.

V女는 전직간호사 생활 30년을 정리하고 현재는 복지사업가로 변신, 나도 누구처럼 살고 싶다고 열심히 늙은 남자를 사냥하기 위해 항상 분주하게 쏘다닌다. 한때는 6공의 황태자와도 절친했고 Y녀의 매신저 역할을 해서 상당한 인적 네트워크도 있었다. 그녀의 시아버지는 내노라하는 주먹계의 건달, 박정희군사쿠데타 이후 깡패 소탕령 때 도망, 이름을 바꾸어 숨어 살았고, 젊은 청춘시절에는 만주에서 마약 밀매로 큰돈을 벌었고, 남의 재산도 많이 강탈했다.

과거 연예계는 그의 노리게 감이 많았다. 그가 지목하면 모두 끌려와야만 하는 막강한 힘을 가졌었다. 한번은 노래 제목만 이야기하면 세상이 다 아는 아주 유명한 모 여가수가 호텔로 불려와 시중을 드는 차례였다. 그 여가수는 첫마디가 '불을 켜지 말아주세요, 제발 그냥 불을 끈 채로 하다가 가게 해주세요.'하고 애원했다.

일을 마치고 그녀는 돌아갔단다. 시아버지가 며느리와 대작을 하면서 전해준 일화이다. 그런 V녀로 인해 나는 이희목 형님을 만나게 되었다.

Y女는 기교와 기량이 뛰어난 여황제였다.
Y女를 생각하면 妲己라는 미녀가 생각났다.
고대 중국 은나라의 紂王을 타락시킨 미녀이다.

달기는 주왕에게 '미미의 악', 북리의 춤이라는 관능적인 음악을 만들게 하여 그 음악으로 주왕을 혼비백산하게 만들었다. 또한 연못에 술을 채우고 주위의 나무에 고기를 매달고 그 사이에 남녀가 알몸으로 뒤쫓게 했다. 이런 연회가 밤낮없이 계속되었다. 타락의 극치를 이루었다. 백성의 민심을 잃은 은나라 주왕은 곧 周나라 武王에게 목숨을 빼앗기고 나라를 잃었다. 또한 褒姒라는 미녀도 떠올랐다. 포사는 주나라 유왕의 넋을 빼놓아 주나라를 망하게 하였다. 그 유왕도 살해되었다.

훗날 폭군을 시해해도 정당하다는 혁명론을 정당화시킨 사람이 바로 孟子였다. 폭군은 천명을 받아 시해해도 된다는 논리이다. Y女는 아프리카 맘보춤과 흑인영가로 뭇사내들을 혼비백산시켰고 탁월한 기량으로 수백에 이르는 뭇사내들의 넋을 빼놓았다.

나라는 어떻게 되는 것인가?
고단한 백성의 삶은 어떻게 되는가?

불타를 만나다

6살 때에 祖母(임순례)를 따라 충북 청원군 남이면 사동리에 있는 안심寺에 간 기억이 있다. 집에서 약 30km 이상 되는 거리이다. 지금은 승용차로 빨리 가도 20분은 더 걸리는 시간이다. 충북 청원군과 경계에 있는 충남 연기군 동면 명학리에서 1902년에 태어난 조모는 소녀시절 때도 친정어머니를 따라 그 절에 다녔다. 조모는 부처님에게 드릴 공양물을 머리에 이고 그 먼 절에 다니셨다.

점심나절에 산 넘고 샛강을 건너 지름길로 부지런히 걸어서 해질 무렵 절에 도착하여 하루 자고 새벽에 부처님에게 정성스런 공양을 올리고 예배를 하면 나는 눈 크고 귀 큰 부처님이 무서워 조모의 치마 뒤에서 숨어 울먹이곤 했다. 그것이

내가 만난 최초의 불타였다. 그 무서운 부처님의 모습은 가끔 꿈속에 나타나서 무서웠다. 절에 가며오며 하는 길에 어린 나는 다리가 아파 더 이상 못가겠다고 떼를 쓰면 조모는 나를 엎고 한참 가다 쉬어가곤 했다. 그렇기를 반복해도 조모는 인자한 웃음으로 나를 업어 주었다.

그 긴 여행에서 돌아오면 멀리 집이 보였다. 그때의 기쁨은 이루 말할 수 없었고 가슴은 뛰었다. 한번은 우연히 이모할머니 집에 들른 적이 있었는데 그 집이 너무 커 우리 집은 게딱지같이 초라하다는 생각이 들었다. 이 집은 현재 충청북도 유형문화재 145호로 지정되어 관리되고 있다. 시간이 흘러 나는 진짜 불타를 만난 것 같았다. 20대 중후반 때 인 것 같다. 어느 날 오후 늦은 시각 조용한 방안에서 머리가 조금 아프더니 이후 아 '두려움이 없어라', '두려움이 없어졌다' 이는 무엇을 통해서 얻어졌을까?

이후 가끔 전국의 사찰을 찾아 다녔다. 그리고 40대 후반에 우연히 덕숭문중의 스님과 교류하게 되어 지금까지 가르침과 은의를 받고 있다. 묘한 인연이라 생각된다. 덕숭문중은 장씨 문중과 깊은 인연이 있다. 경허의 조선 최고의 선불교 맥을 이은 만공스님은 장씨 문중 사람이 수덕사에 오면 특별히 대하라는 유지를 남기셨다 한다. 먼 옛날 장씨 문중의 한 사람이 수덕사를 위해 많은 불사를 했기 때문이다.

그 인연으로 만공스님은 그녀의 조카인 장덕진과 장욱진을 양아들로 삼았고 교류를 했다. 충남 연기군 송용리 출신인 장덕진은 경성제대를 나왔다. 장욱진은 출생 후 6세 때에 아버지 장기용이 사망하자 어머니와 함께 한양으로 올라와 성장했다. 그의 고뇌도 컸으리라. 이들 양인은 사촌 지간이고 수덕사에 가서 만공스님의 가르침을 받았다. 그리고 장욱진은 몸이 병약하여 수덕사에서 요양할 때 만공스님의 보살핌도 특별히 받았다고 한다.

그때 여성화가 나혜석과 수덕사에서 교우한 것으로 전해진다. 그 당시 수덕사에는 비구니가 약 100분 정도 있었던 것으로 기억하고 있었다. 그는 6.25 때 나의 고향집에 내려와 지내면서 그림을 그렸다. 사기그릇에 그리기도 하다 마음에 안 들면 집어 던지기도 했다. 그 아까운 그림이 사라져 버린 것이다. 그는 고요히 잠자는 개의 그림을 그려 동양인 최초로 유네스코 연감에 실리는 영광을 안았다.

그가 남긴 것은 '심플한 그림 한 장' 뿐이었다.

그의 고뇌와 연민이 드러나지 않은 편안한 그림이다.

역사에 이름을 남기는 것은 왜, 철학자와 예술가들인가?

인간이 죽어 남길 수 있는 것은 무엇인가?

인간은 어떤 가치로 살아야 하는가?

그 답은 佛陀에서 찾을 수 있다.

1990년대 초반에 대우그룹 김우중 회장은 법정스님에게 50억원을 희사하여 경복궁 근처에 있는 법련사를 불사했다. 미원그룹 임창욱 회장도 50억원 이상을 희사하여 청화 큰스님이 살아 계실 때 전남 곡성군 옥과면 설령산과 서울 도봉산에 각각 성륜사와 광륜사를 불사했다. 청화스님은 40년간 장좌불와한 위대한 아라한이었다. 시인 백석의 연인이 성북동 소재의 1천억원대의 재산을 과감히 희사하고 그녀가 던진 말은 의미심장하다. '1천억의 그 돈이 어찌 백석의 詩한 줄 값에 비하랴' 그녀의 말속에 無常한 佛陀의 法만이 존재하는 것 같다.

孟嘗君

그의 성은 田씨 이름은 文이다. 그의 부친은 전영으로 그에게는 40명의 아들이 있었다. 전문은 신분이 낮은 첩의 아들이었는데 5월 5일에 태어나서 전영은 '키워서는 안된다'며 文을 버리라고 첩에게 명령했다. 하지만 첩은 文을 몰래 키웠다. 그가 청년이 되어서 아버지를 대면하게 되었다.

아버지는 내가 버리라고 한 자식을 왜 키웠는가? 첩에게 화를 냈다.

어머니 대신 아들 전문이 앞으로 나아가 '황송하오나, 5월 5일에 태어난 나를 왜 버리라하셨는지 그 이유를 알고 싶다.'고 물었다.

아버지: 5월 5일에 태어난 아이는 키가 문설주만 해지면 어버이를 죽인다고 했기 때문이다.

아　들: 그렇다면 인간의 운명은 하늘로 받는 것입니까? 아니면 문설주로부터 받는 것입니까?

아버지: 어....????

아　들: 운명이 하늘로부터 주어지는 것이라면 아버님은 걱정할 필요가 없습니다. 문설주로부터 주어지는 것이라면 그 문설주를 높여서 키가 거기 미치지 않게 하면 된다고 생각합니다.

아버지: 어 .....????

훗날 전문은 기회를 보아 아버지 전영에게 물었다

아　들: 아버지 아들의 아들을 무엇이라 합니까?
아버지: 그것은 손자가 아니냐?
아　들: 그러면 손자의 또 손자는요?
아버지: 고손자다.
아　들: 그러면 고손자의 고손자를 무엇이라 합니까?
아버지: 어 ......? 모르겠다.

그러자 전문은 "아버님은 재상으로 3대의 왕에게 봉사했습니다. 그간 제나라 영토는 그대로이고 우리 집은 만금의 부를 쌓았는데도 門下에는 한 사람의 현명한 식객도 없습니다. 재상의 집은 재상을 낳고 장군의 집은 장군을 낳는다는 말이 있습니다. 그런데 비복들은 쌀밥과 고기로 배를 채우고 여복들은 비단옷을 땅에 굴리고 다니며 사치를 누리고 있습니다. 하지만 문밖을 나가면 선비라는 사람들조차 굶주리고 추위에 떨고 있습니다. 지금 아버님께서는 만금을 갖고도 더 재물을 모으기 위해 애쓰고 계십니다. 도대체 누구에게 남겨주기 위해 그렇게 애를 쓰고 계십니까?

뭐라고 부를 수조차 없는 자손, 미지의 자손에게 물려주기 위한 것입니까? 이 처럼 사사로운 일에 매달리면 공적인 일에 소홀하지 않겠습니까? 전 항상 이점이 염려되옵니다."

아버지는 아무 말도 없었다. 이 일이 있은 후에 전영은 전문을 후계자로 삼고 가사 일을 맡겼다. 식객이 늘어나고 이름이 여러 나라에 알려졌다. 제후들의 요청에 의해 전영은 후계자가 되어 설나라의 영주가 되었다. 그가 바로 맹상군이다. 맹상군은 식객 누구에게나 공평무사하게 대했다. 그가 齊나라 민왕(기원전 299년)의 명령으로 진나라에 갔을 때 일이다. 진나라 소왕의 명을 거역하여 위기에 처했을 때 식객들의 멸시를 받은 狗盜의 활약으로 죽음을 간신히 면했고 이어서 鷄鳴으로 목숨을 두 번이나 건졌다. 이른바 鷄鳴狗盜로 지금까지 알려지고 있는 고사이다.

제3장 貨殖열전

齊나라 작위를 받겠는가? 조간의 노예가 되겠는가?

사마천은 아무런 관직도 없고 정치를 문란케 한다든지 백성을 괴롭히는 일도 없이 정당한 거래를 해서 거부가 된 자가 있다해서 貨殖列傳을 썼다. 제나라의 조간은 경멸하는 노비를 존중했고 교활한 노예는 제나라 사람들의 미움을 샀지만 조간은 그런 노예를 채용하여 생선, 소금장사에 종사시켰다. 그는 노예의 힘을 이용하여 마침내 수천만금의 부를 쌓았다.

이때 '작위를 받겠는가? 아니면 조간의 노예가 되겠는가?' 라는 말이 나돌 정도였다. 노예들의 생활이 윤택해진 것은 말할 것도 없다. '백리나 먼 곳에 나무를 팔지 말며, 천리나 되는 먼 곳에 쌀을 팔지 말라'라는 속담이 있다. 재물은 그때그때 생활을 유지시켜주는 방편에 불과하다. 때문에 백년대계를 세우려면 남에게 은혜를 베풀어야 한다.

7~80년대에 한 골목대장이 있었다. 그는 화식의 재능이 뛰어났다. 한때는 獄에서 물품 공급을 독점하여 돈을 벌었다. 그리고 경제사범을 체크하여 옆방에 가둬놓고 조직원에게 몇 주 동안 계속 구타와 학대로 못견디게 만들어 놓는다. 그후 자기 방으로 오게 하여 정성껏 돌보아 준다. 이들은 감복하여 눈물을 흘린다. 자진하여 재물을 준다고 약속한다. 제주도에 있는 땅을 조금 주겠다. 부도난 상가 일부를 주겠다, 등등 자진하여 상납했다. 그는 이렇게 화식을 했다. 3년 전에 그를 우연히 만났다는 다른 골목대장의 말, '허참. 그자와 같이 옥에 있은지가 어끄제 같은데 그는 벌써 수백억원대의 재산가가 되었네.' 그리고 그가 옥에 있을 때 눈여겨 본 아이를 골라 키워 전국으로 조직을 확대해서 실력을 행사하고 있다네.' 자본이 튼튼하니 그것이 가능한 것이지.

아이디어로 거부가 된 사나이

한 남자가 있었다. 경기도 출신으로 너무 가난해 초등학교도 졸업하지 못했다. 그는 무작정 상경해서 남대문시장 일대에서 심부름과 허드렛일을 하며 청소년기를 보냈다. 그러다가 남대문시장의 골목대장이 되었다. 그가 1960년대 중후반, 20~30여명을 동원하여 포목에 빨갛게 모회사 제품을 써서 머리와 가슴에 띠를 두르고 아침, 오후 나누어 두 차례씩 남대문시장을 돌게 했다. 사람에게 띠를 둘러 돌게 하는 최초의 '인간 띠 광고'였다. 3개월 정도 열심히 돌게 했다.

그러나 그 제과회사에서 아무런 반응이 없자 대원을 이끌고 양평동에 있는 회사로 찾아갔다. 그는 사장 면담을 요구했다. "우리가 당신 회사를 위해 밤낮으로 이렇게 광고를 해주었는데 쓴 커피한잔 없소, 도리가 아니잖소?" 항의하였고 제과회사 측은 조사 후 사실로 들어나자 그에게 남대문지역 대리점을 주었다.

이를 기반으로 그는 일약 거만의 부를 쌓을 수 있는 토대를 마련했고 각종 사업에 손을 대었다. 그가 처음 손을 된 것이 카바레였다. 카바레 사업은 그의 첫 작품이었고 대 성공을 거두었다. 현재 몇 천억원대의 상가와 토지를 소유하고 있어 가히 거만의 부를 쥔 사람이 되었다. 인간이 노력하면 누구나 그렇게 될 수 있다는 희망의 징표이다.

그런 그도 죽음은 두려워하였다. 그의 밑에서 행동대장을 한 김모씨는 그가 준 남대문시장 길목 지하도 가게를 다시 뺏으려 하자 칼을 들고 쳐들어가 담판을 지었다. 보다시피 나는 몸뚱이 하나다. 이 자리에서 이 칼로 같이 죽을 것이냐, 어떻게 할 거냐고 결정하라고 했을 때 그는 공포에 떨면서 양보했다.

그는 체격이 장사인데 시골에서 너무 가난해 초등학교 5학년 때 무작정 경부선 열차를 타고 서울로 올라와 서울역과 남대문시장, 동대문시장 일대에서 청소년 시절을 보냈다. 그는 남대문시장의 길목 지하상가에서 장사로 수십억원의 재산을 모았는데 酒와 色과 도박으로 다 날렸다. 잘 나가다 망한 사람의 공통점은 주와 색과 도박이 3개에 빠진 자들이다. 그가 어느 여의사와 사귄 스토리는 너무도 재미있다.

이는 또 인간이란 존재는 무엇인가? 묻게 한다. 가끔 만나자고 하면 꼭 어디 길에서 만나자고 한다. 지금도 자신은 까막눈이라 버거킹이니 맥도날드니 영어도 한 글도 모른다고 솔직히 이야기한다. 그런 그도 사회 돌아가는 촉이 대단하고 배짱도 두둑하다. 한편, 나의 깨복쟁이 강희수, 김용관은 맨주먹으로 서울에 올라와 근면과 성실로 열심히 일해서 수백억원대 재산의 사업체를 일구었다. 이들은 희망의 징표이기도 하다.

거지처럼 벌어서 거지처럼 썼다

'야, 인마, 이거 놓지 못해,

뭐, 이 새끼야 죽여 버릴 거야.

서로 멱살을 잡고 치고받고 싸운다.

시끄러운 소리에 방호과 직원이 나온다.

아이고, 여기서 이러시면 안되는데요? 의원님

아, 미안하오, 빨리 가시오. 아무것도 아니오.

그리고 발설하지 말아주시오. 부탁하오.

알겠습니다. 그리하지요. 빨리 가시오, 기자들이 보면 큰 뉴스거리요.

직원은 본청 건물 안으로 들어간다.

그래도 한 사람은 분이 안 풀렸는지 투덜거린다.

당시 나는 당에서 국회로 파견나가 근무했고 본회의가 열리는 상임위에 참석하던 때이다. 보통 상임위는 밤늦게 끝난다.

선배 한분이 방호과 직원으로 근무하고 있었다.

그 선배에게 서로 멱살 잡고 싸우던 그 사람들이 누구냐고 물었다.

응, 운전수하고 싸운 거여. 장 후배도 아는 의원일 걸.

여기에 근무한지 25년이 넘었는데 흔한 일중에 하나지 뭐

명색이 중진의원인데 무슨 약점 때문에 운전수에게 얻어맞는지 궁금했다.

이튿날 그 의원 지역담당 친구에게 물어보았다.

니, 영감 말썽 많은 것 같더라.

응, 말도 마라. 골치 아프다. 얼마나 밝히는지 식당에서 일하는 아줌마가 좀

반반하면 어떻게 해서든지 자빠뜨린다. 이런 일이 한두 번도 아니다.

아, 그랬군. 어쩐지, 그런데 너네 영감 어제 본청 뒤 주차장에서 운전수와 멱살잡고 이 새끼 저 새끼하며 치고받고 싸우더라.

아, 그것 그일 때문일 거야. 영감이 북경에 자주 다녔지, 거기서 젊고 예쁜 漢族

여자를 만났어, 그런데 영감이 국회 일로 사업 일로 북경에 자주 못갔지. 그래서 그 여자를 한국에 데리고 왔어, 국회에서 가까운 목동에 오피스텔 얻어놨지. 틈틈이 시간 날 때마다 거기 가서 쉬고 바쁘다는 핑계로 지역에 안오고 자지, 그런데 그 여자가 한국말 못하니까 마트나 백화점 쇼핑하러 가면 운전수가 데리고 다니지, 그러다가 운전수가 그 여자 해치워 버렸어, 영감 몰래 틈틈이 하다가 꽝 났어, 그래서 멱살잡이하고 싸움질 하는거지. 약점을 너무 잡혀서 내칠 수도 없어 골치 아픈 정도가 아니지, 영감이 말이야 참.

아, 그랬구나, 그후 그 의원과 대학 때부터 친하게 지낸 1년 후배를 만나 그의 貨殖에 대해서 물어 보았다. 그 선배는 주저없이 대뜸 아, 그 개자식 대학 때부터 돈벌이에 환장했지, 3학년 때 한참 학군단 훈련을 하고 있는데 봉투를 줘서 열어 보니 퇴폐이발소 티켓이더라고. 자기가 직접 하는 거라나 대학 때부터 이런 사업에 손을 댄 거지, 그 개자식, 그런데 거기서부터 사업 다각화를 했지. 수도권 곳곳에 러브모텔을 지어 운영하여 대박 났어, 어떻게 그런 촉이 있는지, 그리고 나중에 용역회사로 탈바꿈했고 돈도 많이 벌어서 국회의원 하는 것이지. 내가 여자 관련된 스캔들 해결한 것도 7건이나 된다.

그 개자식 마누라와 내 와이프가 대학 동기동창이라 어쩔 수 없었어, 여기저기 약점을 많이 잡혀서 사람 취급 못 받지. 개자식, 에이, 퉤, 퉤, 그런 놈이 국회중진이라니. 에이, 퉤, 퉤, 하기야 과거에 비하면 그 정도는 별 일 아닐지도 모르지 고스톱에, 내기 바둑에 그리고 내기 골프, 룸살롱으로 허송세월 보낸 사람들이 얼마나 많은지. 일은 안하고, 김대중 대통령이 야당 총재 시절에 의원회관에서 바둑 두는 것을 엄하게 금지한 일도 있었지. 하도 의원들이 일은 안하고 바둑놀이와 고스톱으로 시간을 보내니 앞으로 바둑 두다 발각되면 공천 안준다고까지 했지. 후배도 알거야. 최근에는 이 3게임의 광중에 광인자가 공천에 탈락했다고 억울하다고 언론에 나와 항변도 하지. 그게 우리의 슬픈 정치 현실이지.

그 후 총선 몇 개월 전에 지역에 있는 친구에게 다시 물었다. 니, 영감 총선 어때? 친구, 왈, 이번 선거 물 건너갔다. 비서가 기자회견을 하여 불륜관계를 언론에 폭로했어. 7년간 비서로 일하면서 그런 관계였는데 시집가려고 약혼까지 했지, 영감한테 시집간다고 말하자 무슨 시집이냐, 가지 말라고 영감이 눈에 쌍심지를 키고 난리 쳤지. 그러는 사이에 약혼남이 눈치 채고 파혼했어, 그래서 어쩔 수 없이 영감에게 그냥 옷가게라도 하며 먹고 살게 가게 얻을 돈 3억원이라도 달라고 했지, 그런데 영감이 뭐, 3억원 같은 소리한다며, 버럭 소리를 지르며 3천만원 준다고 하자 열 받아 폭로한 거여, 선거는 하나마나여. 나 같으면 얼싸 좋다고 빨리 가라고 할 텐데, 공식 선거기간 15일 동안 쓴 돈이 무려 30억원, 선거는 참패로 끝났다.

화식은 타고난 재주인가? 아니면 후천적인가?
돈은 개같이 벌어서 정승같이 써야 하는 것인데
사마천이 그렇게 갈구했던 인간이란 무엇인가?
참 알 수 없는 존재가 인간인가?

魯나라 병씨 한나라 卜式

魯나라의 병씨는 '허리를 굽혔으면 무엇이든지 주어라, 또 위를 쳐다보았으면 무엇이건 받아라' 를 가훈으로 삼아 대장장이로 시작하여 거부가 되었고 사채놀이로 그의 이름이 노나라 전체에 알려졌다. 이 영향으로 추나라와 노나라에는 학문을 존중하는 전통이 무너졌고 이자놀이를 중요시하는 기풍이 유행했다. 지금의 우리 사회 풍토와 비슷하다. 온통 나라 전체가 사채 광고로 뒤덮혀 있기 때문이다. 2천여년 전 漢무제 때 卜式이라는 자가 무제에게 제염, 제철을 국영사업으로 만들자고 주청했다. 자금은 지방의 유력자가 대고 제조하면 국가가 전량 매입해 백성에게 판매하는 방식을 취했다. 본업을 저버리는 장사치들이 철과 염을 사유화해서 가난한 백성을 굶어죽게 하는 것을 막고자한 조치였다. 거부를 쌓고자 하는 장사치들이 이 전매제도의 저지를 위해 온갖 책략을 꾸몄다. 漢무제는 이를 강력히 물리치고 제철 제염사업을 국유화했다. 또한 卜式은 정부의 세입증대 목적으로 민전령이라는 재산제를 실시하기도 했다. 군주가 현명했기 때문이다. 현재 중국이 추구하는 국가자본주의의 원형이라 할 수 있다.

제4장 협객

극맹을 얻으면 나라를 얻은 것과 같다

협객 A, 그는 약관 이전에 광주를 장악했다. 일약 호남 주먹계의 거물로 부상했고 곧이어 전국적인 인물로 되었다. 박정희 5.16군사쿠데타 직후 민심 전환의 일환으로 전국 깡패소탕령이 내려졌을 때 호남의 주먹들이 대거 검거되었다. A도 잡혀 왔다. 그때 혁명군 특별검찰관이 체포되어 온 체격이 건장한 약관의 A를 보고 처음 던진 말 '니가 깡패 두목이냐?'

협객 A : 네, 맞습니다. 제가 깡패 두목입니다. 나머지 잡혀온 사람들은 죄가 없으니 나를 처벌하고 나머지는 모두 풀어주시오?

당시 잡혀온 깡패 중 A보다 나이가 많은 자들은 서로 깡패 두목이 아니라고 부인하는 상황이었다.

특　검: 어, 호라 이 어린 자식 봐라, 어린 놈이 당돌하게 겁도 없군.
성이 특이한 놈이군. 너 혹시 B를 아냐?
협객 A : 친형입니다.
특　검: 뭐야, 너 같은 깡패에게 그런 형이 있을 리가 있냐?
허참, 음.

혁명재판으로 전국의 많은 깡패들이 형장의 이슬로 사라졌으나 그는 얼마 후 석방되었다. 협객A의 친형B와 특별검찰관은 서울법대 동기였다. 이후 시간이 흘렀고 정권이 안정되자 박정희대통령은 그를 청와대로 불러 오찬을 했다. 처음 보자 박정희는 협객 A에게 '니 건달인가?' 라고 물었다. "아닙니다." 단호히 응대하자 박대통령은 "자슥, 이리와 앉아 한잔하자"며 술잔을 주고받았다.

당시 진귀한 코스요리를 먹었고 박대통령은 옆의 두 어린 아가씨에게 각각 30만원의 팁을 수표로 주었다 한다. 하급공무원 한달 월급이 2만원 이하였던 시기였다. 이 만남은 박정희의 측근이 협객 A에 대해 보고해서 만남이 이루어진 것이다. 화무십일홍, 권력무상인가? 박정희는 중앙정보부장 김재규에 의해 1979년 10월 26일 암살되었다.

이후 12월 12일 전두환이 군사쿠데타로 권력을 장악하고 1980년 5.18 광주의거가 일어나기 직전인 5월 17일 군부는 협객 A를 보는 즉시 사살하라는 사살명령 1호를 내렸다. 그의 목에 1계급 특진도 걸려 있었다. 이 첩보를 협객 A의 친구가 전해주었고 현금 50만원을 손에 쥐어주면서 어떻게든 살아남으라고 하며 피신을 당부했다. 그는 여러 선후배들의 도움으로 무사히 살아남았다.

그가 협객이었기 때문에 가능한 일이었다. 전두환 대통령은 역시 정권이 안정되자 그를 불러 오찬을 했다. 전두환은 어렸을 때 집이 너무 가난해서 전두환의 아버지가 가족을 데리고 신세계 만주로 이주하여 정착하려 했다. 혹독한 만주 벌판에서 정착하기란 쉽지 않은 일이었고 고생 끝에 가족은 다시 합천 고향으로 되돌아와야 했다. 그 귀로에 전두환의 가족은 대구에 정착한 것이 전두환의 운명을 바꾸어 놓은 것이다. 만주시절의 고생은 강력한 자산이었던 것 같다. 박정희대통령이 태어난 집을 사진으로 보면 정말 가난한 시대에 살았던 역대 대통령들이 많다는 것을 새삼 느낀다.

그와 같은 육군사관학교 동기인 노태우도 여느 농촌의 가정처럼 가난했다. 가사가 빈궁하여 육군 하사로 군에 갔다. 후에 육군사관학교에 편입하여 승승장구 노력 끝에 대통령이 되었다. 대통령 재임시절 물태우라는 소리가 시중에 회자됐지만 예와 겸손을 갖추었고 주위에 훌륭한 참모진을 두어 북방외교를 이룩한 그의 업적은 가히 적지 않다.

그는 정치적 이해관계가 전혀 없는 정치 원로에게까지도 겸손한 예를 갖추었다. 노태우대통령은 사회 원로에 대해 겸손과 예로 대했다. 특히 두산 이동화에게는 명절에 은수저와 200만원의 거금을 보내 주었다. 이동화는 여운형의 조선건국준비위원회 5인 서기국 멤버였고 일본 식민지 시절에는 1년 6개월 옥고를 치루었다. 이후 조봉암의 진보당사건과, 박정희의 5.16 군사쿠데타로 여러 차례 옥고를 치루는 등 많은 정치적 탄압을 받은 정치원로였다.

진보당사건 당시 권대복이 조봉암과 함께 투옥되었다. 이후 5.16군사쿠데타가 일어나자 정치범으로 몰려 이정재와 옥방을 함께 썼다. 어느 날 점심 무렵 고소한 냄새가 나서 주위를 둘러보니 이정재가 설렁탕을 시켜 먹어서 나는 냄새였다. 권대복은 화가 치밀어 올라 "야, ㅅㅅ야, 여기가 어디라고 혼자 사식을 시켜먹어, 여기 독립운동하고 독재에 투쟁하다 투옥되어 고생하는 대 원로선배님들이 눈에 보이지 않아, X자식" 하며 죽창을 날렸고 어떨 결에 이정재는 나가떨어졌다.

선배들의 만류로 더는 싸움이 확대되지는 않았지만 이후 10년 연상의 이정재와 가깝게 지냈다. 10월의 어느 날 아침에 이정재가 특별면회로 나간다는 소식에 이상한 예감이 들어 지난번 그를 괜히 때렸다고 후회했다. 그의 선한 심성 때문이다

그날 이정재는 형장의 이슬로 사라졌다. 권대복은 진보당 조봉암사건으로 1년 이상 투옥되었고 박정희 군사쿠데타 이후 구속되어 15년을 언도받아 7년 이상의 옥고를 치루었다. 1974년에는 긴급조치위반으로 12년의 언도를 받고 1976년까지 2년여간 옥고를 치뤄 모두 10년 이상의 청춘을 옥에서 보냈다.

혁신계의 정치인으로 오랫동안 옥에서 보낸 분 중 한분이다. 그를 가끔 사회당 사무실에서 보았다. 다부진 체격에 선한 심정을 가졌는데 그의 주먹 한방에 천하장사도 나가떨어질 것 같다는 생각이 들었다. 그가 꿈꾼 정의로운 사회는 아직도 실현이 요원하다. 한편 옛날 주먹의 세계에는 낭만과 멋이 있었다. 의리가 있었고 품격이 있었다. 그런데 언제부터인지 주먹대신 회칼과 도끼가 난무하는 비열한 세계로 바뀌었다. 그 비열한 깡패들에 의해 협객 A는 여러 차례 습격 받아 죽을 위기를 넘겼고 찔린 칼에 폐를 다쳐 그 후유증이 심했다.

이후 폐암에 걸려 아쉽게도 2009년 세상을 떠났다. 소설가 황석영이 그의 일대기를 쓰려고 세번 찾아 갔으나 정중히 거절했다. 아마 그의 일대기를 당대의 필력가가 썼다면 일본의 작가 시바 료타로에 의해서 일본국민의 영웅 '료마'가 탄생되었듯이 한국의 료마가 탄생되지 않았을까?

협객 A가 항상 입버릇처럼 한말 '아야, 어디 가서 힘 자랑하지 마라. 힘 자랑하면 칼 맞는다. 칼 맞고 죽지 않으면 총 맞아 죽는다' 는 말을 나의 친구에게 남겼다. 교만하거나 자만하지 말라는 의미이다. 힘은 올바른 곳에 써야한다는 교훈이다. 그가 천거하여 도지사나 국회의원이 된 사람이 수십명에 이른다. 가히 극맹과 료마에 견줄만한 협객이었다. 사마천은 사기 협객편에서 漢나라 때 낙양의 협객 극맹에 대해 썼는데 투전꾼이고 건달인 극맹의 모친이 죽자 장례에 참석한 조문객의 마차가 천대를 넘었다. '극맹을 얻으면 나라를 얻는 것과 같다'는 말이 있을 정도로 민심을 얻었다고 썼다.

건달의 정의

健達은 산스크리트어의 Gundhar가 그 어원이다. 많은 언어가 인도의 파미르고원을 넘어 서역을 통해 중국을 거쳐 조선반도로 들어왔다. 지금 우리가 쓰고 있는 일상의 많은 언어도 마찬가지이다. 이 건드라가 건달로 되었다. 중국의 학자 冷成金은 그의 책 '智典'에서 중국 역대 황제 중 99명이 건달 출신이라고 정의했다. 대표적인 게 한고조 유방, 명나라 주원장이다. 이들은

첫째, 과거를 묻지 않는다.
둘째, 조직을 끊임없이 확대한다.
셋째, 재물은 반드시 n/1한다,
넷째, 천하를 꿈꾼다.

누가 진정한 협객인가?

박정희정권 때 협객 A가 S사 오너와 청와대로 들어오라는 호출을 받았다. 당시 모 비서관은 S사 오너와 별도로 면담을 했다. 협객 A는 접견실 옆에서 대기하고 있었다. 잠시 후 모 비서관이 협객 A에게 봉투를 주며 돌아가라고 했다. S사 오너가 갖고 온 돈 100만원을 S사 오너에게 다시 돌려주라고 한 것이다. 그후 S사 오너는 모처에 끌려가 15일 동안 감금되었고 백지장에 회사 지분 소유 포기각서에 서명하라는 것을 거부하자 여기저기 모처로 끌려 다니면서 서명하라고 강요받았으나 끝내 쓰지 않았다.

그리고 사망 통보를 받았다. 사인은 화병. 그의 아들이 S사를 상속했으나 그 역시 모처에 끌려가 강압에 견딜 수가 없어 끝내 포기각서에 서명 날인했다. 그후 그는 한적한 시골로 내려가 울분을 달래며 살아야 했다. 그는 협객 A의 한 살 아래 후배였다. S사는 D기업으로 넘어갔고 D기업 오너는 권부에서 부르자 자기회사 주식 40%와 있는 현금을 모두 갖다 주었다. 그 대가로 S사를 얻었다. 현재도 S사는 명칭이 바뀌어 잘 나가고 있다. 당초 권부는 D사를 S사에 주려했다. S사가 D사로 된 배경이다. S사의 오너는 인색했었다. 이런 일들이 반세기 이상 반복해서 일어나는 것은 기이한 현상인 것 같다.

역사는 반복되는가?

한 사람의 농촌 유력 지주의 자손이 있었다. 1980년 후반 청주에서 아파트 시행으로 성공했다. 그 기반으로 서울로 진출했다. 그러나 1990년도 초에 수천억원을 하남에 투자했다가 전 재산을 날렸다. 1992년 당시 그가 갖고 있던 시골의 농토와 임야 평가액이 300억원이었다. 현재 가치로 조 단위가 넘는 땅이다. 모두 은행에 넘어갔다. 수영장이 딸린 서울의 고급저택과 압구정동 48평 아파트도 은행에 넘어갔고 빚이 얼마인지도 모를 정도였다. 초라하게 변한 그는 30년 이상 상계동의 무허가촌에서 살고 있다. 누구하나 찾아오지도 않는다. 그는 주위의 모든 사람들에게 인색하게 대했다.

1896년 5월 5일 인천에 '米豆취인소' 즉, 쌀과 콩을 거래하는 시장이 생겼다. 지금의 선물거래소에 해당한다. 그 중매점은 선물회사에 해당된다. 10%의 납입금만 가지고 청산거래로 사고 팔수 있어 실물 없이 잔액수수에 의해서 청산하는 방식이다. 조선팔도의 투기꾼들이 인천으로 몰려와서 투자했다 망하고 스스로 죽은 자가 무수했다. 1920년에는 명동에 주식거래시장도 개설되었다. 이어 1930년대는 광산 개발, 나진항 개발 등으로 조선의 전국토가 부동산 개발 투기에 휩쓸렸고 여기에 편승한 신흥 부동산 재벌도 나왔다. 또한 증권 시세 조작으로 거부가 탄생하기도 하고 전재산을 투자하여 빈털터리가 되어 죽는 자도 속출했다. 이는 조선민중을 투기장으로 끌어드려 여론을 호도하려는 일본의 조선식민지 지배정책 중의 하나였다.

최근 비트코인의 광풍이 불어서 너도나도 황금을 캐기 위해 혈안이다. 투자의 대열에 뒤질까 노심초사한다. 그 광풍이 지나간 후에 남은 것은 허무일 것이다. 이 허탈함을 이기지 못한 마바라들이 스스로 세상을 떠나고 있다. 1961년 5.16군사쿠데타가 일어나고 쿠데타 주역들은 자금 마련을 위해 주식시세를 조작하여 폭리를 취하는 증권파동을 일으켰다. 당시 많은 투자자들이 손실을 보고 스스로 목숨을 끊는 사람도 속출했다. 이 증권파동으로 그들은 축재를 했다. 이후 부동산 투기붐과 증권주가 조작사건은 주기적으로 일어났다. 현재의 비트코인 투자와 과거의 증권파동은 공통분모가 존재하는 것 같다.

2천년대 초반, 우크라이나 금광을 개발하는 k회사의 허위 공시로 수천의 개미

투자자들이 손실을 입었다. 액면가 500원짜리 주식이 100만원 간다고 증권시장에서 루머가 돌았다. 12만원대까지 올라간 주식은 이후 투매로 폭락되어 휴지쪼가리가 되었다. 당시 K사의 시가총액은 1조 2천억원대로 추정됐고 k사는 대략 4천에서~5천억원 정도 챙겼을 것이라는 루머가 증권가에 돌았다. 후에 K사의 오너는 확보한 자금으로 국회 비례대표로 진출했으나 전국의 분노한 개미투자자들의 고발로 의원직을 상실당하고 구속되어 4년형을 받았다.

당시 시중에는 자격도 안되는 그가 적어도 100억원을 베팅하고 비례대표를 받았을 것이라는 풍문이 떠돌았다. 그는 만기 형을 살고 나오자 추징금 130억원을 즉시 현금 완납하는 기염을 토했다. 당시 그에게 비례대표 공천권을 행사한 유력한 대권후보였던 당대표는 그 사건으로 정치적 타격을 받았다.

1990년대 초중반 모 당대표는 당의 정무직 Z으로부터 정기적으로 코흘리게 돈 100만원은 받아쓰면서 매우 흡족해 했다. 적어도 국가를 운영하고 민족의 미래를 생각해야할 사람들의 행태가 이러했다. 초등학교 졸업이 전부인 Z은 가난한 시골에서 올라와 나름 돈을 벌었고 지난 18대 총선에서 불가능하다고 여겼던 서울지역에서 1차 단수 공천 받아 당당히 국회에 입성했다. '황금은 귀신도 부린다'는 영국 속담이 있다. 다 황금의 위력 덕분이었다. 그는 의원시절 내내 이권 개입으로 구설수에 오르내렸다.

한국의 현실 정치가 이러했다.
황금이란 때로 인간의 마음과 눈을 가리게 한다.
현실 세계에서 자주 일어나는 놀라운 일이다.
사마천이 높이 평가한 범여를 보자.

范蠡의 변신

범여는 월왕 구천을 도와서 20년간 굴욕을 견디며 숙적 오나라를 멸망시키고 '회계산'의 치욕을 씻게 한 주역이다. 이어 월나라는 진나라와 제나라를 제압 지배하였다. 월왕 구천은 천하의 패자가 되자 범여를 최고 지위인 上장군에 임명하였다. 범여는 절정에 오른 군주 옆에 있는 것은 위험하다. 그리고 고생은 함께 나눌 수는 있어도 영화를 함께 나눌 수 있는 인물이 아니라고 여겨 사의를 표했다. 이에 구천은 허락하지 않을 때에는 그대를 죽일 것이라고 강권했지만 범여는 끝내 사양했다. 그리고 제나라로 떠났다. 이름도 치이자피로 바꾸고 경제활동에 전념해서 곧 거부가 되었다. 제나라는 그를 재상에 제수할 것을 간청했다.

범여는 '들판에서는 천금의 재산을 구하고 관가에서는 재상 자리에 오른다. 필부의 몸으로 더 큰 영화는 없다. 그러나 영예가 더 계속되면 오히려 화를 불러 온다' 여겨 사양하고 재산을 마을 사람들에게 나누어 준 뒤 陶나라로 옮겨갔다. 그는 또 이름을 陶朱公으로 바꾼 뒤 자식들과 경제 활동에 힘썼다. 여기서도 얼마 안가 거만의 부자가 되었다.

어버이 마음 자식이 모른다

도나라에 이주하고 곧 막내아들이 태어났다. 그 막내가 서른 살 때 둘째 아들이 초나라에서 살인을 한 뒤 붙잡혔다. 범여는 '사람을 죽였으니 사형이 당연하다. 하지만 부호의 자식은 보통 사람과는 다르다. 거기서 처형되어서는 안 된다. 나는 그렇게 알고 있다' 고 하여 막내아들을 초나라에 공작시키러 보내려 했다. 그런데 바로 떠나기 직전에 갑자기 장남이 자기를 보내달라고 나섰다.

이유인즉 집안의 장남이 중대한 일을 해야 한다는 것이다. 이를 허락하지 않으면 죽겠다고 고집을 부렸다. 이 소리를 들은 범여의 부인이 막내를 보낸다고 둘째 애를 살린다는 보장이 없다. 이 일로 큰 애를 죽게 할 수 없다고 항변했다. 범여는 어쩔 도리가 없었다. '초나라에 닿거든 가지고간 편지와 천금의 황금을 莊生에게 넘긴 뒤 일체를 맡기도록 하라. 어떤 일이 있어도 거역해서는 안 된다.' 고 당부하며 별도로 황금을 주어 보냈다. 장생은 범여의 옛 친구이다. 장생의 집은 초라했고 사는 것이 빈한했다.

장남은 편지와 함께 천금의 황금을 장생에게 내주었다. '장생은 장남에게 초나라에 머물지 말고 바로 도나라로 가게. 또한 아우가 석방되더라도 그 이유를 캐묻지 말라.'고 당부했다. 하지만 그 뒤 장남은 장생 모르게 초나라 실력자들에게 나머지 황금을 뿌리고 다녔다. 장생은 사는 것은 구차했으나 청빈해서 왕을 비롯해 많은 사람들도 존경받는 사람이었다. 범여에게 받은 황금은 일이 끝나면 돌려주려고 아내에게 맡기면서 쓰지 말라고 당부했다.

주는 것이 얻는 것이다

그러나 범여의 장남은 장생의 심사를 몰랐다.

'아무리 장생이라고 하지만 돈 앞에서는 다른 보통 사람과 같다.'고 생각해 버렸다. 이즘 장생은 궁에 들어가 왕을 만났다.

장생: 별의 움직임이 좋지 않습니다. 나라의 재난이 있을 것 같습니다.

왕: 어찌하면 좋겠소?

장생: 덕을 베푸시는 일입니다.

왕: 알겠소, 하며 금, 은, 동을 모아둔 府庫을 봉인하라 명했다.

범여의 장남에게 황금을 받은 조정의 한사람이 장남에게 어제 밤 왕께서 봉인령을 내렸네. 대사면 전에 내리는 일이지. 곧 대사면이 있을 것이라고 전했다. 대사면이라면 자연히 동생이 석방된다. 막대한 황금을 장생에게 주다니 쓸데없는 짓을 했다 여겨 장생에게 달려갔다. 장생은 놀랬다. 자네 아직도 여기에 있었는가? 물었다. 물론이죠. 사면이 결정되어 내 아우는 당신의 도움을 빌리지 않아도 석방되겠기에 찾아 온 것입니다. 장생은 호, 그래 '금은 집안 창고에 보관해 두었네, 가져가게' 장남은 아주 기뻐서 금을 가지고 사라졌다. 수치를 당한 장생은 바로 궁에 들어가 왕을 알현하면서 다음과 같이 말했다.

'세상에는 별 소문이 돌고 있습니다. 도나라의 부호인 주공의 차남이 사람을 죽여 감옥에 있습니다. 그런데 그가 금을 뿌리며 중신들에게 공작을 하고 있답니다. 때문에 대사면은 초나라 사람을 위한 게 아니고 도나라 주공의 아들을 살리기 위한 것이라는 것입니다.' 왕이 노발대발하여 범여의 차남을 처형한 후에 대사령을 내렸다. 장남은 아우의 시체만 거두어 돌아왔다. 다들 슬퍼 한탄했으나 이 일을 예측한 범여만 허탈웃음을 짓고 있었다.

장남은 범여가 어려울 때 컸고 삼남은 부유할 때 낳은 자식이었다. 범여는 세번 이사한 뒤 도나라에서 여생을 마쳤고 도주공의 이름으로 세상에 알려지고 있다. 사기의 '세가' 편에서 범여라는 한 인물의 평에 이렇게 많이 기술한 사마천의 기록은 없다. 특이한 경우이다. 2년 5백여년 전의 이 범여 이야기가 현실에서 흔히 일어나고 있다. 나도 이런 일을 수차례 겪은 적이 있다. 정말 놀라운 일이다. 변소 쥐와 창고 쥐의 이야기가 세상살이에서 그대로 일어나고 있기 때문이다.

어떤 모씨는 2천년 초에 권부의 실세에게 구직 부탁을 해서 모 공기업 감사로 갈 예정이었다. 그런데 건강검진에서 암이라는 판정을 받았다. 살아야 6개월 길어야 1년이라 생각하여 그 실세를 찾아가 자초지종을 이야기하고 거금을 돌려받았다. 그 후 오진이라는 판단을 받고 현재도 살고 있다. 그런데 그가 다시 권부의 중심인물이 되었는데 그를 찾아가지 못하고 속만 태우고 있다. 모씨는 범여의 교훈을 몰랐던 것이다.

두 명의 J씨가 있었다. 정권 실세와 연결되어 수천억원의 거금을 순식간에 벌었다. 강남에 빌딩도 세 채 구입했다. 자금출처가 들통 날까봐 한 건물은 차명으로 했다. 갑자기 큰돈이 생긴 자들이 늘 그러하듯이 그도 미국으로 가서 호화 생활을 했다. 그런데 어찌된 영문인지 그는 많은 돈을 제대로 써보지도 못하고 비명횡사 했다. 엉뚱한 사람이 횡재했다. 그는 궁색한 시절에 협객 A를 통해 실세를 만났다.

또한 사람의 J씨는 수백억원을 벌었는데 경마와 술과 여자로 몇 년 만에 그 많은 재산을 다 날렸다. 전자의 j는 일반인이 접근하기 힘든 군부대 공사를 소리 소문 없이 싹쓸이해서 큰돈을 벌었다. 그리고 과거에는 J그룹의 주주총회에 개입하여 J그룹의 오너가 조카에게 맡긴 회사를 차지하는데 큰 역할을 하여 J그룹의 계열사 사장도 하고 씨름구단주도 했다. J그룹은 그후 무리한 사업 확장으로 파산했고 몇 개월 전에 J그룹 오너는 해외에서 횡사했다. 몇 년 전에 후자의 J를 만난 한 친구는 그가 없는 척하려고 대원이 대감 이하응처럼 미친 척하는 하는 줄 알았다 한다. 알고 보니 알거지가 되었고 풍까지 맞아 반신불수가 되었다. 오히려 그는 삐뚤어진 입으로 '어, 동생 차비 좀 줘' 하고 사정했다. 그는 쓴 웃음을 짓고 그와 헤어졌다.

인간이란 무엇인가?

'Dj에게'라는 윤시내의 노래가 1982년에 히트를 쳤다. 이들 중 한 J는 무교동에서 한때 디스크자키로 유명했고 또 한 J는 종로 일대를 주름 잡다가 협객 A을 만나서 그런 기회를 얻었다.

정치란 이런 것

벌써 30년의 세월이 흘렀지만 이런 일도 있었다. h씨는 제13대 국회의원에 출마하기위해 거금 3천만원을 갖고 당대표를 찾아갔다. 그때 당대표는 그에게 받은 3천만원에 2천만원을 더 얹어주면서 서둘러 출마 준비를 하라고 돌려보냈다. h씨는 일찍이 경험하지 못한 호의에 감동하여 그를 진정한 지도자라고 생각하고 돌아와 그의 정치적 대부에게 자초지종을 이야기했다.

그의 정치적 대부는

'허, 이 사람, 정신 나갔군. 빨리 2천만원 더 보태서 총알같이 갖다 주게나.' 하고 다그쳤다. 아, 무릎을 탁친 그는 비호처럼 달려가 거금 7천만원을 주었다. 그리고 국회의원을 3선했다.

그게 1988년 1월의 추운 어느 겨울날이었다. h의 대부는 한때 그 당대표와 라이벌 관계였고 당권투쟁에 패해 역사의 뒤안길로 사려져가는 무렵이었다. 과거 h는 당대표에게 죽통을 날렸어도 약속을 안 지킨 당대표는 변명의 여지가 없었다. h의 대부는 정치를 알고 있었고 h는 정치를 모르고 있었다. 이것이 노회한 정치인들의 수이다.

한번은 정부 부처의 차관급인 i가 장관급으로 발탁되었다. 기업의 저승사자라는 자리이다. 그의 후배와 가끔 통화했다. 네트워크 주선 요청이 와서 그렇게 했다. 그는 곧 위원장이 되었고 몇번 i를 정무위에서 만났다. 상임위실에 도열해 있는 각 국장들 앞에 그의 기개는 역발산 같았다. 이후 정권이 바뀌어 연임 임기를 무사히 마친 그는 2004년 고향에서 국회의원 출마를 위해 사무실을 마련하고 언론에 공표했다. 나는 그 후배에게 바로 중지하라고 요청했지만 허사였다.

K대 법대 출신, 고시패스, 관료로서 승승장구. 그의 아들도 역시 K대 법대 출신에 현직 부장검사, 누가 감히 그를 막으랴, 지역에서도 명성은 자자했다. 그러나 관료는 관료, 정치는 정치라는 것을 그는 몰랐던 것이다. 아니나 다를까. 그 지역 맹주이며 정권 실세인 O가 그를 가만 놔두지 않았다. 비리를 조사했으나 안 나오자 엉뚱한 것으로 엮어 넣었다. 그는 불명예스럽게 정치판에서 사라졌다.

1996년 총선 전에 신출내기 촌놈이 갑자기 재야인사로 부각되어 O에게 까불다가 공천도 못 받고 저자가리의 웃음거리가 되어 정치판에서 사라진 것이 떠올랐다. 어떤 기업인 출신 의원은 의원회관에서 명분 없는 단식투쟁을 하다가 옥에 갇혀 화병으로 옥에서 죽은 경우도 있다. 어떤 의원은 국회의원에 당선되고 참모의 밀고로 옥에 갇혔다가 분을 못이겨 스스로 목숨을 끊은 경우도 있다. 정치는 悪이라고 평한 사마천의 시대에 현재의 정치는 뭐라고 정의해야 할까? 정치의 현장에서 일어나는 인간의 형태를 사마천이 살았다면 어떤 정의를 내릴까? 궁금하다.

숭고한 죽음을 욕되게 하지 마라

20002년 노무현후보가 대통령감이 아니라고 후보교체론에 시달렸을 때 대부분 당내에서는 그를 지지하지 않았고 심지어 비난도 했다. 어떤 중진의원은 재가 무슨 대통령감이냐고 면전에서도 무시했다. 또 어떤 의원은 기자실에 나타나 내가 노무현을 지지한 적이 없는데 왜 나를 노무현후보 지지자로 분류하느냐고 기자들에게 고함을 치며 당장 기사를 빼라고 난리쳤다.

그는 '만약 노무현후보 같은 후보가 대통령이 되면 나는 이민 가겠다고' 큰소리치고 사라졌다. 또 한 의원은 공개회의 석상에서 노무현후보에게 '이 무식한 사람아, 공부 좀 하라고' 하기도 했다. 그후 기적이 일어났다. 누구도 불가능하다고 생각한 노무현은 대통령에 당선되었다.

이 세명 중 한명은 기업 총수를 협박하여 갈취한 돈을 도박으로 탕진한 파렴치범으로 몰려 옥에서 꼬박 5년을 채우고 나왔고 가산은 파산되었다. 다른 한명은 불법 정치자금 수수혐의로 1년 이상을 옥에서 보냈고 징징거리며 노의 정치적 대부에게 빼달라고 하소연했다. 망명가겠다고 큰소리친 자는 젊은 시절부터 권력의 냄새를 잘 맞고 있어서 교묘히 처신, 이후 승승장구하였다. 모두 자신들의 선택의 결과이다. '이것이 정치다. 이것이 인간 본성이다'

그리고 마지막 후자를 리더로 한 그룹은 외부에서 세를 규합 단체를 조직하여 민주당과 합당, 당을 장악하여 19대 총선에서 무소불위의 공천권을 휘둘렀다. 이들의 어설픈 정치 행태는 이명박정권의 거듭된 실정에도 총선에서 참패했다. 또한 연이은 오만한 선거 자세는 19대 대선에서 박근혜정권 출현의 결정적인 요인이었다. 그로 인해 정권 교체의 기회를 잃어버렸고, 그 고통은 백성이 고스란히 이어받았다.

도대체 정치란 무엇인가?
안자가 공자를 처절히 비판한 구직하기 위한 것인가?

백성을 돌보지 않고 잇속 채우기 위한 것인가?
그렇다면 시중의 장사치와 무엇이 다른가?
오만방자한 정치인의 자세는 어디서 기인하는가?

한번은 그가 1987년 7월 중반, 한여름에 DJ의 동교동 사저에서 김오만한테 오만하게 굴다 어퍼컷 한방을 맞고 쓰러졌다. 당시 김오만이 오만한 그를 향해 "야, 인마, 민주화운동은 너만 한 게 아니야"하며 언론에 난 잡지와 뉴스를 그에게 보여주었다. 당시 김오만의 사진 한 컷이 AP통신을 통해 전 세계에 톱뉴스로 나간 상황이었다. 그는 바로 무릎을 꿇고 잘못했다고 빌었다. 이런 일은 야당 내에서 비일비재하게 일어나는 사건이다.

1995년 지방선거 때 오만방자한 그의 행위를 보다 못해 모씨가 그의 아구창을 날렸다. 안경이 깨지고 코피가 터져 나와 혼혈이 낭자했다. 얼마나 교만하고 오만하게 굴었으면 그리했을까? 이런 오만방자한 자세는 어디에서 기인하는가? 백성을 위에서 아래로 내려다보는 시각, 주자의 영향일지도 모른다. 이후에도 민중을 멸시하고 관료들을 무시하는 그의 태도는 사라지지 않았고 인구에 회자되었다.

김오만에게 얻어맞은 정치인이 수십명에 이른다. 아차하는 순간에 언제 어디서 매서운 주먹이 날라 올지 종잡을 수가 없어 슬금슬금 모두 피한다. 물론 부당한 짓

1987년 6월 항쟁 당시 AP통신을 통해 전세계에 톱뉴스로 보도된 김오만의 사진

을 한 자에게만 그렇게 했다. 관전자의 입장에서는 즐거울 수 있다. 그러나 결기와 패기만으로 사회를 살아 갈 수는 없는 것이다. 김오만이 자기 관리를 잘하고 정제된 언어를 구사했으면 Dj의 총애를 오래 받을 수 있었는데 참 안타까운 일이었다.

그 어려웠던 시절에 dj를 모셨던 그는 아주 독특한 캐릭터를 가졌었다.

대중연설도 아주 잘했다. 그는 항상 입버릇처럼 '이 땅의 주인은 몇 사람의 소유물이 아니다. 척박하고 투박하게 이 땅을 지키며 살아 온 민중이 주인이다.'라고 했다. 그 암울했던 유신독재 시절에 딴따라라고 비아냥하는 연예인들도 뒤에서 많은 역할을 했다. 바로 나훈아, 남진이었다. 이들은 공연 수익금 전액을 몰래 내놓기도 했다. 1970년대 중반 500만원은 고급주택을 살 수 있는 거금이다. 이 큰 돈을 여러 차례 협객 A를 통해 운동기금으로 전달해 주었다. 어찌 이들 뿐이랴? 어린 코흘리개 돈부터 촌부의 정성이 깃든 쌈지돈까지 후원한 그들의 숭고한 뜻을 잊어서는 안 된다. 이 땅의 주인은 바로 투박하게 살아온 민중인 것이다. 항상 달콤한 열매만 따먹는 몇몇 무리의 소유물이 아니다.

김오만과 함께 고생한 연청 초대 연수국장 정일행은 그야말로 사심 없는 사람이다. 그는 1987~8년에 걸쳐 수억원의 후원금을 전달하기도 했다. 정치판에서 배달사고가 비일비재한 경우에 비하면 아주 희귀한 일이다. 모씨는 당총재 실세의 자금관리를 하다 슬그머니 착복 그 돈으로 작은 건물을 사서 호의호식하고 있다.

모씨는 총선 때 기업으로 받은 자금 수십억원을 배달사고 내고 미국으로 튀었다. 젊은 모씨는 대통령후보의 최측근 자금배달책을 하다 그 약점을 잡고 수십억원을 요구하다 비명횡사했다. 이들에 비하면 정일행은 참으로 정직한 사람이었다.

dj정권이 들어서자 민주화운동 유공자 선정이 있었다. 김오만은 신청하지 안했다. 그는 "내가 무엇을 위해, 무엇을 바라고 민주화운동한 것은 아니다. 나는 이 땅의 1천만 노동자와 함께하고자 한 것뿐이다. 그래서 나는 민주화운동 유공자 그런 것 관심도 없고 신청도 하지 않겠다." 했다. 반면 당시 민주화운동과 전혀 관련 없는 자가 선정되어 수억원의 보상을 받고 5.18묘지에 묻힌 경우도 있다.

박정희정권 때 가짜 독립운동가와 광복군이 많이 나온 이유는 군사정권의 정통성 시비 때문이었다. 그러나 민주화 이후에도 이러한 일이 일어난 것은 아이러니하다. 아직도 정치가 家産정치 형태에서 벗어나지 못하고 있는 우리의 정치 현실이 암울하다.

2002년 제16대 대통령 선거 때 나는 노무현대통령 후보 연기공주지역 선대위원장을 했다. 이회창후보로 굳어진 판에 누구도 거들 떠 보지 않는 상황이었다. 이후 극적인 승리를 했고 두더지처럼 숨죽이고 있던 무리들이 폭풍우가 지나가자 고개를 쳐들고 나타나 친노니 뭐니 하며 숟가락 들고 나왔다. 나도 이들처럼 살았어야 하는데 괜히 빚지고 벌금 물고 멍청한 짓 했나하는 생각이 주마등처럼 지나 갈 때가 종종 있다. 그 후 정권이 바뀌어 노무현대통령이 위기에 몰리자 그들은 언제 그랬냐하듯이 다시 두더지처럼 다시 땅속으로 깊이 잠수했다.

그리고 비극적인 노무현대통령의 죽음이 일어나자 결기에 찬 백원우 전의원만이 노무현대통령의 죽음에 대해 분노하고 항의했다. 이후 숨죽이고 있던 그들은 다시 아무 일 없던 듯이 마치 개선장군처럼 국민 앞에 나타났다. 일반 백성들이야 그럴 수 있지만 적어도 정치인의 자세는 아니라고 여겨진다. 漢무제 때 무제의 외삼촌이 母황후의 위세를 믿고 매관매직하다 무제에 발각되자 전 재산을 내놓고 실성한 사람 행사하고 다니며 목숨을 부지했다.

이것이 정치이고 인간 본질이다.

자신을 속이고 타인을 철저히 속이는 것이다.

슬프디 슬픈 노무현의 죽음을 더 이상 욕되게 하지 말라.

역사는 말한다.

최고의 아첨꾼이 최고의 배신자다.

최고의 충신이 최고의 간신이다.

도대체 정치란 무엇이냐?

정치인?

누가 정치인이며

정치인이란 도대체 무엇하는 것이냐?

이 나라에 무슨 정치인이 있느냐?

나라가 거덜나도, 백성이 고달파도 그것은 나와 상관없다는 주자의 정치, 언제이 나라에 르상티망(한풀이)의 정치, 스노버리의 정치, 家産정치, 神官정치, 女官정치가 사라지나하는 생각이 든다.

인간의 본질. 그 문제의 의문을 유자광에서 찾을 수 있을까?

유자광은 누구인가?

유자광은 한 많은 얼자로 태어났다. 15살 때에 수양대군이 한명회 등과 함께 일으킨 반역사건이 일어났다. 수양이 집권한 후 이시애의 반란이 일어나자 甲士 즉, 성을 지키는 무명 소졸이었던 그는 세조에 상소를 올려 반란 진압에 앞장섰다. 이에 세조는 그를 기특하게 여겨 왕을 지키고 호위 경비하는 친위병인 겸사복의 직책으로 승진시켰다. 이시애의 반란 진압 때 같이 싸운 전우인 태종 이방원의 외증손자로 27세에 공조판서, 병조판서에 오른 남이를 예종 즉위 해인 1468년 10월 24일에 역모를 일으킨다고 고변했다.

남이가 예종을 제거하고 자신이 왕이 되려 했다는 것이다. 유자광은 남이가 지은 男兒 二十未平國을 未得國으로 즉 사나이가 20세에 나라를 얻지 못하면으로 고쳐 고변한 것이다. 이 고변사건으로 남이는 사지를 찢겨 죽임당하는 거열형으로 처형 당했고 유자광은 1등 익대공신에 책록되어 무령군의 작위를 받았다. 그리고 한명회 등 훈구파와 당당히 어깨를 함께하는 위치가 되었다.

성종代에 이르러서 같은 훈구 공신인 한명회를 비방했다가 귀양도 갔다. 또 현석규를 탄핵했다가 다시 귀양 갔다. 그래도 그는 불사조처럼 살아남았다. 바야흐로 때는 연산군 4년 무오년에 사림의 선비를 죽이는 무오사화의 주역이 되었다. 그는 사림의 영수인 김종직의 제자 김일손이 '弔義帝 文'을 쓴 것은 즉, 항우가 초나라 회왕을 죽인 것이 세조가 항우, 단종이 회왕 의제라는 것을 빗대어 한 것이라고 하여 김일손 일당을 처형한 사건이다.

유자광은 김종직이 죽었을 때 중국의 대유학자 왕통과 한유에 비하는 제문을 지어 올리기도 했다. 연산 10년 갑자년에 성종의 어머니 인수대비가 권력투쟁에 패해 국모의 자리에서 쫓겨나고 죽임당한 폐비윤씨 사건과 관련된 사람들을 처벌하는 갑자사화가 일어났다. 이때에도 유자광은 임사홍과 함께 이 사화에 깊숙이 관련되었다. 윤씨 폐비론의 주모자로 지목된 이극균과 절친한 사이여서 자칫 함께 희생될 뻔했다. 그래도 그는 살아남았고 유림의 복수의 대상이 되었다.

1506년 박원종을 비롯한 반역세력이 쿠데타를 일으켜 연산군이 쫓겨났다. 그때 임사홍은 즉시 처단되었지만 유자광은 오히려 박원종, 성희안, 유순정 등 쿠데타 주역 3인과 밀착, 참여하여 중종반정의 1등 공신이 되었다. 참으로 놀라운 변신술이었다. 그리고 연산군을 능멸하고 업신여겼다. 나아가 新군왕으로 추대된 진성대군에 잽싸게 '현 군왕을 폐해 대궐 안에 가두고 대비께 廢主한 연유를 고할 것'을 주청했다, 그의 나이 68세였다. 그러나 반정 7개월만에 파직되었고 귀양을 가서 5년만에 죽었다.

변신이란 이런 것

1970년대 중반 당 건물 앞에서 구두닦이를 한 S씨가 있었다. 그가 사무실에 들어와 구두를 닦으면서 내부의 사정을 모두 알려주는 역할을 했다. 때로는 열쇠를 복사해 밤에 몰래 들어가 서류를 가져가는 자였다. 그런 그가 갑자기 변신해서 거리의 투사인척, 민주화의 열사인척 변신해서 뭇사람을 기망했다. 자신을 서울대학 출신으로, 때로는 고려대학 출신의 학생운동가로 속여서 암약을 했다.

그의 밀고로 사회운동하는 많은 사람들이 옥고를 치렀었다. 그는 지금도 민주투사인양 활보를 하고 다닌다. 이런 종류의 사람들이 부지기수였다. 가짜 미국 대학 졸업자도 많았다. 모두 군사정권이 빚어 낸 부산물이다. 가관인 것은 이들이 sky출신이 아니면 깔보고 업신여긴다는 점이다. 모씨는 어린 나이에 전두환 군사정권 당시 언론 통폐합의 주역이었던 보안사 준위 출신의 개가 되어 프락치로 활약하였다. 이후 여의도를 전전하다 이회창 맨이 되었다.

그 역시 노무현정권이 탄생하자 두더지처럼 숨어 있다가 슬며시 나타나 언제 그랬냐하고 변신하여 이후 국회의원도 했다. 그의 현란한 변신술이 대단하다, 그를 보면 주군에 충성을 다하다 주군이 쫓겨나자 임금(연산군)을 겁박, 만행을 저지른 유자광이 마치 살아 돌아와 활보하는 모습 같다.

어떤 자는 변신을 거듭하여 6선 의원을 지냈다. 그는 젊은 시절 고향에서 남조선 노동당 하부조직으로 활동하다 박정희의 선례처럼 변신하여 경찰 간부가 되었다가 이후 국회의원이 되었다. 처음 비례대표로 의원이 되었고 2번째는 고향에서 출마했는데 낙선되었다. 낙선의 원인은 좌익 활동 시절에 같이 활동한 동료와 고향 사람들을 밀고하여 동네 사람들이 많은 희생을 당했기 때문이다. 고향 사람들은 한을 잊지 않았던 것이다. 그게 1963년 제7대 국회의원 선거 때 일이다.

그가 당선의 행운을 거머쥘 때는 2인이 당선되는 선거구제에서였다. 그는 결국 고향 지역구를 포기하고 서울로 지역구를 옮겨서 출마했다. 그래도 사람들은 그가 출마한 지역구에 버스로 사람들을 동원하여 낙선운동을 펼쳤다. 그는 낙선의 고배를 거듭했고 절치부심하다가 15대 총선 때 비례대표로 70대 초반에 다시 의원이 되었다. 권력의 욕망이 강했다. 그런데 놀라운 사실은 아무리 세월이 흘렀어도 민중은 그 한을 잊지 않는다는 것을 역사는 말해준다.

일본 식민지 시절에 일본군 오장(하사)이 되어 동족을 짓밟은 자의 子女들 중 한 사람은 2008년 총선에서 고향의 모지역에서 여당 후보로 출마했다. 거의 당선이 유력했지만 막상 개표 결과 낙선하였다. 일본 식민지 시절 그의 부친에게 희생당하고 횡포에 시달린 동네 주민과 후손이 70년의 세월이 흘러도 그 恨을 잊지 않고 낙선운동을 했기 때문이다. 이후 박근혜정권이 들어섰고 박근혜의 측근이던 그는 결국 출마를 포기했다. 정계의 한 거물은 부친이 일본 식민지 시절 면장이었는데 너무나 동네 주민을 괴롭히고 못살게 굴었다.

광복 후 주민들이 그를 몽둥이로 잡도리 하였다. 그 후유증으로 부친이 사망하자 부친의 죄를 참회한다고 군에 입대하였다가 너무 힘들어 탈영하였고 오락가락하다가 5.16박정희 군사반란의 일원이 되어 출세하고 광파는 자도 있었다. 충청도를 불모로 항상 비광만 팔다가 막판에 똥광까지 파는 행운을 거머쥐었으나 어쩌랴. 세월에 장사가 있나? 이제 그도 더 이상 광을 팔 수 없는 세월이 되었다.

왜 그렇게 남의 힘을 빌려 동족을 괴롭히는가?
이런 것은 어디로부터 오는가?
역사는 결코 잊지 않는다는 것을 명심해야 한다.

장동지, 요게 정치여

K씨는 dj의 가신 중에 가신이었다. 전두환 군부정권이 들어서고 dj가 내란음모죄로 구속되자 뒤도 안돌아보고 전두환정권의 민주정의당에 합류 당대표도 하고 장관도 지냈다. 그 K씨와 1960~70년대를 같이한 모씨는 나에게 K씨 변신을 말하면서 '요게 정치여, 장동지'하고 훈수를 해주었다.

그는 대단한 술수가였다. 그는 '나의 조부는 시장 한구석에서 돼지를 잡고 파는 백정이었지. 그런 조부의 아들이 결혼이나 제대로 했겠어, 어쩌다 결혼한 그 아들의 두 번째 여자의 아들로 나는 태어났지, 어릴 때 동네 아이들의 놀림이 싫었지, 초등학교를 졸업하고 시장에서 아버지 일을 도우며 청소년기를 그럭저럭 보내다 공수부대를 지원했지. 공수부대 가서 높은 하늘에서 점프를 하면 나도 그냥 새처럼 떨어져 죽을 수 있겠다 싶어 자원했지. 죽어야하는 데를 수십번 반복하고 점프를 해도 모진 목숨은 붙어있었지.

그러다가 휴가 나와 우연히 장준하의 사상계에 실린 김철의 기고문을 읽고 삶의 희망을 가졌지. 그리고 군 제대 후 김철의 문하생이 되었지. 그렇게 연이 된 거여 장동지 하며 그는 울먹거리며 이런 고백을 종종 한 적이 있다. 궁핍한 생활에 노자가 필요했으랴, 그는 無恒産子는 無恒心이라는 표본이었다. 일본식민지 시대 4년제 초등학교를 다니며(나이로는 대부분 10~12살) 항일 서클단체를 만들어 항일운동을 했다느니, 걸핏하면 조부와 부친이 독립운동했다고 허풍떨며 떠벌리는 자들보다 그래도 솔직한 그의 고백이 좋았다. 이 사회에 광복군도, 독립군도 왜 그렇게 가짜가 많은지.

羊頭狗肉

14대 대통령선거에서 민중후보가 나왔다. 민중후보의 등장 배경은 당연 dj의 표를 잠식하려는 집권당의 전략이었다. 당시 민중후보 측 대리인으로 YS측과 가교역할을 한 사회민주당 출신의 모씨는 지금도 땅을 치고 있다. 그때 한몫 챙기는 기회를 놓친 것을 한탄하는 것이다. YS측 대리인과 사전조율을 한 그가 YS측 대리인이 그에게 연락했으나 안 되자 자금을 그 후보 아들에게 직접 전해준 것이다. 그 자금으로 민중후보는 대선을 치루었다. 아이러니한 일이다. 그때나 지금도 그는 반미를 외치고 있기 때문이다. 당시 전국의 대학생과 많은 젊은이들이 그를 민중후보로 추종하고 열광했다.

실은 13대 대선 때도 그는 야권 분열용으로 출마한 것이었다. 그렇게 그는 두 번 대선에 출마했다. 그때 민중당에 참여한 한 친구는 최근까지도 그를 존경한다고 하며 민중당에서 민자당으로 변신한 민중당 3인방이 민중당을 민자당에 50억원에 팔아먹었다고 호되게 매도했다. 그는 피난민이었다. 박정희의 새마을운동 추진에 적극 앞장섰고 한편으로는 장준하를 추종했다. 한때는 박정희와 술친구 사이였다.

당시 그의 사단에 있었던 자들은 그런저런 이유로 권력의 비수를 비켜갔다. 그래서 그의 사단에 사람이 모였다. 그가 박정희와 청와대 술친구 시절 경호원에게 못되게 굴고 무시한 일화는 유명하다. 그런 연유로 삼청교육대에 끌려가 혹독한 곤욕을 치룬 것 또한 잘 알려졌다.

삼청교육대 군인 1호는 강창성 보안사령관이었다. 이후 그 친구는 더 이상 민중당 출신자를 비난하지 않았다. 1980년대 중 · 후반 많은 사람들이 진보정당에 참여했고 민중당을 이끌었던 지도부 일부는 게릴라투쟁과 폭력혁명을 주장한 사람도 있었다. 그 중에서 가장 극열한 게릴라투쟁을 선창한 모씨는 1992년 후에 집권당 민자당에 합류하여 변신을 했는데도 불구하고 정치적 실패를 거듭하여 정치적 낭인이 되었다. 그에 반해 진보적 대중정당 건설의 계속성을 주창한 노회찬, 심상정 등이 나머지 세력을 규합하여 민주노동당을 창건했고 진보진영의 의회 진출을 이끌어 내는 큰 성과를 올렸다.

이후 민주노동당의 분열로 이들은 정의당을 이끄는 지도부가 되었고 지난 19대 총선에서 선전했다. 호남을 기반으로 한 민주평화당과 연대하는 모습을 보면서 전자는 좌우동거 정부(코아비타시옹)를 추진한 미테랑 전 프랑스 대통령처럼 정치력이 뛰어났고 후자는 러시아제국의 기틀을 마련한 예카테리나 여황제처럼 아주 야무진 정치인 같다. 이렇듯 정치라는 것은 국가를 위해 서로 타협하고 이끌어가는 것, 요것이 정치이다.

이와는 반대로 항상 달콤한 열매만 따먹는 앞의 K그룹 키즈들은 지난날 진보적 민중당을 파괴하는 반역사적, 반민족적 행위를 자행했고 세치 혀로 현란하게 민중을 기만했다. 한편 당시 YS측과 가교 역할을 했던 자는 교묘히 그 민중후보에 의해 제거되었다. '개, 말이야, 알고 보니 중앙정보부 끄나풀이었어, 이 말로 그는 완전히 바보가 되었다. 그의 정치적 술수에 케이오 당하고 현재도 씁쓸하게 그때를 회상하고 있다.

어찌되었든 김영삼 문민정부의 탄생은 역사의 진일보를 가져왔다. 군부의 고질적 파벌의 하나인 하나회를 청산했고, 누구도 생각하지 못한 금융실명제를 실시했다. 역대 대통령 중 가장 정직한 지도자 중의 한사람이었다. 역사는 이렇게 진일보해 가는 것이 아닐까? 나는 과거에 김영삼전대통령을 거리에서 그리고 출판기념회에서 악수하며 스친 적이 몇 번 있었다.

1992년 대통령선거 전인 9월 말경 러시아의 반체제 작가인 사하로프의 회고록을 국내에서 출간했다. 그 출간 기념회 자리에 미모의 사하로프 부인도 참석했는데 김영삼, 김대중, 김철 3인이 한자리에서 축하연설을 했다. 연설 속에서 3인의 독특한 개성이 그대로 노출되었다. 용기와 패기로 가득 찬 정직한 김영삼, 지략과 지식을 갖춘 최고의 책사 김대중, 미래를 제시한 김철이었다는 느낌이다. 김대중은 민주당 신파의 거두 장면박사, 김영삼은 민주당 구파의 거물 장택상이 정치적 대부이다. 김철은 민족청년단의 단장 이범석이 대부였다.

인간이란 무엇인가? 끊임없이 탐구한 사마천이 살아 돌아와 정치의 현장에서 일어나는 인간의 광경을 목격하면 어떠한 생각을 했을까? 마르크스가 선거 현장에서 일어나는 착취구조를 보면 사적유물론 다시 써야하지 않을까? 하는 생각이다.

서글픈 관료지상주의

지난 박근혜 정권 때 산업부 직원이 산업부 장관의 행태에 대한 비판을 국민신고에 올렸다가 삭제된 적이 있다. 그 내용은 장관은 고시 동기생인 자를 바보로 만들었고, 해외 출장 때에 숙소도 음식도 최고급을 고집해 산업부 실국의 업무추진비를 몽땅 소진했고, 특히 물은 프랑스 생수가 아니면 안 되고, 한 모금 마신 물병도 버려야만 했다. 압권인 것은 전용 비데가 아니면 안 된다고 고집해서 해외 출장 때 실무자들은 비데를 들고 다니며 장관 숙소에 미리 설치하는 소동과 곤혹을 치렀다는 내용이었다. 박근혜대통령도 이런 비데소동을 일으켰다. 도대체 그들의 의식세계에는 무엇이 자리 잡고 있는 것인가?

당시 산업부의 분위기가 젊은 사무관들 사이에서는 장관의 부역자 리스트를 만들기도 했고 모 과장은 장관을 거의 왕 대하듯 하며 회식자리에서도 장관에 충성하는 건배사를 밥 먹듯이 해 직원들이 부역자 1순위로 지목한 일도 일어났다. 가관인 것은 과장 이상이 장관 보고를 들어갈 때 녹취는 필수이고 언제 어떤 식으로 공격받을지 몰라 장관이 하는 이야기를 녹취해야만 하고, 청와대에 파견 나간 산업부 출신 고위 공무원은현 장관이 있는 한 다시는 산업부에 돌아오지 않을 것이라고 공공연히 말할 정도였다. 장관의 강압과 폭언, 부당한 업무 요구 등으로 산업부 내 1급들까지 분노가 높아진 상태였다.

당초 병가를 낸 것으로 알려진 S에너지정책실장(행시 33회)이 사표를 낸 것으로 알려지면서 내부 분위기가 뒤숭숭했다. 이와 관련하여 장관은 기자들과 오찬 자리에서 S실장은 갑상선암이 지난 여름에 발생해 지금도 치료 차원에서 병가를 냈다고 말했지만 다 거짓말이란 걸 내부 직원들도 부인하지 않는다는 산업부 내부 분위기였다.

박근혜 정권의 각 부처 운영이 이러했다. 너와 나는 다르다는 주자학적 정신세계가 자리 잡고 있기 때문이다. 가난한 자들이 출세하면 소아병적 소영웅주의가 무의식중에 뿌리내리게 된다. 이런 벼슬 지상주의자들에게 그저 그들은 심심한 천국에서 백성을 학대하는 가학자일 뿐이고 .그들에게 이 땅은 재미있는 지옥이다.

1년간 스스로 목숨을 끊는 자살자가 2013년 통계로 14,000명이다. 일일 40명 이상이 스스로 비관하여 목숨을 끊었다. 2016년 통계에 의하면 인구 10만명당 26.2명, 일평균 36명으로 연간 13. 000명이 태어난 이 땅에서 비극적인 생을 마감한다. 통계에 안 잡힌 숫자를 합치면 훨씬 더 늘어난다. 1964년부터 1973년 10년간 베트남전쟁에 참전하여 전사한 한국 군인이 4,407명이다. 2002년 11월 28일 시작한 이라크 미국 10년 전쟁에서 죽은 군인이 4,400명이다. 이들은 대부분 미국시민권을 준다는 요혹에 넘어간 약자인 용병이었다.

이들과 비교하여 그 많은 자살자는 무엇을 의미하는가?

지옥은 어디 있는가?

사회 속에 개인의 존재는 무엇인가?

국가는 어떤 존재인가? 묻지 않을 수 없다.

현재 공무원 시험 열풍이 불고 있다. 한때는 공무원이 되려고 신분까지 세탁하는 뒷거래가 암암리에 성행했었다. 즉, 국가유공자나 독립유공자 자녀들에게 인센티브를 주는 제도 때문에 이들의 자녀로 호적에 입적하려는 사람들이 많이 있자 중간에 이를 연결하는 브로커가 성행했다. 이는 벼슬에 대한 강한 집착 때문이다. 하루빨리 벼슬지상주의로부터 해방되어야 하고 사회를 안정시키는 경제시스템을 바꾸어야한다. 영국식 모델도 좋고 중국식 사회주의 경제모델도 좋다.

제5장 중국을 가다

인간의 얼굴을 한 모택동을 보다

중고시절 죽의 장막 속에서 빨간 도깨비를 뒤집어 쓴 공산주의 나라, 인민이 다 굶어 죽는 나라로만 배운 그 무서운 중국을 2002년 6월 홍콩을 거쳐 본토를 갔었고 그 후 6차례 중국을 갔다. 한번은 북경의 천안문광장에 모택동 주석이 안치되어있는 주석궁을 혼자 둘러보았다. 나는 모주석의 모습을 카메라에 담다가 경비원에게 제지당했다. 우연인지 중국 각지에서 몰려온 인민들로 붐볐고 중국인민들의 모택동 주석에 대한 경의와 추모는 대단했다. 중국인민의 영웅으로 서구제국주의로부터 중국의 영토와 인민을 구제한 영웅의 모습에 나도 무한한 경의를 표했다.

모택동은 세계 역사 속에서 카이사르에 견줄만한 관용과 포용력을 지닌 휴머니스트이다. 인간의 얼굴을 한 인간적인 지도자이다. 인민의 바다에 들어가 물고기처럼 활동한 혁명 활동 시절, 자신은 상해에 머물며 신민학회 회원을 프랑스로 유학 보내는 활동을 했다. 그때 경비가 없자 모는 장사조에게 도움을 요청했고 장사조는 즉석에서 이를 수락하고 자신의 재산과 각계에 연락하여 거금 3만원(현재 가치 1억원) 이상의 돈을 모아 모택동에게 건네주었다(장사조는 신해혁명 혁명파의 한사람으로서 신문사의 주필이었고 국공합작 때는 국민당측 대표로도 참가했다.).

新중국이 1949년 10월 1일 건립되고 모주석은 거리나 장소에 자신의 이름을 넣어 우상화하지 말 것을 지시했다. 그리고 어느 날, 모택동은 장사조의 딸 장함지가 외교부에 근무한다는 것을 알고 그녀를 찾아가 '나는 자네 아버지에게 빚이 있다네' 하며 매년 춘절에 인민폐 2천원을 보냈다. 물론 그 돈은 모택동의 개인 원고료 수입에서 지출되었다. 원금에 상당하는 돈을 갚고 나서도 모택동은 이자는 아직 못 갚았다고 하며 장사조가 죽을 때까지 계속 돈을 보내 주었다.

청년시절 그는 북경대 교수이며 사부라 할 수 있는 양창제의 딸 양개혜를 그녀의 집에서 종종 만났다. 처음 보았을 때 양개혜는 8살 아래의 소학교 어린 학생이었고 후에 둘은 결혼을 했다(1920년). 그녀에 대한 모주석의 사랑은 우미인(항우의 여인으로 절세미인)詞를 지어 보낼 정도로 애절했다. 둘 사이에 태어난 아이가 모안영(1921)이다. 양개혜는 1930년 11월 장개석의 국민군에 체포되었고 모안영을 볼모로 전향할 것을 회유했지만 이를 거부하자 총살되었다. 그 후 엄마 잃고 우는 어린 모안영은 여성 혁명동지들의 손에서 자라났다.

그런 모안영을 모택동은 한국전쟁에 파견하였다. 러시아어 통역관으로 참전한 모안영은 미군의 무차별적 융단폭격으로 폭탄을 맞아 사망했다. 당시 평양 인구가 30만이었는데 미군은 무자비하게 45만개의 폭탄을 평양 시내에 투하했다. 평양은 풀 한포기도 없을 정도로 폐허로 변했다. 모택동은 양개혜를 잃은 후 두 번째 큰 슬픔에 빠졌다. 자신이 사랑했던 혁명동지의 소생인 아들을 남의 나라 전쟁에 파견한 모의 지도자의 진면목을 엿볼 수 있다. 당시 주은래는 차마 모안영의 죽음을 모택동에게 즉시 보고할 수 없었다. 모주석의 슬픔도 컸으리라.

어설픈 중국어를 써가며 지하철과 버스를 타고 여러 곳을 다녀보았다. 시장의 조그마한 가게에서 만두를 사먹었다. 주인아주머니에게 메이요 첸(돈이 없어요), 메이요 첸 해 보았다. 그녀는 웃으면서 취바, 취바했다. 넉넉한 인심이 좋았다. 시내버스를 타고 북경 외곽까지 돌아다녀 보았다. 만리장성도 시내버스를 타고 가보았다. 버스를 타자 깜짝 놀랐다. 펄벅의 '대지'나, 노신의 '아큐정전' 속의 중국사회의 모습이 아니었다. 정확한 사회시스템을 갖춘 사회였다.

버스안내원이 좌석에 앉아 안내를 하고 있었고 그 자리에서 영수증을 발급해 주었다. 나는 깜작 놀라면서, 뿌야오 했다. 버스를 만들 때 안내양의 좌석이 설계되어 나오고 계산대도 미리 만들어 널찍한 공간을 차지했다. 1980년 초반 국내의 시내버스를 생각하면 항상 졸고 있는 안내원의 모습이 언뜻 스쳤다.

모든 구석구석까지 인민이 최우선이라는 사회시스템 때문이다. 특히, 한국과는 다르게 요금이 통일되어 1원이면 북경의 먼 외곽까지 갈 수가 있다. 지하철 요금도 마찬가지였다. 한국은 버스든 지하철이든 몇 키로만 가면 추가요금이 부가되는데 그때마다 서민들의 가슴은 철렁철렁한다. 이것이 민중의 마음이다.

버스와 지하철 기타 대중교통 요금뿐만 아니라 일상생활의 공공요금도 정기적으로 오르는 한국과는 대조적으로 거의 오르지 않는다. 이는 사회가 안정되었다는 것을 나타내는 것이다. 즉, 서민생활이 안정되었다는 것을 뜻이다. 우리 사회는 인간에 대한 깊은 배려와 성찰이 부족하다. 한국의 서민은 항상 궁핍하다. 삶이 고달프다. 모두 주자학의 병폐이다. 내 배가 부르니 종놈의 밥 짓지 말라는 심보 때문이다.

이미 중국은 1950년대 말 시작한 대약진운동을 통해 토지의 국유화를 시행했다. 토지는 국가의 소유이다. 사고 팔 수 없다. 국가로부터 일정한 사용료를 내고 쓸 수 있다. 주택도 마찬가지이다. 30년간 임차해서 쓸 수 있고 또 연장할 수 있다. 재산세도 내지 않는다. 취득세도 없다. 그런데도 사회는 건전하게 작동한다. 국가의 재정을 국가자본주의 시스템으로 충당하기 때문이다. 우리와는 정반대이다. 인간성이 파괴되지 않은 거대한 사회시스템으로 중국사회는 움직이고 있는 것이다. 중국이라는 거대한 사회가 지탱하고 경제대국으로 성장할 수 있는 배경은 무엇일까? 바로 중국식 사회주의 경제시스템에 있다. 즉, 워싱턴 컨센서스가 아닌 베이징 컨센서스이다. 개인자본주의 시대가 아닌 국가자본주의이다.

진정한 영웅 장학량을 생각하다

한번은 친구인 김범식과 북경에서 야간열차를 타고 심양을 거쳐 연길까지 가서 백두산에 올라 간 적이 있다. 심양에 이르렀을 때 문뜩 장학량이 떠올랐다. 그의 아버지 장작림은 1928년 일본군의 공작에 의해 내가 탄 그 철로 위에서 폭발로 살해되었다. 그때 30세의 장학량은 사태를 냉정히 파악하며 대처했다. 서두르지 않고 변장하고 사건 현장에 도착했다. 일본군이 전쟁을 유발시키기 위해 사건을 일으킨 것을 알고 그는 즉시 일본군에 대항하지 않으며 상황에 대처했다. 이후 그는 상용하는 마약도 끊고 새롭게 태어나려 몸부림쳤다. 그리고 긴 유럽 견문을 마치고 돌아와 구미열강에 의해 산산조각 나는 중국의 현실을 냉정히 보고 있었다.

1936년 12월 12일 중국의 운명을 좌우한 일대 사건이 전세계의 톱뉴스로 나갔다. 바로 장학량이 장개석을 감금한 서안사변이다. 당시 수백만의 중국인이 장개석의 국민군 총에 죽을 긴급한 상황이었다. 장학량은 대의를 위해 장개석을 감금한 것이다. 또 일본제국주의 침략에 장개석의 국민당과 공산당이 힘을 합쳐 일본을 물리쳐야 한다는 이른바 국공합작을 위한 대의명분이었다.

그의 선택은 옳았다고 할 수 있다. 이때 공산당 지도부와 주은래가 서안으로 급히 왔다. 주위에서는 장개석에게 국공합작에 대한 약속을 서약, 문서화할 것을 강력히 주장했으나 주은래는 이를 물리쳤다. 주은래는 장개석의 부인 송미령을 통해 약속을 지킬 것을 협의하고 바로 석방했다. 장개석의 체면을 손상시키지 않으려는 주은래의 배려와 선택이었다. 실로 장엄한 순간이 아닐 수 없다.

장개석은 약속을 지켰다. 그러나 자신에게 치욕을 안겨 준 장학량을 대만으로 끌고 가 장학량이 2001년 죽을 때까지 옥에 가두었다. 자신의 권력과 부를 모두 던져 버리고 서구의 침략으로부터 중국을 구하기 위한 그의 결단과 선택이이야말로 용기 있는 진정한 영웅이 아닐까?

'신의와 약속', 이는 중국인의 오랜 전통이고 중국인의 진면목이라는 생각을 기차 안에서 생각해 보았다. 모주석의 좌우명 '나무를 옮겨 심어 신뢰를 심는다(徙木立信).'는 것처럼 信義를 王命보다 중시한다. 바로 계포일락이다. 楚나라의 계포는 한번 승낙한 일은 반드시 약속을 지킨다하여 그의 말은 황금보다 값지다하여 생긴 고사성어이다. 우리는 광복 이후 나라를 새로 건립하는데 필요한 인재들이었던 송진우, 여운형, 장덕수 등 민족지도지들이 테러리스트들에 의해 무참히 암살되었다.

혼란한 남한에서 살아남은 민족지도자들조차 조국의 장래를 협의한 적이 없다. 서로 적대시만 했다. 불행한 일이었다. 이런 지도자들의 상호불신과 적대감은 지금도 여야 정당간에 첨예하게 대립하고 있다. 문재인 정부가 들어서고 국정을 위해 야당 대표를 불러 서로 협의하자는 데도 제1야당 대표는 제2,3당 대표와 함께 하는 것은 격에 맞지 않는다고 계속 거부한다. 이를 어떻게 해석해야 될까? 타인을 존중하고 인정하지 않는 주자의 정치, 공존을 생각하지 않은 주자의 영향 때문 인가?

연길을 통해 백두산에 가는데 조선족 동포여성과 같이 버스를 탔다. 나와 내 친구에게 한국분하면서 공손히 대했다. 그녀는 자기 같은 일반 평민도 백두산에 가는 것이 행운이라고 말했다. 그녀는 한국 중년 여성과 7살 아이를 안내하려고 연태에서 왔다고 했다. 그녀와 중년 여인은 우리를 보고 놀라는 표정으로 '무섭지 않느냐고' 몇 번이나 물었다. 나는 웃으면서 속으로 뿌파, 뿌파하면서 그 답을 전했다.

그들과 함께 민족의 영지라는 백두산 천지를 보고 연길을 떠나면서 17~8세기에 일어난 유럽 국가들의 야만적 만행인 아프리카 노예사냥이 생각났다. 21세기 문명사회에서 선교라는 미명하에 동족인 북한 동포를 사냥하여 팔아넘기고 돈벌이를 하고 있는 현실이 안타까웠다. 탈북민의 90%는 기독교선교단에 의한 기획이라는 풍문도 현지에서 돌고 있었다. 비극적인 일이다. 창밖의 바람이 스산했다.

2010년 1월과 2월 추운 겨울에는 인천에서 배를 타고 단동에 갔었다. 압록강 넘어 신의주가 보였다. 중국 쪽 강변에 망원경을 여러 대 설치하여 한국에서 온 관광객을 상대로 강 건너 북조선의 사람들을 보게 하는 것이다. 나에게 보라고 같이 간 동료가 권했다. 나는 단호히 거절했다. 같은 민족인데 뭐 다를 게 있나, 동물원의 원숭이를 구경하는 것도 아닌데 호들갑을 떠는 것이 괜히 싫었다.

북조선에서 파견 나온 관리를 중국인 사업가와 같이 만났다. 그래야 오해가 없다나, 내가 내 동포를 자유롭게 만나지도 못하는 게 왠지 불만이었다. 거기도 우리와 같이 사람 사는 곳이다, 금강산 관광이 중단 된지 2년이란 시간이 흐른 시점이었다. 190만명의 남한 사람이 금강산을 다녀왔다. 북한도 우리와 같이 사람 사는 곳이라는 것을 사람들이 차츰 깨달아 가는 때였다. 북조선 식당에 가서 식사도 해보았다. 나를 도시인으로 착각하는 여자도 있었고. 평양에서 왔냐고 하며 친절히 대해주었다. 싫지는 않았다. 언젠가 북경의 북한 식당에 갔었는데 거기 종사하는 여자들 대부분이 악기를 4~5개씩 자유자재로 연주하는 것에 감명을 받은 적이 있었다.

한국에서는 이미 이런 악기를 배우는 것은 특정 계층인의 소유물이 된지 오래이다. 누구나 유치원, 초, 중학교 때부터 악기를 배우면 나중에 이들이 성장해서 심성이 고운 어른으로 성장할 수 있는데, 그러면 인간성은 덜 상실하고 사회는 삭막하지 않을텐데 하는 생각이 들었다. 왜 우리는 이런 교육시스템을 못갖추나? 신자유주의 교육정책 때문이다. 우리에게는 요원한 교육시스템이고 개혁과제이다.

많은 한국의 학생들이 단동을 거쳐 고구려 유적지, 발해 유적지 등 선조들의 역사 유적지를 탐방한다. 국내에서는 수천년 전에 광대한 중국의 영토가 대부분 우리 선조의 땅이었다고 주장한다. 심지어 백제가 중국의 산동반도 일대를 지배했고 고조선은 유라시아반도까지 지배했다고 주장하는 자들도 있다. 국수주의적 역사 수정주의자의 입장도 이해 못하는 바는 아니나 국제적인 웃음거리가 되지 않나하는 생각이다. 이렇게 주장하면 중국인들은 '지금의 너의 처지나 잘 되돌아보라, 당장 미국의 식민지 지배로부터 벗어나라'고 비아냥거린다.

격랑의 東北三城

천진은 배로 조선과 가까운 거리에 있다. 수도 북경으로 가는 지름길이다. 천진은 조선 말 고종의 아버지 대원군이 임오군란으로 납치되어 10년간 억류되었던 곳이다. 임오군란 이후 13년만에 청나라와 일본이 조선의 서해바다 풍도 근처에서 전쟁을 했다. 그리고 9년이 지나 중국의 여순과 봉천 일대에서 러시아와 일본이 전쟁을 했다. 이곳은 우리 선조들이 잃어버린 조국을 찾고자 목숨을 바친 곳이기도 하다. 그곳을 차로 다녀 보았다.

임오군란 사건은 조선, 청나라, 일본의 관계와 동아시아의 운명을 좌우한 일대 사건이다. 1882년 조선의 구식군인이 폭동을 일으켰다. 이 폭동이 반정부 쿠데타로 발전, 정계에서 물러난 대원군이 정권을 장악하게 되었다. 여기까지는 아직 내정문제였다. 이들이 국제 문제로 확대된 것은 폭동이 일본인 살해와 일본 공사관 파괴라는 점에서 1895년 청일전쟁에 이르기까지 조선반도를 둘러 싼 본격적인 청일의 대립은 이때부터 시작되었다.

1882년 7월23일 폭동이 일어났고 8월 26일 마건충이 대원군을 잡아 포로로 중국의 천진으로 압송했다. 8월 28일 청나라 군이 조선 구식군을 공격, 29일 제압되었다. 8월 30일 조약이 체결되었다. 이때 가장 큰 역할을 수행한 사람이 마건충 이었다. 그는 가톨릭 신자로 프랑스에서 국제법을 배운 지식인으로 이홍장의 비서실장이었다. 그는 조선과 미국, 영국, 독일과의 조약 체결을 주도했고 외교 교섭에서 크게 활약했다.

조약체결의 배경은 일본을 견제하기 위해였다. 조선은 내란 진압과 대원군의 납치로 전에 없는 청의 내정간섭에 고종을 비롯해 많은 조선의 중신들이 반감을 품게 되었다. 여기서 청나라에 의존을 하는 측, 청나라에 반발하는 측, 이른바 사대당과 독립당이 상호 반목하였다.

갑신쿠데타

화폐 발행과 대규모 차관 등 급진적인 개혁 사업이 계속 좌절되자 이를 기획한 소수의 소장 정치가들은 초조했다. 김옥균, 박영효, 홍영식 등이다. 자기들의 개혁을 방해하는 것은 친청파의 수구적인 자세와 그 배후에는 청나라가 있다고 보았고 반목이 심화되었다. 이렇게 해서 당파 대립이 격화되어 개혁파가 일본의 세력을 등에 업고 실력 행사를 단행했다. 1884년 12월의 갑신쿠데타이다. 이 쿠데타는 중국을 둘러싼 군사적 정세에 의한 것이 컸다.

마침 북베트남의 세력 확대에 첨예한 프랑스와 청나라의 대립은 하노이 근교에서 군사적 충돌이 일어나면서 전쟁 상태로 발전했다. 이른바 청불전쟁이다. 이에 앞서 1884년 말 청나라는 북경 주변의 경비를 위해 임오군란 이래 한성에 주둔하고 있는 오장경의 부대를 소환했다. 조선에 남아있는 청군은 1천 5백명으로 절반이 줄었다. 이때의 지휘관이 원세개였다.

청불전쟁은 프랑스 해군이 남방에서 연이어 승리하여 청나라에 불리한 정세였다. 개혁파 측에서는 청나라의 군사적 압력이 일시적으로 감소할 것으로 예상하고 이 기회를 포착했다. 12월 4일 홍영식이 총판으로 있는 우정국의 개국 축하 만찬회에서 쿠데타를 감행했다. 근처 일본공사관 수비 1개 중대의 병력을 동원하였다. 수구파의 정부요인을 살상하고 신정권의 수립을 선언했다. 조용히 형세를 주시하고 있던 원세개는 수수방관 할 수 없었다.

예전에 마건충을 매도한 것과 다르게 안이한 타협을 물리치고 결연히 일본군과의 전투를 단행할 것을 결심했다. 고종의 안전을 확인하고 정부의 출동 요청을 받아 상관 오조유를 설득하여 스스로 1천 5백명의 부대를 이끌고 왕궁을 공격 1백 50명의 일본군과 총격전을 벌였다. 국왕을 탈취한 청군은 일본공사관으로 피신한 일본인 거류민 40여명을 공격, 부녀자를 포함한 30여명을 능욕 살해하였다. 이 신속한 군사 행동으로 갑신정권은 3일 만에 막을 내렸다.

12월 7일 김옥균, 박영효, 서광범, 서재필 등 주모자들은 인천에서 배를 타고 일본으로 망명했다. 홍영식은 살해되었고 김옥균은 중국에서 민씨측의 사주를 받은 홍종우에 의해 암살되었다. 대원군의 쿠데타정권은 타도되고 민씨가 권력을 다시 장악했다.

영국과 러시아의 조선반도 개입

조선반도의 사태는 한층 심각했다. 천진에서 청·일간의 교섭이 한창 진행 중, 조선정부 내부에서 러시아와 내통하려는 움직임이 생겼다. 정부의 외국인 고문 묄렌도르프는 러시아의 군사교관을 초청할 계획을 세우고 비밀리에 러시아 측과 접촉해서합의에 이르렀다. 그 목표는 군사교관의 초빙뿐만 아니라 청나라 세력에 대항하기 위해 조선을 러시아의 보호하에 두려고 했던 것이다. 원래 묄렌도르프는 청나라에 고용된 독일인으로 이홍장에 의해 발탁되어 일본의 세력을 누르기 위해 임명된 자이다.

그는 조선은 청나라 세력에서 이탈하는 것이 정당하고 유리하다고 보았기 때문에 러시아와 밀약, 획책도 그 방침에 따른 행동이었다. 발탁하여 파견한 이홍장은 어처구니가 없었다. 1885년 7월 러시아의 군사교관 초빙 계획이 발각되어 청나라 측은 묄렌도르프의 배신에 격노해 즉시 그를 실각시켰다. 이른바 조선과 러시아의 밀약 사건이다.

이때까지 조선반도를 둘러싼 국제정세는 실질적으로 청과 일본, 두 나라 밖에 없었다. 그러나 러시아의 등장으로 갑자기 조선반도는 복잡해졌다. 러시아뿐만 아니라 중앙아시아에서 러시아와 첨예한 대립을 하고 있던 영국은 동아시아에서의 동향을 주시하고 있었기 때문에 기선을 제압하려고 조선의 거문도를 점령했다. 이른바 거문도사건이다.

갑신정변 때의 활약자는 원세개였다. 약관 20대의 참모가 과감한 행동으로 청나라의 가장 중대한 대외 관계의 귀추를 결정지은 것이었다. 이홍장은 원세개의 건의로 갑신정변 진압 후 천진에 억류된 대원군을 한성으로 귀국시키려고 했다. 1885년 9월 2일 정식으로 대원군의 송환이 결정됐다. 쿠데타를 막고 일본의 야망을 좌절시킨 것은 전적으로 1인 원세개의 역할이 컸다. 이홍장은 원세개를 발탁, 대원군의 호송임무로 조선에 파견했다.

27세의 원세개는 더 이상 파견군의 참모는 아니었다. '상국' 청나라의 대표였다. 원세개는 1885년 10월 3일 3일 오후에 고종을 알현했다. 민비는 대원군을 연금했다. 청일전쟁 발발까지 약 10년, 원세개의 지위에 변동이 없었다. 그가 추진한 것은 조선에 대한 고압적인 정책이었다. 왕궁에 가마를 타고 들어가고 고종을 업신여겼고 조정 관료를 위압했다. 이러한 태도는 내외로부터 비난을 받았다. 그의 무례함은 특히 외국인 고문 데니와 대립이 심했다.

데니는 미국인 법률가로 원래 상해주재 총영사였다. 이홍장이 묄렌도르프의 후임으로 원세개의 파견과 함께 조선 조정에 보낸 인물이었다. 데니의 역할은 원세개와 협력해서 청나라의 대조선정책을 추진 하는데 있다. 그런데 그는 곧 원세개를 격하게 비판하였다.

전임자 묄렌도르프와 똑같이 엉뚱한 방향으로 나갔다. 2인의 대립이 결정적이었던 것은 1887년 국왕 폐위와 익년의 한성교안이었다. 전자는 국왕 고종을 폐하고 새로운 국왕을 세워서 대원군을 섭정으로 하려는 모략, 후자는 한성에서 기독교 교회가 습격을 받은 사건이었다. 이 사건은 원세개가 관여했지만 결정적인 증거가 없었기 때문에 유야무야되었다. 그러나 데니는 원세개의 지시에 의한 것으로 판단했다. 데니는 격노했다. 자신이 섬기는 군주의 존재를 부인하고 한성에 사는 외국인의 생명과 재산을 위협하는 행위라고 공공연히 규탄해서 '청한론'이라는 영문 팸플릿을 써서 이홍장의 조선정책을 비난했다.

과도한 외국인 숭배

일본의 식민지 지배 시절인 세계 제2차 대전이 한창일 때 조선인이 과도하게 외국인을 숭배 한다며 이를 일소하기 위해 1942년 2월 28일 조선주둔 이시하라 참모장에게 한통의 전보가 왔다. '조선인의 英美 숭배 관념'을 일소하고 일본군 필승의 신념을 확신시키기 위해 총독부와 육군에 청원해서 영·미 포로 1,000명을 조선에 수용시키라는 것과 경성의 신학교 2곳, 평양인민학교 및 신학교에 백인포로의 배치가 필요하다는 내용이었다. 영국과 미국의 포로를 조선에 수용해서 조선인에 대해서 일본제국의 실력을 현실로 인식시키려는 것이었다. 의연 조선인 내부의 내심을 포회시켜 구미 숭배 관념을 불식시킨다는 명목으로 거액의 자금도 제공되었다.

1942년 8월 말레이 반도를 거쳐 990명의 백인이 조선에 도착했다. 포로 수송의 길에 부산, 경성, 인천 지역의 조선인 57,000명이 환영인파로 동원되었다. 이런 외국인 숭배사상은 나라가 가난하고 민중이 피폐했기 때문이라고 여겨진다. 의지처가 없는 민중은 쉽게 천국에 갈 수 있다는 서학(기독교)에 빠져들 수 있는 것이다. 외국인은 어디까지나 외국인이라는 것을 명심해야 하는 것이 데니와 묄렌도르프가 주는 값진 교훈이다.

최근 파란 눈의 서양인 승려 현각을 한국의 불교계가 물심양면으로 지원했으나 결국 그는 한국 불교에 침을 뱉고 떠났다. 가난한 백성은 정신적 의지처가 없다. 종교가 인간에게 해 줄 수 있는 것이 아무것도 없는데도 불구하고 계속 천국에 갈 수 있다는 유혹에 쉽게 빠진다. 이런 정신문화의 결핍은 결국 외국 숭배, 사이비 종교에 빠지기 쉽다. 1937년에 6백 70여명을 죽인 백백교 사건부터 1987년의 구원파 오대양 집단자살사건 등 신흥 사이비 종교가 성행하게 된다.

민중 봉기 – 동학란

데니 사건을 전후한 1894년, 조선에서는 동학의 민중운동이 격화되었다. 조선정부가 두려워 한 것은 동학이 양이배척으로 나오면 무력제압을 해야 한다는 점이다. 원래 스스로의 무력만으로는 그들을 제압할 수 없었기에 외국의 군사원조를 구하는 의견도 나왔다. 그 기회를 놓치지 않은 원세개가 은밀히 타진을 했다. 원세개도 내심 바라는 바였다. 조선을 보호해서 속국이라는 것을 입증시킬 수 있기 때문이었다. 전봉준이 이끄는 동학의 교도는 익년 3월에 전라도에서 봉기해 사태는 반란으로 변했다. 파견된 정부군은 대부분 막혔다. 5월 31일에 전주가 함락되자 더 이상 좌시할 수 없었던 조선정부는 이어서 '임오갑신'의 선례처럼 청나라에 원군을 요청했다. 이렇게 해서 동학란이 원세개의 음모 선동에 의했다는 설이 세간에 널리 퍼졌다.

청나라는 이 원군의 조선 파견 명분을 '속국을 보호한다'로 했다. 본국의 이홍장은 곧 순양함 2척을 인천에 파견했다. 6월 8일부터 12일에 걸쳐서 육군 2천 4백명이 충남 아산에 상륙했고 25일 4백명을 증원했다. 그러나 동학란은 청나라 군대의 전투준비 전에 끝났다. 동학과 정부 사이에 6월 10일 강화가 체결되어 정부는 동학교도의 요구를 대부분 받아들였기 때문이다. 청군의 철군도 시간문제였다. 그런데 6월 10일에기치 않는 사태가 전개되었다. 일본군이 한성에 입성했기 때문이다.

청일전쟁, 러일전쟁 – 조선의 독립

1885년 청일이 맺은 천진조약은 3개조로 간단하지만 그 중에 가장 중요한 것은 출병에 대한 제3조이다. 조선에 중대한 변란이 일어나서 청일 양국의 군대가 출병할 경우 사전에 통지한다는 것이다. 이것은 청일 어느 쪽이 출병하면 자동적으로 한쪽도 파병한다는 의미이다. 북양함대를 갖고 있는 회군의 총수 이홍장도 군사력에 확실한 자신이 없었기 때문에 조선에 대한 실력 행사를 계속 자제하고 있었다.

이와 같은 사정을 원세개도 알고 있었다. 그래도 1894년에 그가 청나라의 출병을 획책한 것은 정부와 의회의 대립이 계속된 일본 내정의 분규로 인해서 조선에 출병할 여유가 없다고 예측했기 때문이다. 이것은 치명적인 판단 잘못이었고 일본은 예상외로 신속히 대응했다. 한성주재 일등서기관 스기무라는 원세개의 출병요청을 미리 예측하고 본국에 긴급히 타전했다. 이만큼 전문 외교관이 중요한 것이다. 외교대사의 자리는 대통령선거 때 논공행상의 대상이 될 수 없다는 것을 시사해 주는 단면이다.

일본은 1894년 6월 2일 각료회의에서 1개 여단을 파병할 것을 결정했다. 6월 5

일에 대본영을 설치, 오오도리 공사는 6월 10일 해군 430명을 이끌고 한성에 입성했다. 청나라 군대의 조선 상륙으로부터 4일후였다. 천진조약에 의거, 상호 통고는 6월 7일 행해졌다. 청나라가 속국을 보호하는 선례에 따른 것이었다고 공언한 것은 이때였다. 일본은 제물포조약에 따라 재외공관의 보호규정을 파병의 법적 근거로 했다. 곧 내란이 수습되었기 때문에 청일 양국은 출병의 근거를 잃었다.

원세개는 오오도리와 교섭에 들어 갔다. 공동 철군을 합의했지만 실현되지 않았다. 당시 일본 외무장관 무츠에 의하면 조선 파병은 조선반도의 '권력 균형을 유지하기 위한 것이다' 청나라에 유리하고 일본에게 불리하게 되는 것을 방어하는 목적이다. 그리고 청일 동시 철군은 역시 청나라의 세력 증대의 결과를 가져와 일방적으로 불리하게 된다고 일본은 우려했다. 청나라는 동시 공동철군 선결조건을 주장하며 양보하지 않았다.

일본 정부는 외국의 출병을 유발하는 내란을 근절하기 위해 조선의 내정 개혁을 제안했다. 그러나 청나라 측에서 온 답은 공동 철병 우선이었고 무츠 외무장관은 단호히 철병하지 않는다고 통고했다. 때는 6월 22일 내정개혁에 찬동하는 조선 정부의 세력은 미약했고 청나라 원세개에 동조하는 세력이 압도적이었다. 그들은 내정 개혁을 실시해서 일본 세력을 신장하는 것을 일본군은 그대로 잔류시키고 청군의 존재를 부정하는 것이라고 불안해했다.

거기에서 오오도리 공사가 스기무라의 지시를 받은 것이 清 · 韓의 종속관계이다. 즉, '속국을 보호하는 청군의 존재가 20년 전에 맺은 조선의 자주를 결정한 강화조약 제1조를 위반하는 것이다.' 이는 동시 철군을 거부, 충돌의 구실을 만들어 전쟁에 임하려한 의도였다. 7월 20일 오오도리 공사는 최후 통첩을 조선정부에 내밀었다. 조선의 '자주독립'을 침해하는 청군을 철거시켜라, 조선이 할 수 없으면 일본군이 대신해서 청군을 내쫓겠다고 상신했다. 인천과 한성 사이에 있던 일본군은 남하해서 7월 25일 풍도바다에서의 해전, 이어 29일 성환 아산에서 전쟁이 일어났다. 일본의승리로 싱겁게 끝난 청일전쟁은 동아시아의 세력 지도와 질서 체계에 큰 전환을 맞이했다. 그 단서를 만든 것이 다름 아닌 원세개였다.

제국주의와 한반도 분단

중국은 19세기 중반 서양에 대한 개항 이래 일관해서 양이배척인 행동을 계속해 왔다. 그 전형이 이른바 교안이었다. 교안이라는 것은 구교안의 약칭, 기독교의 교회와 신자, 선교사들에의 습격 박해 사건이다. 교안이 빈발해서 청나라는 심각한 딜레마에 빠졌다. 특히 유교집단이 그 敎義에 '양이'로 파악, 사건을 일으키는 경우도 있었다. 청나라 정부는 서양 열강과 조약을 체결, 기독교를 보호할 책임이 있었고 좋든 싫든 기독교를 지키지 않으면 안되었다. 그러나 기독교 교도에 대한 습격과 살상은 처음부터 교회, 철도 등 온갖 서양 전래의 것을 파괴하는 자세로 나갔다.

세력이 3만으로 늘어난 의화단은 건설 중인 철도를 파괴하고 탁주성을 점령했다. 열강의 公使團은 외국공사관을 보호하는 군대의 파견을 결정하여 청나라 정부의 제지에도 불구하고 천진에 450명의 해병대를 상륙시켰다. 외국군의 진입은 청나라의 체면을 손상시켜서 의화단의 강한 반발을 초래했다. 외국군과의 충돌은 빈발했고 열강은 자국민의 보호라는 이름아래 의화단으로 보이면 무차별 살해했다. 이에 반발한 민중들은 의화단에 가담했다.

그 와중에 북경성 수비를 맡은 甘軍 한명이 외출 나온 일본군을 살해했다. 1900년 6월 20일 독일공사 케테라가 살해되자 사태는 돌이 킬 수 없었다. 6월 21일 북경정부는 열강에 선전포고했다. 의화단과 감군은 연합해서 외국공관을 포위 공격했고 공사관에서 농성한 외국인 기독교도 75명이 살해되었다.

이에 맞서 8개국 연합국이 침공했다. 2만의 연합군이 상륙해서 의화단을 격파하고 천진을 점령, 8월 14일 북경으로 들어와 외국인을 구출했다. 다음날 15일 서태후, 광서제 등은 북경을 탈출하여 서안으로 몽진했다. 열강은 이후 국제공법상 인도주의 문명에 대한 범죄라는 낙인을 찍고 '황화론'을 주장하며 무차별적으로 징벌을 반복했다. 이 비극은 익년 1901년 9월 7일 '북경의정서'의 조인으로 일단락되었다. 당시 조건은 한사람에 한냥씩 중국 인구 4억5천명에 해당하는 총 4억5천냥의 천문학적인 배상금과 북경 주변의 지정구역에서 열강군대의 주둔을 허용하는 가혹한 결정이었다. 중국의 종속적인 국제적 지위는 여기서 확정됐다.

9월 27일 정식으로 열강의 상해주재 영사와 상호불가침이 합의되었다. 이를 '동남호보'라고 한다. 그래도 위기는 사라지지 않았다. 1897년 11월 독일은 산동성 거야현에서 자국의 선교사가 살해된 것을 구실로 군대를 파견해서 교주만을 점거하고 익년 3월 조차했다. 99년간의 조차는 당시에는 영유와 같은 의미였다. 청나라와 동맹국이었던 러시아도 이에 편승해서 1897년 12월 여순, 대련을 빼앗아 역시 1998년 3월에 조차했다.

영국은 이에 대해서 산동성 멸해위와 홍콩을, 프랑스는 1997년 11월에 광주만을 조차했다. 열강은 각각 조차지를 중심으로 이른바 세력범위를 획정했다. 일본도 청나라에 대해서 청일전쟁으로 얻은 식민지 대만의 대안 복건성의 불할양 선언 등 뒤늦게 움직임에 가담했다. 이른바 '고분'의 비극이다. 즉 오이를 잘라 열강이 중국 영토를 나눠가진 형태이다.

당시 극동 정치는 동북 3城에서 러시아 세력의 급속한 증대와 거기에 위협을 느낀 일본, 영국의 움직임이 초점이다. 동북 3성을 점령한 러시아군은 철수하지 않았다. 러시아의 남하를 두려워한 영국과 조선반도에서의 세력 확보를 우려하는 일본은 1902년 영일동맹을 체결해서 러시아에 대항, 압력을 가해 만주 반환 조약을 청-러 간에 체결시켰다. 그러나 러시아는 이 조약을 이행하지 않았고 만주, 조선을 둘러싼 일본과의 이해 조정이 되지 않았기 때문에 1904년 2월 일러전쟁이 발발했다.

주전투장은 여순에서 봉천에 이르는 요동지방인 청나라 발생지에서였다. 그럼에도 청정부는 일- 러의 행동을 제어할 수 없었다. 이때 교전을 2개국으로, 전장을 동북 3성으로 한정해서 다른 열강이 중국 전 국토가 전쟁에 휩쓸리지 않게 국외중립을 제안, 실현한 것이 원세개였다. 일-러 전쟁은 일본의 신승으로 끝났다. 일본은 포츠머스조약으로 동북 3성의 이권 중 여순, 대련의 조차권과 여순, 장춘간의 동철도지선의 경영권을 얻었다.

청나라는 결코 이것을 묵과하지 않았고 저항을 시도했지만 통하지 않았다. 일본에 대한 반감은 계속 증대되었다. 1907년 제1차 일러 협약이 체결되었고 그 비밀협정은 동북 3城(봉천, 길림, 흑룡강)의 세력권을 일-러 간에 분할하는 내용이다. 중국, 러시아와의 전쟁에서 승리한 일본은 본격적으로 대동아공영이라는 이름하에 일본 대제국의 건설에 박차를 가한다. 그 일차 제물이 조선반도였고 이후 중국이었다.

1931년 만주침략으로 본격적인 중일간의 긴 15년 전쟁이 시작되었다. 제국이 외부의 침략이나 전쟁에 패해 무너질 때 변방의 속국은 독립할 기회가 찾아온다. 그 천우신조의 기회를 틈타 자주국으로 나아갈 수 있다. 明帝國이 무너질 때 조선은 자주국으로 설 기회가 왔었다. 그러나 역신들의 반란으로 광해군이 쫓겨나 그 기회를 잃었고 조선은 청제국의 속국으로 전락하게 되었다.

淸帝國이 청일전쟁에서 일본에 패하자 조선에도 자주의 기회가 찾아왔다. 조선은 1897년 10월 청나라부터 독립하여 더 이상 관료 임명과 문서에 청황제의 직인을 찍지 않아도 되는 '대한국'을 선언했으나 13년 만에 다시 일본에 나라를 36년간 잃어 버렸다가 제2차 세계대전에서 일본제국이 英美에 완패하자 조선에도 광복이 찾아 왔다. 그때 대만의 장개석 총통이 조선반도를 두 동강 내는 데 결정적인 역할을 한 것이다. 전범 패전국은 반으로 나누어 통치하는 것이 원칙이었다.

그 원칙에 따라 연합국과 소련이 제2차 세계 대전 패전국 독일을 분할하여 통치했다. 일본 본토도 미국, 소련, 중국이 3등분하여 점령하기로 되었는데 장개석의 반대로 무산되었고 대신 조선반도가 분단의 비극과 고통을 겪게 된 것이다. 장개석은 중국민족을 위해 뜨거운 눈물로 기도하고 있을 일본인 가가와 목사를 생각할 때 그들을 미워할 수 없다며 포고령 1호를 내려 2백만 일본인의 본국 귀환을 보장했다. 그는 일본의 군사학교에 유학한 전력이 있다.

본토에서 쫓겨 온 장개석은 대만의 사회 정치경제시스템을 일신했다. 대만은 우리나라 경상도 면적보다 약간 큰 나라로 국토의 2/3는 산악지대로 사람이 살지 못하는 곳이다. 그 조금만 지역에 인구 2천 3백만명이 풍요롭게 살고 있다. 상상만 해도 놀라운 일이다. 장개석이 강력히 추진한 중소기업육성 경제정책과 사회경제 시스템 때문이다. 우리가 타산지석으로 삼아야할 모델 중의 하나이다.

조선반도를 미·소 양국의 5년 후견 후에 독립시킨다는 안을 받지 않은 것도 어쩌면 우리의 정치 역량이 미숙했기 때문일 것이다. 조선통신사 동인과 서인이 마주 달리면서 서로 질시한 주자의 정치 때문이다. 민족지도자들의 미숙한 대응으로 국토가 분단되는 민족적 비극을 겪고 있다. 카이사르가 이집트를 정복하자 클레오파트라는 '내 몸을 팔아서라도 내 조국을 지키겠노라'고 한 외침을 지도자들은 알아야 한다. 개인의 이익이 아니라 국가와 민족의 존망이 우선이라는 것을 가슴에 새겨야한다.

제6장 일본을 엿보다

커피 한 잔 값으로 아사아의 맹주를 꿈꾸다

일본은 1931년 9월 18일 만주를 침략하여 중국의 동북지역 일대를 점령하고 괴뢰만주국을 세웠다. 그리고 1937년 중일전쟁을 일으켜 본격적으로 대륙의 영토를 점령해갔다. 수천년간 동아시아의 맹주국인 중화제국이 일본에 연전연패하자 조선의 많은 지식인은 일본 지지로 돌아섰다.

새로운 동아시아의 제국이 탄생되는 것으로 보았다. 일본이 중국을 손에 넣을 듯이 보였다. 그러나 끝날 것 같던 전쟁은 중화민족의 끈질긴 저항과 중화민족의 자존심에 상처받은 민중의 항거로 쉽게 끝나지 않았다. 그 끈질긴 저항의 배후에는 미국과 영국 등 유럽 국가와 소련이 있었다.

미국과 영국은 버마, 인도 국경을 통해 장개석의 국민당 군에 군수물자를 공급하고 있었다. 역시 소련도 티베트와 신강을 통해 국민당 군에 전쟁 물자를 공급했다. 이들이 전쟁 물자 공급을 끊지 않으면 일본은 이길 수 없다. 전쟁을 빨리 끝내고 싶다. 그러나 중국은 항복하지 않고 끈질기게 저항했다.

일본은 배후인 미국과 영국을 치지 않으면 안되는 상황에 몰리고 있었다. 그리고 선택만 잘하면 '커피 한 잔 값'으로 독일이 가진 아사아의 이권을 획득할 수가 있었다. 마쓰오카 당시 일본 외상의 이 판단으로 일본은 이탈리아, 독일과 3국 동맹을 맺어 독일의 아시아 이권을 획득할 수 있다고 판단했다.

1940년 9월 27일 일본은 마쓰오카 外相 주도로 독일, 이탈리아와 삼국동맹을 체결했다. 핵심 조약 내용은 '제2조 독일, 이탈리아는 대동아 신질서 건설에서 일본의 지도적 지위를 인정 존중한다'는 것이다. 당시 독일의 외무장관 리벤트로프는 세계를 대동아공영권(아시아), 유럽권(아프리카 포함), 남북아메리카의 미주권, 소련권의 4대권으로 분할하는 방안을 실현한다는 '리벤트로프 복안'을 일본과 소련에 제시했다. 이는 영국의 타도를 위해 소련을 일본, 독일, 이탈리아의 정책에 동조시킨다는 것이다. 즉, 소련을 3국동맹의 취지에 동조시켜서 남북아메리카를 제외하고 세계를 독일, 일본, 이탈리아, 소련의 4개국 세력권으로 분할한다는 이른바 리벤트로프의 4국 연합 구상이다.

세계를 일본이 주도하는 아시아, 독일, 이탈리아가 주도하는 유럽과 아프리카 및 소련권으로 분할하여 지배하겠다는 것을 의미한다. 일본으로서는 중화제국을 대신한 아시아의 맹주가 되는 환상적인 안이다. 독일은 미국의 견제를 위해 일본이 필요했고 일본은 미국의 참전 저지를 위해 소련이 필요했다. 이런 상황하에서 1939년 9월 3일 유럽에서 세계 제2차 대전이 시작되었다. 9월 1일 독일이 폴란드를 침공했고 이에 영국과 프랑스가 폴란드와의 상호 원조조약에 의거해 독일에 선전포고를 했다. 독일은 개전 직전인 1939년 8월 23일 소련과 불가침조약을 체결했다.

이 독·소 불가침조약 체결 후 양국은 폴란드 분할을 끝내고 소련은 핀란드를 침공했다. 1940년 4월 독일은 노르웨이, 덴마크를 침공했다. 5월에는 네덜란드, 벨기에를 점령했고 이어서 프랑스를 침공 6월에 프랑스가 항복했다. 한편 소련은 프랑스 항복 전후부터 발트 3국에의 외교공세를 강화했다. 그리고 8월에 발트 3국을 병합시켰다. 이러한 소련의 움직임은 반드시 독일, 소련 간의 협정을 위반한 것은 아니었지만 독일의 동부 국경에 불안을 불러일으켰다.

또한 프랑스 항복 이후 소련은 루마니아 북부를 병합했다. 이는 루마니아 유전에 강한 관심을 갖는 독일과의 관계를 악화시켰다. 프랑스 항복 후, 7월 중순 대영국 공격을 본격화하려는 독일은 영국에 강화를 제안했지만 7월 22일 영국은 거부했다.

바르바로사 작전과 스탈린의 선택

11월 중순 소련의 몰로토프 외상이 베를린을 방문해 히틀러, 리벤트로프와 회담을 했다. 이 베를린 회담에서 독일은 '리벤트로프 案'을 소련 측에 제안했다. 이 제안의 회답은 몰로토프 귀국 후 11월 하순 핀란드와 다르다넬스(흑해와 지중해를 잇는 정치군사 요충지), 보스포루스(이스탄불의 아시아-유럽을 구분하는 경계선) 양협 등에 관한 조건부로 '4국 조건 안'을 수락할 용의가 있다고 소련으로부터 회신이 왔다. 그러나 이 조건은 히틀러로서는 허용할 수 없는 내용이었다. 특히 핀란드 문제는 독소의 이해관계가 첨예하게 대립했다.

독일 측은 '리벤트로프 복안'을 포기하고 12월 18일 히틀러는 대소개전 준비를 지시했다. 이른바 '바르바로사 작전지령'이다. 12월 18일 對英國戰 종결 전에 소련을 타도하는 준비를 명령했다. 대영결전 직전에 對蘇 개전을 결정한 것이다. 1941년 5월 15일 개전이 상정되었다. 히틀러는 원래 소련 및 프랑스를 적으로 하고 영국, 이탈리아와 제휴하는 것을 구상했었다. 이는 프랑스 공략 후 독일의 유럽 지배를 영국에 인정시키고 소련을 주요 적으로 삼아 동방 침공으로 향할 의도였다. 이것은 게르만 민족의 생존권을 확보하기 위한 히틀러의 신념이었다.

그러나 영국은 강화에 동의하지 않았고 철저히 항전을 보였기 때문에 본격적인 영국 공략에 나섰다. 영국은 쉽게 굴복하지 않았고 미국이 영국을 지원하고 나서자 독일은 미국의 군사적 위협에 직면하게 되었다. 여기서 히틀러는 미국의 참전을 저지하면서 영국을 굴복시키기 위해 리벤트로프의 독일, 일본, 이탈리아, 소련 4국 연합안을 채용하고 3국 동맹을 체결했던 것이다(9월 27일). 10월에는 유라시아 대륙 구상에 따라 영국을 굴복시켜 미국을 유럽과 아시아로부터 고립시키고자 스페인, 프랑스에 對英참전을 요청했다. 그러나 스페인의 프랑코정권, 프랑스의 비시정권은 참전을 거절했다.

그 후 루마니아, 체코슬로바키아 문제로 독소간의 대립은 첨예하게 되어 1941년 6월 23일 독소전이 개전되었다. 새벽 일명 '바르바로사 작전'인 소련 진공을 개시했다. 라디오를 통해 히틀러는 '나는 독일국민과 독일제국, 그리고 유럽의 운명을 다시 국방군 손에 맡겼다.'고 대국민 메시지를 보냈다. 이 절규에 부응해서 153개 사단, 전차 3,580대, 비행기 2,740대의 대병력이 투입되어 공격에 참가했다. 이 정도의 전투력이 하나의 전장에 투입된 전례가 없는 대규모였다. 이로 인해 당초 앵글로색슨족에 대항하여 독일, 소련, 이탈리아 일본이 연대하여야 한다는 일본의 구상도 무산되었다.

독일군은 파죽지세로 소련을 점령해 나갔다. 소련군은 도처에서 격파되었고 곧 무너질 것처럼 보였다. 위기에 몰린 스탈린은 연합국에 가담하게 되었다. 전열을 정비한 스탈린은 차츰 전세를 역전시켜 나갔다. 특히 그의 아들 야코프는 독일군에 포로가 되어 협상이 들어오자 혹시 며느리가 독일군과 내통할지도 모른다는 우려 때문에 총살시켜 국민의 애국심을 고취했다.

그의 아들 야코프도 독일군에 의해 총살되었다. 이런 스탈린에 의해 소련은 독일에 강력히 저항하여 승리 할 수 있었다. 이미 일소 중립조약 체결 때(1941년 4월 13일) 독일은 4국 연합구상을 포기하고 대소전을 결정했던 것이다(1940년 12월 18일). 치열한 정보전에 일본은 한발 늦은 것이다. 소련도 독일과의 긴장이 높아감에 따라 日·獨에 의한 협공의 가능성을 두려워해 먼저 배후의 안전을 확보하려 했던 것이다. 앞서의 소련 외상 몰로토프와 히틀러, 리벤트로프의 독소간의 교섭은 모두 스탈린의 지시에 의한 것이다. 제2차 세계 대전 후 역사의 장에 남아 있었던 자는 스탈린이었다.

선택, 일본의 패망

마쓰오카 외상은 1940년 3월 12일에 유럽을 방문했다. 일본이 그린 대동아공영의 꿈, 대일본제국의 실현을 위해서였다. 파죽지세로 유럽을 석권해 가는 독일의 위세를 보고 마쓰오카는 곧 영국도 점령될 것으로 보았다. 히틀러를 면담했고 귀로에 소련에 들려 스탈린과 외상 몰로토프와 회담하고 일소 중립조약을 체결했다. 그러나 마쓰오카의 유럽 방문 전에 '리벤트로프 복안은 독일정부에 의해서 이미 폐기되었다. 독일의 4국 연합 구상 포기와 소련 침공 계획을 몰랐던 것이다. 그는 승리는 독일의 것이고 미국은 참전하지 않을 것으로 보았다. 그는 독일의 승리를 확신하고 후에 일어나는 새로운 세계 질서에 무임승차 할 수 있는 세계 지도를 그렸다. 당시에 일본 국내 여론은 '버스에 너무 늦게 타지 않는가?' 가 유행했다. 이 3국동맹의 선택으로 일본은 패망했고 조선은 광복의 기회를 맞이했다.

1945월 8월 6일, 9일 일본은 히로시마와 나가사키에 아메리카의 핵폭탄 두 대를 맞고 15일 무조건의 항복을 했다. 인류 역사상 그런 비극은 처음 일어났다. 70억조 원 이상의 전비 그리고 19만명의 전사자와 95만명에 이르는 부상자를 낸 희생이 헛되었다. 9월 2일 일본은 미군의 미주리 함상에서 아메리카합중국에 무조건의 항복문서에 조인했다. 이후 제국에 치욕을 안겨준 마쯔오까 외상은 히로히토 천황의 분노로 전몰 용사자 묘역에서 빠지게 되었다.

덧붙이면 일본의 천황제는 18세기 막부시대에 자주 사용된 尊王攘夷(중화의 왕을 존중하고 이적을 배격)는 중국 명나라의 주자학자 呂枘(여남)의 '4書因問'에 있는 존왕양이의 왕을 天皇으로 바꾸어 쓴 것이다. 그리고 패전국 일본은 워싱턴에 의해 '기업에 의해 운영되는 나라'로 바뀌었다. 워싱턴은 일본이 기업에 의해 운영되는 국가로 되는 것을 원했기 때문이다.

곧 점령정책의 방향 전환이 개시되어 1949년에 역코스로 불려지는 이 반동이 현재에 이르기까지의 일본의 방향성을 결정했다. 해체된 구재벌은 부활되었고 전쟁범죄인은 석방되어 권력의 자리에 복귀시키고 노동자의 권리와 조합에는 공격이 가해졌다. 여기서부터 기업에 의한 국가 지배하에 놓이게 되어 오랜 기간 자민련 일당 독재가 확립된 것이다.

2016년 5월 27일 미국 대통령으로는 처음으로 오바마가 원폭투하장인 히로시마의 희생자 묘역을 방문했다. 그의 옆 수행원이 핵폭탄을 언제든지 누를 수 있는 가방을 들고 오바마를 측근에서 수행했다. 일본에 대한 겁박으로 보였다. 트럼프가 예상외로 미국 대통령이 되자 아베 수상이 급히 미국으로 날아가 몇 시간을 기다려 머리를 조아리며 만났다. 아시아의 맹주를 꿈꾼 일본대제국의 자존심은 어디로 갔는가? 태평양전쟁 이전의 아메리카합중국에 당당히 맞서 싸웠던 일본제국의 자세는 어디로 갔는가? 너무 비굴하지 않은가?

중화제국을 대신해 아시아의 맹주를 자처한 일본이 초라해 보였다. 단 한 번의 잘못된 선택, 그 선택이 미국에 예속된 나라로 전락된 것이다. 일미 조약에 의해 미국이 원할 때까지, 그들이 원하는 날까지 미군이 일본에 주둔할 수 있다.

일본의 미래

일본에는 해안선을 따라 모두 72개의 크고 작은 원자력 발전소가 있다. 또한 17개의 크고 작은 미군기지도 있다. 만약 북조선이 일본의 핵발전소와 미군기지 시설에 미사일이라도 일거에 발사하면 일본은 어떻게 되는가? 일본은 지구상에서 흔적도 없이 사라 질 수 있다. 1998년 북조선이 중거리 미사일 대포동을 발사한 이래 북조선의 미사일은 일본 전역을 사정권에 두고 있다.

북조선은 2006년 10월 핵실험이후 핵개발을 진행한 결과 핵탄두도 실전에서 사용 가능한 단계에 있다. 아베 일본 수상은 2017년 2월 14일 중의원 회의에서 만일 북조선이 미사일을 발사할 경우 미국과 공동으로 미사일 방위를 하면 된다. 낙하하는 미사일을 요격하는 것은 미국이다. 이것을 확실하게 상대가 인식하면 보복이 두려워 발사하지 않을 것이라고 궁색한 변명을 했다.

탄도미사일의 경우 음속 5~10배의 속도로 낙하하는 작은 탄두에 직접 요격하는 것은 불가능하다. 더욱이 이동식 미사일의 경우 요격도 발사전의 파괴는 100% 기대할 수 없다. 북조선은 2017년 5월 괌에 도달하는 미사일을 발사했고 미국 동해

안에 도달하는 IBCM(대륙간탄도 미사일)을 발사했다. 화성 15호는 워싱턴을 가격할 수 있다.

북조선이 이미 미국 본토에 도달하는 핵 능력을 확보하고 있는 이상 미국이 자국민의 피해를 감수하면서까지 일본을 위해 보복을 해주려 한다는 생각은 착각이다. 그렇다면 일본의 선택은 자명해진다. 외교적 타협이다. 더 이상 미국의 전략틀에 매달리지 말고 독자의 외교노선을 걸어야 한다. 그러나 이미 조약에 의해 자유롭지 못한 것이 현실적 딜레마이다.

일본과 歐美의 입장에서 보면 조선반도는 대륙 진출의 교두보이고 중국, 러시아는 해양 진출의 전진기지이다. 일본은 등에서 칼을 꽂고 있는 형태의 조선반도가 눈에 가시일지도 모른다. 그래서 자국 영토화하려는 욕망이 끊임없이 일어나고 있는 것이다. 그러나 일본은 북조선이 시그널을 보내는 '일본은 수중의 불덩어리가 될 수 있다.'는 경고음을 명심해야 할 것이다.

조선반도는 과거 1880년대의 상황처럼 청나라와 일본 그리고 구미 강대국이 마음대로 좌지우지할 수 있는 나라가 아니다. 이는 세계 최강 군사 경제대국 미국이 북조선에 타협의 손을 내밀고 있는 점에서 명백히 드러난다. 이제 일본도 조선반도의 분리 획책에서 방향을 전환해야 한다. 늘 조선반도의 분열 책동에 일본이 있었기 때문이다. 일본은 그 처절한 성찰 후에 진정한 아시아의 평화 나아가 세계의 평화로 나갈 방향을 모색해야 한다.

조선민족의 별

조선이 망하고 2년이 지난 1912년 4월 15일, 조선반도의 북쪽 평양 대동강 남리에서 조선민족의 별이 탄생되었다. 20세기 프랑스 제국주의 및 미국 제국주의와의 전쟁에서 두 번이나 승리로 이끈 베트남 민족의 별 호치민보다 20여년 늦게 태어났다. 인류 역사상 위대한 정치가로 인구에 회자되는 율리우스 카이사르(기원전 100년. 7. 12일 출생) 이후 2천년만의 출현이고 인류의 위대한 사상가 불타의 출현 이후 2천 5백년만의 일이다.

하늘이 조선민족을 버리지 않고 이런 비범한 인물을 내려주었다.
그의 탁월 리더십은 어디에서 왔는가?

그리고 보이지 않은 세계를 볼 수 있었는가?

그의 리더십에 의해 조그마한 조선반도의 나라가 70년만에 세계 최강의 핵 강국으로 성장했다.

김일성주석은 미래에 우주를 지배하는 국가가 세계의 패권국가 될 수 있다는 미래세계를 예측, 핵과 우주 개발에 투자하여 우주를 지배하게 된 것이다. 이 보이지 않은 미래의 세계전략 예측이 조선민족을 구한 것이다.

그래서 최강대국인 미국과 힘의 균형을 깰 수가 있었던 것이다.

조선이 고구려 광개토대왕 이후 초강대국 미국을 상대로 전쟁 선포한 세계 유일한 국가가 된 것이다.

지구상 최강 미국과 전쟁하겠다는 의지가 결코 헛된 말은 아니다.

조선민족이 세계 경제, 군사 최강이라고 하는 아메리카제국과 당당히 맞서

굴복을 강요한 역사가 있는가?

조선민족의 기상이 전 세계에 드높이고 있다.

한국은 경제중진국으로 북조선은 군사 핵 강국으로 성장했다.

남북이 통일이 되면 세계의 일류국가로 성장할 수 있다.

그 전제가 남한사회 전반에 걸친 대개혁((Reformation)이다.

제7장 불교 국가를 가다

베트남 민족영웅 호치민을 보다

1997년 6월 1일과 1998년 3월 23일 그리고 2002년 5월에 불교국가인 캄보디아와 베트남을 가보았다. 식당에 가면 수십명 이상이 붐비는 광경을 흔히 볼 수 있다. 함께하는 사회시스템이다. 거리마다 오토바이가 붐빈다. 자동차와 오토바이가 부딪쳐 사고가 나면 이유 여하를 막론하고 보상을 포함 모든 책임을 큰 차가 진다. 만약 이행하지 않으면 운전자의 면허증을 압수, 배상할 때까지 경찰서에서 돌려주지 않는다. 약자를 철저히 보호 배려하는 사회시스템 때문이다. 다툼도 거의 일어나지 않는다.

어느 좁은 길거리에서 운전자가 차를 멈추고 거리의 커피집에 음료를 주문하면 자연히 뒤따라 오는 차도 멈춘다. 그런데 뒤차는 경적도 울리지 않는다. 15분 이상 걸려도 누구 하나 불평불만 없이 조용히 기다린다. 불교문화권이기에 가능한 일이다. 한국의 경우라면 어떨까? 단 몇 초를 기다리지 않고 싸움이 일어난다.

주차 단속원은 단 몇 초 정차했다고 딱지를 발부하여 싸우는 광경은 흔한 일이고 출퇴근길의 자동차 끼어들기로 다투는 광경은 일상사이다. 감히 누가 나를 추월해, 감히 내 앞을 누가 앞서가? 결코 용납이 되지 않는다. 심지어는 공중전화를 조금 길게 한다고 3분을 못참고 뒤에서 기다리는 사람이 살인하는 경우도 있다.

도대체 무엇이 이렇게 조급하게 만들었을까? 주자와 서학의 혼합된 영향이다. 우리의 국회에 해당하는 중국의 전국인민대회에서 당 주석은 연설을 3시간 반 정도한다. 통상 2시간 넘게 한다. 우리는 어떤가? 국가의 지도자를 선출하는데도 토론 시간은 고작 2~3시간을 넘지 못한다. 토론회에서의 질문과 답은 항상 30초 내지 1분 이내로 엄격하게 정한다. 조금만 어기면 사회자는 가차 없이 개입하여 저지한다. 도대체 국민은 무엇을 듣고 선택할 수 있을까?

한번은 2002년 5월 캄보디아에서 돌아오는 길에 베트남에서 하루 일정으로 여행을 하게 되었다. 베트남 현지 가이드의 배려로 운 좋게도 아름다운 섬을 미국인과 대만 여성들이 단체로 하는 여행에 합류하여 구경하였다. 그때 어느 큰 공원에 갔는데 깜작 놀랐다. 베트남 민족의 별로 추앙받고 있는 호치민 이른바 호아저씨의 조그만 동상을 아이들이 어루만지고 함께 놀고 있었다.

그 조금만 동상은 너무 만져서 때가 많이 묻어 있었다. 이처럼 베트남 민족의 영웅 호아저씨는 늘 어린이 곁에 있고 민중 가까이에 있었다. 항상 인민의 곁에서 함께 인민들과 숨 쉬고 있는 지도자인 것이다. 그는 단 한 푼의 동전도 남기지 않았고 그가 남긴 것은 오로지 주발하나였다. 그는 베트남 인민에게 불교에 바탕을 둔 자주와 평등정신의 가치만을 남기고 떠났다. 그의 동상은 우리처럼 근엄하고 높고 웅대하지 않았다. 우리는 가까이 접근하는 것이 오히려 이상하다. 항상 멀리 있어야 한다.

2000년 11월말 경에 조선일보 1면 하단에 당시 문화부장관을 법적으로 고소하겠다는 광고가 크게 나왔다. 내용인 즉, 고소의 주체는 유명교수들로 구성된 새천년 문 건립 추진위원들 수십명이었다. 21세기를 맞이하여 한반도의 새천년을 상징하는 대형 조형물을 광화문광장에 설치하기로 해서 국회로부터 예산 600억원을 확보, 이미 연구비와 설계비로 50억원을 집행했고 추가 비용을 새로 부임한 장관이 승인하지 않자 사업추진이 중단될 위기에 있다는 겁박을 대국민 여론 호소 겸 손해배상과 법적 대응을 불사하겠다는 내용이었다. 그렇게 국민의 혈세인 큰돈을 들여 그런 거대한 상징물을 세울 필요가 있었을까?

부친 김철 전사민당 당수보다 약간 모자란 당시 문체부장관의 강한 거부로 이 사업은 무산되었다. 이 추진 주체들이 숨죽이고 있다가 6년 후에 이명박 정권이 들어서자 그들은 크고 웅대한 세종대왕상을 건립했다. 그리고 오래 된 나무들을 모두 철거해 버렸다. 참으로 어이없는 일이었다. 창작이라는 미명하에 신발 하나 전시하는데 15억원, 책과 나무를 거는 작품 전시에 20억원 정도 소요된다고 마구 혈세를 낭비하는 전시 행사비에 비하면 이것은 약과일지 모른다. 나는 그 뒤의 내면을 보고 쓴웃음을 지었다.

항상 그렇듯이 배후에는 사회 지도층인 교수와 관료집단이 이런 일들을 추진하는 것을 알았다. 남대문이 불났을 때 아마 이들은 속으로 쾌재를 불렀을 것이다. 관료와 업자 일부 부도덕한 교수층의 결탁으로 이루어지는 이런 종류의 사업은 이루 셀 수 없다. 정치인이 본연의 일을 하지 못하고 정신 차리지 못하니 어쩔 수 없는 것인가? 클렙토크라시가 생각났다. '클렙토'는 '盜閥, 도적의 무리'를 의미한다. 정치인과 관료, 지역 유지와 깡패들이 공모하여 각종 사업으로 이권을 챙기는 정치를 '클렙토 크라시' 즉, '도벌들의 정치'라고 한다. 2018년 7월 2일 장준하선생의 부인 김희숙 여사가 한 많은 세상을 하직했다.

민중후보였고 민중분열의 핵이었던 사람이 사회장으로 장례할 것을 강력히 주장했다. 당장 모 신문에 1면 광고를 실으라 했고 그 그룹 중에 약삭빠른 자는 이미 국회에 연통을 돌려 국회의원들에게 장례위원에 위촉할 테니 후원을 하라고 연락을 취했다.

그럼 광고비용은 누가 내는가?

부조금으로 충당해야 되지 않는가?

반세기 이상 그들 가족의 수난과 생활의 고통은 컸다.

해외로 떠돈 가족의 고난을 조금이라도 이해했다면 그런 발상을 할 수 있을까?

장준하의 가족이 집 한 칸 없이 살아온 고통을 조금만이라도 생각했다면 그런 발상이 나올까? 그의 숭고한 죽음을 헛되게 한 자들의 발상이다. 이들은 언론에 광팔고 이름 내고 결코 밑지는 장사가 아니다. 듣자하니 사회장은 부조금도 유족이 마음대로 못건드리고 사회장 추친 주체들이 모두 관리한다고 한다. 악어와 악어새의 관계는 이렇게 끈질기게 생명력을 유지하는 것이다. 가족들의 현명한 판단으로 가족장으로 했다. 다행이었다.

베트남의 정치

2015년 12월 18일, 일 때문에 15년 만에 베트남을 가게 되었다. 과거에 비해 사람들은 더 활기차 보였다. 거리에 나무들이 많이 있어 좋아 보였다. 내가 가본 외국의 유수한 도시는 울창한 나무로 가득 차 있어 고풍스럽고 멋있어 보였다. 때마침 호치민 시내에는 지하철공사를 하고 있었다. 일본 기업이 수주하고 한국의 건설회사가 하청을 받아 공사 진행 도중 사고로 베트남 근로자 여러 명이 죽었다.

베트남 법원은 한국인 현장소장을 비롯해 관계자를 구속, 유기 3년형의 엄벌을 처했다. 인명을 소홀히 하는 것에 경종을 울리는 사회제도 때문이다. 한국에서는 상상도 못할 일이다. 베트남에 관심을 기울이고 있었는데 귀국 3주가 지난 2016년 1월 20일에서 28일까지 베트남 공산당 제12회 당대회가 개최되었다는 뉴스를 접했다.

당초 예상과는 달리 응우옌 떤 중 首相이 서기장 승격에 탈락되었고 떤 중의 실각과 함께 응우옌 푸 쫑 書記長의 유임이라는 놀라운 사태가 일어났다. 베트남 통일 후인 1976년부터 베트남 사회주의공화국이 출범한 이래 40년 일당 지배 속에서 초유의 대정변극이 일어난 것이다. 베트남은 공산당 일당지배 국가이고 헌법 제4조에는 '공산당이 국가를 지도하고 정부는 그 지도를 실시한다.'로 정해져서 공산당이 국가를 지도하는 지위는 헌법상 보장되어 있다. 공산당은 5년에 한 번씩 당대회를 개최, 향후 5년의 정치 방침을 결정하고 그에 따른 인사도 결정하며 10년간의 사회경제 계획도 책정한다.

베트남 공산당의 지배구조 선출 시스템은 먼저 당대회에서 약 200명의 중앙위원을 선출, 선출된 중앙위원의 호선으로 15~20명의 정치위원을 선발하고 그 정치위원이 서기장 이하의 직책을 결정한다. 당내 서열은 서기장 - 국가주석 - 수상 - 국회의장 순이다. 그러나 실제는 당대회 2년전부터 차기 서기장을 누구로 할 것인가를 둘러싸고 물밑에서 권력투쟁이 격하게 진행된다. 제12회 당대회의 개최에 앞서 2015년 12월까지 63개의 省과 직할도시의 당서기가 선출되었다. 이들 지역의 새로운 당서기는 당대회에서 승인되어 중앙위원을 겸임한다. 베트남 공산당의 지도부는 이와 같은 과정으로 결정된다. 이번 당대회의 쟁점은 북부와 남부, 親中과 親美, AEC(아세안공동체)와 TPP(환태평양 경제공동체)의 추진파와 신중파, 공산당 강화파와 정부 강화파간의 대결이었다. 떤 중 수상은 친미적으로 군사면에서 미국과 협력관계를 강화했다.

그러나 미국은 베트남전쟁의 상대국으로 아직도 그 상처가 아물지 않고 있다. 현재 400만명의 고엽제 환자가 고통받고 있는 현실과 베트남 국민의 잠재적인 반미감정은 잠복되어 있다. 또한 TPP 가맹은 중국과의 대항으로 미국 측에 경사하는 정치적 의사표시다. 이 TPP에 참가하는 12개국 중 베트남이 유일한 사회주의 국가이다. 2015년까지 10년 이상 군대, 경찰, 경제 분야를 장악한 사실상의 최고 권력자의 권력을 휘두른 떤 중 수상이 불과 3개월만에 실각한 것이다.

떤 중 수상에 상대할 적수가 없었다. 이에 맞서 응우엔 푸 쫑 서기장은 떤 중이 서기장이 되면 '베트남의 고르바초프가 된다는 전술'로 임했고 이는 주효했다. 이대로 떤 중이 서기장으로 되면 국가 주석도 겸할 가능성이 크다. 그것은 지역 밸런스와 연령 밸런스를 고려하면 조화를 중시하는 베트남 공산당의 룰에 반해서 집단지도체제도 무너진다. 떤 중이 서기장이 되면 구소련의 '고르바초프 서기장 시대와 같이 공산당이 해체된다'라는 공포가 다수 당원의 공감을 얻어 성공한 것이다. 그리고 떤 중 수상의 가족 부패와 오직 사건을 부각시켰다.

불교국가인 베트남은 평등의식이 강한 국민이다. 그리고 정의감도 강하다. 과도한 국가재물을 사유화한 떤 중에 많은 당원이 등을 돌렸다. 이는 호치민 이래의 전통인 '청렴한 지도자'라는 이미지에 상처를 주고 국민에 대한 공산당 통치의 정통성을 흔드는 것으로 당원들이 위기감을 느낀 것이다. 또한 떤 중 수상은 외교관계에서 남지나해 문제에 중국과 대결 자세를 분명히 했고 미국과 일본과의 우호관계를 강화했다. 그 연장선이 TPP 가맹이다.

떤 중 수상은 미국과 일본에 강하게 경사한 것이다. 이 親美反中의 자세에 북부의 보수파 친중파는 위기감을 느꼈다. 정부 수반의 수상 자리까지는 용인할 수 있지만 공산당 서기장에 친미반중의 인물이 들어서는 것은 반드시 저지해야한다는 친중 용수철이 작동했다. 2015년 11월 5~6일 중국 주석 시진핑의 갑작스런 베트남 방문이 이루어졌고 베트남 공산당 내부의 권력투쟁의 역전극은 시진핑 방문 이후 절묘한 시기에 일어났다. 신자유주의를 추구하는 친미파가 패하고 국가자본주의의 노선을 따르는 친중파가 공산당 서기장으로 당선되었다는 소식을 나중에 듣게 되었다.

제2차 세계대전 전범으로 처형된 조선인 청년들

호치민시는 프랑스 식민지의 잔재가 남아 있는 건물이 아직도 건재해 보였다. 나무도 많이 있어 새로운 느낌이었다. 불교국가인 베트남에 프랑스의 가톨릭문화가 이식되었지만 가톨릭 성당은 화려하지 않았다. 있는 그대로 보전하는 느낌이었다. 베트남은 프랑스 제국주의와 싸워 물리친 후 미국의 개입으로 미국과 전쟁을 하게 되었고 전쟁에서 승리했다.

이 10년의 전쟁 기간(1964~1973)에 한국군 3만 6천명이 먼 이국땅 베트남의 전투 현장에 참여했다. 그런데 그보다 20여년전인 1942년 8월 17~19일에 조선의 건장한 청년들이 부산에서 배를 타고 출발 11일 후인 9월 3일에 사이공항의 산쟈크에 도착했다. 그들은 어떤 목적으로 먼 이국땅에 왔는가? 그리고 그들은 제2차 세계 대전의 전쟁 범죄인이 되어 전쟁 범죄의 주역인 일본인보다 더 많이 사형에 처해졌는가?

이들 조선의 청년들은 1942년 5월 1일 월급 50원의 매력에 이끌려서 동남아시아에서 제2차 세계대전의 영미연합군 포로를 감시하는 임무를 띤 포로감시원이었다. 포로 수용소의 감시원으로 모집된 조선 청년은 3,324명이었고 그 중에 동남아시아로 간 사람은 3,016명이다. 계약기간 2년 20세 이상 월급 50원의 매력에 이끌려 지원한(당시 남자머슴 월급 10원) 청년들 이었고 그 중에는 나이가 적으면 최고 3년까지 나이를 올려서 지원한 자도 있었다. 함경남북도, 평안남북도를 제외한 조선 8도에서 모집되었다. 이 포로감시원 중 810명이 1942년 9월 싱가포르로 보내졌다. 싱가포르에는 포로 107,500명이 있었고 이들은 일일 400g의 식량을 배급받으며 비행장 건설에 동원되었다. 이 포로를 감시하는 임무였다.

싱가포르는 영국의 동남아 식민지배의 아성이고 전초기지이다. 태국으로 간 조선인 감시원은 800명이었다. 버마와 타이의 국경을 연결하는 타이멘 철도(419km) 건설 현장의 감시원이었다. 1943년 10월 17일에 타이멘 철도는 완성되었다. 죽음의 철도로 불리는 이 철도는 항목 하나가 한 사람의 죽음이라고 말해질 정도로 약 45,000명에서 75,000명으로 추정되는 포로의 희생 위에 만들어진 철도이다. 나머지 1,400명은 베트남의 각 지역 포로수용소에서 감시원으로 근무했다.

그런데 이들 조선의 청년 감시원에게 일본이 일으킨 제2차 세계대전의 책임을 물어 전쟁 범죄인이 되었다. 왜 식민지의 조선청년들이 일본의 전쟁 책임을 대신지고 B,C급 전범으로 처형당했는가? A급 전범은 '특정의 지리적 시한에 관계없이 연합국 각 정부의 결정에 따라 처벌되는 중대 범죄인'이다. 이에 비해서 B, C급 전범은 일본이 점령한 '대동아공영권' 각지에서 열린 '통렬한 전쟁 범죄'를 재판하는 군사법정에서 형을 받은 사람들이다.

전쟁 법정은 일본을 포함 아시아 각지에서 열려 49개 지역에서 재판이 진행되었다. 체포된 25,000명 중에 기소된 사람은 약 5,700명, 그 중 984명이 사형판결을 받았다. 이 중에 조선인은 148명, 이 조선인 전범 148명 중 군인은 단 두 사람뿐이었다. 한 사람은 필리핀 포로수용소 소장이었던 홍사익(사형)과 필리핀 산중에서 게릴라전을 한 최원용(유기형) 뿐이다.

나머지 146명 중 중국 대륙에서 통역으로 징용되었던 16인(사형 8인, 유기형 8인)과 조선 용산경찰서의 송갑진 순사부장을 제외하고 나머지 129명 전원이 포로수용소의 감시원으로 모집된 군속이었다. 포로수용소의 감시원은 군속 민간인이고 군에 징용된 민간인으로 취급된다. 감시원은 문자 그대로 일본군의 포로가 된 연합국 장병을 감시하고 식량, 의료, 통신망의 관리 등 포로가 생존하기 위해 필요한 일상의 자질구레한 일을 보살피는 일이다. 그런데 그 129인의 감시원이 전범으로 되었다. 전범자의 4.3%이다.

이 조선인 감시원의 높은 전범 비율은 어디에 기인하는가?

때로는 軍馬, 軍犬보다 더 멸시 당했던 군속이 왜 전범으로 되었는가?

언어가 통하지 않는 연합국의 포로를 돌보는 것은 생각보다 어렵다. 문화가 다르고 생활수준이 다르다. 키가 크고 당당한 체구의 수천명에 이르는 백인 장병을 소수의 일본인과 조선인으로 통솔하지 않으면 안 된다. 매일 포로와 접해 살아가는 조선인 군속은 일본군의 힘을 배경으로 적과 서로 대립하는 지점에 있었다.

歐美의 문화, 가치관이 서로 충돌해서 서로 싸웠다. 포로에 대한 생각의 차이는 그 전형적인 예이다. 포로를 경시하는 조선인 감시원, 포로가 되었어도 당당하게 가슴을 펴는 연합국 장병 수용소에서는 이 같은 가치관을 갖는 장병들이 서로 대치하게 되었다. 그러나 권력은 일본군의 손에 있다. 힘으로 일본군의 방식을 강요했다. '제네바조약'을 무시하고 태국과 캄보디아 연결철도의 건설, 비행장의 설치에 포로를 동원했다. 전쟁 중에 영미 포로의 27%가 사망했다. 영양실조와 질병으로 사망한 자도 많았다.

그 말단에서 그들을 감시한 조선인 군속들이 비참하게 죽어가는 포로들의 죽음을 목격했다. 포로의 비참한 죽음에 가장 마음 아파해야 할 사람들이 포로수용소 사람일 것이다. 포로의 사망은 단지 포로수용소만의 책임을 묻는 문제는 아니었다. 책임은 현장에 집중했다. 그 말단에 있던 조선인에 전쟁 책임이 집중되었던 것이다.

왜 일까?

'극동국제 재판기록'에는 조선인이 감시병으로 묘사되어 등장한다. 재판이라는 증거, 증언이라는 성격상 그 묘사 방법은 조선인 감시원이 어떻게 연합국 포로를 학대했는가가 증언의 핵심이다. 또한 전쟁 중 포로였던 영국인, 네덜란드인, 오스트리아인 등이 많은 체험담을 발표했고 그 중에서도 조선인은 특히 가해자, 잔학한 인간으로 등장한다. 바로 '학대하는 조선인'이었다. 조선인에 대한 그들의 감정이 때로는 일본인 이상으로 나타났다.

시민생활에서 또는 군대생활에서 압박을 이양하는 장소에 서지 않아 본 사람이 한번 우월적 지위에 섰을 때 자기에게 다가 온 모든 압박에서 일거에 해방된다는 폭발적인 충동에 선다는 것은 이상하지 않다. 포로가 그린 '학대하는 조선인' 모습은 차별받고 압박받는 군속이 포로 자신보다 약한 처지의 사람에게 보다 공격적으로 되었다는 것을 말한다.

연합국 포로 4명 중 1명이 사망했다. 독일, 이탈리아 포로군인은 235만 5,473명이었고 그 수용자중 사망자 수는 9,648명으로 사망률 4%였다. 이에 대해 일본의 포로가 된 영미의 포로는 13만 2,134명, 그 속에 35,756명이 사망해서 사망률 27%에 달했다. 이렇게 놀라운 포로의 사망에 대해서 연합국은 엄격한 자세로 임했다.

미국, 영국, 호주, 네덜란드, 필리핀, 중국의 7개국이 '통렬한 전쟁 범죄' 재판인 이른바 B, C급 전범재판에 포로수용소 관계자가 숫기소의 16%를 차지했다. 일본군에 소속된 조선인 군인과 군속에게 전쟁 중의 행위를 물어 전쟁 범죄인이 된 것이다. 이른바 A급 전범으로 교수형에 처한 일본인이 7인이었는데 23인의 조선인이 B, C급 전범으로 교수형, 총살형에 처해졌다. 이후 조선의 청년들이 이 베트남 땅에서 20년 후에 다른 형태의 교만을 자행했다.

베트남 양민 학살

베트남은 20세기 프랑스, 미국 두 제국주의와의 전쟁에서 승리한 유일한 아시아의 민족이다. 이 베트남전쟁에서 한국군은 무고한 베트남 양민의 학살을 자행했다. 미국과 베트남간의 전쟁(1960년~1975년) 때 미국이 전쟁에 불리해지자 한국에의 파병 요청에 의해 한국군이 1964년부터 1973년까지 베트남전쟁에 참여하였다. 이 전쟁의 참여 과정에서 무고한 베트남 백성을 살해한 사건이 무수히 일어났다.

그 중에서도 1966년 2월 26일 오전 피카소의 '한국의 학살'을 연상하는 '고자이 학살'이 일어났다. 불과 한 시간 만에 민간 380명이 강간 능욕 살해되었다. 전쟁 기간 중 이런 학살이 일어난 것이 86건, 약 9,000명이 살해되었다. 베트남인들은 그 사건이 일어난 장소에 절규의 비명을 세웠다.

> '만대에 이르기까지 그 만행을 잊지 않겠다. 하늘에 닿을 죄악, 만대를 기억하리라.' 그리고 살아남은 자들은 아이들에게 '아가야 한국군이 우리를 폭탄 구멍에 넣고 다 쏘아 죽였다.' 이 말을 기억하라. 하늘에 닿을 죄악.

당시 월남전에 참전한 어떤 자는 베트남 여성을 상대로 1달러를 주고 성매매를 했다고 한다. 1달러면 한 달 생활비를 충분히 쓰고도 남는 돈이다. 그들의 일부는 이 돈을 주지 않으려고 베트남 여성을 살해한 경우도 있었다. 나아가 여성의 성기를 도려 총검 끝에 걸고 햇볕에 말려 사진까지 찍어 자랑하는 경우도 가끔 있었다고 한다. 모두가 부끄러운 만행이다. 성찰하고 부끄러워해야 할 것들이다.

제8장 가 보고 싶은 곳

이탈리아 – 유럽 속의 섬, 창조의 섬

이탈리아하면 마피아를 연상한다. 무법천지의 나라, 갱들이 판치는 나라, 그렇게 중고시절 알았다. 대학 교재였던 '로마제국흥망사'의 저자가 직접 강의한 내용은 神의 저주를 받아 봄베이 화산이 폭발하여 제국이 몰락의 길을 걸었고 타락과 부패로 로마제국은 망했다고 했다. 그리고 1970년대 말, 한국 청년에게 선풍적인 인기를 끌은 김동길의 '한국청년에게 고함'이라는 책은 시저를 악덕 독재자로 브루투스는 민주주의의 수호자로 그려졌다. 당시는 당연히 그렇게 받아들였으나 이 또한 오류투성이였다.

30년의 세월이 흐른 뒤에 시오노 나나미의 걸작 '로마인이야기'부터 물의 '도시 베네치아' 등 '로마史의 史記'라 할 수 있는 그녀의 책들을 통해 이탈리아에 대한 인식이 바뀌게 되었다. 고대 로마는 그리스로부터 문명화되었고 그리스는 페르시아문명과 인도의 문명을 받아들였다. 그 문명의 바탕 위에 로마는 비약적으로 발전했고 로마제국을 건설 1천년 이상 유럽세계를 지배하였다. 로마제국의 식민지 개척에 의해 갈리아지역을 거쳐 북부지역의 게르만민족도 점차 문명화 되었다.

소매치기의 천국으로 알려진 로마에서 일어난 사건의 일화가 있다. 1988년 서울 올림픽 육상 4관왕 금메달리스트인 미국의 벤 존슨이 1990년대 중반 로마 시내를 구경하다가 소매치기를 당했다. 달아나는 여자 소매치기를 100m 이상 총알처럼 달려가 붙잡아서 로마 경찰서에 넘겼다. 이에 로마 경찰서장은 '로마법에 따라' 약자인 외국인을 처벌할 수 없다고 석방조치했다. 고아, 약자. 여성을 가장 우대하는 것이 이슬람교인데 가톨릭 국가인 로마인에 이런 관용이 있나 의아했다. 물론 이 사건은 나나미의 책들을 섭렵하기 전의 일이었다.

이탈리아반도 중부의 작은 도시에서 시작한 로마인의 국가는 기원전 3세기반경에 반도를 통일하고 영토를 확장했다. 기원전 1세기가 끝나가는 시기에는 지중해 주변의 대부분 지역을 지배하게 되었다. 이어 카이샤르의 갈리아원정 이후 알프스의 북부지역도 정복해서 기원후 2세기 전반의 최전성기에는 북쪽의 브리튼섬에서부터 남쪽은 이집트 남부까지 서쪽은 모로코 동쪽은 이라크와 흑해 연안까지 광대한 영토가 로마인의 통치하에 놓이게 되었다. 특히 정복지에도 이탈리아풍의 도시생활이 보급되었고 로마인의 국가는 단순히 무력에 의해 정복한 것만은 아니고 고도의 통치와 문명을 달성한 점에서 역사상 유례가 없는 성공한 제국이었다.

그러나 제국도 3세기에 들어서 전반적인 위기를 맞이했다. 정치적 혼란과 경제활동의 쇠퇴, 제국의 외부에 사는 제부족의 공격과 로마제국 내에서의 분열이 제국을 괴롭혔다. 이 위기를 극복한 3세기말 이후의 로마제국은 그 이전과 다르게 황제에 의한 독재적인 정치체제가 강화되었다. 특히 급증하는 군대와 관료를 유지하기 위해 무거운 세금을 부과하게 되자 사람들은 직업 선택과 이동의 자유를 잃었다.

이 사이에 종교도 전통적인 그리스 로마풍의 종교(기독교 측에서 보면 이단)가 쇠퇴하고 박해를 견딘 기독교가 제국의 국교로 지위를 얻었다. 일시적으로 안정된 로마제국은 4세기 후반부터 시작된 게르만 민족의 대이동에 의한 '야만족'의 침입에 고통스러웠고 이런 혼란 속에서 제국은 동서로 분할되었다. 410년에는 영원한 도시 로마도 고트族에 점령되어 약탈당하기에 이르렀다. 그리고 동로마제국은 후에 비잔틴제국으로 새롭게 발전하여 15세기 중반까지 지속되었다.

서로마제국은 게르만 민족의 이동과 부족국가 건설의 흐름 속에 476년 최후의 황제가 게르만인의 용병대장 오도아케르에 의해 폐위되었고 제국은 소멸되었다. 이것이 로마제국의 쇠퇴에 대한 전통적인 설명이다. 18세기 계몽주의 시대를 산 프랑스의 몽테스키와 영국의 에드워드 기번은 로마제국의 쇠망사에 관한 책을 썼다. 특히 기번은 '로마제국 쇠망사' 속에서 로마제국을 쇠퇴시켜 멸망에 이르게 한 원인에는 게르만인과 그리스도교가 있다고 보았다. 또한 마르쿠스 아우렐리우스 안토니우스황제(재위 161~180년)의 아들 콘모도우스황제(재위 180~192년)의 폭정으로 로마제국이 쇠퇴의 길로 들어섰다고 보았다.

현실주의자 카네타이 추기경

4세기경에 그리스도교가 로마의 국교로 되었다. 그 전에는 다신교 사회였다. 다양성 있는 다신교 사회에서 외래 종교인 그리스도교를 받아들여 로마인은 제국을 통치했다. 로마인은 외래종교인 기독교를 제국통치의 수단으로 사용했지 결코 다 받아들인 것을 아닌 것 같다. 마치 중화제국이 유교만이 아닌 다양한 사상을 수용하여 통치한 것과 같은 것이다. 송나라 때 주자학이 생겼으나 정작 송나라 조정에서는 주자학을 이단으로 배척했고 수백년이 지난 후에 이민족 원나라의 지배를 벗어난 명나라 때 주자학이 흥성했지만 명나라가 망하자 청나라 때에는 주자학을 불필요한 현학으로 무시한 것 같은 이치이다.

오히려 문명화가 늦게 이루어진 주자학이 변방인 조선에서 성행했던 것처럼 변방인 프랑스, 스페인, 독일 등에서 가톨릭의 만행이 자행되었기 때문이다.

로마 가톨릭교회의 수장인 교황은 유럽 세계를 통치 지배했다. 그 중에 압권인 현실 정치인이 있었다. 바로 베네데토 카네타이 추기경이다. 그는 로마 남부 아나니 출신으로 1234년에 태어났다. 교황 특사로 프랑스와 이탈리아를 다니며 정계와 성직자들에게 능력을 인정받았다. 교황 니콜라오 4세 서거 이후 정쟁과 분쟁으로 2년간 공석이 된 교황에 첼레스티노 5세의 즉위와 퇴위에 수완을 발휘했다. 첼레스티노를 정신 이상자로 만들어 합법적으로 추방하고 교황의 자리를 차지한 카네타이 추기경은 1294년에 보나파시오 8세로 교황에 즉위했다. 리얼리스트였던 그는

'최후의 심판 따위는 존재하지 않는다'

'예수는 우리와 같은 사람일 뿐이다'

자신의 몸조차 구제하지 못한 남자가 남을 위해 무엇을 해줄 수 있는가? 라고 했다. 예수는 대략 서른 살(루카 복음서 3장 23)때 요르단江 유역 황야에서 활동하고 있는 세례자 요한에게 갔고, 이후 요한으로부터 독립과 동시에 예수는 황야에서 선교 활동을 위해 마을로 돌아 왔다. 천상에서 시작하는 神이 지배하는 나라 '神의 國이다'(天國).

세례자 요한은 어떤 사람이었나?

요한은 일찍이 요르단江 연안에서 목욕운동을 활발히 하고 있었다. 유대교의 종교적 의례를 더러움의 죄로 보고 이것을 씻어내기 위해 지속적으로 목욕하는 운동을 전개하고 있었다. 요르단江 유역의 황야를 활동무대로 예루살렘 중심의 유

대교의 지배기관과 거리를 두고 주변에서 비판하는 분파 운동가였다. 그의 세례의 특징은 반복하는 유대교의 목욕과는 달리 1회로 한정했다.

그것은 도래하는 근원적인 심판에 살아 남기위해서는 해야 하는 '회심' 즉, "죄의 사면을 부여하는 것이다."(마르코4) 이것이 예수 사후 원시 기독교 교회에서는 큰 곤혹의 씨앗이 되었다. 자신들의 구세주 神의 아들 그리스도로 믿는 예수가 하필이면 죄의 사면을 필요로 했는가 하는 점이다. 예수는 그후 스승 요한으로부터 독립해서 독자의 운동을 개시했다. 그러나 후에도 요한의 유산은 계속 이어졌다. 또한 천국의 메시지도 예수가 요한으로부터 이어받은 유산이라 할 수 있다. 마태복음 3장 2절에 요한의 활동 중 맨 처음 한 말, "회심하라, 천국이 가까이 있다"에서 확인되는 천국의 용어도 요한이 만들어 낸 것이다.

예수가 독립 후 세례자 요한과 자신의 관계를 회고하면서 이야기한 중요한 Q자료가 마태복음 11장 11-13절에 전해지고 있다.

아멘(아, 그렇군요), 나는 너희에게 말한다. 여자로부터 태어난 중에서 세례자 요한 보다 위대한자는 일어나지 않았다. 그러나 천국에서 가장 작은 자도 그보다는(요한) 위대한 자이다. 또한 세례자 그 날로부터 지금에 이르기까지 천국은 폭력을 가하고 있다. 그리고 폭력적인 자들이 그것을 강탈하고 있다. 왜냐하면 모든 예언자 율법가가 예언한 것은 요한까지이다(마태복음 11장 9~13절).

내가 너희들에게 말한다. 여자로부터 태어난 자 중에 요한보다 위대한 사람은 없다. 그러나 천국에서는 가장 작은 자도 그 보다 위대한 자이다(루카복음 7장 28a~28b)

율법과 예언자는 요한 때까지다. 그 이래 천국의 복음이 전파되어 누구라도 온 힘을 다하면 거기에 들어 갈 수 있다(루카복음 16장 16a~16b).

천국에서 가장 작은 자라는 표현은 천국의 복음이 전파되어 그 중에 있는 가장 작은 자가 세례자 요한보다 위대하다. 요한과 예수의 결정적인 구분은 천국 지배의 복음을 알리기 시작하였다는 점이다. 세례자 요한은 요르단 강 연안의 황야에 등장했다. 그도 역시 정치적 메시아 운동처럼 큰 이야기에 기반을 두고 있으나 혼자였다. 요한은 황야에서 구약성서의 금욕주의 전통에 고안하여 세속화한 유대교의 현실을 고발하는 예언자였다. 그의 메시지는 '그의 불(火)에 의한 심판을 면하려면 지금 즉시 회심해서 물(水)의 세례를 받고 죄의 면죄를 받으세요'(마태복음 3장 7~12).

먼저 회심하지 않으면 다음에 오는 구제도 없다고 했다. 세례자 요한이 세운 기본 틀이 유대교 묵시문학이었다. 유대교 묵시문학은 기원전 2세기 반에 성립한 다니엘서를 효시로 해서 기원후 2세기까지 약 400년간 생겨난 일련의 문서 총칭이다. 다니엘書를 제외한 그 대부분은 이른바 "舊約外典僞典" 즉, 구약에 있지 않은 인위적인 이야기에 속하고 에티오피아語 에노크書, 제4 에즈라記(라틴어), 시리아語 바로크 묵시록 등이 대표적 문서이다.

여기에는 다양하고 전형적인 이야기 거리가 포함되어 있다. 예컨대 피조물 세상 전체의 성립과 그 비밀을 찾는 주인공이 동행해서 행하는 천상의 여행과 나란히 우주만물의 역사와 그 속에서의 유대민족의 해방, 도래하는 역사의 종말, 만물의 파국과 새로운 창조자라는 주제가 주인공이 보는 환영과 꿈의 형태로 넓게 반복되고 있다. 이 종말론에 들어 있는 메시아론도 이미 알려진 일련의 정치적 메시아운동과는 다르다. 신의 대리인이 아닌 욕망의 대리인이었던 보나파시오 8세 교황과 고위 성직자들의 사치스런 생활은 부패하고 타락했다. 그는 요괴라고도 불린 교황이었다. 이어서 타락의 끝을 알려준 것이 알렉산드로 6세 교황이다. 그의 아들 체사레 보르자는 과거 로마제국의 재건을 꿈꾸며 카이사르를 흠모하여 이름도 카이사르로 바꾸었고 시오노 나나미의 '우아한 냉혹'의 책 마키아벨리의 군주론의 모델이다. 이들은 가톨릭 로마의 현실 정치의 정수를 보여준 인물들이다.

그 '유럽속의 섬' '창조의 섬'이라 불리는 이탈리아가 세계 제2차 대전 때 독일과 주축국이 되어 패망, 온갖 수모를 후발국에 당했다. 제2차 세계대전이 연합국의 승리로 끝나자 영미 연합국의 유럽점령 정책의 하나가 바로 프롤레타리아 계급의 박멸이었다. 유럽의 승리자인 영미연합군이 초기에 단행한 것은 나치에 저항했던 빨치산의 박멸이었다.

그들은 급진적인 민주주의자로 영미연합군이 이탈리아를 제패했을 당시 독일군 6개 사단을 제압할 정도로 강력했다. 연합군은 그들을 해체하고 구체제를 부활시켰다. 연합군이 두려워한 것은 이탈리아 국내의 노동자들과 조합의 힘이었다.

당시 북부 이탈리아에서는 고도로 발달한 노동자들의 자치가 노동자 중심의 경제를 발전시켰다. 이것을 위험시한 연합군은 이들을 완전 철폐하고 구소유자를 복귀시켜 구체제를 복귀시켰다. 유럽 각국에서 똑같은 일이 일어났다. 때로는 전쟁범죄인을 복귀시키기도 했다. 노동자 민중의 각성과 연대가 권력자에게 아킬레스라는 것은 잘 알려진 이야기이다. 그렇기 때문에 전후 초기의 잘못된 역사를 학교에서 정확히 가르치지 않고 있다.

구미에서는 공산주의자도 말이 바뀌게 사용되었다. 당시의 공산주의자는 즉,

'노동자계급의 민주주의'를 의미했다. 이탈리아 공산당은 노동자를 기반으로 하는 정당이기 때문에 괴멸되었다. 미국이 1940년대 후반, 이탈리아에 대규모로 개입해서 민주주의를 약화시킨 후 1970년대까지 이탈리아를 주요 지배 표적의 하나로 계속한 이유가 여기에 있다. 제2차 세계대전 후의 이탈리아는 좌파의 공산당과 우파의 가톨릭당의 대결이 이어졌다.

1989년 11월 9일 베를린장벽이 무너진 후에도 이탈리아의 좌우 양파는 네오리버럴리즘에 부합하지 않고 정치를 이끌어왔다. 이후 신자유주의라는 괴물이 유럽을 휩쓸고 경제가 침체상태로 빠지면서 점차 신자유주의의 정체를 깨닫게 되었다. 그 하나가 현재 유럽 각국에서 일어나고 있는 포퓰리즘이다. 이 포퓰리즘의 표적이 바로 유로이다. 정체불명의 괴물이다. 이탈리아는 1999년 유로의 발족부터 2002년 유통까지 참여했다. 참가국은 종래의 통화 교환이 필요 없게 되었고 교환수수료를 절약할 수 있다. 환율변동의 리스크도 해소되었다. 그 때문에 무역이 신장되었다. 역외로부터 싸게 수입할 수 있었다. 역내 여행을 통화 교환 없이 여행할 수 있는 메리트도 있다.

그러나 다른 한편 가맹국은 통화발행권을 잃어 주권이 약화되었다. 경쟁력 격차에 대한 대증요법으로 평가절하는 필연이라고 일부의 경제학자가 강력히 경고했다. 그 예가 영국이었다. 그럼에도 불구하고 투자에 목말라하는 이탈리아, 그리스, 스페인 등이 저리의 은행융자의 매력에 돈을 빌렸다.

이탈리아의 경우 2005년 6,000억달러 2008년 금융위기 시기에 1조 4천억원에 달했고 현재는 2005년 수준이다. 융자은행은 프랑스 38.6%, 독일 21.4%, 네덜란드 14.3% 합계 74.3%에 달한다. 이는 장기침체에 고통 받는 이탈리아를 상대로 이자놀이를 한다는 의미이다. 여기에 미국의 투자신탁도(머니펀드) 가세했다. 이것이 괴물 유로의 정체이다. 이탈리아 국민들이 분노하는 것은 당연하다.

여기서 부각된 것은 미국과 유럽 국가들의 결탁으로 금융을 지렛대로 삼는 글로벌라이제이션 이었다. 원래 유로는 강한 달러에 대항하기 위해 통화를 통일해서 금융 글로벌라이제이션으로부터 유럽을 보호한다는 것이 대의명분이었다. 그러나 그것은 위장이었다. 북쪽 유럽 강국의 은행이 환율리스크 없이 요컨대 미국 은행보다 더 안전하게 금융글로벌라이제이션을 전개하기 위한 수단이 유로였다. 이 사태를 보면서 500년전에 로마 가톨릭의 먹이사냥감이었던 독일이 이제 거꾸로 이탈리아를 사냥하는 것 같다.

처음부터 의도했다는 확실한 증거는 없어도 결과적으로 이용당했다는 사실은 뒤집을 수 없는 명백한 것이다. 유로는 시장을 최우선으로 여기는 네오리버벌리즘의 화신이었다. 스페인이 위기에 몰리고 그리스가 디폴트를 선언하여 유로 탈퇴를 한 이유이다. 사회는 없다. 오로지 시장만이 존재한다는 네오리버럴니즘의 위험성이 여기에 있다. 창조의 섬 이탈리아가, 스페인, 그리스와 함께 유로라는 괴물의 덫에 걸려 신자유주의자들의 새로운 먹이 감이 되었다.

영국 – 사회민주주의 국가로 재탄생

영국하면 떠오르는 게 '해가지지 않는 나라, 대영제국', '신사의 나라, 산업문명이 발달한 자본주의의 원조' 그런 이미지였다. 노예무역의 원조, 식민지 약탈과 수탈의 만행, 인도와 벨기에로부터의 기술 도용으로 산업혁명을 일으켜 발전의 토대를 마련한 것, 아편전쟁으로 아시아를 침략한 것, 지금도 전쟁 중인 아일랜드공화국과 대립 등등 과거의 이미지와는 완연히 다른 반대의 어두운 측면이 많이 있다는 것을 안 것은 불과 십수년 전이다.

노동자의 적, 인도의 적 처칠

미개했던 섬나라 사람들이 카이샤르의 정복과 로마의 식민지 지배로 영국은 비문명국가에서 문명국으로 탄생했다고 윈스턴 처칠은 말했다. '영국이 로마의 식민지 지배에 의해 문명국가'로 되었다는 것이다. 처칠은 젊어서 쿠바, 인도, 남아프리카에서 종군했다. 그는 1904년부터 1922년까지 자유당 의원이었다. 보수당-자유당-보수당으로 변신을 거듭했다. 그가 일관한 것은 자유무역주의였다. 육군사관학교를 갔지만 대학은 나오지 않았으며 라틴어는 할 수 없었고 실행력과 표현력은 우수했다. 노벨문학상을 수상하기도 했다.

그러나 처칠이 간과한 것은 로마 가톨릭교회에 대항하여 일으킨 영국내의 종교개혁이 없었다면 해가 지지 않는 대영제국은 없었을 것이라는 점이다. 그 영국이 제2차 세계대전의 승자가 되었다. 1945년 8월 15일 일본의 무조건 항복으로 제2차 세계대전은 미국, 영국, 소련 등 연합국의 승리로 끝났다. 전쟁 중 처칠은 독일군의 런던 공습에 저항하면서 영국 국민을 격려했다. 미국과 소련의 초강대국 사이에서 어깨를 나란히 할 정도였다. 전후 세계의 전망까지 연출했다는 '큰 인물' 처칠의 역할은 1945년 얄타회담까지였다.

처칠은 동년 7월 5일 총선거 후 포츠담회담에 참석하러 가는 중에 개표 결과가 알려져 노동당 당수 애틀리에 후일을 맡기고 회담 도중 조용히 역사의 무대에서 사라졌다. 처칠은 당초 비버리지案을 거부했고 이런 노동당의 '공약은 지킬 수 없는 사치'라고 하며 전시내각에 비밀메모를 보내 '거짓된 희망을 주어서 사람을 속이는 것'이라고 반대했다.

총선 결과 노동당 400석, 보수당 200석으로 보수당은 참패했다. 어려운 총력전을 이끌어온 처칠은 '노동자의 적', '인도의 적'이었다. 나아가 '사회주의의 적'이었다. 영국 국민은 전쟁의 승리를 확인하면서 처칠을 버리고 노동당에 압승을 안겨주었다. 1943년 11월의 테헤란 회의에서 1945년 7월의 포츠담회담까지 3거두 회담을 일괄해서 결산한 것은 처칠도 아니고 루즈벨트도 아닌 스탈린이었다.

1942년 말 W, 베버리지를 위원장으로 하는 보고서 '국민건강 서비스(NHS)'가 처칠 내각에 의해서 전쟁이 끝날 때까지 미루어졌다. 이 국민건강보험 제도를 실시한 것은 애틀리 노동당 내각(1945~1951)이다. '요람에서 무덤까지' 빈곤, 무지, 불결, 태만, 질병 이른바 '5대 악에 대응하는 사회민주주의 이상인 복지국가가' 실현되었다. 특히 획기적인 것은 무료로 국민 모두가 의료 혜택을 받을 수 있는 NHS의 구축이었다. 의료의 국유화에 의한 의사 및 의료 관련 종사자들의 거센 반발이 있었지만 행정적으로 조직에 통합되어갔다.

그 후 몇 번의 개혁을 거쳐 전후 복지국가의 상징적 존재로서 국민 생활 속에 정착되었다. 또한 15세까지의 무료 의무교육, 공영주택의 보급 실시로 국민생활의 안정을 실현했다. 한국 전쟁 당시인 1950년 11월 25~26일 양일간의 중국군의 대공세로 미군 해병대 1개 사단이 몰살되는 큰 피해를 당하자 갈팡질팡한 미국 대통령 트루먼은 인류사에 두 번 다시 있어서는 안 될 핵폭탄 투하를 결심했으나 애틀리의 간곡한 충언으로 포기했다. 트루먼은 제2차 세계대전 당시 일본의 히로시마, 나가사키에 원폭을 투하한 장본인이다.

애틀리 정권은 잉글랜드 중앙은행, 항공, 전기통신, 석탄, 전력, 가스, 철강 등 기간산업을 국유화하였다. '노동당 강령 제4조 기간산업의 국유화'의 실현에 야당의 보수당도 그다지 반대하지 않았다. 전후의 영국은 사회주의 국가였다. 다음의 보수당정권(1951~63년)에서 민영화를 한 것은 철강공사 하나뿐이었다. 노동당의 복지정책을 이론적으로 뒷받침한 것은 리버럴한 케인즈경제학이었다. 보수자유당은 이미 쇠퇴해서 식물정당에 지나지 않았다.

노동당이 신자유주의의 피를 받아 플러스 진보주의 정당이라는 성격을 강하게 했다. 케인즈는 전후 브레튼우즈 체제의 IMF의 시동에 진력하다가 심장 발작으로 급사했다. 케인즈는 소련에 조금의 환상도 갖지 않았고 실업 대책의 공공사업과 유효수요는 전체주의에 대한 방파제로 구상되었던 것이다.

그러나 이러한 케인즈경제학과 복지국가를 런던정경대학 교수 F. 하이에크(1899~1992년)는 개인의 자유 경쟁을 희생시키고 시장경제를 저해하는 '예종에의 길'이고 '공산주의', '전체주의'와 동격이라고 강하게 비판했다. 전후 30년 자본주의의 황금시대가 지나가고 경기 침체와 노동자의 스트라이크로 불만의 시기가 오자 1950년 후반부터 준비한 하이에크를 비롯한 신자유주의의 주창들이 1970년대 중반 들어 반격을 시작했다. 이론을 충실히 이어받은 대처수상 정권이 출현하여 영국을 통치했다.

컨센서스(consensus) 정치의 파기

정치학자 폴 아디슨은 '1945년의 길'에서 1975년까지 영국의 전후정치를 컨센서스 정치라고 평가했다. 노동당과 보수당이 서로 협의하여 합의 통치한 양당체제를 일컫는 것이다. 정책면에서 사기업에 의한 자유시장과 국유화에 의한 공공기업도 혼합경제, 완전고용정책, 노동조합을 통치의 파트너로 인정하여 복지정책을 실현했다. 그러나 1970년대 들어서 보수당은 사회민주주의 정책에 이의를 제기했다.

영국 경제 쇠퇴의 원인을 케인즈주의 정책 관리에 있다고 보고 노동조합의 교섭력을 억제하고 자유시장경제를 도입하는 노선을 추구하는 뉴라이트가, 노동당 내부에서는 노동자에 의한 경영의 민주적 통제 등 사회민주주의 노선의 철저화를 통해 쇠퇴 경제에 반전을 가하려는 뉴레프트가 대립했다. 이로 인해 전후 컨센서스는 파기되었고 이 이데올로기적 분극화를 배경으로 당내 헤게모니를 둘러싼 쟁탈전이 반복되었다.

1979년 총선에서 대처가 이끄는 보수당이 승리했다. 대처리즘은 '신념의 정치'를 내걸고 대결형 정치스타일을 추구하여 전후의 컨센서스 정치를 종식시켰다. 그녀는 공영기업을 민영화하는 것에 의해서 공공 섹터를 축소하고 노동조합의 힘을 약화시켜서 완전고용을 파괴하고 보편주의 원리에 의한 사회보장제도를 공격하여 복지국가에 쐐기를 박았다. 이 신자유주의적 정책은 제조업에서 금융서비스부분으로 경제 중심을 이동시켜 실업과 사회불안을 야기시키면서 사회구조를 바꾸어 놓았다. 금융서비스 중심의 경제는 1990년의 '금융위기'와 2008년의 '리먼 쇼크'에 이르기까지 경제의 성장 궤도를 낳았다.

1997년 노동당은 '제3의 길'을 내걸은 블레어가 정권을 탈환했다. 블레어가 말하는 '제3의 길'이라는 것은 대처 스타일의 신자유주의도 전통적인 사회민주주의와도 다른 중간노선을 의미하는 '사회투자형 국가'로 대처주의와의 단절을 강화해가면서 자유경제를 인정하고 완전고용과 노동조합과의 관계면에서는 복지국가의 회귀를 주창하면서 대처의 정책을 승계하려는 점에서 신자유주의적 컨센서스라고 할 수 있다. 이 신자유주의는 부자는 더 부자로, 가난한 자는 더 가난하게 만드는 양극화의 주범이다. 이 신자유주의에 대항하는 것이 베이징 컨센서스이다.

제7부 세상을 바꾼 사람들

오늘의 일이 미심쩍거든, 옛 역사를 상고해 보라.

미래의 일을 모르겠거든, 지난날의 일을 뒤돌아 보라.

- 管子

제1장 20세기 유렵의 지성 버트런드 러셀

종교의 기반은 두려움

종교가 할 수 있는 것은 무엇일까?
아무것도 없다.
지구의 종말은 없다.
더욱이 인류의 멸망도 없다.
2천 10년 전에 인류가 멸망한다고 주장한 기독교의 종말론은 없다.
당시 종말론을 주장한 무리에 의해 남자들이 천국에 가기 위해 거세하는 것이 유행했다.

'천국 때문에 결혼하지 않는다. 스스로 거세한다.'(마태복음 19장 12절)
'천국에서는 天使와 같이 되기 때문이다.'(마르코복음 12장 25절)
'천국에서는 장가가거나 시집가지 않는다.'(마르코복음 3절25장)
'다행이다, 가난한자들, 천국은 너희들 것이다.'
'다행이다, 지금 허덕이고 있는 자들, 너희들은 만복할 것이다,'
'다행이다, 지금 울고 있는 자들, 너희들은 웃게 될 것이다.'(루카복음 6장 20~21)

이는 당장 살길이 막막한 자들에게 희망의 메시지이다.
루카 복음서(19-26절)의 핵심 포인트 중 하나는 부자와 가난한 자의 사후 신분의 역전은 있어도 죽은 자의 부활은 없다는 점이다. 요한이 체포된 후 예수는 갈릴리로 가서 神의 복음을 전파하고 '때는 충만했다. 천국(神이 지배하는 나라)은 가까이 왔다. 회개하고 복음을 믿어라(마르코 복음서 14절-15절). 이것이 예수의 일성이었다.

이 천국은 철저히 종말론에 토대를 두고 있고 神이 세상 속으로 잠입하는 것을 의미한다. 그러나 인류를 공포와 억압으로 위협하는 종말론은 지상에 없다. 기독교에서 말하는 세상의 종말 "그러나, 그 날과 그 시간은 아무도 모른다. 하늘에 있는 天使들도 모르고 아들도 모르고 오직 아버지만이 알고 계신다.", "그때가 언제 올지 모르니 조심해서 항상 깨어 있어라." 아들도 모르고 신의 아들 예수도 모른다는 것이다. 그런데 지구의 종말이 온다고 외치고 있다. 이 얼마나 모순인가?

기독교에서 말하는 세계의 종말은 천국의 도래이다 이 천국이라는 말은 고대 파리리다에지(pariridaeza)에서 그리스어로 변화된 파라데이소스(paradeisos)가 어원이다. 이 파리리다에이지의 의미는 '둘러쌓다'이고 왕의 즐거움을 위한 광활한 동물원을 뜻했다. 이것이 고대 이스라엘로 전해져 인간의 종말이 약속되는 천국(파라다이스, 神이 지배하는 나라)으로 바뀌었다. 따라서 세계의 종말 뒤에 오는 천국은 '사자와 양이 평화롭게 함께 사는 곳을 의미하는 동물원이라는 뜻이다.

5세기경 기독교 교도들은 '세계는 늙었다. 로마의 영광은 사라졌고 그리스도의 가르침은 쇠퇴하고 이제 우리는 지옥에 떨어지려하고 있다. 세계의 종말이 온다'고 공공연히 퍼트렸다. 7세기에는 수도사 마르퀼프가 세계의 종말과 어두운 비애를 담아 설파했다. 8세기에 '성 바루두전'이라는 책에서 세상은 이제 끝났다. 최후의 시대가 왔다고 강조했다.

10세기 중반인 960년 수도사 베르나르라는 온 세상의 종말이 온다고 설교하여 일대 소동이 일어났다. 돌연 프랑스의 로렌지방에서 이 소문이 민중들 사이에 퍼져 혼란에 빠졌다. 예루살렘에서는 일천년이 지나도 종말이 온다는 것을 포기하지 않고 1009년에 세계가 멸망한다고 믿고 있었다. 갈릴리 사람들도 자기 방식으로 1033년에 인류가 멸망한다고 굳게 믿었다.

기독교는 선량한 사람이 지은 죄를 낱낱이 파헤쳐 그들을 지옥의 공포로 몰아넣는 것을 최고의 장기로 삼았다. 지옥에 대한 공포를 부추기면서 한편으로는 천국에 갈 수 있는 가능성이 계속 눈앞에 어른거리게 하니깐 더욱 효과적이다. 중세 기독교가 엄격한 계율로 사람을 잡도리한 것은 기독교도의 풍속과 관습이 퇴폐적이었기 때문이라고 성직자들은 변명하고 있다.

수도사들이 만든 형법에는 '간통이나 간음, 신성모독과 살인 같은 죄는 40일 내지 7년의 고행으로 속죄할 수 있다.'고 되어있다. 그런데 살인죄를 저지르지 않은 평범한 사람도 지은 죄를 모조리 열거하면 300년 정도 걸린다. 평생 걸려도 속죄는 불가능하다. 사람들은 안심하고 죽을 수도 없고 살아 있을 때부터 이미 지옥의 악몽에 시달린다. 이리하여 교회는 돈으로 속죄하는 것을 인정했고 고행에 해당하는 돈을 교회에 갖다 바치면 속죄는 인정된다. 짭짤한 현금 대신 부동산도 가능했다.

다시 말해 교회는 신자들의 두려움을 이용하여 부와 권력의 영원불멸한 원천을 확보한 것이다. 그러나 돈도 없고 땅도 없는 신자들은 어떻게 해야 하는가? 여기서 민법의 법칙을 성직자들이 고안했다.

'돈이 없으면 몸으로 지불해야 한다.' 이리하여 채찍으로 얻어맞는 고행이 정당화되었다. 저 유명한 성 도미니쿠스(도미니쿠스 수도회 창립, 1170~1221)는 6일 동안 무려 30만번이나 채찍을 당하고 100년 치의 속죄를 몸으로 때웠다. 한동안 매 맞겠다는 희망자가 넘쳐났다. 그러나 이도 저도 할 수 없는 자들에게 교황 우르바누스 2세는 십자군에 참가하여 이교도를 죽이면 모든 죄가 용서된다는 '죄업 소멸'의 사면령을 선언했다

이는 '돈은 천국에 쌓아 놓으세요.'라는 마태복음서에 충실히 따른 것이다. 그런데 "징세인과 매춘부들이 당신들(제사장, 장로들)보다 먼저 천국에 들어간다(마태복음 21장 28~31)는 구절은 어떤 모순에 빠지게 하는가?

베드로가 예수에게 말하기 시작했다.

"보세요, 우리들은 모든 것을 포기하고 당신을 따랐습니다."

예수는 말했다.

"아멘, 나는 너희들에게 말한다. 나 때문에 그리고 복음 때문에 집, 형제, 자매, 부모, 아이들 또는 농지를 버린 자들은 반드시 지금의 박해 속에서 백배의 집, 형제 자매, 어머니와 아이들 그리고 농지를 받고 또 다가올 세상에서는 영원함을 누리리라."(마르코 10장 28-30절)

20세기 유럽의 지성이라 할 수 있는 영국의 버트런드 러셀은 '왜 나는 기독교인이 아닌가?' 라는 책에서 '나는 종교가 진실하지 못하다고 굳게 믿는 만큼이나 해롭다고 확신한다'고 서술했다. 그리고 '행복의 조건'에서 인간의 행복은 자신의 노력에 의해서 실현되는 것이지 결코 남이 주거나 신이 주는 게 아니라고 역설했다. 그는 '종교의 기반은 두려움'에 있다고 했다. 종교의 가장 중요한 근원이 두려움이라는 것이다. 종교는 인류 문명에 전혀 기여하지 못했다. 종교는 인간의 행복에 전혀 도움이 되지 않는 윤리 규약을 가르친다. 그리고 경제정의의 움직임에 반대하고 노예제 폐지에도 반대한다. 나아가 자본가, 정치권력가들, 성직자들은 교육에서 하나가 된다. 이들 세력은 모두 감정주의(emotionalism)가 팽배하고 비판적 판단이 줄어들어야 권력이 보장되는 집단들이라고 러셀은 강력히 비판했다.

제2장 유럽의 지도를 바꾼 마르틴 루터

유럽 세계의 지도를 바꾼 1517년 마르틴 루터의 종교개혁은 루터가 로마 가톨릭 교회의 부패와 타락에 항의(protest)하여 일으킨 단순한 개혁운동으로만 알았다. 당시 특정 성직자들과 소수의 사람들만이 성경을 소유할 수 있었고 민중은 소유할 수도 읽을 수도 없었다. 성경은 민중과 단절되었고 감히 접근조차 할 수 없는 성스러운 물건이었고 禁書였다.

1229년 툴루즈회의에서 신도들은 라틴어 성경을 소유할 수도 읽을 수도 없고 또 다른 나라의 언어로 번역할 수도 없다는 금지령을 내렸다. 이것이 500년간 지속되었다. 이를 위반하면 종교재판에 회부되어 화형에 처했다. 즉 민중이 성경을 소유하거나 읽는 것은 곧 사형을 의미한다. 이 희생자가 성경을 최초로 英語 飜譯한 틴들, 그리고 휴수, 제롬, 츠빙글리였다.

신약성서 복음서인 마르코, 마태, 루카는 내용상 중복이 많아서 共觀福音書라 하며 나란히 비교해 놓은 것이 많다. 마르코복음서, 마태복음서는 기원 70년경, 루카복음서는 90년, 요한복음서는 120년경에 대부분 편집 교정하여 만들어졌다. 루터가 번역한 것은 어떤 복음서인지 알려지지 않았다. 원래 히브리어로 된 성경을 라틴어로 번역 사용되었고 루터가 다시 라틴어 성경을 독일어로 번역하여 독일 민중도 읽을 수 있게 했다.

이것이 그가 한 대개혁이고 이 번역이 독일어의 기원이다. 그리고 교회에 찬송가를 처음 도입하여 글자를 모르는 민중도 노래를 불러 외울 수 있게 했고, 일반 신자가 신부와 수도사의 등을 보고 예배하고 기도하며 설교했던 것을 신부와 신자가 서로 마주 보고 설교하게 바꾸었고, 지금까지 신자들이 서서 예배보고 설교 듣는 것을 교회 안에 의자를 들여 놓아 신자들도 앉아 예배 볼 수 있게 했다.

특히 그가 중점을 두고 개혁했던 것은 문맹률이 높아 성경을 읽을 수 없는 사람들을 위해 문자를 읽을 수 있게 초등교육기관을 도입한 것이다. 당시 독일의 문맹률은 97%였다. 이 초등교육 개혁은 50년간에 걸쳐서 이루어졌다. 마지막으로 개혁이 성공할 수 있었던 것은 1천년 이상 로마 가톨릭 지배의 암흑기에서 인간이 스스로 자각할 수 있는 능력이 생긴 점과 독일 각 지역의 제후들의 이해관계에 의해서였다. 즉, 로마 가톨릭의 지배에서 벗어 날 수 있는 힘의 균형이 깨지기 시작하여 지각변동이 일어난 것이다.

다시 말해 로마 가톨릭 지배에 대항하여 독일 제후들이 독립할 수 있었다. 이 상황과 맞물려 루터의 종교개혁이 성공 할 수 있었으며 독일어판 성경을 출판으로 제후들은 큰돈을 벌었다. 당시 루터에 의한 복음주의 주장은 독일 각지에서 큰 반향을 일으켰다. 복음주의(evangelicalism)는 인간의 행위가 아니라 그리스도에 대한 신앙에 의해서만이 구제된다고 하는 '신앙 의인론'이다. 1520년대 후반, 신성로마제국 황제가 루터의 복음주의로 경사하려고 할 때 가톨릭 진영의 대반격이 시작되었다. 이로 인해 루터를 지지하는 독일 제후들은 자신들의 안전보장과 위기를 타개하고자 군사동맹을 맺지 않을 수 없었다.

교황과 세속국가

교황에게 보다 큰 문제는 교황의 보편적 지상권을 인정하려하지 않은 세속적 국가의 출현이었다. 영국, 프랑스 등 각 국가는 그 국가주권의 논리에 의해 교황의 교회 행정권이 자국 내에 미치는 것을 거부했다. 예컨대 교황에 의한 성직서임 때 성직취임세(annates) 등 거액의 헌금과 결부되어 있고(통상 1년간의 수입을 교황에 받침) 교회의 행정망은 로마의 자금줄이었기 때문이다.

영국과 프랑스는 인문주의의 영향으로 로마 가톨릭의 지배로부터 독립하려는 기운이 싹트고 있었다. 영국은 크롬웰의 상소금지령에 의해 로마 교황청으로부터 독립선언을 선언했다. 1천년 이상의 로마 가톨릭 지배로부터의 독립이다. 영국의 왕권은 아비뇽 교황 시대 이후 영국내의 교회관리에 대해서 교황의 개입을 사실상 배제하는 체제를 만들기 시작했다.

교황청에서의 영국내 성직자의 직접 임명을 금지한 1551년의 '성직자 임명 무효령'과 교황청에의 상소를 금지한 1553년의 '상소금지령' 등이다. 1533년의 상소금지령은 잉글랜드 국왕이 왕위계승 문제가 생긴 경우에는 교황청과 다른 어떤 외국에도 좌우되지 않고 국내에서 해결해야 하는 것이고 잉글랜드는 그러한 지상권력이 구석구석에 미치는 주권국가라는 선언 즉, 로마로부터의 독립선언이다. 이어서 1534년에 역시 크롬웰이 기안한 '수장법'(國王지상법)이 성립되어 잉글랜드 교회의 로마로부터의 자립, 국왕을 수장으로 하는 國敎會가 천명되었다.

프랑스는 공회주의를 지원하는 한편 프랑스령 내의 교회 관리권은 왕권에 귀속한다고 하는 이른바 갈리칼리즘의 입장을 취해 1438년의 브르죠 국사 칙서를 국가의 기본원칙으로 선언했다. 그리고 1516년의 볼로냐 정교협약으로 프랑스 국내의 고위 성직자의 임명권은 프랑스 국왕에게 있다는 것을 교황에 정식으로 통보했다. 성서로 돌아가라는 종교개혁 기운이 프랑스에서 시작된 것은 1510년대이고 1540년대에는 칼뱅주의의 영향이 강했다.

칼뱅은 프랑스 출생으로 제네바에서 종교개혁운동을 하다가 장로교를 창시하였다. 그리고 제네바아카데미를 설립하여 성직자를 양성했다. 그 중에 존 낙스(1513~1572)는 스코틀랜드를 칼뱅주의로 만드는데 성공했다. 그 후 프랑스의 위그노 및 독일, 네덜란드 등 북유럽의 개신교 확장에 지대한 영향을 미쳤다. 그는 신학계의 3대 저서로 알려진 아우구스티누스의 '神의 도성', 토마스 아퀴나스의 '신학대전'에 이은 '기독교강요'를 썼다.

칼뱅주의의 핵심은 교회법을 제정해서 국가의 간섭이나 그 누구의 간섭도 없이 교회를 오직 목사, 장로, 집사, 교사에 의해 운영하자는 것이다. 칼뱅은 종교법원원장 시절(1542~1546) 신교일치를 제도화하려 했고 예정설, 삼위일체설, 유아세례, 성만찬 등에서 자신과 해석을 달리했다는 이유로 58명을 처형했고 76명을 추방했다. 이는 가톨릭의 마녀사냥 이상 가는 만행이었다. 즉, 칼뱅주의는 신앙생활을 자신과 같아야하고 교리나 성경 해석도 나와 일치하지 않으면 안 된다는 또 하나의 독단을 낳았다. 칼뱅이 처단한 58명은 무엇을 의미하는가? 나와 다른 신앙을 가진 자는 죽여 없애야 한다는 의미이다.

한편 프로테스탄트는 도시 수공업자 등 다양한 사회층이 포함되었고 1550년대 후반부터는 왕족을 포함한 귀족이 가담하기 시작하여 중소귀족을 억압해온 대귀족 사이에 궁정보직을 둘러싼 싸움이 종교 대립과 결부되어 개혁운동은 군사화의 양상을 띠기 시작했다. 왕의 한쪽에는 이탈리아 전쟁의 영웅 기즈公 프랑수와(1519~1563)를 필두로 한 이단 섬멸에 불을 지른 가톨릭파와 다른 쪽에는 왕족 부르봉가의 앙리 드 나바르왕(1518~1562)등을 필두로 한 프로테스탄트파가 대립했다.

그리고 샤르 9세(재위 1560~1574)가 어렸기 때문에 모후(섭정) 카트린 드 메디시스(1519~1589)가 양파의 밸런스 위에 있었다. 본래 프랑스는 교황 중심의 가톨릭 국가이고 소수의 프로테스탄트는 신앙의 보장을 요구할 뿐 수세적 입장에 있었다. 그러나 카트린의 융화적 태도에 분노한 기즈公 프랑수와가 1562년 3월 1일 상파뉴의 비시에서 일요예배에 모여 있는 프로테스탄트 신도를 학살하여 무력충돌이 시작되었다.

종교전쟁으로 불리는 이 내란은 소수파인 프로테스탄트파가 완강히 저항하면서 기즈家의 전횡을 경계하는 왕측의 태도가 불분명하여 35년 이상 계속되었다. 사태를 급격히 악화시킨 것은 유명한 성 바르톨로메오의 학살이다. 카트린의 막내딸(샤를 9세의 누이동생) 마그리트와 나바르왕 앙리(앙리드의 아들) 결혼식 때 파리에 모여 있는 많은 프르테스탄트 귀족을 자신의 권세 회복과 내란의 종식을 겨냥한 카트린과 기즈公 앙리(1550~1588)가 공모하여 성바르톨로메오의 축제날인 1572년 8월 24일 초저녁부터 새벽에 걸쳐 대학살을 했다.

기즈公에 의해 선동된 파리 민병 조직도 학살에 가담해 약 3천명이 살해되었다. 학살은 지방도시까지 확대되어 1만명이 넘는 희생자가 나왔다. 성바르톨로메오 학살 후 기즈公 앙리는 가톨릭동맹을 결성, 조직을 확고히 했고 프로테스탄트파도 또한 파리를 탈출해서 나바르王 앙리를 중심으로 결속하여 전자는 주로 동부, 후자는 주로 서남부를 기반으로 대치했다. 동시에 기즈公의 강경노선에 반대해서 그 반발로 가톨릭 온건파가 생겼다.

왕위에 야심을 품은 기즈公 앙리는 스페인王 필리프 2세의 지원을 받아 강력한 제2차 가톨릭동맹을 결성하였다. 1588년 5월에는 동맹의 중핵인 파리 시민의 반란과 연결된 기즈公이 파리를 장악했다. 그러나 그 해 말 기즈公은 파리로부터 도망친 앙리 3세(재위 1574~1589)의 발루아城에 초대되어 암살되었다. 그 다음 해 2월에 앙리 3세도 자객의 칼에 맞아 죽고 나바르王 앙리가 계승자로 되었다. 부르봉조의 제1대 왕 앙리 4세(재위 1589~1610)가 된 나바르王 앙리는 전투를 계속했지만 파리 가톨릭동맹 내의 스페인 세력 귀족과 파리의 자치제를 주장하는 민중 조직과의 내부 대립의 기회를 잡아 1593년 7월에 가톨릭으로 개종하고 다음 해 2월 파리에 평화적으로 입성했다.

그는 국내의 가톨릭 귀족을 조금씩 귀순시켜 1598년 4월에 오랜 기간의 교섭을 통해 낭트칙령에 서명하여 종교전쟁의 종지부를 찍었다. 이른바 개혁 종교의 사람들에게 그 장소를 제한했어도 신앙과 예배의 자유를 인정했다. 의표를 찌른 행동으로 내란을 수습한 앙리 4세는 그 행동력, 통찰력, 인품에서 역대 왕 중 최고의 왕으로 평가된다. 그러나 그는 프랑스의 재건이라는 난제에 착수한 1610년 5월 14일 한 광신적 가톨릭 교도에 의해 파리의 노상에서 암살되었다.

이러한 영국과 프랑스 등 각 국가의 움직임 속에서 시대는 르네상스 전성기를 맞이했다. 르네상스 조형예술의 최대의 후원자는 바티칸과 호화로운 생활을 영위하는 교황이었지만 교황령의 수입으로 경비를 충당하는 것이 부족하여 그것을 보충하는 중요한 수단의 하나가 면죄부의 판매였다. 그러나 영국과 프랑스에서의 면죄부 판매는 한계가 있어 눈을 독일로 향하게 되었다

로마의 사냥감 독일

독일에서는 황제권의 약체화와 함께 제후국들의 기반이 흔들리고 司敎, 대사교 등의 성직領이 세속 領邦과 어느 정도 독립적인 지위를 확보하는 데까지 이르렀다. 이는 교황 권력이 침투하기 쉬운 상항이었다. 그리고 교황은 실제 이를 이용해 독일에서 다양한 형태로 돈을 끌어 모아 갔고 또한 독일은 '로마의 돈 줄(먹이 감)' 이라고 불렸다. 그러자 이에 대한 반발이 생겼다. 이것은 15세기 중반 이후 교황청에 보낸 다수의 문서와 '독일국민의 고충서'에 명확히 나와 있다.

이 고충서에 대한 추기경 핏코로미니(훗날 교황 피우스 2세)의 1549년 대답은 '게르마니아'를 써서 게르만시대 아래의 독일의 눈부신 발전을 찬양하고 이 기간의 그리스도 교회의 역할을 변호했다. 그러나 이에 대한 반론을 통해 인문주의자를 중심으로 독일의 '국민의식'도 높아졌다. 1517년 10월 비텐베르크 대학의 성직자 교수 마르틴 루터가 면죄부의 효력에 관한 '95개조의 논제'를 공표했다. 이것이 독일 사회 각층에 넓게 큰 반향을 불러 일으켰다.

종교개혁과 황실

가톨릭 교회의 주장은 사람은 '선행'을 쌓는 것에 의해서 죄를 씻고 구제에 접근할 수 있다는 것이다. 교회는 신의 가르침을 전하는 동시에 죄 많은 인간의 사면과 구제를 중재하는 조직이다. 이 조직은 다양한 형태로 선행을 독려한다. 루터가 문제로 삼은 면죄부(indulgence)는 바티칸의 산 피에트로(성 베드로)대성당의 개축자금 모금이었다. 교회 개축을 위한 면죄부 구입은 당연히 신자의 선행이고 구입

자는 그 선행에 의해 죄를 씻을 수가 있다. 이것이 교회의 전통적 해석이었다.

루터는 가톨릭교회를 뒷받침해 온 이 주장에 철저히 의문을 품었다. 구제에 이르는 길을 찾아서 고심했던 그가 최후에 도달한 것은 사람은 神 앞에서 義로 되는 것은 선행이 아닌 신앙에 의해서, 오직 신앙에 의해서만 확신하는 '신앙 의인론' 이었다. 루터는 면죄부에 의한 죄의 사면은 인정하지 않았지만 그렇다고 면죄부의 사면 효력이 정지된 것은 아니라고 보았다.

면죄부의 판매 실무 담당 수도사 텟첼의 고발에 따라 1519년 6월 라이프치히에서 신학자 엣크와의 신학 논쟁에 임한 루터는 줄기차게 성서가 신앙의 유일한 바른 근거라고 주장했다. 루터는 엣크의 유도신문에 걸려 후스를 화형에 처한 콘스탄트 공의회의 결정은 몇 개의 의문점이 있다고 한 점과 공의회도 잘못을 범했다고 결정적인 발언을 했다. 이로 인해 루터는 이단의 꼬리표가 붙여졌지만 자신의 신앙을 관철하기 위해 교회의 전면적인 개혁이 필요하다고 인식했다. 즉, 신학자에서 종교개혁자로 되었다.

1520년 그는 '그리스도 교계의 개선에 관한, 독일 국민의 그리스도 귀족에 고함', '교회의 바빌론 유수', '그리스도자의 자유'라는 종교개혁의 3대 논문을 발표했다. 1521년 로마 교황은 루터를 파문했다. 이 시기의 국제 정세는 카를 황제 즉위 후 이탈리아 지배를 둘러싸고 프랑스王과 네 차례에 걸쳐서 이탈리아 전쟁을 하였지만(1521-1526, 1527-1529, 1536-1538,1542-1544) 그때 프랑스王은 늘 동방의 이슬람 대국 투르코와 결부되어있어 투르코 동쪽으로부터의 침입 때문에 오스트리아와 독일의 통치를 맡긴 페르디난도는 그 방위에 여념이 없었다.

이것이 독일내의 종교개혁의 진전에 중대한 영향을 미쳤다. 황제가 독일에 없는 이유만이 아니었다. 전쟁을 위해서는 자금이 필요하고 그 자금의 갹출을 위해 독일 제후의 협력이 필요했다. 그 때문에 제후에게 양보도 필요했다. 반면 제후국가의 개혁을 둘러싸고 황제와 줄다리기를 해온 제후의 입장에서는 황제와의 거래를 하지 않을 수 없었다. 루터의 문제도 역시 그런 종류의 하나였다.

막강한 황제 카를이라도 그 정치적 행동은 코르테스와州 의회에서 신분제 의회에 의한 제한이 결정되어 자유는 없었다. 그리고 제후국가에서 카를은 이미 황제 선거시의 '선거협약'에서 통치는 제국의 법과 관습에 따를 것, 중요한 정치적 결정은 제후국가 귀족들과 사전협의를 거쳐 행해야만 한다는 약속을 했다. 그리고 그 협약 제24조는 어떠한 독일인도 사전 심문 없이는 파문을 할 수 없다고 정했다.

황제 카를이 1521년 1월에 교황에 의해 파문된 루터를 같은 달에 소집한 보름스의 제국회의에서 다시 심문하지 않을 수 없었던 것도 이 때문이다. 루터는 4월 17~18일의 심문을 거쳐서 5월 보름스를 떠난 루터는 칭령이 나오기 앞서 튜링겔산에서 복면기사들에 납치되어 프부르크성에 은거하게 되었다.

종교개혁과 독일의 혼란

개혁운동을 추진하는 측도, 저지하는 측도 모두 중심적 리더가 없었다. 거기서부터 독일은 일시 무정부적인 상황이 발생했다. 문제는 누가 이 아나키 수습의 주역이 되는가였다. 먼저 황제 카를 5세가 스페인의 반란과 이탈리아 전쟁 때문에 보름스會議 후 독일을 떠나 1530년까지 10년 이상 부재하였다. 이것이 결정적인 10년이다. 그 사이 황제를 대신한 것이 페르디난트였지만 그의 독일 통치는 보름스회의에서 황제 부재시의 통치기관으로 정해진 황제 통치원(황제의 대리와 제후의 대표자로 구성)이 매년 열리는 제국회의에 얽매여 있었다.

그 위에 1529년의 '비인의 포위 공격'으로 정점에 이른 오스만투르크군의 공격이 한층 심해져 루터의 처리에 정면으로 대처 할 수 없는 상황이었다. 1526년 헝가리와 보헤미아 국왕 라욘 2세가 투르크군과의 모하치 전투에서 사망함에 따라 페르디난트는 보헤미아와 헝가리를 영유하게 되었고 1529년에 그가 독일제후의 원조로 투르크군을 격퇴했음에도 광대한 헝가리 평원의 2/3가 투르크의 점령에 들어갔다.

한편 루터는 1521년 5월부터 익년 3월초까지 10개월간 산중에서 성서의 독일어 번역에 몰두했지만 각 지역에서는 루터 없이도 종교개혁이 시작되었다. 루터와 어느 정도 같은 시기에 스위스의 취리히에서는 츠빙글리가 독자적으로 종교개혁을 시작했다. 그리고 도시공동체에 뿌리를 둔 츠빙글리의 개혁은 남쪽 독일의 제국도시로 확대되었기 때문에 루터에게 보다 심각한 사태는 비텐베르크에서 그의 측근 신학교수 칼슈탄트가 성직자와 속인을 구별하는 일체의 종교양식을 부정하고 성상 파괴를 장려하는 과격한 개혁을 시작한 점이다.

또한 남부 작센에서는 거리의 비텐베르크 연설자들이 현행 사회질서를 부정해서 일종의 공산주의 사회를 전망하는 변혁론을 설파했다. 이러한 상황에서 루터는 비텐베르크로 돌아와 혼란을 수습했다 그러나 전 독일에서의 개혁운동은 이미 그가 컨트롤 할 수 있는 상황이 아니었다.

기사전쟁과 농민전쟁

이러한 상황에서 생긴 불만이 다양한 형태로 분출했다. 가장 두드러진 것이 騎士전쟁과 농민전쟁이었다. 전자는 제국기사로 신성로마제국의 하급귀족들의 반란으로 전쟁의 주력이 용병군으로 대체되는 등 시대의 변화에 뒤쳐졌고 경제적으로도 궁핍한 그들이 성직제후를 타도해 로마의 독일지배를 타파하는 동시에 기사를 주축으로 신성로마제국을 재건하려 했다. '아르미니우스'를 쓴 기사 푸텡을 사상적 지도자로 해서 1522년 여름 트리아 대사교를 공격했지만 실패하여 대사교와 응원 제후군에 의해서 괴멸되었다. 푸텡은 취리히로 도망갔지만 익년에 병으로 죽었다.

이에 대해 농민전쟁은 지방국가로서 체제를 계속 정비해 온 각 領邦에 의해 옛날부터 권리를 박탈당했던 농민이 종교개혁에 자극받아 자신들의 옛 권리를 위해 싸우는 것을 '神의 法'을 위해 싸운다고 바꾸어서 봉기한 일대 반란으로 1524년 여름 서남독일에서의 봉기는 南독일에서 동쪽은 오스트리아領 티롤山까지 북쪽은 중부독일의 작센, 튜링겐 지방까지 확대되었다. 그리고 중부독일의 농민봉기는 민쯔의 혁명신학 영향을 받아 사회혁명 성격을 띠었다. 역사상 '독일 대농민전쟁'으로 불리는 이 대규모의 농민봉기는 제후군대에 의해 진압되었다. 제후의 가혹한 징벌로 약 10만명의 농민이 목숨을 잃었다.

루터의 가톨릭교회 비판을 계기로 기사전쟁과 농민전쟁이라는 성격을 달리하는 반란이 계속 일어났을 당시 독일은 아나키적 상황이었다. 독일제후군에 의해서 농민봉기가 진압된 것은 당시 힘의 역학관계를 잘 나타낸다. 황제가 사태를 수습할 겨를도 없었고 루터 또한 치안 회복과 질서 있는 개혁의 주도권을 제후에 의지할 수밖에 없었다. 사태의 추세 역시 제후 없이는 한 발짝도 움직일 수 없었다.

루터의 교설을 받은 제후도 이를 혼란의 근원으로 보고 탄압하려는 제후들이 대립하여 1526년의 슈파이아의 제국회의에서는 결국 '보름스의 칙령에 관한 사항에서 제후가 神과 황제 폐하에 대해서 책임을 지고 스스로 사태를 처리한다는 것을 결정했다. 제후에 의한 '종교개혁에의 길'이 열린 것이다. 3년 후 1529년에 가톨릭 측의 반격을 받았으나 똑같이 슈파이아 제국의회에서 보름스 칙령의 부활을 재결의했다. 이에 대해서 5인의 루터파 제후와 14개 제국과의 '항의서'(프로테스탄트)를 제출했다. 생존이 걸린 제후 동료들의 싸움이 시작되었다.

독일과 유럽의 종교적 분열

가톨릭파의 싸움은 종교 투쟁이라기보다는 정치투쟁이라 할 수 있다. 그러나 프로테스탄트 일곱 명의 제후와 10개 도시의 '슈마르칼틴 동맹'의 결성(1531)에서 슈마르칼틴 전쟁(1546-1547)이라는 내전을 거쳐 1555년의 '아우크스부르크 종교회의'의 정치적 움직임은 첫째, 황제들이 1530년대에는 아직 프랑스와 투르크와의 적대 관계에 묶여 독일문제의 결말이 미루어져 상대를 제압할 기회를 잃은 데 있기까지 황제와 교황의 복잡한 계산도 있다.

그러나 황제권의 강화를 두려워한 것은 당파를 불문하고 독일의 제후들이었다. 슈마르칼틴 전쟁에 황제가 스페인군을 동원한 일, 또한 그 스페인 군을 독일에 주둔시킨 것은 가톨릭파를 포함, 독일제후를 황제로부터 분리시켰다. 게다가 황제 카를의 아들로 스페인 계승자 펠리페를 페르디난트의 후계자로 정하고 스페인과 독일의 재결합을 도모한 것이 독일 제후들을 결정적으로 이반시켰다. 이는 '스페인에의 예속'을 의미한 것으로 그들은 '독일의 자유'의 이름으로 황제에게 저항했다.

그리고 1552년에는 그 저항이 전쟁으로 시작되어 황제는 독일제후군에게 격파된다. 이탈리아로 도피한 이후 카를은 무기력에 빠졌고 일체를 페르디난트에 맡기고 자신은 정치에서 물러났다. 그리고 1556년 스페인 수도원으로 들어가 버렸다.

한편 페르디난트는 2년전 1555년 아우크스부르크에 제국회의를 소집해서 '領主의 종교가 그 땅의 종교'라는 원칙에 입각해서 '아우크스부르크 종교회의'를 성립시켰다. 그리고 프로테스탄트의 존재가 정식으로 인정되었다. 이 종교회의에 의해서 루터주의를 선택할 것인가, 가톨릭으로 남을 것인가는 제후와 각 도시 당국자들에 위임했기 때문에 주민은 그 결정에 따르게 되었다.

또 각 제후 '군주'의 선택에 따르지 않고 이주세를 지불하면 다른 령방에 이주할 수 있다. 그렇지 않으면 '주군(領主)의 종교'에 따라야 했다. 제국도시에서는 2개 종교의 병존도 인정되었지만 대체로 하나의 領邦, 하나의 종교 시대가 시작되었다.

領邦교회제도

루터파의 각 령방에서는 군주의 통제 아래 령방교회제도가 정비되었다. 이는 연방 단위의 국가 교회이다. 령방군주가 그 령방의 교회의 수장으로 되어 종래 司敎가 갖고 있던 교회 감독권을 장악했다. 宗敎局이라는 교회 행정기관이 만들어졌다. 예컨대 교회가 국가 행정기구로 편입되었다. 이러한 領邦국가의 領民 지배가 교회 관계까지도 포함해 완성한 것이다. 그러나 령민 지배의 강화는 사실 가톨릭의 각 령방제도와 똑같았다. 군주제는 교회 감독국을 설치해서 령내 교회를 엄격히 통제했고 령방군주의 지배권이 강화되었다.

이렇게 해서 독일의 종교개혁은 신앙을 둘러싼 신학적 논의에서 출발해 당시의 정치적 상황 속에서 황제와 제후의 권력관계와 정치적 거래에 의해서 처리되어 결국은 제후세력을 강화시켜 령방국가체제를 더욱 확고히 귀착시켰다. 유럽 각국에서는 영국과 프랑스에서 추진된 국가의 교회 중에서 독일의 경우는 령방 단위로 행해졌다. 그리고 독일에서는 중세 이래의 국가적 분열이 드디어 종교적으로 철저화 되었다.

대항 종교의 개혁

종교개혁은 독일과 스위스에서 전 유럽으로 확대되어 갔다. 루터파는 독일에서는 北독일로 확대되었고 멀리는 북동의 독일기사단 국가도 루터파로 개종해서 '프로이센공국'으로 되었다. 나아가 북유럽의 스칸디나비아반도 2개국으로 갈라진 덴마크, 스웨덴에 도입되었다. 이를 주도한 것은 각각의 영역 지배권을 확고히 하려한 양국의 왕권이었다.

한편 제네바에서 시작된 칼뱅파는 프랑스로 들어가 위그노, 스코틀랜드에서는 장로파, 영국에서는 퓨리턴으로 되었다. 독일에서는 선제후국의 하나인 라인궁중백령이 칼뱅파를 받아들였다. 물론 가톨릭교회도 수수방관하고 있었던 것은 아니다. 1545-1562년의 트리엔트공의회가 가톨릭 개혁 = 대항 종교개혁의 출발점이 되었다. 그 대항운동의 기수가 1540년에 교황의 허가를 얻은 기사수도회 예수회이다.

가톨릭의 아성은 이탈리아와 스페인이지만 프랑스도 위그노전쟁을 거쳐 결국

가톨릭교로 남게 되었다. 독일에서는 바이에른을 중심으로 남부독일이 가톨릭에 남았고 마인쯔, 켈링, 트리아의 세 명의 성직자 제후 제령도 가톨릭를 고수했다. 종교적 통일체로서 유럽은 분열했고 독일도 분열했다. 독일은 분열된 유럽의 축소판이었다. 독일이 유럽의 축소판이라면 황제의 국가 오스트리아 합스부르크령도 그 자체가 작은 유럽이었다.

종교개혁의 파동은 여기에도 파급되어 보헤미아, 오스트리아, 헝가리 서부에는 루터파가, 동부에는 칼빙파가 확대되었다. 황제 대리에서 황제가 된 페르디난트는 개혁사상에 관용적이었고 그의 사후 합스부르크가령의 제위를 이은 막스밀리안 2세와 그의 형제사이에서 분할되어 오스트리아 전체의 통일적 군주들이 사라져버렸다. 게다가 형제간의 싸움이 끊이지 않았다. 다른 한편 황제는 투르크와의 전쟁 때문에 領內 귀족들의 지원을 얻지 않으면 안 되었다.

오스트리아의 개혁은 황제 루돌프 2세(1575~1622) 시대에 시작되었고. 그 루돌프 2세는 1609년에 보헤미아의 령방 귀족들에게 '특허장'을 발부했다. 귀족들의 고래의 권리와 종교의 자유를 인정하지 않을 수 없었기 때문이다. 최후의 종교 대전이라는 30년 전쟁(1618-1648)은 형 루돌프에게서 제위를 빼앗은 황제 마티아스가 이 '특허장'의 제한을 시도하자 보헤미아의 귀족들이 저항해서 일어난 것이다.

물론 독일에서 프로테스탄트 제후의 동맹 '우니온'(1608)과 가톨릭 제후의 연합 '리카'(1609년)와 대치하는 일촉즉발의 상황이었다. '동맹'의 배후에는 스페인과 로마 교황이 있었다. 그러나 황제와 보헤미아 귀족들의 싸움 자체는 1620년의 프라하의 교외 바다 근처 호다전투에서 귀족들의 군대가 괴멸해서 일찍 끝났지만 그것으로 끝난 게 아니다.

최후의 30년 종교전쟁

보헤미아에 분쟁이 발발해서 복잡한 국제 전쟁으로 이어진 것이 30년 전쟁이다. 프랑스와 스웨덴이 독일의 제후와 함께 황제와 교섭하여 체결한 베스트팔렌조약(프로테스탄트와 가톨릭이 맺은 조약)은 국제조약으로 스위스와 네덜란드의 독립을 승인했다. 독일(신성로마제국)에 관한 것은 영토 문제로 스웨덴이 베자강, 엘베강, 오다강 하구의 영토를 가졌다.

뉴트리아가 반도의 부속 볼슈타인 공국은 덴마크령으로 했다. 라인강의 하구는 네덜란드로 정해서 독일은 큰 강을 가졌지만 바다에로의 출구는 모두 외국세력에 제압당하는 상황이 되었다. 한편 프랑스는 로트링겐과 알자스지방의 영지를 획득하여 독일 라인강을 향한 영토 확대의 교두보를 구축했다. 이상이 당시 루터의 종교개혁과 관련된 시기의 유럽의 국제관계 속에서 독일이 처한 상황이었다.

독일 민중의 신장으로 제후에 대항하는 대규모 독일 농민전쟁이 일어났을 때 루터는 농민의 편이 아닌 제후의 편에 서서 민중을 배신했다. 독일 제후와 교황의 충돌로 유럽의 지도는 바뀌었다. 루터는 어느 날 벼락을 맞고 나서 정신이 번쩍 들어 불안한 민중을 계도할 것을 결심하고 법학도에서 성직자로 인생의 항로를 바꾸었다. 2018년은 루터의 개혁 501년이 되는 해이다 그러나 루터의 한계를 극복하려한 위대한 계몽주의 철학자가 루터 사후 100년이 지나서 출현했다. 라이프니츠이다.

계몽주의 철학자 라이프니츠

라이프니츠(1646~1716) 등 독일의 계몽주의자들은 신학에서 독립한 윤리학을 확립해서 정통 루터파의 신학을 극복하려 했다. 루터는 아우구스티누스의 자유의 지론을 답습해서 인간의 자유의지는 죄를 범하는 노예적 의지이고 신의 은혜에 의해 처음으로 善을 행할 수 있다고 주장했다. 그러나 독일 계몽주자들은 루터파에 대항해서 자유의지를 神에 의지하지 않고 인간 이성에서 찾으려 했다.

또한 독일 계몽주의는 윤리학이 신학으로부터 진짜로 독립하기 위해서는 이성은 다른 능력으로부터도 독립할 필요가 있다고 여겼다. 흄, 스미스, 볼테르 등 영국, 프랑스의 계몽주의자들은 인간의 이성은 자기애에 봉사하는 정념의 노예에 지나지 않는다고 생각하여 이성에 앞서 도덕감정을 주장했다. 이에 대해 볼프(wolf)는 인간 이성은 자신의 욕구를 제어해서 의지를 자율적으로 결정할 수 있다고 주장했다.

즉, 독일 계몽주의는 영국, 프랑스와 다르게 이성을 정념과 감정으로부터 떨어져 독립에 근거를 놓았다. 이렇게 해서 라이프니츠는 자유의지를 신의 의지에서 정념과 감정으로 독립시켜 이성에 토대를 두려고 했다.

이성의 자율에 의해서 정통 신학으로부터 독립한 라이프니츠의 선구적인 시도를 계승 완성시킨 철학자가 칸트이다. 칸트는 이것을 계몽으로 부르고 계몽을 '인류가 스스로 초래한 미성숙한 상태로부터의 탈각', '타인의 지도 없이 자신의 지성을 사용할 수 없는 상태로부터의 독립'이라고 정의했다.

제3장 神을 부정한 남자 니체

신은 죽었다

그는 왜 신은 죽었다고 부정했는가?
그가 왜 그런 외침을 했는가?
그가 부정한 기독교는 프로테스탄트인가? 로마 가톨릭인가?

니체는 수대에 걸친 프로테스탄트 목사의 자식으로 태어나 성장했다.

아버지도 목사였고 어머니도 목사의 딸이었다. 1848년 8월 아버지는 목사로 있는 교회에서 돌연 쓰러졌고 익년 7월 30일 세상을 떠났다. 그의 나이 여섯 살 때이다. 니체가 살았던 19세기 중후반의 독일은 혁명과 혼동의 비참함이 이루 말할 수 없는 사회였다. 그는 음악가 바그너와 염세주의 철학자 쇼펜하우어에 심취했다. 니체는 쇼펜하우어의 '의지의 표상으로서의 세계'라는 책을 헌책방에서 우연히 보게 되었고 그는 이 책을 읽고 큰 충격에 빠졌다.

5세기부터 15세기까지 1천년간 가톨릭의 억압에서 해방된 유럽은 자유사상가들에 의해 神의 압제에서 벗어날 수가 있었다. 역사학자들은 이 시기를 중세의 암흑기라고 평가한다. 루터에 의한 종교개혁이 진행된 지 400년 이상의 시간이 흐른 뒤인 19세기에 들어와서야 비로소 신은 죽었다고 부정해도 될 정도로 인권이 신장된 것이다. 니체가 꿈꾼 신은 그리스시대의 신들 이었다. 그리스시대의의 神들은 인간처럼 희노애락이 있는 인간과 같은 신들 이었다.

5세기 이전의 그리스-로마 신은 30만개로 多神사회였다. 인도는 33만개의 신이 있었다. 그런데 4세기의 기독교 공인 이후 유일신만이 인정되었고 30여개의 기독서가 모두 부정되었다. 그로 인해 기독교는 인간의 사상을 통제하고 탄압하는 도구로 전락한 것이다. 니체는 이를 비판하고 한탄했던 것이다. 그가 원한 神은 그리스의 미덕이 있는 중용과 논리성을 갖는 신이었다.

니체는 그리스 고전 속에서 보편적인 인간의 모습과 조화 있는 절대적인 미의 실현을 보는 신이었다. 또한 그는 예술에 의한 세계의 구원을 갈망했다. 그리고 그는 '찌라투스트라는 이렇게 말했다'는 저서에서 언젠가 이 세계에 변혁을 초래할 인간이 올 것이라고 세상을 구제할 초인을 강하게 기다렸다. 이 책은 출판사의 외면으로 자비로 40부를 찍었고 7부만을 지인에게 보냈다. 책은 팔리지 않았고 인정도 못받았다. 그는 정신 발작으로 오랫동안 정신병원에 유폐된 상태에서 죽음을 맞이했다. 그가 고대한 세상을 변혁할 초인을 보지도 못하고 죽음을 맞이한 것이다.

그러나 이미 니체가 살았던 당시의 유럽에도 佛陀라는 위대한 위인이 출현한 것으로 알려졌다. 니체도 그의 저서에서 붓다를 언급하고 기술했지만 '佛陀의 眞義'를 파악하지 못하고 세상을 뜬 것 같다. 니체는 왜 로마의 신도 아니고 게르만 민족의 역사에서도 아닌 기원전 6세기의 타민족의 그리스 神話의 神을 찾아 神을 부정하고 기독교를 부정했을까?

기독교를 부정한 무신론자

그는 기원전 6세기까지 그리스문화의 전성기를 이룬 그리스를 理想化했다, 그는 기원전 5세기를 쇠퇴기로 보았다. 이 역사관에서 종교와 국가라는 공동성에 대한 그의 理想을 알 수 있다. 그는 소크라테스와 아테네 민주정치의 전성기를 이룩한 페리클레스로 대표되는 고전기가 아닌 아르카익(Archaic) 시기, 즉 기원전 8세기에서 기원전 6세기의 그리스를 문화의 전성기로 보았고 그는 역사를 아래와 같이 파악했다.

(1) 자연에 대한 공포와 전율을 극복하기 위해 인간은 자연을 위무하는 주술과 축제, 신화를 만들었다. 여기서 그리스인은 무수한 假想을 만들어 자연에 대항했다. 자연이 인간을, 강자가 약자를 굴복시켜 파괴한다.

(2) 고도한 문화의 탄생

자연의 힘은 인간을 전율시킴과 동시에 자연과의 일체감에 기초한 환희도 느끼게 한다. 이와 같은 전율과 환희에 머무르는 것이 '아시아 세계의 야만인'이다. 그러나 그리스에서는 위대한 것은 영원하지 않으면 안 된다는 요구를 내세운 소수가 출현한다. 영원의 명성을 찾아서 거기에 자신을 가담하는 염원이 바로 문화의 근본 사상이고 여기서부터 그리스의 예술과 학문이 발생했다.

(3) 국가의 형성

니체는 다음과 같이 상상했다. 소수자의 폭력과 정복에 의해서 지배질서가 창조되었다. 이어서 신화와 예술에 의해서 국가가 창조가 되었고 이는 神의 손에 의한 것이라고 정당화했다. 그에 따라 피지배자는 자신들의 희생을 받아들이고 국가의 잔학한 행위를 망각하고 국가에 복속하게 된다. 이렇게 국가는 자연의 살육과 폭력의 고리를 끊고 고도한 문화를 낳는 사회과정의 원활한 지속을 보증하는 수단이다.

(4) 독특한 경쟁문화

고대 그리스인에는 잔학성과 동물처럼 파괴하는 쾌락성이 있었다. 이 투쟁의 잔인성에 따라 사람들은 생존에 대한 구토, 생존은 보상되어야 하는 벌이라고 생각했다. 이렇게 해서 생존이라는 것은 '죄를 짓는 신앙이다'로 내몰리게 한다. 그런 회의와 빚에 대해 자연을 추모하는 도취에서 위안을 찾을 수 없는 야만인과는 다르게 그리스인은 생존의 고뇌를 정면에서 받아들인다.

거기에다 '생존의 힘'을 주는 신화를 만들었고 또한 문화와 국가를 만들어 그것을 가능하게 한 것이 그리스인이다. 니체의 종교 개념은 포괄적으로 자연의 위협에 대해 인간이 만들어 낸 의례와 신화, 세계관을 포함 복합적인 행위와 관념의 전체를 의미한다. 보다 먼 고대의 단계에서는 주술이, 보다 앞선 시대에는 신화가 종교의 중심적인 내실로 되었다. 그러나 주술의 단계에서도 자연과의 투쟁, 신화의 단계에서도 헤시오도스처럼 인간의 경쟁심이 강조되었다.

니체는 그리스인의 경쟁을 설명하기 위해서 헤시오도스에 전해지는 두 개의 경쟁 女神신화를 인용했다. 니체는 종교를 에고이즘(경쟁주의)과 결합해서 파악했다. 경쟁이 사라질 때 에고이즘은 쇠퇴하고 理想的 그리스 세계는 해체된다. 그리고 경쟁이 없어지면 제1인자가 등장한다. 국가 차원에서 말하면 하나의 국가가 패권적 국가로 성장할 때 경쟁이 사라지게 되고 문화는 쇠퇴한다.

기원전 5세기의 아테네와 스파르타의 강대화 이후 폴리스사회가 붕괴한 이유는 그 때문이다. 니체가 이상으로 삼았던 그리스 국가가 문화와 종교를 촉진하는 것이 아니고 문화와 종교가 집권적 국가를 대신해서 임한다. 그런데 고대 그리스 세계가 쇠퇴한 것은 페르시아전쟁으로, 이러한 집권화만이 원인이 아니라고 보았다.

니체는 '비극의 탄생'(1872년)에서 신화의 상실은 폴리스사회 전제의 쇠퇴와 연관되는 근인이다. 신화의 붕괴는 에고이즘을 쇠퇴시킨다고 파악했다. 왜냐하면 신화는 인간을 경쟁으로 이끄는 동기를 부여하는 역할을 하기 때문이다. 또한 니체는 신화 상실의 과정을 '세속화'로 보았다.

고대 그리스에서 이 과정을 진행시킨 것은 기원전 6세기에서 기원전 5세기에 음악의 힘에 의해 그리스 비극이 신화를 재생시켰다고 보았지만 이 비극이 최후에 발휘해서 신화세계는 붕괴되었다. 여기서 중요한 것은 이 세속화를 통해서 신화, 비극, 예술을 대신해서 형이상학이 진실의 세계와 관계하는 지위에 다다랐다는 것이다. 이에 따라 그리스인은 현실을 가상의 세계로, 피안을 진실의 세계로 보았다. 현실 세계에 맞서는 게 아닌 현실을 넘어서는 세계를 요구했던 것이다. 세속화는 삶으로부터의 이반을 초래했다.

기독교적 도덕

니체의 역사관은 세속화 후에 갑자기 찾아 온 플라토니즘과 민중적인 플라티즘이었다. 신화의 신들 퇴장하고 이후 피안의 세계를 현실에 있는 존재로 여기는 형이상학이 급습했고 거기서 더욱 기독교로 이끌렸다. 그러나 신들에의 신앙이 무너진 후 어떻게 해서 다시 기독교의 신앙이 살아남을 수 있었는가?

니체는 많은 사람들이 기독교를 믿는 이유를 어떤 '잘못된 심리학, 동기와 체험의 해석'에서 일종의 空想症에서 찾았다. 니체가 믿은 잘못된 심리학이라는 것은 그리스 신화가 그리스인의 마음에 준 힘의 해석에서 무엇인가를 니체는 그리스인은 신들에게 스스로 노예로 된 것이 아니고 동등하게 연결되었다고 여겼다.

여기에 니체는 '그리스 종교의 고귀함'을 인정했다. 신들과 인간의 관계를 하급귀족과 상급귀족과의 관계처럼 파악한 그리스인은 신들이 갖다 준 고뇌와 대치, 그것을 예술, 요컨대 신화적 비극에 의해서 극복하려 했다는 것이다. 그리스인의 예술은 정확히 이 승리를 위해 창작된 것이다. 예컨대 니체는 그리스인의 타고난 성품인 에고이즘은 신들까지도 경쟁해서 거기에서 삶의 환희를 느끼며 살아가고 있다는 것이다. 그는 이것을 건전한 심리학으로 보았다.

이에 대해서 기독교가 제공한 것은 이와 다른 救濟의 심리학이었다.

기독교는 인간을 완전히 억압해서 파괴하는 이른바 깊은 진흙탕 속으로 빠지게 한다. 이렇게 해서 기독교는 ....., 神적인 연민의 빛을 계속 강하게 비추었다. 기독교는 인간을 원죄라는 진흙 속에 빠트려, 그 죄를 돈을 주고 면죄해 주는 기독교의 아들을 보낸 신, 사랑이라는 빛에 의해서 사람을 도취시킨다. 기독교인은 자기희생을 완수한 기독교인이라는 상징에 의해 격정을 일으켜서 무엇보다 극복하기 어려운 자기라는 적을 극복하는 자기희생에 도덕적 만족감을 느끼게 한다. 이런 理想에 오류가 있는 것이다.

니체가 보면 기독교가 먼저 원죄라는 空想에 의해서 인간의 고귀함을 빼앗겨버렸다. 이어서 죄 있는 자신과의 싸움에 만족감을 얻는다. 기독교 교인은 공상이 만들어 낸 죄인이라는 인형을 타파하는 것을 도덕으로 보고 즐거워하고 있다. 니체는 여기에 어두운 삶의 부정적인 감정을 관찰해서 그것을 '잘못된 심리학'으로 보았다. 그 후 '도덕의 계보(1887년)'에서 니체는 이 감정을 르상티망(원한)으로 해부했다. 그는 먼저 그리스 정신과 기독교의 대조를 귀족도덕과 노예도덕의 차이로 개념화했다. 귀족도덕은 우량한 것이 선이고 그 반대가 열등의 악이다.

그런데 이 우량자에 대한 열등자는 약자를 선, 그 반대의 강자를 악으로 하는 노예도덕을 세웠다. 이에 따라 열등한 약자는 우량한 악인보다도 도덕에서 상위에 설수 있게 되어 그들의 원한을 만족시킨다. 니체에 의하면 이와 같은 르상티망의 심리가 움직이기 때문에 세속화 후에도 기독교도는 확장해 갈수 있었다. 기독교의 확대는 르상티망의 만족을 찾는 사람을 증대시키고 애고이즘의 그늘이 사라져 가는 과정을 의미한 것이다.

복종의 종교

니체는 노예도덕의 특징을, 스스로 능동적으로 창조성을 발휘하는 것이 아닌, 타자에의 '아니오'를 말하는 것만을 창조적 행위로 한 반동적인 점에서 찾았다. 그런데 종교가 지상의 일에 대해서 '아니오'라는 말을 하는 것은 서양세계의 특징인 정치와 종교의 긴장관계를 완화해서 정치 분리의 길을 열은 것이라고 일반적으로 평가한다. 먼저 니체는 세속화가 진행된 로마 세계에서 지배자가 기독교를 이용한 것을 다음과 같이 파악했다. 기독교는 귀족도덕처럼 명예와 긍지를 내걸고 투쟁한 것이 아니고, 그 권력에 순종하는 것을 가르쳤다.

'기독교가 집단적 종교이고, 복종을 가르치는 일, 요컨대 기독교 교인은 非기독교 교인보다도 통치하기 쉽다는 것이, 로마제국이 기독교를 채용한 이유였다.'

그러면 무슨 이유로 기독교도는 순종했는가? 기독교도가 순종하는 것은 자기를 순종, 힘을 행사하는 '잘못된 심리학'의 즐거움 때문이었다. 교회의 정치적 태도의 결정에는 권력자보다도 도덕적으로 우위에 선다는 르상티망이 작용한 것이다. 이를 르상티망의 정치라고 한다.

유일神은 인류 최대의 적

서양 정신사는 기원전 5세기의 세속화에 의한 이른바 '신의 죽음'을 경험해서 플라토니즘과 기독교의 시대로 이어졌다. 신들이 사라져 간 후 기습한 것은 지상을 추월한 이상계와 초월적 신을 추앙, 삶을 부정하는 도덕의 시대로 니체는 파악했다. 그러나 이 시대도 드디어 기독교에 의해 길러진 지적 성실성이라는 도덕을 위한 신의 죽음을 경험한다.

기원전 5세기의 철학자와 극작가가 신들은 버린 것처럼 19세기의 철학자와 작가도 신을 포기했다. 이것을 받아서 니체는 '神은 죽었다.'고 선언했다. 기독교를 비판한 니체는 '신의 죽음'을 탈르상티망의 길을 열어 놓은 것으로 기대했고 데카당스와 니힐리즘을 극복하는 것으로 보았다. 신의 죽음을 알리는 니체 최초의 책은 '기쁘게 받아들인 지혜'(1882년)이다.

'새로운 투쟁과 - 불타가 죽은 후, 사람들은 여전히 수세기에 걸쳐서, 어떤 동굴 속에 그림자를 보였다. - 거대한 두려움의 그림자를, 神은 죽었다. 그러나 인간 세상 일로 적어도 여전히 수천년에 걸쳐서, 신의 그림자를 지시하는 많은 동굴이 존재한다는 것을 - 그리고 우리들은 - 우리들은 또 이 神의 그림자에도 승리하지 않으면 안 된다.'

'지혜'는 125절로 이루어진 책으로 神을 찾아 헤매며 절규하는 광인이 주위로부터 인정받아 우리들이 神을 살해한 것이다, 그대들과 내가, 우리들은 모두, 살해자라고 반복해서 언급하고 있다.

'광인은 묻는다, 神이 없다면, 어떻게 해서 마음을 위로할까?' 어떠한 속죄의 의식을 개발하지 않으면 안 된다. 이어서 니체는 1878년에 쓴 '인간적인, 너무나 인간적인' 에서 '神의 사후 종교와 국가'에서 종교가 승리하면 종교에 적대한 국가는 위신을 잃는다, 종교가 사라지면 국가는 불가피하게 그 외경의 베일을 잃어서, 외경의 아무런 마음을 일으킬 수 없다.

국가가 승리해서, 종교가 사라져도 국가는 스스로를 지키기 위해 종교를 이용하기 때문에 뿌리부터 흔들린다고 서술했다. 그리고 니체는 '一神教를 인류 최대의 위험'으로 규정했다. 다신교 속에는 인간의 자유로운 정신, 다양한 정신적인 방식이 있고 새로운 독자적인 눈을 창조하는 힘, 보다 반복인 새로움보다 독자적인 눈을 창조하는 일이 있다고 말했다.

그는 르상티망의 철저한 분석 후에 새로운 길을 열어 놓은 영원회귀의 교설은 '가장 추악한 인간' 요컨대, 찌라투스트라의 제4부에서 인간 그 자체 외에, 자연을 사랑할 것을 가르치고 있다. 다시 말해 그리스 헤시오도스의 신화처럼 이 지상에서 삶을 부정하는 것이 아닌 그것을 긍정하는 작용을 수행하는 것이고 이것은 신화와 교의에 의한 종교와는 다른 종교성이라고 불렀다.

니체는 성스런 민족, 선택된 민족이라는 유대적인 현실성 자체를 부정했다. 유대교의 자기 부정적인 현실의 적대감이 기독교를 낳았고 그리고 같은 특성을 계승한 기독교도가 교회를 부정했다.

교회는 자연으로부터 가치를 뺏었다는 것을 목적으로 한 조직이라고 니체는 간주하면서 기독교 교회의 탈교회와 삶의 회복 조건을 용의하는 것이라고 파악했다. 그는 영원 회귀의 세계 속에서 일체의 존재를 긍정하고, 고독자로서 자기 삶을 살아 갈 것을 가르쳤다. 또한 인류의 도야에 책임을 갖고 일체의 것을 긍정한 니체는 신의 죽음 이후에도 다시 신의 그림자로서 르상티망을 극복하고 에고이즘을 향한 새로운 공동체와 종교성이었다. 지상에서 새운 문화를 낳는 것, 그 공생의 프락시스(실천)야말로 니체의 요체이다. 그는 정신병원에서 정신 발작으로 생의 최후를 마쳤다.

法이 왕성해야 民族이 산다

후 기

화엄경의 종착

초기 불전인 '대반열경'에 불타가 입멸할 때 갑자기 사라쌍수의 꽃이 만개하여 순백의 꽃잎이 부처의 몸에 내려 덮고 하늘에서 악기를 연주하고 합창하는 소리가 들려왔다. 기적이 일어난 것이다.

이때 부처는 냉정하게 아난다에게 이런 기적이 문제가 아니다. 이런 걸로 존경받고 싶지 않다. 문제는 올바르게 법에 따르고 실천하는 것이라며 기적을 부정하고 열반했다. 속임수 같은 체험이나 기적을 팔아먹은 것이 아니다. 그리고 '아난다여, 슬퍼하지 마라. 너 자신을 의지처로 삼고 진리를 너의 의지처로 삼아야 한다. 이별은 피할 수 없는 것이고 태어나고 형성된 것은 변할 수밖에 없고 사멸하는 것을 알아야 한다. 그러니 끊임없이 정진하라, 모든 것은 덧없다.

이 세상은 모든 것이 무상(無常)함으로 공(空)한 것이다.'

아니뜨야 르타(Anityaa rtya) 漢譯 諸行無常

제현상은 변하지 않는 것이 없다.

恒産心의 동료들

한 세대 이상 변함없이 우의를 지켜준 이종인, 고상목, 이인국, 아직도 자주화운동을 하고 있는 김대희, 이 사회의 모순과 홀로 투쟁하는 박근창과 권오창, 위대한 기업가 정주영 회장과 감히 맞선 서용웅, 늘 옆에서 지도해 주시는 유영래, 장호권, 김광수, 박성득, 도천수, 정일행, 조광흠, 김동호, 홍을표, 홍순우 등에게 감사한다. 한때 사회변혁을 꿈꿨던 사회당과 사회민주주의 청년동맹 등 여러 동지들에게도 마음을 전한다.

또한 일일이 열거 할 수 없는 깨복쟁이 친구들과 후배들에게도 마음의 빚을 졌다. 오랜 친구인 백충기, 김범식, 미국에 있는 홍종오 및 김효성, 조대연, 한상철. 문권식, 현웅 등에게도 마음을 표한다. 특히 조계종 종단 스님들과 덕숭문중 스님들의 지도와 은의에 심심한 경의를 표한다.

2018년 늦가을에

저자 장 홍 순

국립중앙도서관 출판예정도서목록(CIP)

주자와 붓다 그리고 화엄경 / 글쓴이: 장홍순. -- 서울 : 다락방, 2018
p. ; cm

ISBN 978-89-7858-075-5 03220 : ₩20000

화엄경[華嚴經]

223.55-KDC6
294.382-DDC23 CIP2018036668

주자와 붓다 그리고 화엄경

발행일 : 2018년 11월 20일

글쓴이 : 장홍순

펴낸이 : 김태문

펴낸곳 : 도서출판 다락방

주 소 : 서울시 서대문구 북아현로 16길 7 세방그랜빌 2층

전 화 : 02) 312-2029

팩 스 : 02) 393-8399

홈페이지 : www.darakbang.co.kr

정가 : 20,000원

ISBN 978-89-7858-075-5 03220